Über dieses Buch

Im Vorwort schreibt Karl Kraus: »Die Aufführung des Dramas, dessen Umfang nach irdischem Zeitmaß etwa zehn Abende umfassen würde, ist einem Marstheater zugedacht. Theatergänger dieser Welt vermöchten ihm nicht standzuhalten. Denn es ist Blut von ihrem Blute und der Inhalt ist von dem Inhalt der unwirklichen, undenkbaren, keinem wachen Sinn erreichbaren, keiner Erinnerung zugänglichen und nur in blutigem Traum verwahrten Jahre, da Operettenfiguren die Tragödie der Menschheit spielten. Die Handlung, in hundert Szenen und Höllen führend, ist unmöglich, zerklüftet, heldenlos wie jene ... Die unwahrscheinlichsten Taten, die hier gemeldet werden, sind wirklich geschehen; ich habe gemalt, was sie nur taten. Die unwahrscheinlichsten Gespräche, die hier geführt werden, sind wörtlich gesprochen worden; die grellsten Erfindungen sind Zitate.« Und Berthold Viertel nannte ›Die letzten Tage der Menschheit‹: »Das gewollt furchtbarste Buch dieser Zeit. Die sprachliche Schöpfung einer babylonisch verwirrten, in hunderttausend untermenschlichen Zungen hadernden und salbadernden Un-Sprache und Anti-Sprache ist die Schreckensleistung dieses Werkes, gemischt aus Erdschlamm und Sintflut.«

Karl Kraus:
Die letzten Tage der Menschheit
Tragödie in fünf Akten
mit Vorspiel und Epilog

Teil II
Vierter und fünfter Akt
Nachwort von
Heinrich Fischer

Deutscher
Taschenbuch
Verlag

Ungekürzte Ausgabe
1. Auflage Januar 1964
8. Auflage September 1982: 57,6. bis 61. Tausend
Deutscher Taschenbuch Verlag GmbH & Co. KG,
München
Lizenzausgabe des Kösel-Verlages, München
© 1957 by Kösel-Verlag
Der Text der vorliegenden Ausgabe folgt der
Originalfassung des Jahres 1926
Umschlaggestaltung: Celestino Piatti
Gesamtherstellung: C. H. Beck'sche Buchdruckerei,
Nördlingen
Printed in Germany · ISBN 3-423-05324-0

Personenverzeichnis

IV. Akt

1. Szene: Wien. Ringstraßenkorso. Sirk-Ecke 17
   Die Zeitungsausrufer. Vier Offiziere. Eine Komtesse.
   Ein blinder Soldat in einem Rollwagen. Ein Intellektueller. Poldi Fesch. Das Riesenbaby. Der Hotelneger.
   Gesang Einrückender. Ein Berliner Exporteur mit Importe im Mund. Ein Passant mit aufgehobenen Händen.
   Ein anderer Passant. Eine Offiziersgattin. Zwei Spaziergänger. Zwei Verehrer der Reichspost. Ein Eigenbrötler. Sein Begleiter. Lenzer v. Lenzbruck. Frau Back
   v. Brünnerherz. Ein Blumenweib. Zwei Herren. Storm.
   Fräulein Löwenstamm. Fräulein Körmendy. Ein Fahrgast. Ein Fiaker.

2. Szene: 21
   Der Optimist und der Nörgler

3. Szene: Ein Bahnhof bei Wien 22
   Ein Bahnhofportier. Sechs Wiener. Der Nörgler. Das
   österreichische Antlitz. Ein Eingeweihter.

4. Szene: Kohlmarkt. Vor dem Schaufenster einer Bilderhandlung. 24
   Margosches. Wolffsohn.

5. Szene: Zwei Dichter im Gespräch 25
   Dichter: Strobl, Ertl.

6. Szene: Kommers 25
   Ein A. H. Die Kommilitonen. Ein Fuchs.

7. Szene: Ärzteversammlung in Berlin 27
   Ein Psychiater. Ein Irrsinniger. Professor Boas. Professor Zuntz. Professor Rosenfeld-Breslau. Der Vorstand des Ärzteausschusses von Groß-Berlin. Schutzmann Buddicke. Mehrere Stimmen.

8. Szene: Weimar. Frauenklinik 33
   Professor Henkel. Professor Busse. Die Patientin. Ein
   Assistent. Der Prinz zu Lippe. Eine Krankenschwester.

9. Szene: Bei einer deutschen Reserve-Division 34
   Ein Oberst.

10. Szene: Isonzofront. Bei einem Brigadekommando . . 34
    Die Schalek. Chor der Offiziere.

11. Szene: Divisionskommando 38
    Ein Kommandant. Der Kaiserjägertod. Ein Major.

12. Szene: Rückzug. Eine Ortschaft 40
    Der Kaiserjägertod. Ein hungernder Soldat. Ein Oberst.
    Oberleutnant Gerl.

13. Szene: Spital neben einem Divisionskommando . . 40
    Ein Schwerverwundeter. Ein Wärter. Gesang von nebenan.

14. Szene: Bei einer deutschen Reserve-Division 41
    Ein Oberst.

15. Szene 41
    Der Optimist und der Nörgler.

16. Szene: Frachtenbahnhof in Debreczin 42
    Ein Posten. Oberleutnant Beinsteller. Leutnant Sekira.

17. Szene: Wiener Magistrat 43
    Ein Beamter. Eine Partei.

18. Szene: Wohnung der Familie Durchhalter 44
    Vater, Mutter und Kinder.

19. Szene 45
    Der Abonnent und der Patriot.

20. Szene: Sofia. Ein Bankett deutscher und bulgarischer
    Schriftleiter 45
    Der deutsche Gesandte Graf Oberndorff. Die deutschen
    und bulgarischen Schriftleiter. Kleinecke-Berlin. Steinecke-Hannover.

21. Szene: Ministerium des Äußern 47
    Haymerle. Ein Redakteur.

22. Szene: In der guten Stube bei Wahnschaffes 49
    Frau Pogatschnigg. Frau Wahnschaffe.

23. Szene 52
    Drei deutsche Modedamen.

24. Szene 52
    Der Abonnent und der Patriot.

25. Szene: Mittagtisch bei Hindenburg und Ludendorff . . 53
    Hindenburg und Ludendorff. Paul Goldmann.

26. Szene: Semmering. Auf dem Hochweg 56
    Der kaiserliche Rat. Der alte Biach.

27. Szene: Berliner Tiergarten 71
    Padde und Kladde.

28. Szene: Kino 75
    Der Kinoregisseur. Eine weibliche Stimme.

29. Szene 76
    Der Optimist und der Nörgler.

30. Szene: Standgericht 91
    Hauptmann-Auditor Dr. Stanislaus v. Zagorski. Die elf Delinquenten. Die Offiziere des Standgerichts.

31. Szene: Schönbrunn. Arbeitszimmer 95
    Franz Joseph. Der rechte und der linke Kammerdiener.

32. Szene: Kragujevac, Militärgericht 103
    Der Oberleutnant-Auditor. Der Schriftführer.

33. Szene: Ischler Esplanade 103
    Der alte Korngold. Vier Kurgäste. Fräulein Löwenstamm. Fräulein Körmendy. Bob Schlesinger. Baby Fanto. Ein alter Abonnent. Der älteste Abonnent.

34. Szene: Wachstube 105
    Der Polizeiinspektor. Ein Wachmann. Die Siebzehnjährige.

35. Szene: Ein Berliner Nachtlokal 105
    Eine gröhlende Stimme. Frieda Gutzke. Katzenellenbogen. Krotoschiner II.

36. Szene 106
    Der Optimist und der Nörgler.

37. Szene: Deutsches Hauptquartier 109
    Wilhelm II. Die Generale. v. Seckendorff, Adjutant.

Drei Offiziere. v. Hahnke. v. Duncker. v. Krickwitz.
v. Flottwitz. v. Martius.

38. Szene: Winter in den Karpathen 112
Kompagnieführer Hiller. Füsilier Helmhake. Zwei Soldaten.

39. Szene: Ebenda im Unterstand Hillers 113
Unterarzt Müller. Kompagnieführer Hiller.

40. Szene 114
Der Optimist und der Nörgler.

41. Szene: Ein Militärspital 114
Ein Generalstabsarzt. Oberstleutnant Vinzenz Demmer
v. Drahtverhau. Ein Regimentsarzt. Ein Feldwebel.
Ein Feldkurat.

42. Szene 118
Der Optimist und der Nörgler.

43. Szene: Kriegspressequartier 120
Ein Hauptmann. Ein Journalist.

44. Szene: Armee-Ausbildungsgruppe Wladimir-Wolinsky 123
Ein Hauptmann. Eine Schreibkraft.

45. Szene: Bei Graf Dohna-Schlodien 123
Graf Dohna-Schlodien. Zwölf Vertreter der Presse.
Eine Stimme aus der Gruppe.

Larven und Lemuren, Spaziergänger, Invaliden, Krüppel, Blinde,
Bettler, Bettlerinnen, Bettelkinder, Publikum vor einem Bahnschalter, Ärzte, Offiziere, Mannschaft, Spitalsinsassen, Posten, Neugierige, Kinobesucher, Kurgäste, Nachtlokalgäste, Kokotten, Rekonvaleszente, Verwundete aller Grade, Sterbende, Mitglieder des
Kriegspressequartiers, Regimentsmusik, Nachtlokalmusik.

V. Akt

1. Szene: Abend. Sirk-Ecke 125
Die Zeitungsausrufer. Vier Offiziere. Gesang Einrückender. Poldi Fesch. Fiakerstimme. Turi und Ludi.
Fallota. Ein Blumenweib. Zwei Beinstümpfe in einer
abgerissenen Uniform. Eine flüsternde Stimme. Ein
brausender Ruf.

2. Szene 126
    Der Optimist und der Nörgler.

3. Szene: Vor dem Parlament 129
    Eine Frau, die soeben vor Hunger zusammengebrochen ist. Pattai.

4. Szene: Ministerium des Äußern 129
    Graf Leopold Franz Rudolf Ernest Vinzenz Innocenz Maria. Baron Eduard Alois Josef Ottokar Ignazius Eusebius Maria.

5. Szene: Bei Udine 131
    Zwei Generale, jeder in einem über und über bepackten Automobil. Ein Infanterist, der einen Kolben Kukuruz nimmt.

6. Szene: Etappe Fourmies 132
    Landwehrmann Lüdecke.

7. Szene: Zirkus Busch 133
    Pastor Brüstlein. Hauptschriftleiter Maschke. Ein Mißvergnügter. Professor Puppe. Rufe.

8. Szene 134
    Der Optimist und der Nörgler.

9. Szene: Ischler Esplanade 136
    Der Abonnent. Der Patriot. Der alte Biach. Die Kurgäste.

10. Szene: Berlin, Weinrestaurant in der Passage 144
    Freisinnige Politiker: Zulauf, Ablaß.

11. Szene: Kriegsgeneralversammlung des sozialdemokratischen Wahlvereines des Großberliner Riesenwahlkreises Teltow-Beskow-Storkow-Charlottenburg . . 146
    Genosse Schliefke (Teltow). Ein Zwischenrufer.

12. Szene: Bad Gastein 146
    Der Abonnent und der Patriot.

13. Szene: Bureauzimmer bei einem Kommando 147
    Ein Generalstäbler am Telephon.

14. Szene: Schlachtfeld bei Saarburg 148
    Hauptmann Niedermacher. Major Metzler. Ein französischer Verwundeter. Ein deutscher Soldat.

15. Szene: Bei Verdun 149
    General Gloirefaisant. Hauptmann de Massacré, Oberst
    Meurtrier.

16. Szene: Kriegspressequartier in Rodaun 150
    Die Schalek. Der Kamerad.

17. Szene 155
    Der Abonnent und der Patriot.

18. Szene 157
    Der Optimist und der Nörgler.

19. Szene: Michaelerplatz 157
    Chor der Pülcher.

20. Szene: Militärkommando 158
    Ein Hauptmann. Eine Schreibkraft.

21. Szene: Kriegsministerium 159
    Ein Hauptmann. Eine Schreibkraft. Ein Fähnrich.

22. Szene: Statthalterei in Brünn 164
    Der Landeshauptmann. Eine Schreibkraft.

23. Szene: In einer Volksschule 165
    Der Lehrer Zehetbauer. Die Klasse. Die Knaben Anderle, Gasselseder, Kotzlik, Merores, Sukfüll, Zitterer.

24. Szene: Im Landesverband für Fremdenverkehr . . . 167
    Ein Redakteur. Ein Funktionär.

25. Szene: Ringstraßencafé 169
    Das Geschrei. Mammut. Ein Kellner. Zieselmaus. Walroß. Hamster. Nashorn. Tapir. Schakal. Leguan. Kaiman. Pavian. Kondor. Löw. Hirsch. Wolf. Posamentier. Spitzbauch. Schlechtigkeit. Stimmen hastig Eintretender. Gollerstepper. Tugendhat. Mastodon. Raubitschek. Vortrefflich. Gutwillig. Aufrichtig. Beständig. Brauchbar. Die Toilettefrau. Pollatschek. Lustig. Ein zitternder Invalide. Bernhard Moldauer, ein alter Schieber. Zwei seiner Freunde. Seine Frau. Seine Tochter. Der Onkel. Ein jüngerer Wucherer. Der Geschäftsführer.

26. Szene: Friedrich-Straße 173
    Chor der Rufer. Ein Jüngling. Ein Mädchen. Ein Schutzmann. Ein Berliner Schieber und ein Wiener Schieber Schulter an Schulter. Ein Zeitungsausrufer.

27. Szene: Standort des Armeeoberkommandos. Vergnügungslokal 174
Marionetten: Ein betrunkener Generalstäbler, Chor der Kellner, Das Mädchen rechts, Kohn, Fritzi-Spritzi, Der Besitzer, Die Toilettefrau und das Garderobepersonal, Fettköter, Das Mädchen links, Ein Generalstäbler, Die Generalstäbler.

28. Szene: Wiener Vortragssaal 177
Der Nörgler. Ein Zuhörer und seine Gattin.

29. Szene 179
Der Abonnent und der Patriot.

30. Szene: Zwei Kommerzialräte aus dem Hotel Imperial tretend 180
Zwei Kommerzialräte. Eine Bettlerin mit einem Holzbein und einem Armstumpf. Ein Fiaker. Eine Frau, die vor Hunger zusammenbricht. Ein Invalide.

31. Szene 182
Der Optimist und der Nörgler.

32. Szene: Beim Bataillonsrapport 184
Ein Major. Vier Soldaten. Ein Gefreiter.

33. Szene 185
Der Optimist und der Nörgler.

34. Szene: Im Dorfe Postabitz 188
Eine Frau.

35. Szene: Spital in Leitmeritz 189
Ein Austauschinvalide. Sein Bettnachbar.

36. Szene: Heimkehrerlager in Galizien 189
Der Freund.

37. Szene: Nach der Winteroffensive auf den Sieben Gemeinden 192
Zwei Kriegsberichterstatter. Zwei Soldaten. Ein Hauptmann. Dickleibige Gestalten, die Automobilen entsteigen. Eine schmächtigere, in dichtes Pelzwerk gehüllt. Der Oberst.

38. Szene: Hofburg. Pressedienst 195
Hauptmann Werkmann. Eine Schreibkraft.

39. Szene: Kärntnerstraße 195
Erzherzog Max. Ein Lakai. Der Tenor. Die Menge. Ein
Zeitungsausrufer.

40. Szene: Eine Seitengasse 196
Ein blinder Soldat und seine kleine Tochter. Ein Invalide mit Leierkasten. Ein Leutnant.

41. Szene: Armeeoberkommando 196
Ein Major. Ein anderer Major.

42. Szene 197
Der Optimist und der Nörgler.

43. Szene: Stadtpark 204
Eine unübersehbare Menschenmenge. Zeitungsausrufer. Zwei Damen. Ein Herr. Der Göttergatte und die Göttergattin. Ein dicker Schieber. Sein Mädchen. Ein Begleiter. Stimme eines Skeptikers. Fräulein Körmendy. Fräulein Löwenstamm. Ein Feschak und eine Funzen. Rufe. Drei Redner. Zwei Gruppen. Einer, der gelaufen kommt. Ein anderer. Ein älterer Herr, der vor sich hinsummt. Ein junger Mann mit Gürtelrock und weißen Gamaschen. Sein Freund. Die Steffi. Ein Aufwiegler. Der Vertreter der Film-Gesellschaft. Der Restaurateur. Die Menge.

44. Szene 207
Der Optimist und der Nörgler.

45. Szene: Innsbruck. Maria Theresienstraße 210
Ein Metzgergehilfe. Das Mädchen mit dem Säbel. Der Offizier ohne Säbel. Zwei andere Offiziere. Zwei Wachleute. Ein Inspektionsoffizier.

46. Szene 212
Zwei Verehrer der Reichspost, schlafend.

47. Szene: Separatcoupé erster Klasse 213
Der Oberstleutnant des Generalstabs Maderer von Mullatschak.

48. Szene: 3000 Meter hoch 214
Ein Fähnrich. Die Schalek.

49. Szene 215
Der Optimist und der Nörgler.

50. Szene: Schweizer Hochbahn 216
     Gog & Magog. Elschen.

51. Szene: Baracke in Sibirien 221
     Sibirische Gefangene. Ein österreichischer Hauptmann.

52. Szene: Nordbahnhof 221
     Verschiedene Stimmen. Marionetten: Spielvogel und
     Zawadil, Angelo Eisner v. Eisenhof, Hofrat und Hof-
     rätin Schwarz-Gelber, Sektionschef Wilhelm Exner,
     Dobner v. Dobenau, Riedl, Stukart, Sieghart, Präsident
     Landesberger von der Anglobank, Eine Mutter, Die
     Tochter, Dr. Charas, Flora Dub, Zwei Konsuln Stiaßny,
     Drei kaiserliche Räte, Sukfüll, Birinski und Glücks-
     mann, Hans Müller, Putzker, Der Buchhändler Hugo
     Heller, Der Redakteur. Ein Austauschinvalide, sterbend.

53. Szene: Eine menschenleere Gasse 224
     Korybanten und Mänaden.

54. Szene 225
     Der Nörgler am Schreibtisch.

55. Szene: Liebesmahl bei einem Korpskommando . . . 235
     Der General. Der preußische Oberst. Beim Stab:
     Generalmajor, Oberst, Oberstleutnant, Major, Ritt-
     meister, Diensthabender Generalstabsoffizier, Tele-
     phonoffizier, Hauptmänner, Oberleutnants, Leutnants,
     Oberintendant, Oberstabsarzt, Regimentsarzt, Ober-
     auditor, Feldkurat und Feldrabbiner, Artilleriereferent,
     Ein K-Offizier, Géza von Lakkati de Némesfalva et
     Kutjafelegfaluszég, Romuald Kurzbauer, Stanislaus
     von Zakrychiewicz, Petričič, Iwaschko, Koudjela,
     Trainreferent Felix Bellak, Wowes. Ein deutscher Ge-
     neralstabsoffizier. Ein deutscher Hauptmann. Zwei
     preußische Hauptmänner. Zwei preußische Oberleut-
     nants. Ein preußischer Leutnant. Zwei Kriegsbericht-
     erstatter. Schwester Paula und Schwester Ludmilla. Ein
     Bursche. Die Kapelle. Rufe.

Spalier der Verwundeten und Toten, Lebewelt, Bettler, Bettlerinnen,
Bettelkinder, Herrenhausmitglieder, Pferch von Tornistern, Rucksäcken und Leibern in einer Elektrischen, Mannschaft, Teilnehmer
einer Monstreversammlung, Passanten der Berliner Passage, Wahl-
vereinsmitglieder, deutsche und französische Soldaten und Offiziere,

deutsche Gefangene, Verwundete, die Burgmusik, Kaffeehausgäste in Zivil und Uniform, Göttergatten, Gürteltiere, Mädchen in insektenhafter Tracht, Kellner und Kellnerinnen, Rennprogrammverkäufer, Ein geordneter Zug von Rowdies, Maklern, Operettensängern, Bohemiengs, Gesundbetern, Luden, Pupen, Nutten, Neppern, Schleppern, Schiebern und Schneppen, Generalstäbler, Kriegsgewinner, Animierdamen, Nachtlokalmusik, Vorlesungsbesucher, Spaziergänger, Spitalsinsassen, Überreste eines Regiments, Reisende zwischen Koffern, Passagiere einer Schweizer Hochbahn, Neugierige, Mitglieder des Vereins »Lorbeer für unsere Helden«, Funktionäre, Labedienst, Austauschinvaliden, Regimentsmusik, Journalisten, Männer und Frauen, die eine Anregung gegeben haben, österreichische und deutsche Offiziere, Menagepersonal, Erscheinungen.

Sprechende Erscheinungen:
Der Knabe Slobodan Ljubinkovits † 1915; Ein Kriegsberichterstatter; Der 19jährige und der 21jährige; Zwei Auditoren; Ein Oberauditor; Der Hauptmann Prasch; Ein Ulanenoberleutnant; Die Gasmasken; Die erfrorenen Soldaten; Der alte serbische Bauer; Die Flammen; Die zwölfhundert Pferde; Lionardo da Vinci; Die Lusitania-Kinder; Die Kriegshunde; Der tote Wald; Die Mutter; Das österreichische Antlitz; Die Raben; Die weiblichen Hilfskräfte; Der ungeborne Sohn.

Epilog

Die letzte Nacht 273
Sterbender Soldat. Männliche Gasmaske. Weibliche Gasmaske. General. Erster Kriegsberichterstatter. Zweiter Kriegsberichterstatter. Der Sterbende. Ein Feldwebel. Ein Erblindeter. Die Kriegsberichterstatterin. Ein Verwundeter. Der Totenkopfhusar. Nowotny von Eichensieg. Doktor-Ing. Abendrot. Hyänen: Fressack, Naschkatz. Chor der Hyänen. Der Herr der Hyänen. Drei gelegentliche Mitarbeiter. Stimmen von oben. Stimmen von unten. Zwei Ordonnanzen. Die Kino-Operateure. Eine Stimme von oben. Die Stimme Gottes.

IV. Akt

1. Szene

Wien. Ringstraßenkorso. Sirk-Ecke. Larven und Lemuren. Alles erscheint Arm in Arm zu fünft. Grundlose Fröhlichkeit wechselt mit dumpf brütendem Schweigen. Ein Knäuel von Böcken steht da, je zwei Stirn an Stirn, einander anstarrend, wie durch ein Geheimnis miteinander verbunden. Soweit die Masse in Bewegung ist, zieht sie durch ein Spalier von Zivil, Krüppeln, Invaliden, deren Köpfe und Gliedmaßen in unaufhörlichen Zuckungen begriffen sind, von Fragmenten und Freaks aller Arten, Bettlern und Bettlerinnen aller Lebensalter, von Blinden und von Sehenden, die mit erloschenen Blicken die bunte Leere betrachten. Dazwischen gebückte Gestalten, die das Trottoir nach Zigarrenresten absuchen.

EIN ZEITUNGSAUSRUFER: Extraausgabee –! Varnichtete Niedalage der Italiena!
ZWEITER ZEITUNGSAUSRUFER: Extraausgabee –! Die amerikanische Note von Wülson!
EIN OFFIZIER *(zu drei anderen)*: Grüß dich Nowotny, grüß dich Pokorny, grüß dich Powolny, also du – du bist ja politisch gebildet, also was sagst zu Amerika?
ZWEITER OFFIZIER *(mit Spazierstock)*: Pluff!
DER DRITTE: Weißt – also natürlich.
DER VIERTE: Ganz meine Ansicht – gestern hab ich mullattiert –! Habts das Bild vom Schönpflug gsehn, Klassikaner!
DER ERSTE: Weißt, ich glaub, es is nur eine amerikanische Reglam oder halt so was.
DER VIERTE: A Gschäft wollen s' machen einfach, steht heut in der Zeitung. Für ihnern Pusiness!
DER DRITTE: Weißt, wann s' rüsten, rüsten s' gegen China.
DER ZWEITE: Woher denn, gegen Japan!
DER DRITTE: Oder gegen Japan natürlich, das is doch dasselbe, weißt ich verwechsel die immer.
DER ZWEITE: Pluff sag ich. Erstens können s' nicht wegen die U-Boot –

Der vierte: Natürlich, jetzt wo s' noch dazu verschärft sein.
Der zweite: No weißt und wenn s' schon herüberkommen – mit denen ihre Divisionen wird ein Regiment von uns spielend fertig, aber spielend mein Lieber – rrtsch obidraht.
Der dritte: Höchste Zeit, wann amal Frieden is.
Der zweite: Erlaub du mir!
Der dritte: No, daß man wieder in die Gartenbau kann!
Der zweite: Ah so, das is was andreas.
Der erste: Also du, du bist doch politisch gebildet, also ich lies da immer, sie machen eine Blockade, du was is das?
Der zweite: Weißt das is so – also wir und die Deutschen wir sind ein Block, den s' nicht besiegen wern, no und dafür sperrn s' uns halt die Lebensmitteln und so.
Der erste: Ah, so is das – du is das wahr, daß die Sozi schuld sind an dem Hofverrat von die Böhm? – Du – mir scheint – das Mensch kenn ich, schau – du was is das eigentlich Belange?
Der dritte: Herstellt – das ist die von gestern – ein Gustomenscherl – warts, ich – *(ab.)*
Die andern *(ihm nachrufend)*: Kommst also nacher zum Hopfner!
Dritter Zeitungsausrufer: Tagblaad! Unwidasteliches Vurdringen unsara Truppeen!
Eine Komtesse *(einen der Offiziere bemerkend, zu ihrer Begleiterin)*: Schau, die vielen Auszeichnungen, der hat sich gewiß gut geschlagen! Ich hab's rasend gern, wenn sich die Leut gut schlagen. *(Ein blinder Soldat in zerlumpter Uniform in einem Rollwagen erscheint.)* Wie ich noch im Palffy-Spital war –
Ein Intellektueller *(zu seinem Begleiter)*: Ich versicher Sie, solange die Feinde eine Mentalität haben – *(ab.)*
Ein Automobil hält vor dem Hotel Bristol. Ein Riesenbaby lehnt darin.
Poldi Fesch *(erscheint am Wagenschlag)*: L'exactitude la politesse des rois. Du, noch eine Minute, ich hab meine Gründe.
Das Riesenbaby: Wie viel Gedecke? Kommt sie?
Poldi Fesch: Qui vivra verra. Ich bin heut kolossal montiert, wiewohl ich gestern verloren hab – im Chapeau – zu blöd – also seitdem ich den großen Verlust damals an der Südwestfront gehabt hab, is mir das nicht passiert.
Das Riesenbaby: Ich versteh dich wirklich nicht, warum du dich mit solche Leute – das ist doch keine Klasse!
Poldi Fesch: Erlaub du mir – dafür wird morgen wieder mit dem Sascha Kolowrat gedraht – übrigens – da mußt du noch viel lernen, bevor du mich – du wie alt bist du?

DAS RIESENBABY: Zwauundzwanzig.

POLDI FESCH: Also da red nicht – ein erstklassiges Tripot, sag ich dir! Solang ich hier hocken muß, bin ich angewiesen. Aber da kannst du Gift drauf nehmen – ich wart nur auf den Moment, wo der Frieden unterschrieben is, selbstredend wird es eine partie remis – so oder so, wie immer die Entscheidung fällt, so bin ich der erste, der mit'n Orient nach Paris kommt! – Jetzt können wir schon herein Burscherl – *(er winkt. Der Hotelneger öffnet den Wagenschlag.)*

DAS RIESENBABY: Du ich flieg kolossal auf die Lona, glaubst du, wird sich da was machen lassen?

POLDI FESCH: Qui vivra verra. *(Ab.)*

Alte Männer ziehen vorbei. Man hört den Gesang: In der Heimat, in der Heimat, da gibts ein Wiedersehn –

EIN BERLINER EXPORTEUR *(mit Importe im Mund, zu seinem Begleiter)*: Ach, unsere Jungens überwinden diese Eindrücke spielend. Einer unserer hervorragendsten Professoren hat festgestellt, die psychische Umschaltung tritt schon in der Etappe ein. Ihr hier seid ja im Hinterland lausiger als wir an der Front! Nee Kinderchens, bei euch siehts nich nach nem Siegfrieden aus! Is det ne Stimmung in eurem lieben Wien? Da staunt der Fachmann und der Laie wundert sich. Nee, hätt ich mir doch anders vorgestellt. Ihr faulen Brieder macht ja nen Klamauk um den Frieden, als ob ihrs jaarnich erwarten könntet –! *(Ab.)*

Ein Passant geht auf einen andern mit aufgehobenen Händen zu und deutet auf den Zigarettenrest, den dieser im Mund hat.

EINE OFFIZIERSGATTIN *(zu ihrem Begleiter)*: Dort stehn s' schon angestellt für morgen. Von mir aus könnte der Krieg noch zehn Jahr dauern, mein Mann schickt mir alles, was ich brauch – *(ab.)*

EIN SPAZIERGÄNGER: Hält man sich nicht an die Vorschriften, muß man zahlen. Hält man sich ja an die Vorschriften, is man zum Tod verurteilt.

EIN ZWEITER: Wieso?

DER ERSTE: No ham Sie nicht heut gelesen, intressant, ein Professor verhungert?

DER ZWEITE: Wieso ein Professor?

DER ERSTE: Mittelstand. Er hat sich nicht verschaffen können im Schleichhandel, er hat gelebt nach der Rationierung.

DER ZWEITE: Schigan. *(Ab.)*

ERSTER VEREHRER DER REICHSPOST: Wenn jetzt die Offensive kommt, dann paß auf – rrtsch obidraht!

Zweiter Verehrer der Reichspost: Und nacher mit die Juden – ramatama! *(Ab.)*
Ein Eigenbrötler: Sehn Sie, gestern hab ich hier im Rostraum vorzüglich gegessen. Wann aber wird endlich diese Bezeichnung »Bristol« verschwinden? Unsere Sprache muß von diesen welschen Bezeichnungen gesäubert werden! Früher, ja, da hab ich 10 Prozent genommen, jetzt nehm ich grundsätzlich nur 40 vom Hundert.
Sein Begleiter: Da haben Sie recht. Da – schaun Sie sich die an –
Der Eigenbrötler: No wenn Sie einen Gusto, pardon einen Geschmack haben – gehn Sie ihr nach, vielleicht gibt sie Ihnen ihre Anschrift. *(Ab.)*
(Eine korpulente Dame in Rote Kreuz-Tracht mit Lorgnon entsteigt einem Elektromobil.)
Lenzer v. Lenzbruck *(in Rittmeisteruniform)*: Küß die Hände, gnädigste Kommerzialrätin – Wie, noch nicht auf die Länder? Eine Sensation für Wien! Kann Ihnen gar nicht sagen, wie famos Ihnen die Tracht steht!
Frau Back v. Brünnerherz: No und Ihnen doch auch! Gehn Sie herein frühstücken? Mein Mann wartet.
Lenzer v. Lenzbruck: Der Göttergatte? Rasend gemütlich! Also daß Sie sich entschlossen haben zu pflegen, ist die größte Sensation von Wien!
Frau Back v. Brünnerherz: Ich bin sehr zufrieden, wir können dadurch das Auto behalten, zwei Jahre hat mein Mann darum gekämpft, so hab ich mich schließlich entschlossen zum Roten Kreuz zu gehn. Ihnen kann ich ja sagen, es is mehr pro forma und wegen dem guten Ton. Nämlich ich pflege –
Lenzer v. Lenzbruck: Also doch!
Frau Back v. Brünnerherz: Wiesoo, ich pflege nur hinzufahren, wenn ich grad Lust hab. Jetzt wo der Krieg sich sowieso seinem Ende zuneigt, stehts so nicht mehr dafür. Gestern hat mich die Annunziata angesprochen –
Lenzer v. Lenzbruck *(faltet die Hände)*: Bitti bitti erzählen, Baronin –!
Frau Back v. Brünnerherz: Ich protz nicht gern, soll Ihnen mein Mann erzählen. Apropos, ich hab gelesen, Sie sind doch Rittmeister geworn, ich gratuliere. Wissen Sie, daß Sie viel fescher sind wie in Zivil? Wahrscheinlich gehn Sie deshalb in Uniform herum! No hab ich erraten? Die Männer!
Lenzer v. Lenzbruck *(geschmeichelt)*: Finden Sie?

Frau Back v. Brünnerherz: Und das Verdienstkreuz! Sigilaudis! Da schauts her!
Lenzer v. Lenzbruck *(abwehrend)*: Nicht der Rede wert.
Frau Back v. Brünnerherz: Fehlt nur noch – no Sie sind imstand und gehn noch an der Front! Waren Sie schon einmal?
Lenzer v. Lenzbruck: No kann ich denn?
Frau Back v. Brünnerherz: Wieso?
Ein Blumenweib: Veigerl!
Lenzer v. Lenzbruck: Der Verwaltungsrat läßt mich doch nicht! Ich hab aufgedraht – *(beide ab.)*
Ein Herr: Ja richtig, sagen Sie, was macht denn eigentlich Ihr Freund, der Maler? Der hat doch einen leichteren Dienst?
Zweiter Herr: No eigentlich ja. Zuerst hat er Grabkreuze gezeichnet –
Der erste: No also!
Der zweite: Aber da wars auf einmal aus mit der Herrlichkeit und er hätte in ein Marschbataillon –
Der erste: Oiwe, no und –?
Der zweite: No und da ist eine glückliche Wendung eingetreten. Es hat sich nämlich herausgestellt, daß der Hauptmann kunstsinnig ist.
Der erste: No und?
Der zweite: No und jetzt zeichnet er nackte Weiber für den Hauptmann.
Der erste: No also!
(Storm kommt.)
Fräulein Löwenstamm: Da kommt der Storm!
Fräulein Körmendy: Und noch dazu in Uniform!
Ein Herr steigt aus einem Wagen.
Der Fiaker *(die Hand aufhaltend)*: Aber gnä Herr, wos gebn S' mr denn do? *(Die Hand umdrehend)* Schaun S' her – dö Narben!
(Verwandlung.)

2. Szene

Der Optimist und der Nörgler im Gespräch.

Der Optimist: Gehen Sie bald wieder in die Schweiz?
Der Nörgler: Von Herzen gern, wiewohl man sicher sein kann, das Publikum, dem man hier entflieht, dort anzutreffen. Nun, wenigstens verliere ich das Milieu nicht ganz aus den

Augen, wenn ich an dem Drama dieses Untergangs arbeite. In Bern ist man wieder in Wean, ein verwesender Staat exportiert seine Fäulnisprodukte, Fallotten und Diplomaten, Schieber und Schreiber, deren ungehindertes Reisen sich von selbst versteht und die für die Hassenswürdigkeit dieses weltaufreizenden Staatsgebildes noch die Schweizer Propaganda besorgen. Aber unsereins hat's nicht so leicht und die Formalitäten, die nötig sind, um wegzukommen, hindern mich daran.

DER OPTIMIST: Ja, die Paßgeschichten. Ein Amt weiß nicht, was das andere verlangt. Aber schließlich, Krieg ist –

DER NÖRGLER: Krieg, das ist ja bekannt. Aber noch lästiger als sich von diesem Staat etwas verbieten zu lassen, ist, sich von ihm etwas erlauben zu lassen. Und dann muß man ja einen »triftigen Grund« angeben.

DER OPTIMIST: Nun, und Sie haben keinen?

DER NÖRGLER: Eine Fülle. Die Aussicht in der Schweiz ein Butterbrot zu bekommen, möchte ich nicht geltend machen. Eher schon die Summe aller Gründe: das Bewußtsein, in Österreich zu leben. Die Behörden würden sich Schreibereien ersparen, wenn man vor der Ausreise einen triftigen Grund anführen müßte, um hier zu bleiben. Aber ein triftiger Grund, um auf und davon zu gehen, ist allein schon die Frage, ob man einen hat. Sie ist allerdings nicht bloß ein triftiger Grund zur Ausreise –

DER OPTIMIST: Sondern?

DER NÖRGLER: Zur Auswanderung.

DER OPTIMIST: Sie werden also leicht einen finden. Wofür würden denn Sie mit Ihrer Dialektik keinen triftigen Grund finden!

DER NÖRGLER: Zur Rückkehr.

(Verwandlung.)

3. Szene

Ein Bahnhof bei Wien. Eine fünfhundertköpfige Herde steht vor dem herabgelassenen Kassenschalter seit zwei Stunden.

EIN WIENER: In zehn Minuten kummt er.

EIN ZWEITER WIENER *(zum Portier)*: Bitt schön wann kummt er denn?

DER PORTIER: No so um a siebene kummt er gern.

EIN DRITTER: No aber jetzt is eh scho dreiviertel auf acht.

DER PORTIER: Richti, do schau. No heut hot er eh zwara halb Stund Verspätung. Is eh ongschrieben.
DER NÖRGLER: Kann man sich darauf verlassen?
DER PORTIER *(gereizt)*: Ah wos, wos waß denn i, die wissen an Dreck, und wonn s' wos wissen, wern s' es do net dem Publikum auf d' Nosn binden!
DER NÖRGLER: Ja aber warum denn nicht?
DER PORTIER: Weil s' selber an Dreck wissen!
DER NÖRGLER: Aber es is doch angeschrieben.
DER PORTIER: Jo, ongschrieben, ongschrieben, aber kummen tut er deßtwegen halt do später!
DER NÖRGLER: Is das die Regel?
DER PORTIER: Na, a Regel is grad net, aber dös müßt rein a Ausnahm sein, daß er pünktlich nach der Verspätung kummt.
DER NÖRGLER: Ja, aber warum wird denn dann die Verspätung angeschrieben?
DER PORTIER: Weil dös eben ka Mensch net wissen kann. Dö draußt mölden 's net herein und dö herint sogen nix.
EIN VIERTER: Mir scheint gar, jetztn kummt er!
DER PORTIER: No olstan, sehn S', dös is rein der reine Zufall.
DER NÖRGLER: Ja, aber wie kommt denn das?
DER PORTIER: Mei liaber Herr, do nutzt ka Nürgeln, da müassn S' wem ondern frogen. Dös san halt die Verspätungen! Wir herint kriagn kane Möldung nicht und dö draußt sogen nix – jetzn bei dem Verkehr kann ma halt nix machn, jetzt is Kriag!
EIN FÜNFTER: Der Zug kommt!
EIN SECHSTER: Der Kassier schloft!
RUFE: Was is denn?! – Aufmachen! – *(Der Nörgler schlägt mit dem Stock auf den Schalter.)* So is recht!
(Der Schalter geht in die Höhe. Das österreichische Antlitz erscheint. Es ist von außerordentlicher Unterernährtheit, jedoch von teuflischem Behagen gesättigt. Ein dürrer Zeigefinger scheint hin- und herfahrend alle Hoffnung zu nehmen.)
DAS ÖSTERREICHISCHE ANTLITZ: Wird kane Koaten ausgeben! Wird kane Koaten ausgeben!
(Murren, das sich zum Tumult steigert. Es bilden sich Gruppen.)
EIN EINGEWEIHTER: Kummts, i zeig enk ein Hintertürl! Da brauch' mr überhaupt kane Koaten! *(Alle ab durch das Hintertürl.)*
(Verwandlung.)

4. Szene

Kohlmarkt. Vor dem Schaufenster einer Bilderhandlung.

MARGOSCHES: Eines unserer gediegensten Geschäfte für Künste und so.
WOLFFSOHN: Prächtich! *(Er betrachtet die Auslage.)* Was mir in eurem lieben Wien sympathisch auffällt, ist, daß ihr noch im vierten Kriegsjahr an den Sinnbildern der Nibelungentreue festhaltet. Überall sieht man doch euern guten alten Kaiser Schulter an Schulter mit dem unsern; er will nicht loskommen, denn er kann nicht, sie sind unzertrennlich. Ach und da ist ja S. M. im Reichstach, die historische Sitzung, in der er das Schwert zieht. Na wissen Se, lieber Kommerzialrat, das war 'n Tach! – Wer ist denn der olle Dicke da?
MARGOSCHES: Das is doch der Erzherzog Friedrich!
WOLFFSOHN: Tüchtjer Mann!
MARGOSCHES: Sehn Sie sich an, das ganze Erzhaus!
WOLFFSOHN: Sieh mal, lauter Charakterköpfe, jeder 'ne Nummer. Ach, und da habt ihr sogar das schöne Bild, wie unser Kaiser weint.
MARGOSCHES: No und das Bild, wo u n s e r Kaiser weint? Dorten!
WOLFFSOHN: Nicht doch, das is nur 'n Schangerbild, er könnte auch beten. Aber der unsre ist an der Front bei seinen Soldaten und da hat denn der Maler richtje Tränentropfen rinjemalt.
MARGOSCHES: Das da is eines der greßten Malereien, »Die große Zeit«. Da is auch unser Kaiser mitten drin in der Schlacht!
WOLFFSOHN: Ja, so siehste aus. Mächtich intressant. Da reiten se alle feste druff, euer alter Kaiser und S. M., unser Hindenburch und euer Hötzendorf – da könnte sich manch ein Drückeberger 'n Beispiel nehmen.
MARGOSCHES: Kennen Sie das hier, Herr Kommerzienrat? Das hab ich mir sagen lassen, soll von Theodor Körner sein.
WOLFFSOHN: Doch. Ist ja berühmt! 'n stimmungsvolles Bild, 'n prächtjer Junge. *(Er liest)* »Vater, ich rufe dich, 's ist ja kein Kampf um die Güter der Erde!« *(Im Abgehn.)* Ja, ich sage Ihnen, siegen müssen wa, siegen! Denn geht die Valuta von alleine in die Höhe.
(Verwandlung.)

5. Szene

Zwei Dichter im Gespräch.

DER DICHTER STROBL: – Und all das Grün mit Mondlicht durchwirkt, weit hinaus ergossen, bis zu fernen, weißglänzenden Häusern und dunklen Bergen, wie Eichendorffs allerholdseligstes Sommernachtsgedicht . . . *(versinkt in Träumerei)* Wie ich wieder aus dem dunklen Saal auf die Terrasse trete, hat der Fähnrich sein großes Taschenmesser in der Hand, schneidet ein Stück Geselchtes herunter und sagt so beiläufig und obenhin: »Mit diesem Messer hab ich ein paar Katzelmachern den Hals abgeschnitten.« *(Nach einer Pause, versonnen)* War ein braver Junge!
DER DICHTER ERTL: Welch ein Erleben! Ich beneide Sie. *(Er sinnt.)* Ich habe einen Plan gefaßt. Ich werde vorschlagen, die siebente Kriegsanleihe »Wahrheitsanleihe« zu nennen.
DER DICHTER STROBL: Fürwahr ein sinniger Gedanke. Aber warum?
DER DICHTER ERTL: Weil unser Sieg der Wahrheit endlich doch zu ihrem Rechte verhelfen muß und wird! Weil die Bedingung erfolgreicher Friedensverhandlungen die Wahrheit sein muß, nämlich: amtliche Richtigstellung aller Lügen und Verleumdungen, mit denen unwürdige Machthaber und Zeitungsschreiber der Ententeländer ihre eigenen Völker und die Welt betrogen, vergiftet und mißleitet haben. *(Strobl drückt ihm stumm die Hand. Sie schreiten fürbaß.)*
(Verwandlung.)

6. Szene

Kommers. Hindenburg-Feier.

EIN A. H.: – – Bierehrliche Seelen! So beherziget denn, was euch die Deutsche Korpszeitung ans Herz legt. *(Liest vor.)* Und die Möglichkeit des Vieltrinkens und des Vieltrinkenlassens ist auch notwendig. Verbieten wir das Resttrinkenlassen, so kann jederzeit jeder trinkfeste Fuchs jeden weniger vertragenden Korpsburschen in Grund und Boden trinken, und die Autorität ist hin, oder aber wir schaffen die Bierehrlichkeit und damit die Grundlage jeder Kneipgemütlichkeit ab. Verbieten wir das Vollpumpen, so geben wir ein Erziehungsmittel aus der Hand. *(Rufe:*

»*So ist es!*« »*Tempus für Platz und Stoff!*«) Ich bitte, diese Worte nicht aus dem Zusammenhang gerissen zu zitieren. Unser Korpsleben soll doch eine Kette von Erziehungsversuchen darstellen. Und jeder Korpsstudent wird bestätigen, daß er nie mehr im Leben so deutlich, so ungeschminkt, so unglaublich grob manchmal die Wahrheit zu hören bekam wie im Korps. Und wie kam's, daß er sich das gefallen ließ? So lächerlich es klingt: infolge der Kneipe! Die Kneipe ist für uns, was der vielgelästerte Kasernenhofdrill, der Paradermarsch für den Soldaten. *(Rufe: Hurra!)* So wie dort das hundertmal wiederholte »Knie beugt!« nacheinander Faulheit, Wurstigkeit, Trotz, Wut, Schlappheit und Ermattung überwindet und aus dem Gefühl hilfloser Ohnmacht und völliger Willenlosigkeit vor dem Vorgesetzten die Disziplin hervorgehen läßt *(Rufe: Hurra!)* – so bietet bei uns das »Rest weg!« dem Älteren vor dem Jüngeren immer eine Gelegenheit, seine unbedingte Überlegenheit zu zeigen, zu strafen, Abstand zu wahren, die Atmosphäre zu erhalten, die für das ständige Erziehungswerk des Korps unbedingtes Erfordernis ist, wollen wir nicht Klubs werden. *(Rufe: Beileibe nich!)* Das »Rest weg« ist natürlich nicht immer, nicht bei jedem angebracht, aber es muß über der Kneipe schweben wie das »Knie beugt!« über jedem Kasernenhof!

ALLE: Hurra! Hurra! Hurra! *(Anstoßen)* Rest weg!

EIN FUCHS *(schwingt das Hindenburg-Heft der ›Jugend‹ und singt nach der Melodie »Als die Römer frech geworden«)*:

> Darauf hat er kurz besonnen
> Gleich den Feldzugsplan begonnen.
> Schon im Eisenbahncoupé
> Sprach er: »In den Narewsee!«
>
> Und kaum daß er angekommen,
> Sind die Russen schon geschwommen
> In dem See bei Molch und Lurch.
> Ja, so war der Hindenburch!
>
> Dreimal so zu Frosch und Unke
> Tauchte er sie in die Tunke.
> Jeder Tümpel, Sumpf und Teich
> War verrußt bis an das Aich!

ALLE: Hindenburch Hurra! Hurra! Hurra! Rest weg!
(Verwandlung.)

7. Szene

Ärzteversammlung in Berlin.

EIN PSYCHIATER: – – Meine Herrn! Der Mann ist der eigenartigste Fall, der mir bis heute untergekommen ist. Ein gütiges Geschick hat mir ihn aus der Schutzhaft zugeführt. Da es offenbar so viele Jahre Zuchthaus gar nicht gibt, als der Mann für seine Verbrechen zu erwarten gehabt hätte, so mußte man nolens volens an die Psychiatrie appellieren. Hier ist mal ein Fall, wo nicht gefragt werden muß, ob der Verbrecher für die Tat subjektiv verantwortlich ist, vielmehr ist die Tat selbst der Beweis für die aufgehobene Verantwortlichkeit. Um Ihnen, meine Herrn, gleich die volle Anschauung der Unzurechnungsfähigkeit des Patienten zu vermitteln, will ich nur hervorheben, daß der Mann coram publico die Ansicht ausgesprochen hat, daß die Ernährungslage Deutschlands ungünstig sei! *(Bewegung.)* Mehr als das: Der Mann zweifelt am Endsieg Deutschlands! *(Unruhe.)* Aber nicht genug daran – der Mann behauptet die Unzweckmäßigkeit des verschärften U-Bootkrieges, ja des U-Bootkrieges überhaupt – denn ich habe mich sogleich überzeugt, daß er die Waffe als solche ablehnt und zwar nicht nur weil er sie für unzweckmäßig, sondern weil er sie geradezu für unsittlich hält! *(Erregte Zurufe.)* Meine Herrn, wir als Männer der Wissenschaft haben die Pflicht, kaltes Blut zu bewahren und dem Gegenstand unsrer Entrüstung nur als einem Objekt unsrer Forschung gegenüberzustehn, sine ira, jedoch cum studio. *(Heiterkeit.)* Meine Herrn, ich erfülle hier die traurige Pflicht, Ihnen ein volles Bild der Geistesverwirrung des Patienten zu entwerfen und ich muß Sie bitten, weder diesen Unglücklichen noch auch mich als den zufälligen Demonstranten einer abscheuerregenden Form von Irresein verantwortlich zu machen. Seine Verantwortlichkeit ist durch die Krankheit, meine durch die Wissenschaft aufgehoben. *(Rufe: »So ist es!«)* Meine Herrn, der Mann leidet an der fixen Idee, daß Deutschland durch eine »verbrecherische Ideologie«, wie er den hehren Idealismus unsrer Obrigkeiten nennt, dem Untergang entgegengetrieben werde, er findet, daß wir verloren sind, wenn wir uns nicht auf dem Höhepunkte unsres Siegeslaufs für geschlagen erklären, daß unsre Regierung, unsre militärischen Machthaber – beileibe nicht die englischen *(Oho!-Rufe)* – Schuld daran tragen, daß unsre Kinder sterben müssen! *(Pfui!-Rufe.)* Schon durch die Behauptung, daß unsre

Kinder sterben müssen, daß also unsre Ernährungslage ungünstig sei, wäre ja die Sinnesverwirrung des Mannes glatt bewiesen. *(Rufe:* »*So ist es!*«*)* Ich habe Ihnen nun, meine hochverehrten Kollegen von der internen Medizin, den Fall entwickelt, damit Sie den Versuch machen mögen, auf den Patienten durch Mitteilung Ihrer Erfahrungen über den Gesundheitszustand der deutschen Bevölkerung im Kriege einzuwirken. Von der Art seiner Reaktion erhoffe ich mir eine Vervollständigung des klinischen Bildes, wenn nicht dessen Berichtigung nach jener Richtung, in der sich vielleicht doch die kriminelle Verantwortlichkeit nachweisen ließe, da man ja nichts unversucht lassen darf – in der Hoffnung also, daß der Patient unter der Einwirkung Ihrer maßgebenden Darlegungen sich zu Äußerungen hinreißen lassen werde, die uns die Entscheidung nach der einen oder der andern Richtung leichter machen. *(Ein Ruf:* »*Wir wolln det Kind schon schaukeln!*«*)*

DER IRRSINNIGE: Wenn unter Ihnen einer von den 93 Intellektuellen ist, verlasse ich den Saal! *(Oho!-Rufe.)*

DER PSYCHIATER: Ich will hoffen, meine Herrn, daß Sie diesen Ausbruch weniger als Insulte, denn als Symptom werten werden. Ich selbst habe, wie Sie alle wissen, jenen Protest, der als ein Markstein aus großer Zeit in den Annalen fortleben wird, unterzeichnet, und ich bin stolz darauf. Ich bitte nunmehr den verehrten Kollegen Boas, einen Versuch mit dem Patienten vorzunehmen.

PROFESSOR BOAS *(tritt vor)*: Ich habe schon wiederholt die Erklärung abgegeben und ich bekräftige aufs neue, daß eine Beeinträchtigung unsrer Volksgesundheit durch die Einschränkung der Lebensmittel nicht stattgefunden hat. *(Rufe:* »*Hört! Hört!*«*)* Als Tatsache kann betrachtet werden, daß wir mit der Hälfte der früher verbrauchten Eiweißration unsrer Nahrung, ohne Beeinträchtigung von Kraft und Arbeitsfähigkeit auskamen, ja sogar unser Gewicht und körperliches Wohlbefinden noch steigern konnten.

DER IRRSINNIGE: Sie versorgen sich vermutlich im Schleichhandel! *(Erregte Zurufe.)*

DER PSYCHIATER: Meine Herrn, bedenken Sie den Geisteszustand – bitte Herr Kollege, wie steht es mit der Säuglingssterblichkeit, ein Punkt, der in der Phantasie unsres Patienten ständig wiederkehrt.

PROFESSOR BOAS: Es hat sich gezeigt, daß von einer ungünstigen Einwirkung der Ernährungsverhältnisse auf die Säuglingssterblichkeit keine Rede sein kann.

DER IRRSINNIGE: – sein darf, mein Herr! *(Rufe: »Maul halten!«)*
DER PSYCHIATER: Was erhoffen Sie sich, Herr Kollege, von einer Fortsetzung des Krieges?
PROFESSOR BOAS: Wir haben mit steigender Wohlhabenheit und Zunahme der Luxusernährung Raubbau an unsrer Gesundheit getrieben; jetzt haben Millionen von Menschen unter dem Druck der Entbehrungen den Weg zur Natur und Einfachheit der Lebensführung zurückzufinden gelernt. Sorgen wir dafür, daß die heutigen Kriegslehren unsrer zukünftigen Generation nicht wieder verloren gehen. *(Rufe: Bravo!)*
DER IRRSINNIGE: Der Mensch hat ganz recht – die vom Kurfürstendamm haben vor dem Krieg zu viel gefressen. Sie fressen aber auch jetzt noch zu viel. Da hat sich die Ernährungslage tatsächlich gar nicht verschlechtert. Was aber die zukünftige Generation der übrigen Bevölkerung anlangt, jener Kreise, die nicht Boas wegen Fettleibigkeit konsultieren – was die zukünftige Bevölkerung Deutschlands anlangt, so sehe ich sie rachitisch zur Welt kommen! Kinder als Invalide! Wohl denen, die im Krieg gestorben sind – die im Krieg geboren sind, tragen Prothesen! Ich prophezeie, daß der Wahnsinn des Durchhaltens und der elende Stolz auf die Verluste der Andern, der deutsche Männer ebenso auszeichnet, wie deutsche Megären die Begeisterung für den Heldentod ihrer Söhne – daß dieser perverse Geisteszustand einer Gesellschaft, die in einer organisierten Glorie atmet und sich von Selbstbetrug nährt, ein verkrüppeltes Deutschland hinterlassen wird! *(Pfui!-Rufe.)* Was diesen Boas betrifft, so fordere ich ihn auf, zu bestreiten, daß bisher rund 800.000 Personen der Zivilbevölkerung Hungers gestorben sind, im Jahre 1917 allein um 50.000 Kinder und 127.000 alte Leute mehr als im Jahre 1913; daß im Halbjahr 1918 mehr Deutsche – um 70 Prozent mehr – an Tuberkulose starben als damals im ganzen Jahr! *(Rufe: »Schluß! Schluß!« »Jemeinheit!«)*
DER PSYCHIATER: Sie sehen meine Herrn, wie es um den Mann steht. Ich danke dem verehrten Kollegen Boas und ersuche nunmehr Herrn Kollegen Zuntz, einen Versuch anzustellen. Ich bitte den verehrten Kollegen, sich dahin zu äußern, ob die deutsche Leistungsfähigkeit, dieses kostbarste Nationalgut, durch die Ernährung auch nur im mindesten gelitten hat.
PROFESSOR ZUNTZ: Verminderte Leistungsfähigkeit kommt bei der jetzigen Ernährung nicht in Frage. Allerdings wird in weiten Kreisen eine Unterernährung dadurch herbeigeführt, daß

die Leute keine Lust haben zur Aufnahme ausreichender Mengen der wenig konzentriert vegetabilischen Nahrungsmittel.
Der Psychiater: Wenn ich den verehrten Kollegen recht verstehe, so hätte es sich die Bevölkerung selbst zuzuschreiben. Denn zu einer Unterernährung läge objektiv keine Ursache vor?
Professor Zuntz: Nein.
Der Psychiater: Aber die Unterernährung, soweit sie herbeigeführt wird oder sagen wir: wenn sie überhaupt herbeigeführt wird, hat keine nachteiligen Folgen?
Professor Zuntz: Nein.
Der Psychiater *(zum Irrsinnigen)*: Darauf wissen Sie wohl nichts zu erwidern?
Der Irrsinnige: Nein.
Der Psychiater: Zu allem hat er seine koddrige Schnauze, aber da schweigt er betroffen! Ich danke dem verehrten Kollegen Zuntz und ersuche nunmehr Rosenfeld-Breslau, den wir als Gast der Berliner Fakultät zu begrüßen die Ehre haben, einen Versuch anzustellen.
Professor Rosenfeld-breslau: Unsre Bevölkerung ist bei aller Unterernährung gesünder geworden und die große Angst um die Unterernährung hat sich als müßig erwiesen. Im Gegenteil: die Überernährung der Friedenszeit stellt eine größere Gefährdung des Lebens dar als die Kostknappheit der Kriegsjahre. Die Statistik hat gezeigt, daß in der weiblichen Bevölkerung fast alle Krankheiten in den Kriegsjahren weniger Todesfälle gezeitigt haben als im Frieden. Jedenfalls können wir unsre Betrachtungen dahin zusammenfassen, daß die Kriegskost die Widerstandsfähigkeit des Volkes weder gegen die überwiegende Mehrzahl der Krankheiten noch gegen Erkrankungen noch gegen Anstrengungen in irgendeinem erkennbaren Maße herabgesetzt hat.
Der Irrsinnige: Nur gegen die Verlogenheit der Professoren!
(Lebhafte Entrüstungsrufe.)
Eine Stimme: Machen Sie sich hier nicht unnütz!
Zweite Stimme: Rraus mit dem Kerl!
Dritte Stimme: Da müßt 'n Schutzmann ran!
Der Vorstand des Ärzteausschusses von Gross-Berlin: Ich benütze die Gelegenheit dieses Skandals, um meine Stimme zu einem nachdrücklicher. Appell zu erheben. Kollegen! Ihr seid die Beichtväter eurer Kranken, ihr habt die vaterländische Pflicht, mündlich und in jeder andern Form aufklärend und belehrend zum Durchhalten zu ermutigen! Den Kleinmütigen

müßt ihr aufs schärfste entgegentreten! Unbegründete und oft böswillig oder leichtfertig verbreitete ungünstige Gerüchte weiset zurück! Wir Heimgebliebenen können, sollen und werden durchhalten! Kollegen! Die einfache Lebensweise und Kost, das Maßhalten in der Aufnahme von Eiweißkörpern und Fett ist vielen gesundheitsdienlich gewesen!

DER IRRSINNIGE: Den Wucherern und den Ärzten! *(Rufe: »Das ist Unjebühr!« »Rraus mit dem Kerl!«)*

DER VORSTAND DES ÄRZTEAUSSCHUSSES VON GROSS-BERLIN: Schulärzte haben einwandfrei festgestellt –

DER IRRSINNIGE: – daß Deutschland erfolgreich mit Lügen belegt worden ist! *(Pfui!-Rufe.)*

DER VORSTAND DES ÄRZTEAUSSCHUSSES VON GROSS-BERLIN: – daß die erste Jugend keine gesundheitliche Schädigung gegen früher erkennen läßt!

DER IRRSINNIGE: Die Zunahme der Sterblichkeit beträgt nur 37 Prozent! *(Rufe: »Maul halten!« »Vaterlandsloser Jeselle!«)*

DER VORSTAND DES ÄRZTEAUSSCHUSSES VON GROSS-BERLIN: Die Kindersterblichkeit ist zurückgegangen. Erst kürzlich hat ein erster Fachmann nachgewiesen, daß es den Säuglingen noch nie so gut gegangen ist wie jetzt. *(Rufe: »So ist es!«)* Die Krankenhäuser sind weniger überfüllt als früher.

DER IRRSINNIGE: Weil alle tot sind! *(Lärm.)*

EINE STIMME: Das soll der Kerl beweisen!

DER IRRSINNIGE: Die Berichte mancher Anstaltsärzte klingen verzweifelt, wenn sie den Hunger der Insassen schildern, die weggeworfene Kohlstrünke und allerlei Unverdauliches zu verschlingen suchen, um nur die Hungerqual zu stillen. Der von einem Siechenhaus eingeforderte Bericht lautet lakonisch: Die Insassen sind alle gestorben. – Die aber lebend hier versammelt sind, sind zu Gutachten kommandiert worden und werden erst nach dem unvermeidlichen Zusammenbruch der Lüge und des Reichs den Mut zur Wahrheit finden! Dann aber wird es zu spät sein und kein Geständnis wird ihnen die Verachtung des Auslands ersparen. Denn die deutsche Wissenschaft ist eine Prostituierte, ihre Männer sind ihre Zuhälter! Was hier versammelt ist, um im Dienste der großen Lüge des Generalstabs das Kindersterben in Abrede zu stellen und aus schwarz weiß zu machen, trägt mehr Blutschuld als jene, die rot gemacht haben! Die 93 Intellektuellen, die da einst ausriefen »Es ist nicht wahr!« und »Wir protestieren!«, die das Pathos der Lüge mit ihrem Protest gegen die deutsche Ehre eröffnet haben, und jene, die zu ihnen gestoßen sind, haben die deutsche Kultur von Goethe und Kant und allen guten Geistern Deutschlands weiter abgezogen als selbst die romantischen Mordbrenner, unter deren Zwang sie lügen! Unter der Hand solcher Ärzte wird die Welt, die vom deutschen Wesen angesteckt zu werden fürchtet, an ihm sicher nicht genesen – und daß bei so viel Professoren das Vaterland verloren ist, sagt ein deutscher Reim! *(Es erhebt sich ein ungeheurer Lärm. Man hört die Rufe: »Es ist nicht wahr!« und »Wir protestieren!« Einige Professoren wollen sich an dem Irrsinnigen vergreifen und werden von anderen zurückgehalten.)*

DER PSYCHIATER: Meine Herrn! Wir waren soeben Zeugen des wildesten Ausbruches eines Vaterlandshasses, der unmöglich auf deutschem Boden gewachsen sein kann. Die Reaktion des Patienten auf die Experimente der verehrten Kollegen Boas, Zuntz und Rosenfeld-Breslau, und namentlich auf die gehalt- und lichtvollen Darlegungen des verehrten Vorstandes des Ärzteausschusses Groß-Berlin, für die ich dem verehrten Kollegen noch wärmstens danken muß, hat mir klar bewiesen, daß der Mann nicht geistesgestört, sondern von der Entente bezahlt ist! Wir haben es mit einem akuten Fall von Northcliffe-Propaganda zu tun, deren chronische Ausbreitung zu verhindern gerade die Ärzteschaft Groß-Berlins verpflichtet ist. Schon hat das Gift des Pazifismus auch in gesunde Hirne Eingang gefunden, und der zu weit getriebene Idealismus der Kriegsgegner ermutigt Weichlinge und Drückeberger zu einem Verhalten, das mit das schlimmste Übel ist, an dem der deutsche Volkskörper krankt. Tritt dazu noch eine verbrecherische Propaganda, so ist alsbald ein Zustand geschaffen, der danach angetan ist, knapp vor dem Endsieg unsern Unternehmungsgeist zu lähmen. Es ist der Geist der Flaumacherei, der dem Feind den Rücken stärkt und uns die Schwingen lähmt in einem Verteidigungskrieg, den britischer Neid *(Ein Zwischenruf: »Britischer Krämergeist!«),* französischer Revanchedurst *(Zwischenrufe: »Und russische Raubgier!«)* – und russische Raubgier uns aufgezwungen haben. Hier haben wir einmal einen typischen Fall vor uns. Ich kann nicht umhin zu betonen, daß der Mann mir von vornherein bedenklich war, und nunmehr habe ich die Überzeugung gewonnen, daß wir es mit einem ganz schweren Jungen zu tun haben. So spricht kein Geisteskranker, meine Herrn, so spricht ein Vaterlandsverbrecher! Ich kann Ihnen, meine Herrn, des weiteren verraten, daß der Mann durch sein reueloses Verhalten während der Schutzhaft, wo er die empörenden Angriffe gegen alles was

dem Deutschen heilig ist fortsetzte, ja sich sogar zu einer abfälligen Bemerkung über das Wolffsche Büro hinreißen ließ *(Bewegung)* – die Aufmerksamkeit der höchsten Kreise erregt hat und daß sogar eine Persönlichkeit, die uns allen ehrwürdig ist *(Die Versammelten erheben sich)* – unser Kronprinz, die Äußerung getan hat, man sollte dem Kerl eins in die Fresse hauen. *(Rufe: »Hurra!«)* Es wird von der Entschließung der betreffenden höchsten Stelle abhängen, ob eine solche Remedur, die etwa als Strafverschärfung in Aussicht zu nehmen wäre, zur Anwendung gelangen soll. Unsres Amtes, meine Herrn, ist es, uns glatt für inkompetent zu erklären, da die medizinische Wissenschaft mit diesem Fall nichts zu schaffen hat, und ihn der Obhut der maßgebenden kriminellen Faktoren zu übergeben. *(Öffnet die Tür und ruft)* Schutzmann!
SCHUTZMANN BUDDICKE *(erscheint)*: Im Namen des Gesetzes – na kommen Se man mit! *(Ab mit dem Irrsinnigen. Die Versammelten erheben sich und stimmen die Wacht am Rhein an.)*
(Verwandlung.)

8. Szene

Weimar. Frauenklinik.

PROFESSOR HENKEL: Ist nichts mehr zum operieren da? Seine Hoheit wird gleich da sein und ich habe ihm zugesagt – ich wollte ihm Gelegenheit geben, mal einer Operation als Zuschauer beizuwohnen. Also?
PROFESSOR BUSSE: Wir haben nichts.
HENKEL: Wir müssen aber noch etwas operieren.
BUSSE: Es ist nichts da.
HENKEL: Sie haben doch noch einen Fall. Bringen Sie den mal rein.
BUSSE: Aber – die Patientin hat gerade gefrühstückt.
HENKEL: Das macht nichts. *(Die Patientin wird hereingebracht. Zu einem Assistenten)* Bereiten Sie den Fall vor und pumpen Sie ihr den Magen aus.
DIE PATIENTIN *(wehrt sich in großer Erregung)*: Nein – nein – ich – will nicht –
HENKEL: Keine Faxen! Die blamiert einen noch vor Seiner Ho-

heit! *(Der Prinz zu Lippe erscheint mit Gefolge. Begrüßungszeremonie. Die Operation wird vorgenommen.)* Es geht sehr schön, Hoheit – da – so –

EINE SCHWESTER *(zupft den Assistenten am Rock)*: Ach – Himmel –
HENKEL: Was is'n los? *(Der Assistent gibt eine Kampferinjektion).*
DER ASSISTENT: Herr Professor –
HENKEL *(abwinkend)*: Pst –
DER PRINZ ZU LIPPE *(zu Henkel)*: Da haben Sie ganz ausgezeichnet operiert, ich werde das sofort meiner Schwester mitteilen.
(Verwandlung.)

9. Szene

Bei einer deutschen Reserve-Division.

EIN OBERST *(diktiert)*: Von einem französischen Arbeitstrupp am Hindernis Planquadrat 4674 wurden durch den Grabenbeobachter Gefreiten Bitter, 7. Komp., R.-Inf.-Regt. 271, mit drei Schuß zwei Franzosen niedergeschossen. Ich spreche dem Gefreiten Bitter für die gute Leistung meine Anerkennung aus.
(Verwandlung.)

10. Szene

Isonzofront. Bei einem Brigadekommando. Nach Tisch.

DIE SCHALEK *(steht umgeben von Offizieren)*: Schritt für Schritt bin ich jetzt die Front am Isonzo längs des Görzer Abschnittes abgegangen. Alles haben sie mir gezeigt! Also was ich da erlebt hab! Die im Hinterland sitzen, können sich das gar nicht vorstellen. Nach langem Bitten bekam ich also die Erlaubnis mitzugehen. Ich fühlte, wie die Freiwilligkeit die Last erschwert. Daß ich nicht mitgehen muß, verursacht den innern Hader. Zur angegebenen Stunde, um 5 Uhr nachmittags, melde ich mich beim General als abmarschbereit. Ich bitte darum, mit einem Herrn gehen zu dürfen, der ohnedies heute in Stellung muß. Durch mich soll keiner gefährdet werden, von dem es der Dienst nicht verlangt! Ein blutjunger Leutnant, der über die sich eröffnende Abwechslung seelenvergnügt ist, biegt mit mir am Fuße des Berges ab, den wir umgehen, um ihn dann von der Flanke anzufassen. Vorher bekomme ich den Befehl, punkt 9 Uhr wieder an der Ausgangsstelle zu sein. Tiu, tiu, tiuuu – geht es uns von der Seite an. Und plaudernd bummelten wir durch die Mondnacht wiederum heim. Aber dann! Beim Artilleriebeobachter der Podgora bin ich gesessen, atemlos harrend, was sich in seinem Abschnitte begeben würde. Nun, eine Bejahung der Instinkte, eine Betonung der Persönlichkeit hat Platz gegriffen, wie sie nie vordem hätte gezeigt werden dürfen. Oberhalb der Parkmauer des Schlosses bin ich beschossen worden. Wir stehen da, ohne Regung. Mag der Feind uns sehen! Kein Wort haben wir noch gesprochen. Jetzt sehe ich ihn an. Dünn ist er und blaß. Nicht viel über Zwanzig. Etwas Sonderbares geht in mir vor. Ich sehe den Leutnant an; Volksschullehrer ist er in einem ungarischen Dorf. Und wie ein blendendes Licht steigt in mir eine Erkenntnis auf. Während des Trommelfeuers auf dem San Michele erleuchtet ein neues Verstehen jede Windung meines Gehirns. Der Leutnant ahnt nicht, wie seine Haltung auf meine Erkenntnis wirkt. Er sieht mich an und lächelt. Er fühlt, daß ich mit ihm denke, unsere Nerven schwingen während des Trommelfeuers im Takt. Es klingt wie eine Solonummer im Orchester.. Tk, tk, tk – geht es los.. Der erste Ton ists des Morgens, wenn ich um halb vier aufstehe, um in die Stellung zu gehen.. Tiu, tiu, tiu – tk, tk, tk – kings!.. Aber auch nicht der Gedanke daran, daß man ungehorsam sein, den Befehl mißachten könnte, kommt einem von uns beiden in den Sinn. Die ungeheure Triebkraft eines Befehls verspüre ich jetzt am eigenen Leib. Der Leutnant bleibt stehen. Eine Nachtigall lockt und die Akazien duften betäubend. Jetzt freilich kommt es von der andern Seite; nicht mehr so peitschend und eilig, sondern langsam brüllend, fast hohnvoll singend. Der Leutnant zerrt mich an die Wand. Wu – wu – wu – – Ein Blindgänger war's.. Kein Gedanke daran, stehen zu bleiben oder Deckung zu suchen. Befehl: Um neun Uhr stellig zu sein. Zum erstenmal kann ich ganz mit der Mannschaft fühlen. Was für eine Erleichterung ist ein Befehl! Wunderbar leicht kommt man durchs Feuer, wenn der Befehl es heischt. Wohl jenem Volk, das im Befehl leben dürfte, vertrauend, gläubig, daß der Befehl auch der richtige sei, von den Besten der Besten ersonnen; so wie es hier der vorwärtsdrängende und jeden Rückfall abschneidende, das Eigentum schützende Befehl vom Isonzo ist! Verwundete holen uns ein..

Einer ist taubstumm geworden. Er winkt und deutet, was ihm geschah.. Die Autos warten und bald sind wir im Quartier. Der Tisch ist gedeckt und in dampfenden Schüsseln wird das Mahl aufgetragen. In jedem Auge steht noch der Abglanz des Erlebnisses. Aber wir essen ganz tüchtig und schlafen prächtig und nächsten Mittag spielt die Militärmusik bei der Offiziersmesse auf. Wir haben ja den benötigten Graben. Im Freien wird gespeist, die Spargel schmecken gar köstlich und süße Walzermelodien wetteifern mit dem Kuckuck und mit dem Specht.. In Rom erfährt Salandra wohl nichts, als daß er heute einen Graben verlor. Nun, das Trommelfeuer auf dem Monte San Michele hatte ich hinter mir. Am nächsten Tag aber gings noch einmal hinaus. Interessant sind die Verwundetenzüge. Die Leichtverletzten nehmen noch Haltung an und salutieren, andere heben matt den Blick und versuchen, mit der Hand nach der Mütze zu fahren, viele aber liegen unbeweglich, haben den Mantel übers Gesicht gezogen und sehen und hören nichts.. Das Gefecht ist zu Ende. Wir können also gehn. Andern Tags dachte ich, ach was, den Monte San Michele läßt du heute rechts liegen. Heute führt mich mein Weg zur Nachbardivision, zu den ungarischen Truppen des Heeres. Leichengeruch weht über die Straße weg. Kein Korso einer Großstadt ist so menschenbelebt wie diese granatenbestrichene Straße. Hier liegen seit acht bis zehn Monaten zwischen den Stellungen ganz mumifizierte, durchlöcherte Leichen.. Die Gräben sind eng, fast nur mannsbreit und die Leute schlafen langausgestreckt auf ihrem Grunde. Man steigt über sie weg, aber sie wachen nicht auf.. Sechs Einschläge zählen wir und eine rasche Aufnahme gelingt.. Ich darf durch einen Panzerschild hinausschauen und den Trichter bestaunen.. Beim Bataillonskommandanten bekomme ich ein Glas Eierschnaps. Das tut wohl. Die Nerven vibrieren doch von dem ewigen Krachen ringsum. »Decken Sie frisches Zeitungspapier auf«, ruft der gastfreie Offizier. (Offenbar eine Galanterie für mich.) Sechs Schüsse – sechs Volltreffer.. Platte auf Platte fülle ich mit Bildern für die Zukunft.. Und dann zurück hieher. Beim Brigadier wartet ein Frühstück auf uns; dankbar nehme ich's an. Das war aber ein Frühstück –! Weil mich Cadorna heute wiederum verschonte, weil die Granate wiederum gerade um ein Viertelstündchen zu spät kam, gab's eine Flasche echten Champagners und als besonderen Lohn eine Dose wirklichen Kaviars. Knusprige Kipfel und bunte Blumen, Radieschen und ein Damastgedeck – solche Kontraste gibt's nur an der Front!

DIE OFFIZIERE: Weil sie Cadorna heute wiederum verschonte, weil die Granate wiederum gerade um ein Viertelstündchen zu spät kam –

gab's Blumen, Kipfel, Kaviar,
so muß es sein, das ist doch klar.

Wir sind die bessern Herrn vom Stab,
in diesem Punkt geht uns nix ab.

Wir gehn nicht in den Schützengraben,
weil s' dorten keinen Schampus haben.

Statt Kaviar auf Butterbrot
gibt's nix als einen Heldentod.

Wir fressen, die dort müssen zahl'n.
Fürs Vaterland is's schön zu fall'n.

Und das weiß heut doch jedes Kind:
Wir fall'n nur, wenn wir b'soffen sind.

Cadorna, der hat uns schon wieder verschont.
[:SehnS', solche Kontraste gibt's nur an der Front!:]
(*Verwandlung.*)

11. Szene

Divisionskommando.

EIN KOMMANDANT: Exzellenz, gerade dieses Unternehmen war mangels entsprechender Artillerie aussichtslos. Der Feind hat geradezu ein Scheibenschießen auf die abgelassenen Pontons und deren Besatzungen veranstaltet. Hunderte von Leichen sind an jenem Tag im San versunken und dann mußten wir doch die Forcierung des Flusses aufgeben. Wir stehen jetzt vor derselben Situation.

DER KAISERJÄGERTOD: Sie müssen unbedingt aushalten.
DER KOMMANDANT: Exzellenz, die Truppen erfrieren in den von Grundwasser erfüllten eisigen Löchern.
KAISERJÄGERTOD: Wie hoch schätzen Sie die voraussichtlichen Verluste?
DER KOMMANDANT: 4000.
KAISERJÄGERTOD: Die Truppen sind befehlsgemäß zu opfern.
DER KOMMANDANT: Wenn sie herauskommen werden, waten sie bis zu den Knieen im Schnee und sollen dabei eine überhöhende Stellung des Feindes angehen.
KAISERJÄGERTOD: Haben Sie denn keinen Feldkuraten, der die Leute aufpulvern könnte? Die Offensive darf um keinen Preis verzögert werden!
DER KOMMANDANT: Exzellenz, es liegt ja so viel Schnee, daß ein ganzes Regiment aufgerieben wird.
KAISERJÄGERTOD: Ein Regiment? Was macht mir ein Regiment!
DER KOMMANDANT: Die Leute stehen mit hungrigem Magen im Wasser. Sie kämpfen verzweifelt gegen die gewaltigen unausgesetzten Anstürme der Russen.
(Der Kaiserjägertod wird zum Telephon gerufen.)
KAISERJÄGERTOD: Was? Ablösung oder Verstärkung? Herr Oberst, Sie haben auszuhalten bis auf den letzten Mann, ich habe keine verfügbare Mannschaft, und ein Zurück kenne ich nicht, koste es was es will! Was? Einen Tag Ruhe wollen s' zum Trocknen der Kleider? Was sagen Sie? Ihre armen, braven Tiroler liegen erschossen draußen und schwimmen im Wasser? *(Brüllend.)* Zum Erschießen sind sie da! Schluß! – So und Ihnen habe ich nichts anderes zu sagen. Die Truppen haben in ihren Stellungen auszuharren, es geht um meine Existenz! *(Ab.)*
EIN MAJOR *(zum Kommandanten)*: Da ist nichts zu machen, Exzellenz pflegt eben seine Kerntruppen wegen ihrer vorzüglichen Eigenschaften gerade bei den schwierigsten Aufgaben einzusetzen. Exzellenz ist ein überaus energischer, zielbewußter, impulsiver General, der streng dienstfordernd, persönlich tapfer, von seinen Untergebenen unbedingte Aufopferung verlangt.
(Verwandlung.)

12. Szene

Rückzug. Eine Ortschaft.

KAISERJÄGERTOD *(zu einem Obersten)*: Niemand darf austreten und niemand darf sich etwas kaufen! *(Aus einem Geschäft tritt ein hungernder Soldat, der ein Stück Brot in der Hand hält. Kaiserjägertod züchtigt ihn mit der Reitpeitsche.)* Herr Oberst, was führen Sie hier für einen Sauhaufen, lassen Sie jeden Mann, der ausgetreten ist, drei Stunden anbinden! Verlautbaren Sie, daß auf Leute, die beim Vormarsch oder Rückzug zu den Bauern Brot und Milch kaufen gehn, geschossen werden soll! *(Er reitet ab. Da und dort verlassen Leute die Einteilung. Die Offiziere schießen der Mannschaft nach. Panik. Schreckensrufe:* »*Die Russen kommen!*«*)*
OBERLEUTNANT GERL *(stellt sich in Positur)*: Ihr könnts krepieren vor Hunger, ich werde aber noch immer etwas zum essen haben!
(Verwandlung.)

13. Szene

Spital neben einem Divisionskommando. Man hört die Regimentsmusik lustige Weisen spielen.

EIN SCHWERVERWUNDETER *(wimmert)*: Nicht spielen – nicht spielen!
EIN WÄRTER: Stad sein! Das is die Tafelmusik vom Exzellenzherrn Feldmarschalleutnant von Fabini! Die wird er euretwegen net aufhören lassen, was glaubts denn?!
(Die Tür geht auf. Man hört Gesang: Ja so ein Räuscherl is mir lieber als wiara Krankheit, wiara Fieber.)
(Verwandlung.)

14. Szene

Bei einer deutschen Reserve-Division.

EIN OBERST *(diktiert)*: – Jetzt den Schluß vom Tagesbefehl. Notiz! Aus der Masurischen Waschanstalt in Lötzen hat Herr General von Schmettwitz drei weiße Stehkragen, Marke Maingau, Weite 42 Zentimeter, ohne Zeichnung zurückerhalten, die ihm nicht gehören. Dagegen fehlen drei weiße Stehkragen, Weite 43 Zentimeter, zwei davon gezeichnet v. Sch., und alle drei mit grauem Faden im hinteren Knopfloch versehen. Um Austausch wird gebeten.
(Verwandlung.)

15. Szene

Der Optimist und der Nörgler im Gespräch.

DER OPTIMIST: Vor einem möchte ich Sie warnen: zu generalisieren.
DER NÖRGLER: Sie meinen, ich solle mich hüten, jeden Schurken für einen General zu halten?
DER OPTIMIST: Nein, Sie sollten nicht die Fülle der Beispiele von Pflichterfüllung und von Opfermut übersehen – auch bei den Offizieren –
DER NÖRGLER: Man darf nicht generalisieren. Da doch jene Beispiele in ihrer Fülle offenbar gar nicht zu übersehen sind, so bleibt nichts übrig, als sein Augenmerk auf die Ausnahmen zu heften. Wollte man statt dessen auf solche, die im Krieg ihre Ehrenhaftigkeit nicht verloren haben, aufmerksam machen, so würde man das Selbstverständliche hervorheben und der Institution vollends nahetreten, indem man den Eindruck erweckte, als ob die Ehrenhaftigkeit eine Ausnahme sei. Gerade indem man auf die Schurken hinweist, bleibt man frei von dem Vorwurf, zu generalisieren, den nur die Getroffenen, nicht die andern erheben können. Nahetreten möchte ich keinem einzigen, nur der ganzen Institution, indem ich weniger zu ihren Gunsten gelten lasse, daß sie einen Ehrenmann nicht verdirbt, als zu ihren Ungunsten, daß sie einen Schwächling in einen Schurken verwandelt. Glauben Sie ja nicht, daß ich diese feigen

Philister, die jetzt die Machtgelegenheit benützen, um sich für ihr Minus an Mannheit an der Mannschaft zu rächen, für bewußte Tyrannen halte. Sie vergießen nur Blut, weil sie keines sehen können und es nie gesehen haben, sie handeln im Rausch des Erlebnisses, plötzlich ihre eigenen Vorgesetzten zu sein und einmal Dinge tun zu dürfen, für die sie nicht in ihrer Persönlichkeit, nur in der Gelegenheit die unentbehrliche »Deckung« finden. Und die meisten dieser Schubbjacks werden dereinst nicht einmal zu fassen sein, weil sie bei ihrem Handeln von jenem Kodex gedeckt waren, der ihnen alles das erlaubt und gebietet, was ihnen bis dahin das Strafgesetzbuch verboten hat: vom Reglement. Groß war die Zeit, in der einer für Rauben, Morden und Schänden mit dem Verdienstkreuz davonkam, und für die Bestellung dieser Taten mit dem Mariatheresienorden!
DER OPTIMIST: Man darf nicht generalisieren. Erst heute habe ich gelesen, daß sich die Mannschaft mit den Offizieren, die ihr frisches Herzblut dem Vaterlande opfern, durch eine oft bis zur Freundschaft gesteigerte Kameradschaft –
DER NÖRGLER: – angebunden fühlt.
(Verwandlung.)

16. Szene

Frachtenbahnhof in Debreczin. Ein Waggon, von Posten bewacht. Mit Kreide angeschrieben: 40 Mann, 6 Pferde. Neugierige im Umkreis.

EIN POSTEN *(zur Bevölkerung)*: Gehts weg da!
OBERLEUTNANT BEINSTELLER: Wie lang hängen die jetzt drin?
LEUTNANT SEKIRA: Erst anderthalb Stunden.
BEINSTELLER: Also noch eine halbe Stund! Wie viel sinds?
SEKIRA: 20.
BEINSTELLER: Also noch Platz für 20! Den Frontschweinen gehts zu gut.
SEKIRA: Ich hab s' eh schon trocken rasiern lassen und nacher geohrfeigt. Wenn das Anbinden verboten wird, weiß ich schon was ich mach. In ein Schilderhäusl – und nacher drin mit Stacheldraht so umatum, daß der Kerl nur habtacht stehn kann!
(Verwandlung.)

17. Szene

Wiener Magistrat.

DER BEAMTE *(zu einer vor ihm stehenden Partei)*: Also wann S' aufs Land gehn wolln – das wern mr gleich haben, da brauchen S' sich nur nach der folgenden Vurschrift zu richten, passen S' auf *(er liest, wobei er ein bestimmtes Wort besonders lebendig hervorhebt, aber unaufhörlich mit dem Zeigefinger der rechten Hand eine Bewegung vornimmt, die jede Hoffnung abzuweisen scheint)*: »Personen, die im Jahre 1917 ihren Wohnort vorübergehend in ein Heilbad oder auf die Dauer von mindestens vier Wochen in einen Kurort oder in eine Sommerfrische verlegen, haben bis längstens 1. Juni bei der Bezirksbehörde ihres ständigen Wohnortes mittelst des dort erhältlichen amtlichen Formulars eine Abmeldung zu erstatten, in der der Name, der ständige Wohnort, der Ort des Sommeraufenthalts, der Tag des voraussichtlichen Eintreffens, die Anzahl der Begleitpersonen und die beabsichtigte Dauer des Aufenthalts anzugeben sind; eine gleichlautende, zweite Ausfertigung dieser Abmeldung ist der Bezirksbehörde des gewählten Sommeraufenthalts zuzusenden. Die Personen haben noch vor der Abreise bei ihrer Brotkartenausgabestelle den Lebensmittelkartenabmeldeschein zu beheben und sohin den Bezug derjenigen Lebensmittel, deren Verkauf rayoniert ist, gegen Bestätigung auf dem Lebensmittelkartenabmeldeschein bei der betreffenden Verschleißstelle abzumelden. Der Verschleißer rayonierter Lebensmittel hat eine Liste zu führen, in welcher Name, Wohnort, Tag der Abreise und Zahl der Begleitpersonen der sich Abmeldenden sowie die Menge der in Abfall kommenden Lebensmittel einzutragen sind; diese Liste ist derjenigen Stelle, von der die Zuweisung rayonierter Lebensmittel erfolgt, am Ende jeder Woche vorzulegen. In dem Heilbad, dem Kurort oder der Sommerfrische haben sich die Personen unter Vorweisung des Lebensmittelkartenabmeldescheines *(Die Partei verschwindet)* bei der Brotkartenausgabestelle sowohl nach dem Eintreffen als auch vor dem Verlassen dieser Orte zu melden. Die Ausfolgung von Lebensmittelkarten darf im Orte des Sommeraufenthalts sowie nach der Rückkehr im ständigen Wohnort nur auf Grund des mit den entsprechenden Amtsvermerken versehenen Lebensmittelkartenabmeldescheines erfolgen. Die politischen Bezirksbehörden sind ermächtigt worden, den Einkauf von Lebens-

mitteln durch die Fremden zu rayonieren und außerdem die Verabfolgung von Speisen in den Speisewirtschaften der Heilbäder, Kurorte und Sommerfrischen zu regeln. Gastwirtschaften haben auf die Mehrzuweisung von Lebensmitteln für die Verpflegung von Heilbäder- und Kurortebesuchern sowie Sommerfrischlern im Allgemeinen nur dann Anspruch, wenn sie den erhöhten Bedarf durch Abgabe der von den Kostteilnehmern eingezogenen Kartenabschnitte nachweisen. Für Ausflügler, die nur auf kurze Zeit Heilbäder, Kurorte und Sommerfrischen besuchen, können besondere Verpflegsvorsorgen nicht getroffen werden. Weiters sind die politischen Bezirksbehörden ermächtigt worden, den Besuchern von Heilbädern, Kurorten und Sommerfrischen zur Verhinderung des Hamsterns von Lebensmitteln den unmittelbaren Einkauf gewisser Lebensmittel beim Produzenten zu verbieten.« – Na alstern, jetzt wissen S' es, jetzt können S' – *(er blickt auf)* Wo is denn der hin verschwunden? *(Er sucht auf dem Boden.)* Sie Herr, warten S' auf den Lebensmittelkartenabmeldeschein! *(Kopfschüttelnd)* Mirkwürdiger Mensch das. Was sich die Leut herausnehmen! *(Er sucht weiter. Dann erhebt er sich.)* Der hats net erwarten können. Am End is er gar schon am Land!
(Verwandlung.)

18. Szene

Wohnung der Familie Durchhalter.

DIE MUTTER: Ziagts z'haus die Sandalen aus, man hört sein eigenes Wort nicht!
EIN KIND: Mutter, gibt's heut wieder nix z' essen?
DIE MUTTER: Du frecher Bub, ich werd dir lehren – *(sie will auf ihn losgehen. Es läutet.)* Das is der Vater! Er hat sich angstellt um Wrucken, hoffentlich –
(Man hört das Klappern von Sandalen. Der Vater, in Papieranzug, erscheint in der Tür.)
DIE KINDER: Vater, Brot!
DER VATER: Kinder, Rußland verhungert!
(Verwandlung.)

19. Szene

Der Abonnent und der Patriot im Gespräch.

DER ABONNENT: No jetzt wern wir doch schon bald Getreide aus der Ukraine haben.
DER PATRIOT: Der Czernin hat eine Gewure! Jetzt ham wir den Brotfrieden! Und jetzt solln sie probiern, uns auszuhungern.
(Verwandlung.)

20. Szene

Sofia. Ein Bankett deutscher und bulgarischer Schriftleiter.

DER DEUTSCHE GESANDTE GRAF OBERNDORFF *(erhebt sich)*: Meine verehrten Gäste! Ich freue mich jedesmal, wenn mir vergönnt ist, hier im Hause, über dem das schwarz-weiß-rote Banner weht, deutsche und bulgarische Freunde zu gemütlichem Gedankenaustausch zu vereinen. Heute aber freue ich mich ganz besonders. Denn Sie, meine verehrten Herren von der deutschen und bulgarischen Presse, darf ich als – Kollegen willkommen heißen.
RUFE: Bravo! Prösterchen, Herr Kollege!
DER DEUTSCHE GESANDTE: Ja, mögen wir auch ein oder das andere Mal etwas an einander auszusetzen haben, wie das zwischen Zunftgenossen vorkommen kann, Diplomatie und Presse gehören eng zusammen.
RUFE: Bravo! Bravo!
DER DEUTSCHE GESANDTE: Kein guter Journalist ohne diplomatisches Empfinden. und kein brauchbarer Diplomat, der nicht mit einem vollen Tropfen Druckerschwärze für seinen Beruf gesalbt wäre.
RUFE: Famos!
DER DEUTSCHE GESANDTE: Ich sage Beruf, das Wort ist zu gering. Es ist eine Kunst, eine hohe Kunst, die wir ausüben, und das Instrument, auf dem wir spielen, ist das edelste, das sich denken läßt, es ist die Seele der Völker!
RUFE: So ist es!
DER DEUTSCHE GESANDTE: Was Diplomatie und Presse geeinigt vermögen, hat uns dieser Weltkrieg gezeigt.

Rufe: Jawoll!

Der deutsche Gesandte: Vom Feinde soll man lernen. Wenn wir die Reihe der diplomatischen Größen der Anktankte an unserem Sinn vorüberziehen lassen und dabei Namen wie Times und Reuter, Matin, Havas, Nowoje Wremja hören, nicht zu gedenken der kleinen Satelliten in Rom, Bukarest, Belgrad, dann müssen wir gestehen, daß hier ein Bund auftrat, der Erfolge aufweisen kann. Erfolge an Lüge und Verblendung –

Rufe: So ist es!

Der deutsche Gesandte: – Wut und Haß, wie sie die Welt nie zuvor gesehen. Ja, es ist ein mächtiger Bund und schreckhaft anzuschauen, und dennoch nur ein künstlich aufgetriebener Koloß, der eines Tages bersten wird. Denn es fehlt ihm der Leben spendende und erhaltende Geist, die Wahrheit. Die ficht auf unserer Seite.

Rufe: Jawoll!

Der deutsche Gesandte: Mit ihr und für sie streiten Sie, meine Herren von der bulgarischen und deutschen Presse, in der stolzen Erkenntnis, daß jeder Erfolg, den die Wahrheit erringt, auch einen Erfolg für unsere gemeinsame Sache bedeutet. Ja, an dem Tag, an dem den Völkern, die man gegen uns in einen vergeblichen Kampf treibt, endlich die Schuppen von den Augen fallen, am Tage, an dem sie erkennen werden, wie wir wirklich dastehen –

Rufe: Hurra!

Der deutsche Gesandte: – wie unüberwindlich gerüstet von innen und von außen, an dem Tage endet der Weltkrieg! *(Setzt sich. Allgemeines Anstoßen.)*

Rufe: Hurra! – Pröstchen Herr Kollege! – Herr Graf, Pupille!

Kleinecke-Berlin: Mir scheint, Herr Kollege, die Balkanonkels machen flau. Haben Se bemerkt, keen Ton –!

Steinecke-Hannover: Ist mir nicht entgangen. Na und wenn schon. Oberndorff war famos.

Kleinecke-Berlin: Eine Poënkte neben der andern. Der Mann ist in der Tat mit 'nem vollen Tropfen Druckerschwärze jesalbt.

Steinecke-Hannover: Der Mann ist mit der beste Redner, den wa jetzt haben. Die Wahrheit, die ficht auf unserer Seite – wie schlicht und wahr zugleich!

Kleinecke-Berlin: Ja, seit dem Tage, da wir melden konnten, französische Flieger hätten Bomben auf Nürnberch jeworfen. Das war der Anfang.

STEINECKE-HANNOVER: Ja, seit damals stehn wa im Kampf gegen die Lügen unserer Feinde.
KLEINECKE-BERLIN: Was Diplomatie und Presse geeinigt vermögen, hat uns dieser Weltkrieg gezeigt, den britischer Neid, französischer Revangschedurst und russische Raubgier uns aufgezwungen haben. Goldene Worte.
STEINECKE-HANNOVER: Es erinnert an das treffende Wort eines großen Kollegen. Wie sagt doch Ernst Posse? Der Krieg hat offenbart, welche Macht der moderne Zeitungsschreiber in der Hand hält. Man denke sich, sagt Ernst Posse, wenn man kann, die Zeitung weg in diesem internationalen Aufruhr der Gemüter; wäre ohne sie der Krieg überhaupt möglich geworden, möglich in seinen Entstehungsursachen, möglich auch in seiner Durchführung?
KLEINECKE-BERLIN: Wie wahr! Ernst Posse schaltet sogar die Diplomatie aus.
STEINECKE-HANNOVER: Er spricht eben als Journalist. Oberndorff ist Diplomat und gibt darum der Presse, was der Presse ist.
KLEINECKE-BERLIN: Nu sagen Sie aber Kollege, diese faulen Balkanfritzen –
STEINECKE-HANNOVER: Ach, das wolln wa uns nich anfechten lassen. Gucken Se mal, Oberndorff trinkt uns zu –
BEIDE: Herr Graf, Pupille!
(Verwandlung.)

21. Szene

Ministerium des Äußern.

HAYMERLE *(zu einem Redakteur)*: Wenn er das erlebt hätt der Selige, daß ich über seinen Todestag einen Artikel in die Neue Freie Presse schreib – die Freud, was er ghabt hätt! Ich bin zur Zeit im Felde und eigens hereingekommen – denn draußen hab ich keine Ruh zum Schreiben. Aber da is mir gleich lieber, ich diktier's Ihnen. Also – ich denks wie heut. Also – ich wär Ihnen also dankbar, wenn Sie nachstehende Zeilen in Ihr geschätztes Blatt aufnehmen wollten.
Ich hatte die Ehre, seit Ende Januar 1914 als k. u. k. Botschaftsrat in Berlin unter dem Befehle Sr. Exzellenz des Grafen Szögyeny-Marich zu stehen.

Näheres über die Zeit kurz vor Ausbruch des Weltkrieges zu sagen, liegt nicht in meiner Absicht, noch bin ich dazu berechtigt; ich möchte nur eine für den großen Staatsmann charakteristische und zugleich ehrende Episode erwähnen.

Es war am Abend der Kriegserklärung zwischen Serbien und der k. u. k. Monarchie.

Ich war, mit der Bitte um eine Unterschrift, noch um ½9 Uhr abends zu Sr. Exzellenz aus der Kanzlei hinuntergekommen.

Der Botschafter war eben im Begriffe, aus dem Eßzimmer in sein Schlafzimmer zurückzukehren.

Als er mich sah, frug er mich, seiner Gewohnheit gemäß, auch dann immer zuerst seine Besucher oder Beamten zu fragen, ob etwas Neues los sei, selbst dann, wenn er selbst Wichtiges mitteilen wollte: »Was gibt's Neues?« Auf meine Antwort, mir sei nichts Wichtiges bekannt, sah mich der alte Herr mit einem ganz eigentümlichen, halb stolzen, halb wehmütigen Blicke an – Wissen S', so kwieß – und sagte, mir tief ergriffen die Hand reichend: »Soeben haben wir Serbien den Krieg erklärt.«

DER REDAKTEUR: Herr Botschaftsrat haben das also um ½9 Uhr abends noch nicht gewußt? Aber die Bevölkerung scheint bereits informiert gewesen zu sein?

HAYMERLE: Warten S'. Buchstäblich in dem gleichen Augenblicke ertönte bereits in der Moltkestraße (die zwischen dem Botschaftspalais und dem preußischen Kriegsministerium hindurchführt), ein donnerndes vielfaches Hoch und gleich darauf wurde unsere geliebte Volkshymne von Hunderten von Menschen aller Stände – Offiziere, Herren im Zylinder, Damen in Abendtoilette –

DER REDAKTEUR: Intressant, also sie haben sich schon massiert.

HAYMERLE: Frauen aus dem Volke, Arbeiter, Soldaten und Kinder –

DER REDAKTEUR: Wie, auch Kinder?

HAYMERLE: Naturgemäß. Oh Kinderln sind oft gscheit! Er speziell war immer ein großer Kinderfreund! Also wo sind wir – angestimmt, und alles rief wie aus einem Munde nach dem Botschafter. »Ans Fenster«, »ans Fenster«, »er soll sich zeigen«, »wir wollen ihn sehen!«

DER REDAKTEUR: Offenbar hat das Volk nicht so sehr aus Information wie aus Instinkt gehandelt.

HAYMERLE: Versteht sich. Es fühlte eben bereits damals mit dem der großen Menge eigenen Spürsinn das deutsche Volk,

wie innig die beiden Reiche in Not und Tod mit einander verbunden sein sollten.
Se. Exzellenz war so tief ergriffen, daß ich nur mit Mühe ihn dazu bewegen konnte, ans Fenster seines Schreibzimmers zu treten.
Graf Szögyeny war so erschüttert, daß er der begeisterten Menge nur mit der Hand seinen Dank zuwinken konnte. Doch Tränen rannen ihm über die Wangen. Und ich schäme mich nicht, einzugestehen, daß auch mir – *(mit tränenerstickter Stimme)* der im Hintergrund stehend diesen erhebenden Moment miterleben durfte, die schweren Tränen rannen.
Für den Botschafter war es aber wohl der größte und schönste Moment seines schicksalsschweren Lebens, als der bedeutende Staatsmann kurz vor dem Scheiden aus seinem seit zweiundzwanzig Jahren innegehabten Amte noch erleben konnte, welche für unser geliebtes Vaterland unschätzbaren Früchte – *(kann vor Rührung nicht weitersprechen.)*
DER REDAKTEUR *(ergriffen)*: Herr Botschaftsrat, fassen Sie sich, wir von der Presse empfinden ganz mit Ihnen! Das weitere mach ich in der Redaktion. Ich ersehe aus Ihrer bewegten Schilderung, daß schon vor Beginn des Weltkrieges Tränen vergossen wurden. Wenn es auch glücklicherweise nur Freudentränen waren, so hat die Diplomatie damit doch die Aufgabe, die weiterhin den Völkern überlassen war, intuitiv vorgezeichnet. Aber glauben Sie mir, Herr Botschaftsrat – die Journalistik ist nicht unbeteiligt beiseite gestanden. Ein von Natur liberaler Beruf, hat sie im Gegenteil alles dazu beigetragen, den Tränen, die seit jenem großen Moment geflossen sind, freien Lauf zu lassen.
HAYMERLE *(ergriffen)*: Wir danken es Ihnen.
(Verwandlung.)

22. Szene

In der guten Stube bei Wahnschaffes.

FRAU POGATSCHNIGG: Also ich kann nur sagen, daß »Heldengrab im Hause« bei uns die weiteste Verbreitung gefunden hat und alles begeistert ist.
FRAU WAHNSCHAFFE *(bescheiden abwehrend)*: Ach, das war ja nur für die Toten. Aber jetzt hat Männe das Heldenkissen erfunden,

das schönste Geschenk für unsere heimkehrenden Krieger, um auszuruhn von ihren Taten. Es enthält: 1. die sinnreiche Anrede: Siegreiche Krieger. 2. Das eiserne Kreuz. 3. Den Namen des Kriegers, von einem Eichenkranz umgeben als Sinnbild deutscher Stärke. 4. Deutsche und österreichische Fähnchen als Zeichen der Bundestreue –

FRAU POGATSCHNIGG: Wacker!
FRAU WAHNSCHAFFE: 5. Willkommen in der Heimat! M. 3,50.
FRAU POGATSCHNIGG: Preiswert. Was gibt es in Kinderbüchern und Kinderspielen Neues bei euch im Reich?
FRAU WAHNSCHAFFE: Wir spielen Weltkrieg.
FRAU POGATSCHNIGG: Wie?
FRAU WAHNSCHAFFE: Wir spielen Weltkrieg, ein zeitgemäßes Bilderbuch für unsre Kleinen. Nun und von richtich gehenden Spielen – na der 42 cm Brummer, aber der ist ja eigentlich von euch – warten Sie – ach ja, kennt ihr »Verteilung der Beute«?
FRAU POGATSCHNIGG: Ja, aber da ist man bei uns wenig befriedigt, ich weiß nicht, wie das kommt.
FRAU WAHNSCHAFFE: Ach, 's ist doch 'n entzückendes Spiel. Meine Jöhren sind ganz selig. Ja, für uns Deutsche ist das Beste –
FRAU POGATSCHNIGG: – gerade gut genug. Wir haben dafür jetzt den »Russentod«, etwas Erstklassiges.
FRAU WAHNSCHAFFE: Das muß fein sein.
FRAU POGATSCHNIGG: Der »Russentod«, eine sinnreiche Erfindung der Gräfin Taaffe, ist ein für Groß und Klein interessantes Geduldspiel, ein Erzeugnis der Verwundeten des Roten Kreuz-Lazaretts auf der Prager Kleinseite, wo die Gräfin als Oberschwester Samariterdienste versieht. In einem sehr geschmackvoll ausgeführten Osterei erscheint eine Miniaturfestung mit Drahthindernissen und Sumpf dargestellt, nebst kämpfenden verbündeten und russischen Soldaten. Durch Schütteln des Eies müssen die Verbündeten in die Festung hereingebracht und die Russen in den Sumpf getrieben werden.
FRAU WAHNSCHAFFE: Etsch!
FRAU POGATSCHNIGG: Der »Russentod« bildet ein geeignetes Ostergeschenk nicht nur für die Jugend, sondern auch für die Soldaten in den Spitälern, denen es eine angenehme Zerstreuung und spannende Unterhaltung bietet. Das »Russentod«-Osterei, in sehr geschmackvoller schwarz-gelb-seidener Ausführung, kostet K 3.60 und ist in der Prager Zentralverkaufsstelle des Kriegsfürsorgeamtes erhältlich.
FRAU WAHNSCHAFFE: Zu niedlich. Und wie fein die hochge-

borne Samariterin den Geschmack der Verwundeten berücksichtigt hat! Ja der östreichische Adel! Da ist denn doch noch bei aller Schlappheit mehr Grazie als bei uns, das muß sogar ich zugeben. Wie ist das also, liebe Pogátschnigg – man schüttelt das Ei und denn müssen unsre Braven in die Festung, die Russen aber in den Sumpf – etsch! Das ist ja das Ei des Columbus!

FRAU POGATSCHNIGG: Die Gräfin ist seit dieser Erfindung der Gegenstand von Huldigungen der Gesellschaft. Und Sie im Reich – haben Sie nichts dergleichen an die Seite zu stellen?

FRAU WAHNSCHAFFE: Na, ich sollte eigentlich, was Wahnschaffe schafft, nicht anpreisen – Sie wissen ja, Eigenlob – aber ich kann nicht umhin, Ihnen den neuen Kriegsspielkreisel wärmstens zu empfehlen. Dieses neue Spiel darf in keinem deutschen Hause fehlen und gewährt in jeder Familie, jeder Gesellschaft, bei jeder Gelegenheit eine spannende Unterhaltung für Jung und Alt. Zunächst wird von jedem Teilnehmer ein Einsatz in die Kasse gemacht. Sodann wird der Kreisel von jedem Teilnehmer der Reihe nach mit den Fingern in kreisende Bewegung versetzt. Die Buchstaben und Zahlen haben nachstehende Bedeutung: R. g. o: Rußland – gewinnt nichts. E. v. $1/1$: England – verliert den ganzen Einsatz. F. v. $1/2$: Frankreich verliert den halben Einsatz. T. g. $1/3$: Türkei – gewinnt ein Drittel von der Kasse. Ö. g. $1/2$: Österreich – gewinnt die Hälfte von der Kasse. D. g. a.: Deutschland über alles – gewinnt die ganze Kasse.

FRAU POGATSCHNIGG: Bravo! Wenn aber Österreich die Hälfte der Kasse gewonnen hat, wie kann dann Deutschland über alles verfügen? Nimmt denn Deutschland auch –

FRAU WAHNSCHAFFE: Nanu ihr oberfaulen Östreicher, das paßt euch wieder mal nicht – das ist also der Dank, daß wir euch so oft aus dem Dreck rausgezogen haben! Die letzte Offensive ist euch wieder mal glücklich vorbeigelungen!

FRAU POGATSCHNIGG *(drückt ihr die Hand)*: Sie haben mich überzeugt. Österreich gewinnt zwar nur die Hälfte von der Kasse, aber – ich bin eine deutsche Hausfrau! *(Sie gehen Schulter an Schulter, »Deutschland, Deutschland über alles« singend, ab.)*
(Verwandlung.)

23. Szene

Drei deutsche Modedamen bei Betrachtung eines deutschen Modejournals.

ERSTE DEUTSCHE MODEDAME: Sieh mal, 4393, Kostüm »Glockenelfe« aus hellila Seidenstoff. Bauschender, in Zacken geschnittener Rock; eine Glocke als Kopfputz – das ist mein Fall für den Karneval!
ZWEITE DEUTSCHE MODEDAME: Nicht doch, 4389, Kostüm »Mörsergeschütz« aus glattem Satin, mit Mörserapplikationen; ein großes Mörsermotiv als Kopfputz – das ist mein Fall. Und wir sind doch mitten im Karneval!
DRITTE DEUTSCHE MODEDAME: Man tut ein Übriges. Man bringt ein Opfer. Man macht aus einem Glockenkostüm ein Mörserkostüm.
(Verwandlung.)

24. Szene

Der Abonnent und der Patriot im Gespräch.

DER PATRIOT: Was sagen Sie zur Übertreibung, mit der in den feindlichen Ländern die versuchte Meuterei von drei, sage drei deutschen Matrosen beurteilt worden ist?
DER ABONNENT: Da gibt es nur eine Antwort: Eine große Meuterei in der englischen Flotte.
DER PATRIOT: Wo, wieso?
DER ABONNENT: In Spithead in the Nore.
DER PATRIOT: Was Sie nicht sagen – da war eine Meuterei?
DER ABONNENT: Und was für eine! Meuterei is gar kein Ausdruck! Die Meuterei ergriff fast die ganze Flotte des Admirals Duncan. Die Meuterer blockierten die Themse mit sechsundzwanzig Kriegsschiffen.
DER PATRIOT: Hören Sie auf, wo steht das, was war das für eine Meuterei?
DER ABONNENT: Die Meuterei schien das Vorspiel einer Revolution zu sein.
DER PATRIOT: Was Sie nicht sagen! Was für eine Revolution, was für eine Meuterei?!
DER ABONNENT: Was für eine Meuterei? Die Meuterei, an die der geehrte Einsender erinnert!

DER PATRIOT: Ja richtig – aber wann war das?
DER ABONNENT: In den letzten Jahren.
DER PATRIOT: Davon hat man doch gar nie etwas gehört? Jetzt kommt das heraus? Sagen Sie bittsie wann war das?
DER ABONNENT: 1797.
DER PATRIOT: No – das is doch aber nicht in den letzten Jahren!?
DER ABONNENT: Bitte, des achtzehnten Jahrhunderts!
DER PATRIOT: No – aber was ham wir davon?
DER ABONNENT: No – es redt sich herum!
DER PATRIOT: No ja, wenn es noch dazu wahr is! Wissen Sie, wenn es auf die Stimmungen der Entente wirkt, möcht ich mich freun, besonders wenn zum Beispiel in Frankreich –
DER ABONNENT: No was wolln Sie haben – in Frankreich is die französische Revolution ausgebrochen!
DER PATRIOT: Hören Sie auf – wo steht das?!
(Verwandlung.)

25. Szene

Mittagtisch bei Hindenburg und Ludendorff.

HINDENBURG *(drückt Paul Goldmann die Hand)*: Ah, da sind Sie ja.
PAUL GOLDMANN *(beiseite)*: Eine Löwenpranke. Er begrüßt mich mit der herzgewinnenden Güte, die ihm eigen ist.
LUDENDORFF *(drückt Paul Goldmann die Hand)*: Ah, da sind Sie ja.
PAUL GOLDMANN *(beiseite)*: Sein Aussehen ist unverändert das gleiche wie vor einem, vor zwei, vor drei Jahren, nur daß sein Charakterkopf noch durchgeistigter geworden ist.
HINDENBURG UND LUDENDORFF *(beiseite)*: Er hat sich nicht verändert.
(Sie nehmen Platz, Goldmann sitzt zwischen ihnen. Sie sprechen von rechts und links abwechselnd auf ihn ein.)
HINDENBURG *(seufzend)*: Jetzt heißt es durchhalten.
LUDENDORFF *(seufzend)*: Es ist schwer, aber es muß gelingen.
HINDENBURG: Es steht alles gut.
LUDENDORFF: Die Lage berechtigt zur größten Zuversicht.
HINDENBURG: Überwintern müssen wir freilich.

LUDENDORFF: Den Termin des Friedens bestimmen können wir natürlich nicht.
(Goldmann nickt nach beiden Seiten und macht sich Notizen.)
PAUL GOLDMANN *(zu sich)*: Über das Wann des Friedens bestimmte Angaben zu machen ist natürlich unmöglich. Aber vielleicht über das Wie –? Ich werde jetzt eine Frage stellen, die wohl jedem daheim am Herzen liegen mag. *(Laut.)* Durch welche Mittel wird der Friede am sichersten herbeigeführt?
HINDENBURG: Der Friede wird umso eher herbeigeführt werden
LUDENDORFF: je günstiger unsere Kriegslage wird. Noch steht die Tat
HINDENBURG: über dem Wort.
LUDENDORFF: Deshalb sollten wir jetzt nicht
HINDENBURG: vom Frieden sprechen. Den Anfang
LUDENDORFF: scheinen die Russen machen zu wollen.
(Es tritt eine Pause ein, während welcher sich Goldmann Notizen macht.)
PAUL GOLDMANN *(zu sich)*: Was im Anschluß hieran über den Frieden gesprochen wurde, entzieht sich in seinen Einzelheiten der Veröffentlichung. Nur so viel darf vielleicht mitgeteilt werden, daß Hindenburg und Ludendorff einen Frieden wünschen, der möglichst sichere und stabile Verhältnisse schafft, einen solchen Frieden, der uns gesicherte Grenzverhältnisse und eine freie wirtschaftliche Betätigung in der Welt und auf dem Weltmeer bringt.
LUDENDORFF: Fahren Sie fort!
PAUL GOLDMANN: Gestatten Sie noch –
LUDENDORFF: Ach so – Hindenburg, fahren wir fort!
HINDENBURG UND LUDENDORFF: Ich bin der Meinung, daß die Ansichten über den Frieden nicht unveränderlich sein können, da sie von der Kriegslage abhängen.
HINDENBURG: Auch über die Lage an der Westfront kann ich mich
LUDENDORFF: mit voller Beruhigung aussprechen.
PAUL GOLDMANN: Was ist von dem Obersten Kriegsrat zu erwarten, den die Entente jetzt einzusetzen im Begriffe ist? *(Zu sich)* Hindenburg lacht. *(Er notiert dies und legt dann den Finger auf die elsaß-lothringische Frage.)*
LUDENDORFF: Für die Franzosen mag es eine elsaß-lothringische Frage geben
HINDENBURG: für Deutschland gibt es keine.
PAUL GOLDMANN: No und was ist mit Amerika?

HINDENBURG: Die Reklame
LUDENDORFF: mit der Amerika seine Kriegsleistungen ankündigt
HINDENBURG: ist imposant und des Landes würdig, das einen Barnum
LUDENDORFF: hervorgebracht hat. Nun wollen wir erst einmal abwarten
HINDENBURG: ob die Leistungen selbst ebenso imposant sein werden.
LUDENDORFF: Na und wenn schon – erstens haben die Amerikaner ihr Heer gegen Japan aufgestellt –
HINDENBURG: zweitens leiden sie an Tonnagemangel –
LUDENDORFF: drittens haben wir die U-Boote.
HINDENBURG UND LUDENDORFF: Kurzum, das große amerikanische Heer steht noch in nebelhafter Ferne.
PAUL GOLDMANN: Ich habe eine Frage auf dem Herzen, die an das Problem des U-Bootkrieges streift.
LUDENDORFF: Na, Hindenburg, wolln Se mal alleene antworten?
HINDENBURG: Nee.
LUDENDORFF: Wir haben nie daran gedacht, daß unsere U-Boote England in ein paar Monaten aushungern würden. Unser Ziel war nicht, England auszuhungern, sondern es zum Frieden geneigter zu machen.
PAUL GOLDMANN: Na schön, unterhalten wir uns jetzt mal von den Operationen in Italien.
HINDENBURG: Im Wetteifer mit unseren Deutschen haben sich die österreichisch-ungarischen Soldaten tapfer
LUDENDORFF: geschlagen.
PAUL GOLDMANN: Von allen Kriegsschauplätzen war schon die Rede, ich vermisse jetzt nur noch den Balkan.
HINDENBURG *(ihn beruhigend)*: Die Lage dort ist
LUDENDORFF: unverändert.
PAUL GOLDMANN *(zu sich)*: Ich bin beruhigt. Das Mittagessen war von militärischer Einfachheit, wenngleich der Kaffee aus echten Bohnen.
(Hindenburg und Ludendorff erheben sich. Paul Goldmann bleibt sitzen.)
HINDENBURG *(sich von dem Gaste verabschiedend, halb zu Ludendorff gewendet)*: Wenn wir noch eine zeitlang Kraft und Geduld haben, bringen wir's zum guten Ende. *(Sich zu Goldmann wendend)* Das sagen Sie in Österreich-Ungarn mit einem schönen Gruß von mir!

(*Goldmann ist aufgestanden und wartet zögernd.*)
LUDENDORFF (*auf ihn zutretend, jedes Wort betonend*): Sie sind heute vielleicht zum letztenmal bei uns gewesen.
PAUL GOLDMANN (*beiseite*): Die Abschiedsworte des Generalquartiermeisters spielen darauf an, daß ich bisher in jedem Kriegsherbst einmal an der Tafel des Feldmarschalls habe sitzen dürfen.
(*Verwandlung.*)

26. Szene

Semmering. Auf dem Hochweg.

DER KAISERLICHE RAT: – Also was soll ich Ihnen sagen die zehn Waggon sind mir nur so in die Hand geflogen. In Marienbad also was soll ich Ihnen sagen man kriegt alles, nur natürlich fufzn Mal so teuer aber was schadt das? Gediegen – auf der Südbahn, wie ich hinkomm, alles gesteckt voll, lauter Soldaten und so, ein Geschrai und ein Gedränge, Menschen sag ich Ihnen so etwas war n o c h nicht da – no was heißt das, i c h wer nicht Platz kriegen, also was soll ich Ihnen sagen bin ich einfach mitten durchgegangen und von vorn herein und von hinten herum, hat der Verkehrsbeamte gesagt ich soll mich verlassen, er versorgt mich, hab ich das Gepäck einem Soldaten gegeben, also was soll ich Ihnen sagen ein Coupé ganz allein bis herauf am Semmering, die Leute sind am Korridor gestanden wie die Häringe – phü die Hitze – (*zieht eine Düte hervor*) Billig –! vom Zuckerlkönig! das Stück zwei Kronen, ein Preis wo jeder staunen muß. Was sagen Sie zum heutigen Bericht?
DER ALTE BIACH: Das kann nicht ohne Rückschlag auf die Stimmungen der Entente bleiben.
DER KAISERLICHE RAT: Ich weiß nicht – ich kann mir nicht helfen – der heutige Bericht – also was sagen Sie zu Luzk?
DER ALTE BIACH: Zunehmendes Schwächegefühl in der Entente.
DER KAISERLICHE RAT: Wieso?
DER ALTE BIACH: Die Entente verbirgt sich noch hinter großen Worten, aber sie fühlt bereits ihre Schwäche.
DER KAISERLICHE RAT: No und Luzk?
DER ALTE BIACH: Der Friede sichert ein Frühstück ohne Rußland.

Der kaiserliche Rat: Erklären Sie –
Der alte Biach: In Milliarden ausrechnen können wir das nicht. Es gibt jedoch Milliarden, die sich nicht zählen lassen.
Der kaiserliche Rat: Alles geht, wenn man will.
Der alte Biach: Hundert Milliarden Mark im Jahr sind ein Ungetüm von Leviathan, an dem nichts klein ist.
Der kaiserliche Rat: Wo nehmen Sie die Milliarden her? Heutzutag?
Der alte Biach: Die Zeiten sind hart.
Der kaiserliche Rat: No also was folgt daraus?
Der alte Biach: Kerenski hat gesagt, Rußland ist erschöpft.
Der kaiserliche Rat: So. Aber Luzk –?
Der alte Biach: Die Schlacht am oberen Isonzo hat erst heute früh begonnen und wir möchten ihrem Verlauf nicht vorgreifen.
Der kaiserliche Rat: Ich mein aber Luzk –!
Der alte Biach: Wir wollen nicht in Zukunftsträumen schwelgen, doch ein solcher Beweis wäre des Einsatzes wert.
Der kaiserliche Rat: Luzk –!
Der alte Biach: Wir spüren aus den Worten des Kriegspressequartiers den Anhauch des Geschichtlichen. Nun werden sie schreien nach der amerikanischen Unterstützung, nach diesem Irrlicht der Entente, dem sie nacheilt und das sie immer tiefer hineinführt in den Sumpf, in Niederlage und Verderbnis.
Der kaiserliche Rat: Selbstredend, aber –
Der alte Biach: Aber schon jetzt empfinden wir den Geist des Sieges –
Der kaiserliche Rat: Nu na nicht. Das heißt – unten! Aber oben??
Der alte Biach *(ausbrechend)*: Das erste muß jetzt sein, daß der Reisende die Fühlhörner ausstreckt und die Kundschaft abtastet.
Der kaiserliche Rat: Das leuchtet mir ein, aber –
Der alte Biach: Wenn wir die Bilanz ziehen, so ergibt sich noch immer zu unseren Gunsten ein Plus von zirka 40 000 Mann.
Der kaiserliche Rat: Unten! Aber oben –??
Der alte Biach: Man vernimmt den Kanonendonner und weiß, wie viele von den Toten, Verwundeten und Gefangenen auf die Lastenseite zu verrechnen sind.
Der kaiserliche Rat: Also nehmen Sie schon an –
Der alte Biach: London und Paris dürften heute recht verdrossen sein. Konsols sind auf dem Tiefstand.

DER KAISERLICHE RAT: No ja, der Krieg –
DER ALTE BIACH: Der Krieg schlägt die Völker dreifach: Schlechtes Geld, Mangel und Höchstpreise.
DER KAISERLICHE RAT: In dem Punkt – wer sich –
DER ALTE BIACH: Wer sich in die Italiener hineindenkt –
DER KAISERLICHE RAT: No und?
DER ALTE BIACH: Schrecken dürfte sich bereits unter den Bewohnern ausbreiten.
DER KAISERLICHE RAT: Ich fürchte stark.
DER ALTE BIACH: Ohne die Möglichkeiten schon jetzt, ehe das Werk vollendet ist, in den Einzelheiten und in den Details zu erörtern –
DER KAISERLICHE RAT: Was halten Sie von den Konferenzen in Rom?
DER ALTE BIACH: Kühle Aufnahme in Paris.
DER KAISERLICHE RAT: Erinnern Sie sich noch – damals – bei der Affaire mit der Lusitania –
DER ALTE BIACH *(unwillig den Kopf hin und her bewegend)*: Übertreibung der ganzen Angelegenheit.
DER KAISERLICHE RAT: Wissen Sie, was uns gesund wär? Wie damals wo es geheißen hat – Gott das waren doch Zeiten – Umfassung der russischen Truppen durch die deutsche Armee –
DER ALTE BIACH *(rabiat)*: – und Hereinwerfen in die masurischen Sümpfe.
DER KAISERLICHE RAT: No und Rumänien?
DER ALTE BIACH: Geputzte Frauen saßen an den Tischen in den hellerleuchteten Sälen der Bukarester Hotels. Wir können uns vorstellen –
DER KAISERLICHE RAT: No und was war da?
DER ALTE BIACH: Die bemalten Weiber in Bukarest erbleichen.
DER KAISERLICHE RAT: Das sind Schmonzes.
DER ALTE BIACH: Schrecken breitet sich aus über die Stadt. Die Fenster haben gezittert –
DER KAISERLICHE RAT: Nu na nicht. Aber was ham w i r zu erwarten?
DER ALTE BIACH: Beginn einer großen Zeit. Die Blicke der Völker nach dem Westen gerichtet.
DER KAISERLICHE RAT: Wenn Sie das sagen, glaubt man e Titel von ihm zu hören mit Untertitel im Abendblatt. Aber –
DER ALTE BIACH: Die Frauen von Paris horchen nach dem Osten.
DER KAISERLICHE RAT: Wieso?

Der alte Biach: Frauen mit verweinten Augen sind in den Straßen von Paris zu sehen.
Der kaiserliche Rat: Bittsie, wir ham auch nix zu lachen.
Der alte Biach *(mit Elan)*: Hymnen tönen im Herzen. Der Philosoph Fichte war zum Landsturm eingerückt.
Der kaiserliche Rat: Wie kommen Sie dadarauf?
Der alte Biach *(fabulierend)*: Er machte seine Übungen gemeinsam mit Buttmann, Rühs und dem Theologen Schleiermacher. Buttmann und Rühs konnten nicht erlernen, rechts und links zu unterscheiden. Diese Zeit, die so viel Ähnlichkeit mit unserer hat, reizt die Neugierde, und vielleicht kann die Vergangenheit auf die Frage antworten: Wie ist der Verlauf von wirtschaftlichen Krisen, die von einem Kriege hervorgerufen werden? Der Vergleich führt zu auffallenden Übereinstimmungen bis in die Einzelheiten. Erleben wir jetzt nicht das Schöpfungswunder in der Stickstoffindustrie?
Der kaiserliche Rat: Ich versteh. Aber wissen Sie, was wir brauchten?
Der alte Biach *(stürmisch)*: Starke Männer, die alles von sich werfen und sich den Trieben der Gegenwart hingeben wie die Braut dem Bräutigam.
Der kaiserliche Rat: Je nachdem.
Der alte Biach: Der Krieg hat besondere Absatzstockungen und der Friede auch, und so schwingen die Einflüsse fort und der Wechsel braucht eine Leitung des Staates, die in das Volk hineinhorcht und aus ihm heraushört und in den zittrigen Augenblicken dieser Veränderung in den Bedürfnissen und in der Erzeugung auf der Höhe ihrer Pflicht ist. Das Jahr der Erfüllung kommt.
Der kaiserliche Rat: Ob Sie da nicht bißl übertreiben –?
Der alte Biach *(frohlockend)*: Herrlich ist alles geworden, frei ist das Land, zurückgeworfen sind die Feinde, ausgemerzt die serbischen Truppen, zerstört die russischen Festungen.
Der kaiserliche Rat: No – no! Und Luzk?!
Der alte Biach *(betroppezt, doch gefaßt)*: Trauerfahnen müssen herausgehängt werden. Aber wozu solche Äußerlichkeiten?
Der kaiserliche Rat: Jetzt sprechen Sie wieder. wie wenn ma scho ganz –
Der alte Biach *(aufatmend)*: Rußland gebeugt, Serbien zertreten, Italien beschämt! Die Menschheit ist für Jahrzehnte entlastet, das Bohren in den Nerven wird nicht mehr empfunden werden, und das muß ein Wohlgefühl verbreiten und die Ein-

leitung zu Abschnitten sein, in denen das Staunen über die wirtschaftliche Entfaltung uns wieder gefangennimmt.
DER KAISERLICHE RAT: Apropos gefangennimmt. Bei Luzk –
DER ALTE BIACH: Der Geschichtsforscher wird nach Mitteilungen über die Aufnahme der Nachrichten von dem Siege in Ostgalizien suchen, ob nicht Freudenfeuer auf den Spitzen der Berge angezündet, brennende Kerzen in die Fenster der Häuser gestellt wurden –
DER KAISERLICHE RAT: Gestatten Sie eine Laienfrage. Wo nehmen Sie die Kerzen her?
DER ALTE BIACH: – ob nicht berauschende Musik die Stimmungen ausgedrückt habe –
DER KAISERLICHE RAT: Das sind Schmonzes über Tarnopol. Bleiben wir bei Tachles über Luzk!
DER ALTE BIACH *(nachdenklich)*: Der verstorbene Generalsekretär der Österreichisch-ungarischen Bank, Wilhelm v. Lucam, ist nahezu vergessen.
DER KAISERLICHE RAT: Traurig.
DER ALTE BIACH: Der jetzige Gouverneur, Herr v. Popovics, hat eine Vergangenheit, die zu einer Zukunft berechtigt.
DER KAISERLICHE RAT: Schön. Aber warum sagen Sie das?
DER ALTE BIACH: Wir stellen uns den Offizier und den Soldaten vor, der von Cattaro über Geröll und Felsblöcken, in den höheren Lagen über Eis und Schnee, beständig von den Geschossen des Feindes bedroht, auf den Lovcen gestiegen ist. Er muß ein anderer geworden sein.
DER KAISERLICHE RAT: Ich glaub auch. Aber mir imponiert nur Ihre lebhafte Phantasie –
DER ALTE BIACH: Die Einbildungskraft schwelgt in der Vorstellung –
DER KAISERLICHE RAT: Moment. Sie springen auf die Österreichisch-ungarische Bank und von da auf den Lovcen. Mich intressieret aber Ihre Ansicht über Luzk –
DER ALTE BIACH *(scheu)*: Wir möchten in den Erinnerungen nicht zurückgreifen auf Tyrtäus.
DER KAISERLICHE RAT: Warum nicht, tun Sie sich keinen Zwang an.
DER ALTE BIACH *(stichelnd)*: Clemenceau wird verwundert sein.
DER KAISERLICHE RAT: Das gönn ich ihm!
DER ALTE BIACH *(tändelnd)*: Der russische Dichter Puschkin heiratete ein junges Mädchen aus einer vornehmen Familie. Natalie Goncharow war gefallsüchtig und der Dichter eifer-

süchtig. Der Sohn des niederländischen Gesandten in Petersburg, Baron George Heckeren, reizte durch seine Werbungen um die Gunst der schönen Frau den Verdacht des Mannes –
DER KAISERLICHE RAT: Ich erinner mich. Puschkin is nebbich im Zweikampf getötet worn. Aber worauf wolln Sie hinaus?
DER ALTE BIACH *(sinnierend)*: Die Nachwelt hat ihn nicht vergessen, und bei der Enthüllung seines Denkmals wurde Dostojewski eingeladen, die Gedenkrede zu halten. Er sagte, der innerste Gedanke der russischen Volksseele ist: Dulde! Der Bericht der deutschen Obersten Heeresleitung erzählt, daß die Verluste des Feindes bei Postawy –
DER KAISERLICHE RAT: No ja, aber bei Luzk schätz ich –
DER ALTE BIACH: Die Spaziergänger auf den Straßen streifen sich gegenseitig mit den Blicken und wollen in den Augen die Gedanken über Durazzo, Verdun und die Champagne lesen.
DER KAISERLICHE RAT: No und über Stanislau doch auch! Was sagen Sie zu Stanislau?
DER ALTE BIACH *(mit Überzeugung)*: Stanislau ist ein Rufzeichen, das den Übermut des Generals Brussilow dämpfen und ihn erinnern muß, wie vergänglich an dieser Stelle russische Eroberungen gewesen sind.
DER KAISERLICHE RAT: Und was sagen Sie zu Brody?
DER ALTE BIACH *(kleinlaut)*: Brody ist ein Schmerz.
DER KAISERLICHE RAT: No und Görz?
DER ALTE BIACH *(obenhin)*: Görz ist ein Hautritz.
DER KAISERLICHE RAT: Glauben Sie mir, es kommt immer anders wie man sich vorstellt.
DER ALTE BIACH: Die Linien und die Flächen sind in der Wirklichkeit vom Körper nicht zu trennen, und dennoch arbeitet das Denkvermögen mit ihnen und baut Sätze auf mit unbedingter Wahrheit, obgleich die Breite und Tiefe vernachlässigt werden. Die Schlachten an der Somme sind eine der schlimmsten Enttäuschungen.
DER KAISERLICHE RAT: Aber schließlich – die Leute müssen doch wissen, was sie wollen!?
DER ALTE BIACH: Vielleicht wird sich die Erkenntnis verstärken, daß es auch im Völkerdasein nichts ganz Gradliniges gibt und daß überall die Kreuzungsflächen sich schneiden.
DER KAISERLICHE RAT: Moment. Die Diplomaten der Entente –
DER ALTE BIACH *(lebhaft)*: Die Diplomaten der Entente sind wie die Söhne des Noah, welche die Blöße ihres trunkenen Vaters zugedeckt haben.

Der kaiserliche Rat: Gelungen. Aber seit Rumänien –
Der alte Biach *(übersprudelnd)*: Als die Kriegserklärung in Bukarest beschlossen worden ist, haben sich die Führer der Entente benommen, als hätten sie Dämpfe von indischem Hanf eingeatmet.
Der kaiserliche Rat: Meschugge. Aber was wolln Sie heut von Bratianu?
Der alte Biach: Bratianu wird jetzt böse Nächte haben.
Der kaiserliche Rat: Wieso glauben Sie?
Der alte Biach: Wenn eine Schraube auf die Offensive gestellt ist und zur Defensive umgedreht werden soll, kann sie leicht brechen.
Der kaiserliche Rat: Glaub ich auch. No aber in Wien wird sich doch heut etwas tun –!
Der alte Biach: In den Straßen von Bukarest werden jetzt manche herumgehen mit dem Zweifel im Herzen.
Der kaiserliche Rat: Erlauben Sie, wir können –
Der alte Biach: Wir können uns die Wirkung auf das rumänische Volk vorstellen.
Der kaiserliche Rat: No aber das is doch schon alles vorbei – jetzt hat ma doch wieder andere Sorgen –!
Der alte Biach *(gedeftet)*: Die Sorge beginnt wieder.
Der kaiserliche Rat: Sie, jetzt hören Sie schon –!
Der alte Biach: Jetzt hören sie schon den Kanonendonner von Tutrakan und Silistria in den Straßen von Bukarest.
Der kaiserliche Rat: Das is doch aber eine erledigte Sache –!
Der alte Biach: So endet der erste Abschnitt eines Krieges, für dessen Ausgelassenheit in den Beweggründen und in den Formen jedes Maß fehlt.
Der kaiserliche Rat: Ich wer Ihnen sagen, was Sie sich vorstellen, das –
Der alte Biach *(bestimmt)*: Das kann in England nicht ohne Eindruck bleiben.
Der kaiserliche Rat: Sagt Er! Heut hat ma doch wirklich andere Sorgen wie Tutrakan!? Der bulgarische Sieg hat damals Aufsehn gemacht –
Der alte Biach *(vibrant)*: – weil er mit solcher Frische aus dem Handgelenk gekommen ist.
Der kaiserliche Rat: Was heut intressiert – is Luzk!
Der alte Biach *(schäkernd)*: Beim Melken der Kuh denkt Vroni, ob es nicht schön wäre –
Der kaiserliche Rat: Lassen Sie mich aus!

Der alte Biach *(versunken)* : Alix von Hessen ist der Mädchenname der Kaiserin Maria Feodorowna. Sie war noch in der Baumschule des Lebens und bereits in der Rinde gekerbt.
Der kaiserliche Rat: Biach, was is Ihnen?
Der alte Biach *(wehmütig)* : Was is aus Alix, die auch nicht beten darf, wie die verstorbene Mutter sie es gelehrt hatte, geworden, nachdem sie hinausgestoßen wurde in die düstere Verlassenheit an der Seite eines Zarenthrones.
Der kaiserliche Rat: Meine Sorg! Was intressieren Sie sich?
Der alte Biach: Der Anlaß zu dieser Frage ist die eigentümliche Meldung, daß die Kaiserin bis in die vordersten Linien der russischen Front, wo die deutschen Stellungen bereits in Sicht waren, gegangen sei.
Der kaiserliche Rat: No und?
Der alte Biach *(sinnend)* : Vielleicht sind auch jüngere und ältere Männer aus Hessen in den Schützengräben gewesen, die Maria Feodorowna bei dem Besuche auf dem Schlachtfelde gesehen hat; vielleicht hat ein Zufall es gefügt, daß es Freunde aus der Jugendzeit waren, Söhne oder Gatten ihrer Gespielinnen, Nachbarskinder –
Der kaiserliche Rat: Vielleicht. Das müßte aber schon e besonderer Zufall sein!
Der alte Biach: – und jedenfalls Landsleute und Deutsche.
Der kaiserliche Rat: Also Deutsche jedenfalls. Aber ausgerechnet Söhne und Gatten ihrer Gespielinnen? Also so müssen Sie sich das nicht vorstellen, daß sich die grad vorn in die Schützengräben hereinlegen wern – und Nachbarskinder hat sie wahrscheinlich überhaupt keine gehabt und wenn ja und wenn sie zufällig wirklich vorn waren in die Schützengräben, sagen Sie mir bittsie wie soll sie sie erkennen nach so viele Jahr und auf die Entfernung?! Aber – warum lassen Sie sich das so nah gehn?
Der alte Biach *(elegisch)* : Alix stand am Rande des russischen Drahtverhaues und schaute hinüber nach Wiesen und Feldern, die nur wenige Meter von ihr entfernt gewesen sind –
Der kaiserliche Rat: Ausgerechnet! So nah wird ma sie gehn lassen! Und wo sind da Wiesen und Felder, wie stellen Sie sich das vor?! Wo –
Der alte Biach *(träumerisch)* : – wo ein Windstoß manchen Laut zu ihr hinübertragen konnte, der ihr trotz aller Wandlungen vertraut bleiben mußte.
Der kaiserliche Rat: Biach, Sie sind etwas ein Phantast!

Der alte Biach *(beharrend)*: Alix lebt noch in der Kaiserin Maria Feodorowna.
Der kaiserliche Rat: Sagen Sie bittsie Sie sind doch ein vernünftiger Mensch – was geht Sie Alix an?!
Der alte Biach *(teilnehmend)*: Sie ist eine unglückliche, gebrochene Frau, beständig von einem Kummer gequält, der sich in ihren Kopf hineinbohrt.
Der kaiserliche Rat: Sagen Sie mir nur um Gotteswillen – was geht das Sie an?!
Der alte Biach: Mit gerungenen Händen hat sie zum Himmel aufgeschrien.
Der kaiserliche Rat: Wieso, was is ihr passiert?
Der alte Biach *(schmerzlich, doch mit verhaltener Gewure)*: Den Namen konnten die Russen ihr ausziehen, als wäre er nur ein Kleid. Ein Gebetbuch konnten sie ihr aufzwingen, aber das deutsche Gemiet war nicht aus ihr herauszureißen. Eine Spur von Alix muß noch vorhanden sein.
Der kaiserliche Rat: No nehmen Sie schon an! Aber woher wissen Sie, was in Alix vorgeht?
Der alte Biach *(verloren)*: Und schaute hinüber zu den Deutschen, wo auch kostbares Blut fließt, und dachte vielleicht an ihre Großmutter.
Der kaiserliche Rat: Vielleicht. Warum sagt sie aber dann nicht, sie solln aufhören mit dem Krieg?
Der alte Biach *(bitter)*: Weil die Kaiserin Maria Feodorowna der Alix nicht zu viel nachgeben darf. Sie schaute hinüber und auf ihren verschlossenen Lippen mochte das Wort vom Frieden schweben.
Der kaiserliche Rat: Aber glauben Sie wirklich, daß man sie direkt in der Schlacht hineingeführt haben wird? Vielleicht –
Der alte Biach *(versonnen)*: Vielleicht haben sie den Ausschnitt eines Salonkrieges für sie hergerichtet. Das langsame Abklingen der Krise mag in Petersburg nach dem Aufschäumen des Erfolges noch nicht erkannt werden. Der Zar hört auf sie, und Alix, die weggetauft wurde, ist ihm mehr als Maria Feodorowna.
Der kaiserliche Rat: Warum hat sie sich wegtaufen lassen? No also schön, wenn Sie das glücklich macht, stelln Se sach vor.
Der alte Biach *(entschlossen)*: Stellen wir uns das Hauptquartier des Zaren vor, wenn die Nachrichten kommen.
Der kaiserliche Rat: No was ham Sie schon davon?! Aber

wegen Alix will ich Sie aufmerksam machen – sie heißt gar nicht Maria Feodorowna!

DER ALTE BIACH *(pikiert)*: Das sind Sticheleien.

DER KAISERLICHE RAT: So wahr ich da leb, sie heißt, wie heißt sie nur, sie heißt Alexandra Feodorowna!

DER ALTE BIACH *(mißmutig)*: E Druckfehler.

DER KAISERLICHE RAT: Apropos, was sagen Sie zu Nikolajewitsch? Dem is auch schon mies.

DER ALTE BIACH *(schadenfroh)*: Da kommen die Stiche in der Leber und es melden sich die Erscheinungen einer verderbten Galle.

DER KAISERLICHE RAT: Das sind auch Sticheleien. Aber was nutzt das alles – Brussilow is gesund!

DER ALTE BIACH *(verklärt)*: Die Einnahme von Bukarest bringt uns einen jener seltenen Augenblicke, in denen der Mensch glaubt, die Schwingen des Talents über sich rauschen zu hören.

DER KAISERLICHE RAT: Was heißt Talent, das war schon genial! No aber – Brussilow is e Hund? Was möchten wir heute drum geben –! Also wenn die Nachricht –

DER ALTE BIACH *(ekstatisch)*: Wenn die Nachricht kommt, daß die Siege in Rumänien die verbündeten Truppen bis in die Palästestraßen von Bukarest geführt haben, so beugen wir uns in Ehrfurcht vor dem menschlichen Geiste.

DER KAISERLICHE RAT: Ja, die ham damals gut abgewirtschaftet, der rumänische König und sie!

DER ALTE BIACH *(phantasierend)*: Wer spricht von den Verschollenen und vielleicht ist ihre einzige Spur ein Parfüm, der noch an der Wandverkleidung der Zimmer haftet, irgend ein verstreutes Merkmal des einstigen Luxus und des Übermutes.

DER KAISERLICHE RAT: Meine Sorg. Der Sieg –

DER ALTE BIACH *(entschieden)*: Der Sieg hat ein Bedürfnis befriedigt.

DER KAISERLICHE RAT: Lassen Sie's gut sein, was möchten wir heute –

DER ALTE BIACH *(bedächtig)*: Wir möchten heute zu den mächtigen Herren vom Rat der Vier sprechen.

DER KAISERLICHE RAT: Von Ihnen wern sie sich zureden lassen! Was Sie sich einbilden!

DER ALTE BIACH *(einschmeichelnd)*: Wir möchten nicht –

DER KAISERLICHE RAT: Ob Sie möchten oder nicht möchten, liegt dem Rat der Vier stagelgrün auf.

DER ALTE BIACH *(eifernd)*: Weil sie die Einbildungen und die

Stimmungen nicht geschont und mit solchen Reizungen die Luft zum Atmen vergiftet haben. Die Begehrlichkeit ist jedoch auch in den Berechnungen –
DER KAISERLICHE RAT: No passen Sie auf, sie kommen noch bis Konstantinopel.
DER ALTE BIACH *(leidenschaftlich)*: Die Hagia Sophia ist die Fata Morgana für die russische Vergrößerungspolitik. Das Versprechen der Beihilfe zur Verwirklichung dieses Spiegelbildes ist der Nasenring, an dem die englische Politik den russischen Bären führte und noch führt.
DER KAISERLICHE RAT: Sie mir scheint Sie ham etwas einen Pik auf England.
DER ALTE BIACH *(kategorisch)*: England ist nicht bedroht. Tell sagt, jeder geht an sein Geschäft und meines ist der Mord.
DER KAISERLICHE RAT: Ihres?
DER ALTE BIACH: Seines!
DER KAISERLICHE RAT: Seines?
DER ALTE BIACH: Tells!
DER KAISERLICHE RAT: Wieso Tells?
DER ALTE BIACH: Englands!
DER KAISERLICHE RAT: Is denn England Tell? England is doch konträr Geßler und Deutschland is Tell! Tell sagt, ich lebte still und harmlos.
DER ALTE BIACH: Sie?
DER KAISERLICHE RAT: Er!
DER ALTE BIACH: Er?
DER KAISERLICHE RAT: Tell!
DER ALTE BIACH: Wieso Tell?
DER KAISERLICHE RAT: No Deutschland! Man hat ihm doch hörich in ein Drachengift verwandelt die Milch!
DER ALTE BIACH *(bitter)*: Das ist Verderbtheit.
DER KAISERLICHE RAT: Da ham Sie recht.
DER ALTE BIACH *(dumpf)*: Wir können uns vorstellen, wie er dort sitzt auf der Regierungsbank, im Palaste des Monte Citorio, ein düsterer, schweigsamer Mensch.
DER KAISERLICHE RAT: Wer? Gar ka Spur!
DER ALTE BIACH: Spuren von Gedrücktheit werden erkennbar. Die Neutralen werden nachdenklich.
DER KAISERLICHE RAT: Also gut. Aber vielleicht –
DER ALTE BIACH: Vielleicht geht jetzt schon ein Flüstern durch die englische Gesellschaft, daß der Krieg sich nicht mehr bezahlt macht. Die Politik der Einkreisung ist zahlungsunfähig.

DER KAISERLICHE RAT: Davon bin ich überzeugt. Aber Lloyd George –

DER ALTE BIACH: Lloyd George hat jedoch die Politik –

DER KAISERLICHE RAT: Geben Sie ihm Eizes. Was sagen Sie zu Rußland?

DER ALTE BIACH *(schwer)*: Im Flügel ist Blei.

DER KAISERLICHE RAT: Was kauf ich mr dafür.

DER ALTE BIACH *(mehr zu sich)*: Schreckliche Zeiten!

DER KAISERLICHE RAT: Wem sagen Sie das?

DER ALTE BIACH: Man kann sich vorstellen, wie die Bomben herunterdonnern.

DER KAISERLICHE RAT: Schön. Aber was ham wir davon?

DER ALTE BIACH *(zufrieden)*: Verdrossenheit in der Entente.

DER KAISERLICHE RAT: Sie spielen darauf an, daß Lloyd George broiges wird mit Clemenceau. Wenn das Deutschland gelingt – schön. Aber –

DER ALTE BIACH *(nicht ohne Tam)*: Lloyd George können wir uns vorstellen, wie er von seinem Kirchenstuhle sich erhebt und als Prediger zu reden beginnt, weil nach den Worten der Heiligen Schrift der Geist des Herrn über ihn gekommen ist. Das ist bei Clemenceau undenkbar.

DER KAISERLICHE RAT: Reden wir von Tachles –

DER ALTE BIACH: Präsident Wilson hat einmal gesagt, ich lege das Ohr auf den Boden und horche auf die Wünsche des Landes.

DER KAISERLICHE RAT: Sie? Ja so Wilson! No was hats ihm genützt?

DER ALTE BIACH *(achselzuckend)*: Wilson ist vielleicht ein Reisender, der den Zug versäumt hat.

DER KAISERLICHE RAT: Das verdrießt die Firma.

DER ALTE BIACH *(eindringlich)*: Lloyd George hat jedoch einen Beweggrund für seine Politik, der nicht minder wichtig ist.

DER KAISERLICHE RAT: Man kann sich vorstellen.

DER ALTE BIACH: Wir können uns vorstellen, welchen Eindruck die Nachricht in Wien hervorrufen würde, daß eine große Schlacht in Gloggnitz oder Neunkirchen stattfinde.

DER KAISERLICHE RAT: Gott soll schützen. Aber was halten Sie von –

DER ALTE BIACH *(geheimnisvoll)*: Es rieselt im Gemäuer.

DER KAISERLICHE RAT: Habachaachgehört. Ich mein aber, was halten Sie von Luzk?

DER ALTE BIACH *(betroppezt)*: Wir müssen uns in Rußland hineindenken.

DER KAISERLICHE RAT: No was kommt schon dabei heraus? Schaun Sie, Luzk –
DER ALTE BIACH *(feurig)*: Die Psychologie der Angriffsschlacht ist wichtig.
DER KAISERLICHE RAT: Wo steht das?
DER ALTE BIACH *(betamt)*: Ein Soldat steht in den Bergen bei Asiago auf der Wache.
DER KAISERLICHE RAT: No und –?
DER ALTE BIACH *(verdrossen)*: Das ist Entartung.
DER KAISERLICHE RAT: Wieso? Die Entente –
DER ALTE BIACH *(broiges)*: Die Entente will kränken.
DER KAISERLICHE RAT: Wie versteh ich das?
DER ALTE BIACH *(ächzend)*: Was hat die Monarchie Wilson getan, daß er –
DER KAISERLICHE RAT: Moment –
DER ALTE BIACH *(stöhnend)*: Was hat die Monarchie England getan, daß sie –
DER KAISERLICHE RAT: Jetzt handelt es sich aber –
DER ALTE BIACH *(aufschreiend)*: Was hat die Monarchie Serbien getan, daß es –
DER KAISERLICHE RAT: No no beruhigen Sie sich schon!
DER ALTE BIACH: Die Entente weiß, daß sie uns nicht mit den Waffen besiegen kann, aber *(zwinkernd)* sie stichelt.
DER KAISERLICHE RAT: Das wird ihr einen Tineff nützen. Wissen Sie was man heut schon sagen kann?
DER ALTE BIACH *(dezidiert)*: Voraussichtlicher Heldentod der Besatzung von Kiautschau.
DER KAISERLICHE RAT: Das is passee! Intressant steht heut in der Presse: Die Entscheidung der Krise bevorstehend.
DER ALTE BIACH: Wahrscheinlich morgen.
DER KAISERLICHE RAT: No ham Sie gelesen: Die Abreise des Grafen Czernin nach Bukarest?
DER ALTE BIACH: Übermorgen Samstag.
DER KAISERLICHE RAT: Wissen Sie was das bedeutet? Die Annäherung zum Frieden. No und wodurch?
DER ALTE BIACH: Durch die heute mitgeteilte Note.
DER KAISERLICHE RAT: Ich konstatiere: Leichte Entspannung der Krise.
DER ALTE BIACH: In den gestrigen Londoner Blättern.
DER KAISERLICHE RAT: Bewegte Zeiten.
DER ALTE BIACH: Deren Merkmale in den vorliegenden Nachrichten.

DER KAISERLICHE RAT: Grad les ich da den Artikel: Die Räumung Asiagos. Wissen Sie, von wem?
DER ALTE BIACH: Von der Zivilbevölkerung.
DER KAISERLICHE RAT: Der Untertitel is die Hauptsache, weil man da ganz genau erfährt. Aber manchmal genügt ein Satz –
DER ALTE BIACH *(tändelnd)*: Sibyl war die Tochter eines Arbeiters.
DER KAISERLICHE RAT: Sie, wenn Sie wüßten, wie mies mir is.
DER ALTE BIACH *(gereizt)*: Das ist ein Herumbohren in der offenen Wunde.
DER KAISERLICHE RAT: Passen Sie auf, ich sag Ihnen, Sie wern sehn, die Situation –
DER ALTE BIACH *(herb)*: Das ist ein Hissen der Pestflagge, des Bankerotts.
DER KAISERLICHE RAT: No was sagen Sie dazu, daß wir zurückgeworfen sind?
DER ALTE BIACH: Sie tändeln mit dem Krieg.
DER KAISERLICHE RAT: Konträr, es scheint ihnen blutiger Ernst zu sein – wenn man bedenkt, wo wir stehn – wir sind doch heute weit entfernt –
DER ALTE BIACH: Weit entfernt von Hochmut und von Schwäche.
DER KAISERLICHE RAT: Das war doch ganz am Anfang!? Gott waren das Zeiten, gar nicht denken soll ma –!
DER ALTE BIACH *(fest)*: Ein Anzug kostet zweitausend, eine Lokomotive sechzigtausend Rubel.
DER KAISERLICHE RAT: Bei uns –? Das wär doch billig! Aber sagen Sie mir nur, wer brauch jetzt eine Lokomotiv? Waggons brauch man!
DER ALTE BIACH: Laienfragen und Laienantworten.
DER KAISERLICHE RAT: Bitt Sie, erinnern Sie einen nicht!
DER ALTE BIACH *(unerbittlich)*: Wenn der Vertrag über den Sonderfrieden unterzeichnet wird, ist Lloyd George verloren und vielleicht auch Clemenceau.
DER KAISERLICHE RAT: No und wir?
DER ALTE BIACH *(einlenkend)*: Wir müssen uns in die Entente hineindenken.
DER KAISERLICHE RAT: Weit gebracht. Stellen wir uns vor –
DER ALTE BIACH *(mit Genugtuung)*: Stellen wir uns vor, daß die Gefangenen zurückkehren, eine Million, vielleicht noch mehr –
DER KAISERLICHE RAT: Es können doch höchstens schätz ich alles in allem fufzntausend sein!

DER ALTE BIACH *(beschowet)*: – darunter meistens junge Leute, gehärtet im Klima von Sibirien.

DER KAISERLICHE RAT: No und wie! Aber jetzt halten wir vorläufig bei Luzk – der heutige Bericht – also lassen Sie ein vernünftig Wörtl mit sich reden –

DER ALTE BIACH *(abtastend)*: Hier fällt uns vor allem das Wörtchen »noch« auf und das Auge bohrt sich förmlich hinein in den Bericht und man kann sich vorstellen –

DER KAISERLICHE RAT: So wahr ich da leb das war das erste was ich früh sie is noch gelegen zu ihr gesagt hab sie hat noch gesagt sprech mit Biach! Sehn Sie, Sie sind auch ein Pessimist geworn. Nach meiner Ansicht – was soll ich Ihnen sagen – Luzk – schließlich – also was is Ihre Ansicht?

DER ALTE BIACH *(schlicht)*: Die Familie Brodsky ist eine der reichsten in Kiew. *(Ausbrechend)* Dadaran glaub ich und dadavon geh ich nicht ab!

DER KAISERLICHE RAT: Moment. Wie kommt das zu dem?

DER ALTE BIACH *(erregt)*: Das wissen Sie nicht? das wissen Sie nicht? also den Anfang vom heutigen Leitartikel ham Sie –

DER KAISERLICHE RAT: Gott richtig, natürlich – nur so aus dem Zusammenhang heraus war es mir bißl fremd – ich kenn doch jeden Satz auswendig – wie er in die Stimmungen hereinkommt – heut gibt er es ihnen ordentlich, er stichelt gegen Wilson und er tändelt mit Czernin. Aber offen gestanden – die Geschichte mit Luzk gefällt mir etwas nicht.

DER ALTE BIACH *(schwärmend)*: Die Nase der Kleopatra war eine ihrer größten Schönheiten.

DER KAISERLICHE RAT: Ihnen gesagt.

DER ALTE BIACH *(erregt)*: Das wissen Sie nicht? das wissen Sie nicht? also den Anfang vom gestrigen Leitartikel –

DER KAISERLICHE RAT: Gott richtig, natürlich das war doch so packend – aber – Luzk gefällt mir nicht! Es is natürlich ein prima strategischer Rückzug – aber –

DER ALTE BIACH *(bündig)*: Ein Volk muß essen.

DER KAISERLICHE RAT: Selbstredend, aber wie kommt das zu –

DER ALTE BIACH *(erregt)*: Das wissen Sie nicht? das wissen Sie nicht? also den Schluß vom heutigen –

DER KAISERLICHE RAT: Gott richtig, natürlich –

DER ALTE BIACH *(bitter, jedoch mit edlem Anstand)*: Das Schicksal des Blattes ist es schon wiederholt gewesen, daß die Persönlichkeiten, die ihm angehören, die Mitarbeiter und Korrespondenten, von den Wirkungen der Weltbegebenheiten unmittelbar und persönlich getroffen werden.

DER KAISERLICHE RAT: Selbstredend kommt aber dabei immer ein großer Kowed für das Blatt heraus. Aber wissen Sie, wenn man die heutige Situation betrachtet, welcher Gedanke sich auch dem einfachen Laien aufdrängt? Einen Bismarck brauchten wir!

DER ALTE BIACH *(kategorisch)*: Ein Demosthenes wäre nötig, um Einsicht und Klarheit zu schaffen. Wir hoffen, daß unser Ministerium des Äußern die Angehörigen der Monarchie mit allem Nachdruck schützen werde.

DER KAISERLICHE RAT: Moment. Wenn noch –

DER ALTE BIACH *(resigniert)*: Wenn noch Raum wäre für einen Gentz in der heutigen, so stark veränderten Gesellschaft, würde er boshaft lächeln.

DER KAISERLICHE RAT: Intressant. Aber warum soll nicht Raum sein?

DER ALTE BIACH *(resolut)*: Ein Talent wird immer Raum finden. Beethoven war auch ein Teilnehmer des Kongresses durch eine Kantate, Wiens glorreichster Augenblick.

DER KAISERLICHE RAT: Was nutzt das alles, man is doch schon sehr betroppezt!

DER ALTE BIACH *(mit einem Blick gen Himmel)*: Wo ist heute ein Fichte, der die gebeugten Seelen wieder aufrichten, dem deutschen Volke ein Lehrer und Wegweiser zugleich sein könnte!

DER KAISERLICHE RAT: Das is aber jo wohl! *(auf die Uhr sehend)* Gott halber acht!

DER ALTE BIACH *(im Abgehn, dumpf)*: Iwangorod röchelt bereits. *(Verwandlung.)*

27. Szene

Berliner Tiergarten.

PADDE: Die gefilmte Schlacht, die gefilmte Majestät des Sterbens und des Todes! Daß die Engländer eine unwissende und ungebildete Gesellschaft sind, wissen wir ja; der vorliegende Fall zeigt aber auch, bis zu welcher Gefühlsroheit Neid und Lüge führen.

KLADDE: Wäre es nicht erwünscht, daß man auch dem Deutschen hinter der Front solche lebenswahre Bilder der jüngsten Ereignisse vorführte? An Gelegenheiten, die geeignete Bilder zur Aufnahme bieten, dürfte kein Mangel sein. Die Taten unserer Soldaten, im Bilde vorgeführt, gäben wahrhaftig Stoff genug für mehr als einen Film, und das Volk, das am Bilde manchmal mehr hängt, als am Worte, würde solchen Vorführungen ein gewaltiges Interesse entgegenbringen, auch wenn wir auf die Ausschmückungen im Interesse nationaler Selbstverhimmelung, die Engländer und Franzosen nötig haben mögen, gern verzichten.

PADDE: Machen wir. Was sagen Sie zum Hias? Unter dem Krachen aller Feuerwaffen und mit Sturmgeschrei ging gestern abend »Der Hias«, ein feldgraues Spiel in drei Akten, über die Bretter des Berliner Theaters. Der Zettel verschwieg den Namen des Verfassers; aber ein Feldgrauer soll das Stück geschrieben haben, und Feldgraue (Offiziere und Mannschaften Berliner und bayrischer Ersatz-Truppenteile, unter denen gewiß einige von schauspielerischer Herkunft waren) führten es auf. Für die Frauenrollen stellten sich Frauen der Aristokratie zur Verfügung.

KLADDE: Wacker!

PADDE: Das Stück gab Gelegenheit, Lagerleben und blutige Kämpfe mit erstaunenswertem Naturalismus vorzuführen. Die echten Soldaten auf der Bühne spielten, als ob sie an der Front wären. Dort, wo die kriegerischen Vorgänge der technischen Mittel der Bühne spotteten –

KLADDE: – sprang der Film ein.

PADDE: Na sehn Sie, treffen wa ooch! Und der Apparat rollte (im letzten Akte) eine Reihe von geschickt in die Szene des Stückes eingelegten Schlachtenbildern ab. Erhöht wurde der Eindruck durch den Lärm der Maschinengewehre und Handgranaten und durch das Ächzen und Stöhnen der Gefallenen.

KLADDE: Ein Kulturskandal erster Güte –

PADDE: Wie?

KLADDE: – ist die englische Denkmünze auf die Seeschlacht im Skagerrak.

PADDE: Ach so.

KLADDE: Nachdem die Engländer ihre schwere Niederlage vom Skagerrak auf dem Papier allmählich in einen Sieg umgemodelt haben, setzen sie diesem Lügenverfahren dadurch die Krone auf, daß sie eine Denkmünze auf die Seeschlacht prägen. »Der ruhmreichen Erinnerung derer, die an jenem Tage fielen!«

PADDE: Ja, sie treiben's doll. Wir Deutsche brauchen keene Denkmünzen!
KLADDE: Im Vergleich mit neueren deutschen Denkmünzen kann diese englische als gedankenarm und unkünstlerisch bezeichnet werden. Der Text, der nichts von Sieg enthält, ist für englische Verhältnisse ziemlich bescheiden. Die Denkmünzen sollen käuflich sein – die goldene zu 230 Mk., und der Gesamtertrag soll den Hinterbliebenen der gefallenen Seeleute zukommen. So verabscheuungswürdig diese englische Verlogenheit auch ist, kann man es nicht in Abrede stellen, daß sie System hat und sicher auch Erfolg haben wird, denn es unterliegt keinem Zweifel, daß auch auf diesen englischen Schwindel wieder eine ganze Menge neutraler Untertanen hereinfallen wird.
PADDE: Marke Lügen-Grey. Wir hätten jetzt eine Gelegenheit zu 'ner Denkmünze! Kaiser Wilhelm als Feldarbeiter. Bekanntlich reiste der Kaiser an die Ostfront. Seine schlesischen Truppen erfreute Seine Majestät durch persönliche Anerkennung und durch seinen Dank für ihre Tapferkeit. Des freute sich ganz Schlesien. Aber ganz Schlesien freute sich noch über etwas anderes.
KLADDE: Weiß schon. Das lassen Sie mich erzählen. Was rennt das Volk, was läuft die Schar hinaus auf die abgemähten Felder? Den Kaiser zu sehen. Nachmittags zwischen 5 und 7 Uhr ist es. Munteres Volk bringt die kostbaren Ährengarben auf bereitstehende Wagen. Plötzlich ruhen alle Hände, Stille tritt ein, alle Mützen fliegen vom Kopfe, Staunen ergreift alle: Der Kaiser kommt!
PADDE: Er ist schon da, zieht den Rock aus und, hastenichgesehn, in Hemdärmeln beginnt des Deutschen Reiches Oberhaupt mit Hand anzulegen an die Feldarbeit. Auf dem mit goldenen Getreidegarben besäten durchfurchten Boden unseres lieben Vaterlandes erheitert das durch die Sorgen der Kriegsjahre tief durchfurchte Antlitz Seiner Majestät munteres Lächeln.
KLADDE: Wie ist das? – Na, jedenfalls 'n herzquickendes Momentchen.
PADDE: Er hilft selbst, mit höchsteigener Person, den »von oben« gespendeten Segen für sein Volk einzuheimsen.
KLADDE: Wie der Herr, so der Knecht. Dem Kaiser tun es seine Begleiter, hohe Herren und Offiziere, nach. »Siehst du da nicht auch unsern Reichskanzler bei der Feldarbeit?« – »Wahrhaftig, er ist's.«
PADDE: Das lassen Sie mich mal fortsetzen. Von der Stirne heiß,

rinnen muß der Schweiß bei solcher Arbeit. Überrascht schaut das zuschauende Volk, wie Seine Majestät den von der Stirne perlenden Schweiß mit dem Hemdärmel ein übers andre Mal abwischt; denn in brennender Sonnenhitze mit der Garbengabel Wagen vollzuladen, wenn auch mit aufgestreiften Hemdärmeln, macht schwitzen – und Durst!
KLADDE: Weiß Gottchen.
PADDE: Und so haben wir wieder das schöne Bild: Seine Majestät sitzt mitten in seinem ihm treu ergebenen oberschlesischen Volk auf –
KLADDE: Wie?
PADDE: – auf das er sich verlassen kann, sitzt auf –
KLADDE: Wie?
PADDE: – auf einem Feldrain und trinkt aus einem gewöhnlichen Kruge frisches Wasser. – Na? Da staunt der Fachmann und der Laie wundert sich. Das wär 'n Vorwurf für 'ne Denkmünze!
KLADDE: – den uns die Engländer machen könnten – nee, nachmachen könnten! Wenn sie könnten!
PADDE: Was Denkmünze! Das sollte jefilmt werden!
KLADDE: Ja richtig, hören Sie mal, in den nächsten Tagen wird in den Kinos der höchstinteressante Film: Die Sommeschlacht, das größte Ereignis in diesem Kriege, dem Publikum vorgeführt.
PADDE: Dieser Film kann in der Tat das größte Ereignis in diesem Kriege genannt werden. Es ist dies die erste und zugleich die letzte Aufnahme, die das Archiv des Generalstabes für das Publikum freigibt. Der Film ist im größten Kampfgewühl zustandegebracht worden. Vier Operateure sind bei der Aufnahme des Films gefallen, aber immer wieder traten neue an ihre Stelle, bis endlich das ganze Werk vollendet war, das unseren Nachkommen den Ruhm der heldenmütigen Kämpfer künden soll. Mit atemloser Spannung machen wir Sprengung und Erstürmung eines Blockhauses und nach mächtigem Trommelfeuer einen Sturmangriff von nervenerschütternder Eindruckskraft mit. Wir sind mitten drin in den gewaltigen Erdfontänen von Minensprengung und Einschlägen schwerster Kaliber und in den weißen Rauchschwaden der Handgranaten und bewundern fast noch mehr als den Todesmut der Truppen – den Mann oder die Männer, die im Geschoßhagel und Feuerregen die Ruhe gehabt haben, in vorderster Linie, mit eisernem Pflichtgefühl auch dem Befehl zu gehorchen, die Kurbel des kinematographischen Apparates zu drehen. Auf allen Seiten sieht man die höchste An-

spannung aller Kräfte, das Ausnützen, aber auch Abnützen der menschlichen Energie – wir sehen den siegenden Tod!
KLADDE: Dieser Film wird sicher in allen Kinos Deutschlands großen Anklang finden. Wie hieß es doch jüngst so schlagend in einem kriegspresseamtlichen Bericht unsrer östreichischen Bundesbrüder? Unsere Sturmtrupps rücken vor –
PADDE: – unmittelbar gefolgt von unsern Filmtrupps. So soll es sein. Der siegende Tod! Das sollen uns die Vettern überm Kanal mal nachmachen! Da staunt der Fachmann –
KLADDE: – und der Laie wundert sich.
(Verwandlung.)

28. Szene

Kino. Auf dem Programm: »Ach, Amalia, was hast du gemacht?« und der Detektivschlager »Mir kommt keiner aus«. Die Musik spielt »Puppchen, du mein Augenstern«.

DER KINOREGISSEUR *(tritt vor)*: Nun folgt die erste Vorführung des großen Sommefilms. Sie werden in diesem Film die Sommehelden zu sehen bekommen, blühende Jugend und ergraute Männer in gleicher Weise verwittert und kampfgestählt stürzen und springen, stürmen und kämpfen zwischen fliegenden Feuern und hagelnden Geschoßen, und schwankem, von Minen zerstäubtem Erdreich, in der zermalmenden Werkstatt des brüllenden, unsichtbaren Krieges. In drei Teilen entrollen sich Szenen der furchtbaren Herbstschlacht 1916, mit der die große Hoffnung der Feinde ins Grab sank. Imponierend dröhnen die Tritte unübersehbarer deutscher Reservisten. Im Feuer der eigenen Landsleute bringen deutsche Krieger behutsam französische Frauen, Greise und Kinder in Sicherheit. Wo vordem blühende Dörfer sich hinzogen, wo alte malerische Städte in ihrer historischen Schönheit das Auge erfreuten – Bapaume und Peronne und wie sie alle heißen – sind nunmehr Trümmerhaufen, zerschossen in Schutt und Staub durch die Ententebatterien. Und dann flimmert auf zuckenden Bildern, dank einzig dastehendem Mute tapferer Kinooperateure, deren vier in treuer Pflichterfüllung bei den Aufnahmen den Heldentod fanden, ein erhabenes Beispiel zielbewußter Exaktheit: »Das Divisionskommando hat um 8 Uhr 30 Minuten die Sprengung und

den Sturm befohlen!« – Alles ist bereit gestellt. – Die Sturmtruppen fiebern. – Die Ungeheuer moderner Kriegsmaschinen öffnen ihre blitzenden Mäuler, die furchtbaren Waffen unseres technischen Zeitalters spielen auf – aber dahinter stehen die Menschenleiber, die den toten Maschinen Leben einhauchen. Über Minenfelder, Hindernisse, durch sprengstoffschwangere Gassen des Todes hinein zum heißen Nahkampfe! – Die Handgranate mäht! ... Von Graben zu Graben in die Hauptstellung hinein! Die eigene Artillerie schöpft Luft und streut Entsetzen in die feindlichen Reserven, Graben auf Graben wird erobert. Dieser Film reiht sich zu den schönsten, zu den eindrucksvollsten aus dem jetzigen Weltkriege.
EINE WEIBLICHE STIMME: Emil, benimm dir!
(Verwandlung.)

29. Szene

Der Optimist und der Nörgler im Gespräch.

DER OPTIMIST: Also die harmlosen Parodien auf Goethes »Über allen Gipfeln«, die jetzt bei uns und in Deutschland im Schwang sind, in Deutschland wegen der U-Boote und bei uns wegen der Kipfel – das bringt Sie auch schon aus Rand und Band?
DER NÖRGLER: Das tut es. Mit der Kriegsdichtung wollen wir uns abfinden. Die Gegenwartsbestie, wie sie gemütlich zur todbringenden Maschine greift, greift auch zum Vers, um sie zu glorifizieren. Was in dieser entgeistigtesten Zeit zusammengeschmiert wurde – es ergäbe täglich eine Million Tonnen versenkten Geistes, die wir einmal an den geschädigten Genius der Menschheit werden zurückzahlen müssen; und hierin war nicht nur die Schuld der vielen Schreiber enthalten, die auf die Fahne der Bestialität spekuliert haben, sondern auch der wenigen Dichter, die sich von ihr fortreißen ließen. Aber sehen Sie: wenn zugunsten Deutschlands nichts weiter geltend gemacht würde, als daß auf seinem Boden das Gedicht »Über allen Gipfeln ist Ruh'« gewachsen ist, so würde das wahre Prestige, auf das es schließlich mehr ankommt als auf jene zeitgebundenen Vorurteile, zu deren Befestigung Kriege geführt werden, heil aus der Affäre hervorgehen. Was unsere Lage vor dem Weltgericht gefährden könnte, wäre eine einzige vom Ankläger enthüllte Tatsache. Daß

nämlich dieses Zeitalter, das als verstunkene Epoche preiszugeben und glatt aus der Entwicklung zu streichen wäre, um die deutsche Sprache wieder zu einer gottgefälligen zu machen, sich nicht damit begnügt hat, unter der Einwirkung einer todbringenden Technik literarisch produktiv zu sein, sondern sich noch an den Heiligtümern seiner verblichenen Kultur vergriffen hat, um mit der Parodie ihrer Weihe den Triumph seiner Unmenschlichkeit zu begrinsen. In welcher Zone einer Menschheit, die sich doch überall mit dem Mund gegen ein Barbarentum sträubt, dessen die Hand sich beschuldigt, wäre ein Satanismus möglich, der das heiligste Gedicht der Nation, ein Reichskleinod, dessen sechs erhabene Zeilen vor jedem Windhauch der Lebensgemeinheit bewahrt werden müßten, der Kanaille preisgab! Wo in aller Welt ließe sich so wenig Ehrfurcht aufbringen, den letzten, tiefsten Atemzug eines Dichters zu diesem entsetzlichen Rasseln umzuhöhnen? Die Ruchlosigkeit des Einfalls, der den Sieg jener Richtung bedeutet, die mit dem Abdruck von Klassiker-Zitaten auf Klosettpapier eingesetzt hat, übertrifft alles, was uns das geistige Hinterland dieses Krieges an Entmenschung vorgeführt hat. Bei Goethe! Es ist der Augenblick, aus einer Parodie ein großes Gedicht des Abschieds zu machen.

DER OPTIMIST: Glauben Sie mir, zwei fleischlose Tage in der Woche sind ein größeres Übel, und dennoch muß auch dies ertragen werden.

DER NÖRGLER: Gewiß. Aber sieben geistlose – da halte ich nicht durch! Und ich sehe aus dieser Unterernährung keinen rettenden Ausweg. Die kriegerische Verblödung der Menschheit, der Zwang, der die Erwachsenen in jene Kinderstube zurückführt, in der sie noch das schaurige Erlebnis haben, keine Kinder mehr vorzufinden – ja, uns hier, die wir die Versuchsstation des Weltuntergangs bewohnen, hat die Entwicklung dort, wo sie uns haben wollte!

DER OPTIMIST: Solange Krieg ist, muß alle Geistigkeit auf ihn eingestellt sein.

DER NÖRGLER: Sie befähigt uns eben noch, die Begriffe »Menschenmaterial«, »durchhalten«, »Scherflein«, »Hamstern«, »Mustern«, »Nachmustern«, »Tachinierer«, »einrückend gemacht«, kurz den ganzen ABC-Befund unseres Zustandes in seiner abgründigen Tiefe zu erfassen, ohne doch die völlige Aussichtslosigkeit eines Tuns ermessen zu können, zu dem wir uns innerhalb dieses Mechanismus verurteilen ließen. Aber die feigen Büromörder, die unsere Zukunft an ihr Fibelideal verraten haben –

Der Optimist: Sie glauben also wirklich, daß der Weltkrieg von ein paar bösen Menschen beschlossen worden ist?
Der Nörgler: Nein, sie waren nur die Werkzeuge des Dämons, der uns und durch uns die christliche Zivilisation in den Ruin geführt hat. Wir müssen uns aber an sie halten, da wir den Dämon, von dem wir gezeichnet sind, nicht fassen können.
Der Optimist: Wie würden wir denn aussehen, wenn wir von einem Dämon gezeichnet sind!
Der Nörgler: Wie vom Schönpflug.
Der Optimist: Sollten wir so talentlos gezeichnet sein?
Der Nörgler: Eben. Doch diese Talentlosigkeit hat tiefere Bedeutung. Wir hängen genau so in der Luft, wenn wir zu stehen vermeinen, und stehen genau so, wenn wir glauben, wir seien im Fortschreiten begriffen. Die grundlose Feschität, die dieses neuwienerische Dasein so beliebt macht wie die Figuren jenes teuflischen Antitalents, die tiefe Unfähigkeit, im Raum zu stehen, die die niedrigste Kunst und das niedrigste Leben zu vollkommener Deckung bringt, diese Leichenstarre der Lebendigkeit – das ist es, was noch unsern Untergang zum stehenden Motiv des kolorierten Mißhumors macht. Ich ziehe die Luftlinie von einem verknödelten Leben, von einem Punkt der Entwicklung, wo Lehartöne und Schönpflugfarben uns bedrohen, zu einem Ultimatum, mit dem ein bodenloser Kretinismus die Welt auffordert, den k. k. Misthaufen abzuräumen, zu dessen Prestige er ausgerückt ist. Und ich lechze der Stunde entgegen, da es geschehn sein wird – mag nachher das herausgeforderte Weltgewissen als die Machtfratze eben jenes Siegerwahns triumphieren, der uns hier unser Leben vernichtet. Möglich, daß das mitteleuropäische Verbrechen so groß war, noch die Welt zu korrumpieren, die da auszog, es zu züchtigen. Was immer geschehe – Österreicher zu sein war unerträglich!
Der Optimist: Die österreichisch-ungarische Monarchie ist eine historische Notwendigkeit.
Der Nörgler: Vielleicht, weil dieser ganze nationale Gemischtwarenkram, der uns in kulturelle Schmach und materielles Elend gebracht hat, in irgendeinem verfluchten Winkel der Erde verwahrt sein muß. Aber diese Notwendigkeit wird sich durch alle revolutionären und kriegerischen Versuche, ihn los zu werden, abschwächen, und gelingt es diesmal nicht, erweist sich der k. k. Gedanke zunächst als unausrottbar, so wirds neue Kriege geben. Aus Prestigerücksichten hätte diese Monarchie längst Selbstmord begehen müssen.

DER OPTIMIST: Wäre dem Kaiser Franz Joseph ein längeres Leben beschieden gewesen, so wäre der Zusammenhalt –
DER NÖRGLER: Ehrfürchtiger Schauder läßt mich vor der Konsequenz dieses Gedankens zurückbeben, ehe Sie ihn zu Ende gedacht haben. Aber Sie übersehen dabei, daß jenem ja tatsächlich ein längeres Leben beschieden war und daß trotzdem –
DER OPTIMIST: Der Kaiser ist doch voriges Jahr gestorben –?
DER NÖRGLER: Woher wissen Sie das?
DER OPTIMIST: Ich verstehe Sie nicht – er hat doch gelebt bis –
DER NÖRGLER: Woher wissen Sie das?
DER OPTIMIST: Ja, spielen Sie vielleicht auf die in der Entente beliebten Scherze an, daß in Österreich-Ungarn eine Zucht von Kaisern bestehe und daß immer ähnlich aussehende –
DER NÖRGLER: Da könnte schon etwas dran sein. Wissen Sie, wenn ich mich auch entschließen könnte, an den Tod Franz Josephs zu glauben, keineswegs glaube ich, daß er je gelebt hat.
DER OPTIMIST: Erlauben Sie einmal, diese siebzig Jahre sind doch nicht in Abrede zu stellen?
DER NÖRGLER: Ganz und gar nicht, sie sind ein Alpdruck von einer Trud, die dafür, daß sie uns alle Lebenssäfte und dann noch Gut und Blut abgezogen hat, uns das Glücksgeschenk zukommen ließ, in der Anbetung eines Idols von einem Kaiserbart grundsätzlich zu verblöden. Nie zuvor hat in der Weltgeschichte eine stärkere Unpersönlichkeit ihren Stempel allen Dingen und Formen aufgedrückt, so daß wir in allem was uns den Weg verstellte, in allen Miseren, Verkehrshindernissen, im Querschnitt jedes Pechs diesen Kaiserbart agnoszierten. Sie war die angestammte Schlamperei, die das Justament zum fundamentum regnorum erkoren hatte, sie war das graue Verhängnis, das sich durch die Zeiten frettet wie ein chronischer Katarrh. Ein Dämon der Mittelmäßigkeit hatte unser Schicksal beschlossen. Nur er vertrat diesen Anspruch, die Welt mit unserer nationalen Mordshetz zu belästigen, begründet in der Gottgewolltheit des Pallawatsch unter Habsburgs Szepter, dessen Mission es schien, als Damoklesschwert über dem Weltfrieden zu schweben. Er ermöglichte dieses budgetprovisorische Gebilde, dessen ewiges Völkerproblem nur durch die innere Amtssprache des Rotwelsch »tunlichst« zu lösen war und dessen Verständigung durch ein Kauderwelsch versucht werden mußte, wie es die hohnlachende Epoche noch nicht gehört hatte. Eine siebzigjährige Gehirn- und Charaktererweichung der nur um solchen Preis und selbst dann nicht zu verbindenden Völker ist der In-

halt der so regierten Tage, eine Verflachung, Verschlampung und Korrumpierung aller Edelwerte eines Volkstums, die in der Weltgeschichte ohne Beispiel ist und zumal ohne Beispiel durch die Verlogenheit, mit der dank dem einzigen Fortschritt dieser Zeit, nämlich der entwickelten journalistischen Technik, ein Schein vor ein Unwesen gestellt und die Legende der Gemütlichkeit über eine tödliche Realität der Leere gebreitet werden konnte. Welch unerbittliche Berichtigung und gleichwohl Bestätigung eines zwischen Fibel und Presse orientierten Denkens, daß ein blutiges Fanal am Aufgang wie am Abgang dieser gemütlichen Majestät errichtet war!

Der Optimist: Wie? Der Friedenskaiser katexochen, der in seiner sprichwörtlichen Leutseligkeit alles für's Kind getan hat, der ritterliche Monarch, der gute alte Herr in Schönbrunn, dem nichts erspart geblieben ist – so sprechen Sie über ihn, und noch dazu, wo er tot ist?

Der Nörgler: Er ist tot? Nun, abgesehn davon, daß ich es, selbst wenn ichs wüßte, nicht glaubte, muß ich Ihnen schon sagen, daß es vor dem Weltgericht wirklich keine Würschtel gibt; daß es da einmal keine Protektion gibt, aber auch keine Pietät; daß man es sich dort wirklich nicht richten kann und vor allem, daß dort der Tod nicht so sehr einen Strafausschließungsgrund als eine Voraussetzung für das Urteil bildet. Auch möchte ich glauben, daß es gottgefälliger ist, der Majestät des Todes an den Gräbern von zehn Millionen Jünglingen und Männern Ehrfurcht zu bezeigen, von hunderttausenden Müttern und Säuglingen, die Hungers sterben mußten – als vor dem einen Grab in der Kapuzinergruft, das eben jenen Greis bedeckt, der das alles reiflich erwogen und mit einem Federstrich herbeigeführt hat; und daß vor jener Instanz auch das Qualenantlitz der überlebenden Menschheit gegen den einen Toten unerbittlich zeugen müßte. Denn dieses blutgemütliche Etwas, dem nichts erspart blieb und das eben darum der Welt nichts ersparen wollte, justament, sollen s' sich giften – beschloß eines Tages den Tod der Welt.

Der Optimist: Aber Sie glauben doch nicht, daß der Kaiser den Krieg gewollt hat? Er soll ja geäußert haben, daß man ihn drangekriegt hat!

Der Nörgler: So ist es. Das gibt es. Ich meine nicht ihn, den man drankriegen konnte. Ich meine die den Wahnsinn dieser monarchischen Welten erschöpfende Möglichkeit, daß man ihn und uns drankriegen konnte. Ich meine jenen blutdürstigen

Dämon seines verfluchten Hauses, dessen Walten sich justament in diesem Kaiserbart manifestierte und in einer Gemütlichkeit, die eben das Blut, das sie nicht sehen konnte, vergossen hat. Ich weiß nicht, wer, ich weiß nur, was uns regiert hat; und daß dieser Lemurenstaat durch sieben Dezennien der Welt das Schaustück eines als Thron kachierten Leibstuhls bot, worauf sich die legendäre Dauerhaftigkeit eines Nichtvorhandenen breitmachte. Von ihm in persona weiß ich nur, daß er mittelmäßig war und in Formen erstarrt. Aber eben diese Gaben mußten im Verein mit den tödlichen Giften der Zeit und dieses national verwirrten Landes ein übermäßiges Unglück heraufbeschwören. Der finstere Franz Ferdinand, dessen Wille es gebannt hätte – denn nicht was einer will, bloß daß er etwas will, vermöchte dieses Chaos zu hemmen –, war nur bestimmt, über seinem Ende die schadenfrohen Flammen aus dem monarchischen Hexenkessel aufschlagen zu lassen. Wenn man diesen Franz Joseph, dem nichts erspart geblieben ist außer der Persönlichkeit – wenn man ihn nicht zum Weltkrieg drangekriegt hätte, er wäre mit einer reinen Freude an der wohlerhaltenen k. k. Jammerwelt gestorben. Dem Nachfolger war es zuzutrauen, daß er sie unblutig zurechtgesetzt hätte. Das ist jenem – dank den für Thronfolgerreisen vorgesehenen Sicherheitsmaßnahmen – denn doch erspart geblieben. Er hat es vorgezogen, ihr durch den Weltkrieg und die unausbleibliche Niederlage ein vollkommenes Ende zu bereiten.

Der Optimist: Er hat sich nicht anders zu helfen gewußt.

Der Nörgler: Gewiß nicht, man hat ihn drangekriegt, während die mehr aktive Rolle des Bundesgenossen diesen zu festem Draufgehn veranlaßt hat.

Der Optimist: Worauf spielen Sie mit Ihrer Bemerkung über die für Thronfolgerreisen vorgesehenen Sicherheitsmaßnahmen an?

Der Nörgler: Darauf, daß man bezüglich des Ergebnisses der Sarajewoer Reise in Sicherheit war.

Der Optimist: Das sind Legenden. Gewiß ist es erstaunlich, daß der mächtigste Mann der Monarchie keinen vermehrten Schutz für diese Reise durchsetzen konnte, aber –

Der Nörgler: – es ist begreiflich. Denn als er sich darum bemühte, war's nicht mehr bei seinen Lebzeiten. Ein Mächtiger, der dahin ist, hat keinen Einfluß.

Der Optimist: Er wurde aber doch erst ermordet, nachdem –

Der Nörgler: – seine Bemühungen erfolglos geblieben waren,

ganz richtig. Also, wenn Sie auf der Chronologie bestehen: ein Mächtiger kann alles, nur nicht verhindern, daß er umgebracht wird.

DER OPTIMIST: Sie wollen gewiß nicht behaupten, daß Franz Joseph, dem nichts erspart geblieben ist, seinen Neffen aus dem Weg räumen ließ. Dagegen ließe sich wohl beweisen, daß er die Nachricht von der Ermordung –

DER NÖRGLER: – mit einem nassen, einem heitern Auge aufgenommen hat. Aus allerhöchstem Ruhebedürfnis wurde die Trauerfeier eingeschränkt und der Weltkrieg eröffnet. Die Menschheit hat ein Begräbnis erster Klasse erhalten.

DER OPTIMIST: Die Ermordung eines Thronfolgers ist doch ein hinreichender Grund –

DER NÖRGLER: – das Angenehme mit dem Nützlichen zu verbinden. Daß die Spekulation mißglückt ist und Österreich auf der Suche nach dem verlorenen Prestige in Verlust geriet, ist ein anderes Kapitel. Vor dem Weltgericht wird noch nach dem dolus eventualis judiziert.

DER OPTIMIST: Aber Sie werden doch schließlich nicht die persönlichen Eigenschaften des Monarchen –

DER NÖRGLER: Die interessieren mich wenig. Er war wohl nur ein Pedant und kein Tyrann, nur kalt und nicht grausam. Wäre ers gewesen, so hätte er vielleicht noch in hohem Alter so viel Geisteskraft gehabt, sich nicht drankriegen zu lassen, sondern zu wissen, was er wagen konnte. Er hat nur die Knöpfe auf der Uniform gezählt – und eben darum mußte sie sich bewähren. Er war ein unermüdlicher Arbeiter und hat unter den Hinrichtungsakten einmal auch einen unterschrieben, der die Menschheit fällte. Sie alle haben es nicht gewollt. Aber da wir andern es ganz gewiß nicht gewollt haben, müssen wir uns doch an sie halten. Der imperatorische Beruf bringt es eben mit sich, daß wir einem, der seine Ruh haben will und zu diesem Behufe einen Weltkrieg anfängt, die volle weltgerichtliche Verantwortung aufpelzen, ja daß wir einen pensionierten Landbriefträger, der sich per Zufall als Vampir betätigt, für eine Maske ansehen. Ein sterbender Christ darf die Gefahr, seiner Pfründe verlustig zu gehen, für kein größeres Übel halten als die Gefährdung seiner sämtlichen Nebenmenschen, und sein Seelenheil nicht mit dem Unheil Aller belasten. So glaube ich doch mindestens, daß der Genius seines Hauses an dieser Entschließung beteiligt war und gewiß an der Möglichkeit, daß ein paar phantasiearme Schurken ihn jenes Manifest unterschreiben lassen konnten, das mit vollendeter Stilkunst ein blutiges Alterserlebnis einem friedliebenden Greis zuschiebt, der sich nicht anders zu helfen weiß. Der, den man drangekriegt hat, hat alles reiflich erwogen. Es ist halt ein echt österreichisches Pech, daß das Ungeheuer, das diese Katastrophe heraufführen sollte, die Züge eines guten alten Herrn trägt. Er hat alles reiflich erwogen, aber er kann nichts dafür: und das eben ist die letzte, grausigste Tragödie, die ihm nicht erspart geblieben ist. Daraus habe ich ein Lied gemacht, das so lang ist wie sein Leben, eine unendliche Melodie, die ich ihm in den Mund lege, wenn er in meinem Weltkriegsdrama auftritt. Ich habe dieses tragische Couplet wie einen großen Teil des Dramas im Jahre 1915, also noch bei seinen Lebzeiten, geschrieben – wenn Sie es denn wirklich wahr haben wollen, Sie Phantast, daß jetzt ein Karl und kein Franz Joseph mehr über uns waltet.

DER OPTIMIST: Werden Sie ihm nicht wenigstens als dem ritterlichen Monarchen und als Kinderfreund Gerechtigkeit widerfahren lassen?

DER NÖRGLER: Nein, denn die Szene, wie er, da er zum erstenmal die Nachbarschaft der Gemahlin Franz Ferdinands an der Hoftafel dulden muß, ihr den Rücken zukehrt und auf die Mahnung seiner Tochter, sich doch schandenhalber auch einmal nach links zu wenden, justament und mit jähem Ruck es erst zu voller Anschauung bringt: diese Szene kommt im Drama nicht vor. Auch die Szene nicht, wie er in Weißenbach sich von einem allerliebsten vierjährigen Knirps ein Begrüßungssprüchlein anhört und dann –

DER OPTIMIST: – als ein vorbildlicher Urgroßpapa, jedoch elastischen Schrittes auf das Pauxerl zugeht und ihm ein Zwickerl gibt?

DER NÖRGLER: – nein, sich salutierend, wirklich salutierend, abwendet: diese Szene kommt auch nicht vor. Nur das Couplet kommt vor. Aber seien Sie ganz beruhigt. Wäre er ein Privatmann, dem die häßlichsten Eigenschaften nachgewiesen werden könnten, und etwa einer, dessen Gemeinschaft eine in Hysterie verirrte Gattin als Kreuz durchs Leben schleppen mußte – der Tod gliche alle Rechnung aus und der Rest wäre Schweigen. In der Weltgeschichte macht kein Zeitpunkt die Verantwortlichkeit erlöschen und da muß auch der beste alte Herr noch nach seinem Tod in der Gestalt auftreten, zu der ihn einmal der Fluch seines Hauses verdammt hat. Ich lasse nicht Franz Joseph, sondern den leibhaftigen habsburgischen Dämon auftreten. Ein

Lemur erscheint uns und sich selbst im Schlafe. Siebzig Jahre singen ihr Miserere, und da sind schließlich auch alle Vorgänger mit inbegriffen, die Kanaille, die Franz heißt – der Spielbergprotos –, und so weiter die ganze Ahnengalerie zurück bis ins Stammschloß, aus dem man der Sippe nie die Einreise nach Österreich hätte bewilligen sollen.

Der Optimist: Wann wird Ihr Drama erscheinen?

Der Nörgler: Wenn der Feind besiegt ist.

Der Optimist: Wie? Sie glauben also doch –

Der Nörgler: – daß Österreich in einem Jahr nicht mehr besteht! Ich hatte das Manuskript in das Stammland der Habsburger, in die Schweiz gebracht –

Der Optimist: Um es in Sicherheit zu bringen?

Der Nörgler: Nein, um es auszuarbeiten. Ich habe es wieder zurückgebracht; denn ich fürchte mich nicht vor dem Feind. Er hat in seiner Blutwirtschaft eine solche Schlamperei einreißen lassen, daß ich dieses Manuskript schon zweimal über die Grenze und wieder zurückbringen konnte. Immerhin kann es jetzt nicht erscheinen. Das würde dem Autor doch wohl die Freiheit kosten und wenn die Generaille vor Schluß der Vorstellung noch Appetit auf eine Diktatur bekäme, sogar jenen Kopf, den er sich trotz den Offensiven des Schwachsinns durch einen vierjährigen Krieg hindurch bewahrt hat. Es wird erscheinen, wenn dieses technoromantische Abenteuer, die Menschheit durch die Quantität herauszufordern, von der größeren Quantität erstickt ist. Wenn der glorreiche Unfug, der in der Stunde, da wir hier sprechen, für nichts und wieder nichts tausende Menschen in Leichname oder Krüppel verwandelt, beendet und nicht mehr vom verblödenden Basiliskenblick eines Kriegsüberwachungsamtes behütet sein wird. Kurzum, wenn die Schalek ihr letztes Wort gesprochen hat.

Der Optimist: Was haben Sie gegen die Schalek?

Der Nörgler: Nichts als daß der Weltkrieg sie gezwungen hat, von mir überschätzt zu werden. So muß ich sie für die eigenartigste Erscheinung dieser Apokalypse halten. Wenn aber der tragische Karneval verrauscht ist und ich ihr beim Katzenjammer unsres Tages irgendwo im Hinterland begegne, werde ich sie für eine Frau halten.

Der Optimist: Sie haben nun einmal die heillose Fähigkeit, das Kleinste –

Der Nörgler: Ja, die habe ich nun einmal.

Der Optimist: Und daraus wird wohl das ganze Drama entstanden sein. Aus diesem unseligen Hang, die kleinen Erscheinungen und die großen Tatsachen zu verbinden.

DER NÖRGLER: Ganz gemäß dem satanischen Verhängnis, das uns von den kleinen Tatsachen zu den großen Erscheinungen der realen Tragödie geführt hat. Die meine läßt uns an den Formen und Tönen einer Welt mit ihr selbst zugrundegehen. Sie werden mir die Frage, was ich gegen den Benedikt habe, nicht schuldig bleiben.

DER OPTIMIST: Und Sie mir nicht die Antwort.

DER NÖRGLER: Er ist nur ein verantwortlicher Redakteur des Weltkriegs. Er ist nur ein Zeitungsherausgeber und triumphiert dennoch über unsere geistige und sittliche Ehre. Seine Melodie allein hat mehr Opfer gefordert als der Krieg, den sie erregt und befeuert hat. Der gellende Ton des Schlachtbankiers, der der Welt an die Tasche und an die Gurgel fuhr, ist die elementare Begleitung dieser blutigen Aktion. Auch der orts- und zeitferne Leser wird fühlen, daß wir hier Besonderes durchlitten haben. Ich lasse an dieser Sprache, in der der altjüdische Sinn der neudeutschen Handlung sich rabiat zur Geltung bringt, einen alten Abonnenten sterben. Sie überwältigt das Leben, und da tritt denn der erlösende Gehirnschlag ein.

DER OPTIMIST: Um das zu verstehen, muß ich schon auf Ihre Tragödie warten. Sie kommt also heraus –

DER NÖRGLER: – wenn die andere zu Ende ist. Eher ist es nicht möglich. Auch sie ist nicht fertig, und ich brauche eben meinen Kopf, um sie fertig zu bringen.

DER OPTIMIST: Da wäre wohl nur Ihre Freiheit bedroht.

DER NÖRGLER: Solange Wien im Hinterland liegt. Hochverrat, Verbrechen gegen die Kriegsmacht, Majestätsbeleidigung, Beleidigung von Dörrgemüsespekulanten und sonstigen Persönlichkeiten, die nur das Objekt und nie das Subjekt einer strafbaren Handlung sein können und bei Abwicklung ihrer Wuchergeschäfte vom Ehrfurchtsparagraphen geschützt sind – nun, die allerhöchste Majestät, die Österreich hat, ist ja doch der Galgen! Er ist aber nicht nur ein Inventarstück des spanischen Zeremoniells, sondern auch ein wichtiges Requisit meiner szenischen Handlung. Bedenken Sie, daß unter dem Armeeoberkommando des Erzherzogs Friedrich allein – den ich für ein noch ausgiebigeres Phantom halte als die Schalek – 11400, nach einer andern Version 36000 Galgen errichtet worden sind. Einer, der nicht bis drei zählen konnte! Und eine kriegerische Erscheinung, vor deren Tatenruhm Napoleon als der erste

Defaitist erscheint – im Martialischen wie im Erotischen wahlverwandt und verbündet jenem Scheusal von einem Barbarenkaiser, dem Imperator der geistigen Knödelzelt, der keine Quantität von Fleisch und Blut unberührt lassen konnte und dazu seinen eigenen Schenkel klatschend schlug und sein gröhlendes Wolfslachen ertönen ließ: so lachte der Fenriswolf, als die Welt in Flammen aufschlug. Zwischen assyrischen Backsteinen und Generalstabskarten, zwischen aller Halbwissenschaft, die das stundenlang stehende Gefolge peinigte, immer wieder mit obszönen Scherzen um Körperformen kreisend. Sich weidend an der Verlegenheit, wenn er auf der Jagd oder bei offiziellstem Anlaß, durch einen Hieb auf den Hintern, durch einen Tritt aufs Bein, durch eine Frage nach seinem Sexualgeschmack den Partner überraschte. Das waren die Blutgebieter. Der eine im Format dem öden Sinn dieses Weltmords gewachsen, verantwortlich für die Tat; der andere mit ahnungslosem Behagen in der Wanne eines Blutmeers plätschernd. Dieser Heros, der »Bumsti!« rief, als er im Kino Soldaten fallen sah, dieser Ehrendoktor der Philosophie, dieser Kretin war der Marschall unseres Verhängnisses. So verschieden beide, dennoch Busenfreunde, sich begegnend in einer Kennerschaft, im Austausch feinschmeckerischer Wahrnehmungen, und wenn's die Formen der Germania und der Austria betraf, in einem Seufzer über den Wandel der Zeiten. Das tritt, wie es leibt und lebt, aus der Kriegsgarderobe gleich in die kulturhistorische Erscheinung, weist auf die Quantität der Zeit, in Freuden und Leiden; und zur stündlich empfundenen Qual wird das Bewußtsein, von solchem Minus regiert zu sein, und das Wissen um die niedrigste Lebensart, die an höchster Stelle sich auslebend der leidenden Menschheit spottet, zur Mitschuld. Maitressen und Hausmeisterinnen konnten sich über den intimen Einfluß unterhalten, wenn die wehrlose Mannheit sich ans Ende aller Lebenslust zerren ließ, geweihte Bündnisse reiner Herzen blutig zerrissen wurden und Unschuldige in der letzten Stunde vor dem Galgen nach einem Gnadenblick bangten. Wissen Sie, wofür wir jetzt büßen? Für die Ehrfurcht, zu der uns solche Gestalten herausgefordert haben!

DER OPTIMIST: Aber das österreichische Antlitz ist doch noch ein anderes als das preußische.

DER NÖRGLER: Das österreichische Antlitz ist jederlei Antlitz. Es lauert hinter dem Schalter der Lebensbahn. Es lächelt und greint je nach Wetter. Doch dieser Gorgonenblick hatte die Kraft, was er ansah, in Blut oder in Dreck zu verwandeln. Wo hätten wir es nicht geschaut? Stand es nicht vor dem, der ratsuchend in ein Amt kam und Unrat fand? Muß ich es in den Aborten der Wiener Kriminalität aufspüren, in den Wanzen- und Bazillenräumen der Wiener Garnisonsarreste, an den verwahrlosten Spitalsbetten, wo graduierte Profosen und akademische Henkersknechte nervenkranken Soldaten mit Starkstrom zusetzten, um den Verdacht, sich von der Front zu drücken, auf sie abzuwälzen? War es nicht in jeder Schmach und Unappetitlichkeit jeder Amtshandlung und vor allem in der Gerechtsame jener Feldgerichte, deren eines die noch über den Justizmord unsittliche Forderung aufgestellt hat, daß der österreichische Staatsbürger seinen Behörden, diesen Behörden, »mit Ehrfurcht und Liebe zu begegnen habe«? Und solche Härte noch verschärft durch die Gewißheit, daß hier nicht Naivität, sondern ein Justament der Schurkerei am Werke war und die diabolische Lust einer letzten Belastungsprobe auf unsere Geduld. Das von der italienischen Regierung längst verbotene Experiment der Hundsgrotte ist von der österreichischen tagtäglich Millionen Menschen zugemutet worden, und das Antlitz zwinkerte bei dem gelungenen Gspaß, um nach eingetretener Erstickung in voller Heiligkeit zu erglänzen. Das österreichische Antlitz, mit dem zugekniffenen linken Auge, hat man in diesen vier Jahren Schulter an Schulter neben dem mehr martialischen Gesicht so oft in den Schaufenstern gesehn, daß es wohl vierzig Friedensjahre brauchen wird, um die Erinnerung loszuwerden. Nein, es ist nicht wie das preußische, wenngleich es jedem gleicht und alles ist, nur eben nicht das, was die Feuilletonisten singen und sagen. Zumal aber ist es das des Henkers. Des Wiener Henkers, der auf einer Ansichtskarte, die den toten Battisti zeigt, seine Tatzen über dem Haupt des Hingerichteten hält, ein triumphierender Ölgötze der befriedigten Gemütlichkeit, der »Mir-san-mir« heißt. Grinsende Gesichter von Zivilisten und solchen, deren letzter Besitz die Ehre ist, drängen sich dicht um den Leichnam, damit sie nur ja alle auf die Ansichtskarte kommen.

DER OPTIMIST: Wie? So eine Ansichtskarte gibt es?

DER NÖRGLER: Sie wurde von amtswegen hergestellt, am Tatort wurde sie verbreitet, im Hinterland zeigten sie »Vertraute« Intimen, und heute ist sie als ein Gruppenbild des k. k. Menschentums in den Schaufenstern aller feindlichen Städte ausgestellt, ein Denkmal des Galgenhumors unserer Henker, umgewertet zum Skalp der österreichischen Kultur. Es war vielleicht seit Erschaffung der Welt zum erstenmal der Fall, daß der Teufel Pfui Teufel! rief.

DER OPTIMIST: Aber die Zeugen der Hinrichtung haben sich doch nicht absichtlich mitphotographieren lassen?!

DER NÖRGLER: Es bildeten sich Gruppen. Und zwar, um nicht nur bei einer der viehischesten Hinrichtungen dabei zu sein, sondern auch dabei zu bleiben; und alle machten ein freundliches Gesicht. Dieses, das österreichische, ist auch auf einer andern Ansichtskarte, der unter vielen ähnlichen eine nicht geringere kulturhistorische Bedeutung zukommt, in zahlreichen Soldatentypen, die zwischen zwei hängenden Rutheninnen Schulter an Schulter die Hälse recken, um nur ja ins Dokument zu kommen. Gott weiß, an welcher satanischen Blähung eines Generals, den vielleicht ein Zwischenfall beim »Sautanz« zu einer furiosen Aufarbeitung von »Wird vollzogen« gestimmt hatte, die beiden unglücklichen Frauen gestorben sein mögen.

DER OPTIMIST: Ja, ja, von Ihnen wird es einmal heißen, daß ein Vogel, der sein eigenes Nest –

DER NÖRGLER: – niederreißt anstatt ein fremdes aufzubauen, ich weiß schon. Mit dieser Ansicht würde man gewiß den Vogel auf den Kopf treffen. Aber mit Unrecht, da er eben in Erfüllung der sittlichen Aufgabe gehandelt hat, vor der eigenen Tür zu kehren. Diese schmutzige Welt behauptet von dem, der ihr den Schmutz wegräumt, er hätte ihr ihn gebracht. Mein Patriotismus – eben ein anderer als der der Patrioten – vertrüge es nicht, einem feindlichen Satiriker die Arbeit zu überlassen. Das hat meine Haltung während des Krieges bestimmt. Ich würde einem englischen Satiriker, der uns mit Recht unmöglich fände, raten, sich um die Angelegenheiten seines eigenen Landes satirisch zu bemühen. Allerdings gibt es keinen englischen Satiriker.

DER OPTIMIST: Shaw.

DER NÖRGLER: Nun eben. Aber selbst der betätigt jenen echten Patriotismus, der es vorzieht, seine Landsleute zu tadeln statt sie zu betrügen. Doch wem die allgemeinen Dinge über die staatlichen gehen, der muß die Gemeinheit der Dinge, die Abscheulichkeit dieser Kriegswelt an den nächstliegenden Beispielen darstellen und die Aussage eines, der in ihrer Atemnähe lebte, wird unverdächtig sein.

DER OPTIMIST: Sie sind aber ein unerbittlicher Staatsanwalt.

DER NÖRGLER: Gegen solche Staaten.

DER OPTIMIST: Wenns nach Ihnen ginge, wäre Österreich längst zum Tod verurteilt.

DER NÖRGLER: Leider wird es das erst sein, nachdem es die Österreicher zum Tod verurteilt hat, und nicht schon vorher. Hier denke ich an die überlebenden Österreicher, die dank der Zuständigkeit zur Monarchie einem Schicksal entgegengehen, das sie als Volk nicht verdient haben. An den andern, die sich gegen solche Zuständigkeit gewehrt, oder zumeist nicht einmal das getan haben, hat Österreich selbst ja die Todesstrafe noch bei seinen Lebzeiten vollzogen.

DER OPTIMIST: Und glauben Sie, daß dergleichen bei den Feinden nicht vorgekommen ist? Die Engländer haben auch ihre Hochverräter hingerichtet. Denken Sie an Casement.

DER NÖRGLER: Ich besitze von diesem Fall keine Ansichtskarte. Abgesehen davon, daß Casement von einem Gerichtshof zum Tode verurteilt und hierauf erschossen worden ist, während mit Battisti der kürzere Prozeß gemacht wurde, indem man ihn gefangen und aufgehängt hat, nachdem man ihn allerdings noch zur Verschärfung der Todesstrafe gezwungen hatte, das Gotterhalte stehend anzuhören – dürften bei der Hinrichtung Casements, die England ja nicht als Kirmes gefeiert hat, kaum amtliche Photographien hergestellt worden sein. Bilder, die nicht nur eine Galgenprozedur, sondern auch die bestialische Assistenz als Triumph verewigen, Bilder, die einen strahlenden Henker im Kreise animierter oder verklärt blickender Offiziere zeigen, dürften selbst in der Heimat der farbigen Engländer schwerlich aufgetrieben werden. Ich aber möchte speziell einen Preis aussetzen auf die Agnoszierung des gräßlichen Klotzes von einem k. u. k. Oberleutnant, der sich direkt vor einen hängenden Leichnam gestellt und seine aussichtslose Visage dem Photographen dargeboten hat, und auch jener dreckigen Feschaks, die heiter wie an der Sirk-Ecke versammelt sind oder mit Kodaks herbeieilen, um nicht nur in betrachtender, nein in photographierender Stellung auf das Bild zu kommen, in dem der sogenannte Seelsorger in der Runde von hundert erwartungsvollen Teilnehmern nicht fehlen darf. Denn es wurde nicht nur gehängt, es wurde auch gestellt; und photographiert wurden nicht bloß die Hinrichtungen, sondern auch die Betrachter, ja sogar noch die Photographen. Und der besondere Effekt unserer Scheußlichkeit ist nun, daß jene feindliche Propaganda, die statt zu lügen einfach unsere Wahrheiten reproduziert hat, unsere Taten gar nicht erst photographieren mußte, weil sie zu ihrer Überraschung unsere eigenen Photographien von unsern Taten schon am Tatorte vorgefunden hat, also uns »als Ganze«, all in unserer Ahnungslosigkeit – die wir nicht spürten, daß kein Verbrechen uns so vor der Umwelt entblößen könnte wie unser triumphierendes Geständnis, wie der Stolz des Verbrechers, der sich dabei noch »aufnehmen« läßt und ein freundliches Gesicht macht, weil er ja eine Mordsfreud hat, sich selbst auf frischer Tat erwischen zu können. Denn nicht daß er getötet, auch nicht daß er's photographiert hat, sondern daß er sich mitphotographiert hat; und daß er sich photographierend mitphotographiert hat – das macht seinen Typus zum unvergänglichen Lichtbild unserer Kultur. Als ob, was wir getan haben, nicht für sich selbst sprechen würde! Die Auditoren der Hölle, die sich durch ihre Leistungen vom Zwang zum Heldentod befreit haben wie nur die Dichter des Kriegs, haben wahrlich ganze Arbeit geleistet. Aber nach dem Henker mußte noch der Photograph heran. Nein, die für ein k. u. k. Kriegsarchiv gestellten Gruppen behaften die Erinnerung an Österreich mit einem Schandfleck, der in Äonen nicht untergehn wird!

DER OPTIMIST: Von all dem hat sicher der Kaiser Franz Joseph nichts gewußt.

DER NÖRGLER: Er hat seit jeher nur gewußt, daß sein Henker den letzten, einzigen und wahren Hort der Zentralgewalt bedeute. Als ihr leuchtendes, lachendes Symbol, in voller Kaffeesiederwürde und Weltrichtergemütlichkeit steht jener da, weit entfernt von Hochmut und von Schwäche, denn mir wern kan Richter brauchen, wohl aber einen Scharfrichter.

DER OPTIMIST: Er als ritterlicher Monarch –

DER NÖRGLER: – hat schon in seiner Jugend die Abordnung der Mütter, Gattinnen und Töchter von Mantua, die in Trauerkleidern für ihre Söhne, Gatten und Väter um Abwendung der Galgenstrafe herangewallt kamen, abgewiesen. Doch haben sie nachher die Henkerrechnung bezahlen müssen. Das Andenken Österreichs ist bis heute in jenen Gegenden unverwischt und das weltgeschichtliche Motiv der »Treulosigkeit« mag seine Erklärung in dem nachzitternden Grausen finden, mit dem man dort noch jetzt von jenen Taten spricht, und in der diplomatischen Überlieferung: »la corde savonnée«, diese Spezialität, sei der einzige österreichische Exportartikel gewesen. In hoc signo wollte es siegen! Seine letzte Henkerrechnung wird Österreich selbst bezahlen.

DER OPTIMIST: Wie das? Wann?

DER NÖRGLER: Nach seiner Hinrichtung!

(Verwandlung.)

30. Szene

Standgericht.

HAUPTMANN-AUDITOR DR. STANISLAUS V. ZAGORSKI *(verkündet das Urteil. Man hört die folgenden Sätze, die er besonders betont)*:
– – Mit Rücksicht darauf, daß der Angeklagte Hryb 26 Jahre alt und des Lesens und Schreibens unkundig ist, somit keine Bildung hat, sowie angesichts dessen, daß die Schuld des Angeklagten Hryb dem Standgericht die kleinste mit Rücksicht auf die Schuld der anderen Mitangeklagten zu sein schien, hat das Standgericht beschlossen, daß die gegen den Angeklagten Hryb gemäß § 444 M.-St.-P.-O. ausgesprochene Todesstrafe dieser Angeklagte als erster abzubüßen hat.
– – Die über den Angeklagten Struk verhängte Todesstrafe soll derselbe als zweiter abbüßen, weil seine Schuld im Verhältnis zur Schuld des Erstangeklagten krasser ist.
– – Mit Rücksicht darauf, daß der Angeklagte Maeyjiczyn durch längere Zeit mit den Russen in Verbindung gestanden ist, wurde beschlossen, daß er als dritter die Todesstrafe abzubüßen hat.
– – Unter einem wurde beschlossen, daß dieser Angeklagte in Würdigung der ihm zur Last gelegten Tat die Todesstrafe als vierter in der Reihe abzubüßen hat.
– – Die über ihn gemäß § 444 M.-St.-P.-O. verhängte Strafe soll Angeklagter Dzus als fünfter verbüßen, weil seine lügnerische Verteidigung darauf hinwies, daß er den Russen vollauf ergeben war.
– – und hat diese Strafe in Würdigung seiner Handlungsweise als sechster abzubüßen.
– – Die Todesstrafe hat der Angeklagte Kowal als der siebente abzubüßen.
– – Nachdem dem Fedynyczyn zwei strafbare Handlungen zur Last fallen, soll er die Todesstrafe als achter verbüßen.
– – Mit Rücksicht auf die Schwere der dem Fedor Budz zur Last gelegten Tat soll derselbe die Strafe als neunter abbüßen.
– – Die auferlegte Strafe hat Petro Dzus als zehnter abzubüßen, mit Rücksicht auf die Schwere seines Verschuldens.
– – hat das Standgericht angenommen, daß seine Schuld die größte ist und daß er eben die gegen ihn verhängte Todesstrafe als letzter abzubüßen hat. Die Verhandlung ist geschlossen.
(Die Delinquenten werden abgeführt.)
EIN OFFIZIER: Gratuliere. Das war saftig. Spürt ma halt gleich,

daß du ein Advokat bist. Du, wieviel Todesurteil' hast eigentlich schon hinter dir?
ZAGORSKI: Das is akkurat das hundertste – also das heißt das hundertzehnte.
DIE OFFIZIERE: Gratulieren! Jubiläum! Ja warum sagst das nicht?
ZAGORSKI: Danke, danke! Und jeder Exekution hab ich persönlich beigewohnt, das kann ich mit Stolz sagen. Und wie oft hab ich noch bei den Exekutionen fremder Todesurteile assistiert!
ZWEITER OFFIZIER: Geh. Da überanstrengst dich aber! Nimmst es zu gewissenhaft.
ZAGORSKI: Ja das is ein aufreibender Dienst!
ERSTER: Weißt, er is halt ein gelernter Jurist, das is nicht aso –
ZAGORSKI: No ja, da muß man so ein Todesurteil sorgfältig begründen – ein Vergnügen ist das nicht.
ZWEITER: Ujegerl, da ham wir schon Scherereien ghabt, früher mit dem Obersten! Der war dir ein geschworener Feind vom Standrecht. Er hat immer gsagt, das is eine verbohrte juristische Klügelei. Einfach niedermachen! hat er gsagt.
ERSTER: No das is nix gegen den Ljubicic, weißt, elftes Korps wo ich war. Der hat doch den Wild, da erinner ich mich, der Wild hat doch zwischen Weihnachten und Silvester 1914 zwölf p. v. hängen lassen, an einem Tag sechs. Der sagt, er braucht überhaupt kein gerichtliches Urteil als K-Offizier. Er hat auch viel abstechen lassen.
ZWEITER: No und der Lüttgendorff! Der hat auch immer gsagt, er braucht kein Gericht, dafür hat ers abgekürzte Verfahren, hat er gsagt. Einmal hat er drei Kerle, weil s' bsoffn warn, durch'n Korporal abstechen lassen. Das war in Schabatz, zum allerhöchsten Geburtstag, ich denk's wie heut. Und fesche Bastonnaden hats geben und schöne Evakuierungen! No und Brandlegungen, da muß man schon tulli sagen! Weißt damals in Syrmien, wie s' jedes zweite Haus niederbrannt habn! Also da hat er amal ein Exempel schtatuiern wolln, da habn s' ein ganzes Dorf ausghoben zum Niedermachen, weißt mit hochschwangere Frauen und so, alle habn s' zu Fuß bis nach Peterwardein müssen. Ob s' nacher alle niedergmacht habn, weiß ich nicht. Jedenfalls habn s' bei der Nacht bei die Niedergmachten bleiben müssen, die Angehörigen und so, die was frei kommen sind. Weißt, die ungarischen Gendarmeriewachtmeister, die Kommandanten der Streifabteilungen, habn die Strafsachen gern im

ab'kürzten Verfahren erledigt, die Leichen sind alle liegen blieben, von die Lehrer, Geistlichen, Ortsnotäre, Förster und so.
ERSTER: No bei die Internierungen hat mehr herausgeschaut!
ZWEITER: Das war später, wo sie s' dann plangemäß ausgerottet habn. Dafür waren aber auch die ungarischen Lager erstklassig eingerichtet. Hunger, Stockhieb und Flecktyphus – das gibt scho was aus bei die Serben!
DRITTER OFFIZIER: No ja, aber alles was recht is, ein Justizverfahren is das halt doch nicht mehr.
ZWEITER: No ja natürlich, das is mehr administrativ. Daß du aber nicht glaubst – weißt beim Lüttgendorff war jeder Fall mit einem Dienstzettel belegt: Justifizierung verfügt! No für eine Verhandlung wie bei uns hier, war dir der Lüttgendorff halt zu nervös. Mit die Richter hat er gschimpft, ujegerl! Da hats immer gheißen: Hofrat! Bandler! Patzer! Weißt, gleich aufhängen war ihm das Liebste, natürlich nur bei mildernde Umständ, sonst hat er hauptsächlich mit 'n Bajonett arbeiten lassen.
ERSTER: Habts ihr schon amal an Nazarener ghabt?
ZWEITER: Was is das? So was gibts doch nicht mehr!
ERSTER: Aber ja, Nazarener, weißt, das sind so Kerle, die sich aus Religion weigern, ein G'wehr zu nehmen, eh scho wissen. Da hab ich einmal einen solchen Kerl ghabt, der war a Landwirt und is als Fuhrmann verwendet worn. Seine bisherige Aufführung war eine gute, also nach der Konduite war er unbescholten und bis auf das, daß er beim Formieren ka G'wehr nicht hat nehmen wolln, is eigentlich nix gegen ihn vorglegen. Aber wie er so vor uns gstanden is, hat er mir halt einen höchst ungünstigen Eindruck gmacht. Nämlich wie er schon gewußt hat, daß er zum Tod verurteilt wird, hat er, aber weißt ohne die geringste Reue zu zeigen, also hat er dir einfach erklärt, er nimmt 's Gwehr auch dann nicht, wann er dafür erschossen wird. Also da hats naturgemäß auch keine Gnadengründe gegeben bei solcher Verstocktheit! No der Stöger-Steiner hat's naturgemäß bestätigt, wegen dem höchst ungünstigen Eindruck, den der Mann gmacht hat. Aber jetzt – das war dir a hakliche Gschicht. Später hat nämlich der Oberst-Auditor, weißt der Barta, gsagt, im Bericht an den Obersten Militärgerichtshof – daß das Urteil auf einen unliebsamen Versehn beruht hat. Weil angeblich nur auf gewalttätige Widersetzung Todesstraf is und das KM hat halt schon 1914 für die Nazarener vorgsorgt, daß sie ohne Waffen in die Front einzuteilen sind und erst nach'm Krieg militärgerichtlich abgeurteilt wern. Aber der Erlaß ist halt bei uns erst nach

der Hinrichtung, 1916, einglangt, kann man halt nix machen. Der Barta hat drei Wochen Profosenarrest kriegt.

Zweiter: Das wär ihm unterm Lüttgendorff nicht passiert. Da war so a Nazarener – *(Geste)* rrtsch obidraht, mei Liaber!

Zagorski: Ja, unsereins hat nicht so freie Hand als Jurist, verstehst du. Ich laß mir Zeit – no und ich hab doch schon mehr geleistet wie sogar der Wild!

Zweiter: No ja du!

Zagorski: Mein intressantester Fall war in Munkacs, das war im Herbst 1914 – da war man noch mit Leib und Seele dabei. Da waren drei galizische Flüchtlinge, ein Pfarrer Roman Beresowszkyi, ein gewisser Leo Koblanskyi und der Ssemen Zhabjak, die hab ich natürlich zum Tod verurteilt, no und in Vollzug gesetzt –

Zweiter: Hast dabei auch so schön arranschiert – nach der Reih –?

Zagorski: Woher denn, die haben ja alle drei lesen und schreiben können und außerdem waren s' alle gleich schuldig – das heißt, wenn mans genau nimmt, waren s' alle unschuldig.

Erster: Unschuldig – waren s', wieso?

Zagorski: Ja, das is eben das Intressante. Die Sache ist nämlich vom Militärgericht in Stryi wieder aufgenommen worden, und da stellt sich heraus, daß sie unschuldig sind.

Die Offiziere: Das is a Pech.

Zagorski *(lachend)*: Wieso? Der ukrainische Nationalrat hat sich doch über mich beim AOK beschwert! No da könnts euch denken –

Erster: Ah so! No was warst damals?

Zagorski: Oberleutnant.

Erster: Und wann bist du Hauptmann gworn?

Zagorski: No wie sich herausgestellt hat, daß sie unschuldig waren!

Zweiter: Glaubst, daß da also ein direkter Zusammenhang is – daß man dir alser quasi hat eine Genugtuung geben wolln?

Zagorski: Das will ich nicht grad behaupten, so feinfühlig sind sie beim AOK nicht – aber durch die Beschwerde is man auf mich aufmerksam geworden, da hat man gsehn, was ich für eine Arbeitskraft bin, no und dann – wenn sich eine p. u.-Nation über unsereinen beschwert! Verstehst, wenn ein Ruthene uns schaden kann, so schadet er uns nicht durch seine Beschwerde, sondern höchstens dadurch, daß er noch am Leben is.

Dritter: No glaubst am End – daß die elf, was wir heut verur-

teilt ham, auch unschuldig sind? Also wenn mas genau nimmt, bewiesen is eigentlich nur –
ZAGORSKI: – daß sie Ruthenen sind. No das wird doch genügen! Ein Uhr – gehmr in die Menage.
(Verwandlung.)

31. Szene.

Schönbrunn. Arbeitszimmer. Der Kaiser sitzt vor dem Schreibtisch und schläft. Ihm zur Seite steht je ein Kammerdiener.

DER RECHTE KAMMERDIENER: Arbeit' scho wieder unermüdlich.
DER LINKE KAMMERDIENER: Jetzt is dreiviertel auf neun, sieben Minuten vor halber zehn fangen die Audienzen an, das is ein rechtes Kreuz is das.
DER RECHTE: Pst – hör zu – der Weiland sagt was –
DER KAISER *(spricht aus dem Schlaf)*: Justament nicht – grad nicht – ich mach keinen Frieden mit die Katzelmacher – mei Ruh will i haben – man hat mich drangekriegt – es war sehr schön – gehts weg – 's zweite Knopfloch is um ein Millimeter zu hoch – was? Der Franz is wieder da? – schmeiß'n außi – es hat mich sehr gefreut – der Rudolf soll net alleweil mit die Fiaker – ghört sich denn das? – mir bleibt doch nichts erspart – warten solln s', ich fang erst dreizehn Minuten vor dreiviertel an – was sagst Kathi? Bist gscheit, daß d' die Preiß'n nicht schmecken kannst – das is ein Elend – man hat mich drangekriegt – no ja, kann man halt nix machen – *(er erwacht)* Was – was wollts denn – ich – unterschreib eh schon. *(Der linke Kammerdiener reicht die Feder. Der Kaiser unterschreibt mehrere Aktenstücke.)* Du, wer kommt denn heut?
DER RECHTE: Majestät, der Emanuel Edler von Singer für die Erhebung in den Adelsstand –
DER KAISER: Ah der Mendl, das is gscheit.
DER LINKE: Und dann der Riedl Franz Josefs-Orden.
DER KAISER: Ah der Riedl, das gfreut mich, wie gehts ihm denn dem Riedl?
DER RECHTE: Er is nicht mehr der Alte. Letzte Wochn soll er g'legen sein. Es is unsicher, ob er heut kommt.
DER KAISER: Was, wär net schlecht, so ein junger Mensch!

DER LINKE: Ja, Majestät, um dreißig Jahr jünger wie Majestät, aber was Rüstigkeit anbelangt –

DER KAISER: Ja, da hast recht – du Ketterl, wie gehts denn dem Beck?

DER RECHTE: Ujegerl Majestät! *(Er kopiert die Haltung eines zitterigen Greises.)*

DER KAISER: Was, mit seine 84 Jahr, der Bua soll sich schamen – *(er lacht und bekommt einen Hustenanfall, die Kammerdiener halten ihn.)* Is scho guat. *(Der linke Kammerdiener verläßt das Zimmer.)* Wohin gehst denn?

DER RECHTE: Er holt nur 's Pulver.

DER KAISER: Ich brauch kein Pulver, justament nicht –

DER LINKE *(kommt mit dem Pulver und gibt es ihm ein)*: Grad hör ich –

DER KAISER *(nimmt das Pulver)*: Man hat mich drangekriegt.

DER LINKE: Grad hör ich Majestät, daß der Riedl krankheitshalber verhindert is.

DER KAISER: Hörts auf. Mir bleibt doch nichts erspart.

DER RECHTE *(zum linken)*: Uje, jetzt kommt das lebenslängliche Couplet, das kennen mr eh.

(Der Kaiser schläft wieder ein. Die beiden Kammerdiener entfernen sich auf Zehenspitzen. Schlafend singt er das folgende)

Wie ich zur Welt bin 'kommen,
da war a Schlamperei.
Ich hab mir vorgenommen,
mir is alles einerlei.
An Pallawatsch hats 'geben
von einer eigenen Art.
Was? Ich soll in das Leben?
Mir bleibt doch nichts erspart.

Als Bub spiel ich Theater:
von Barrikaden schauen s' zu.
Ich spiel, hilf Himmelvater,
»Wirrwarr« von Kotzebue.
Das Volk, es schreit sich heiser,
noch fehlt des Kaisers Bart –
da bin ich schon der Kaiser.
Mir bleibt doch nichts erspart.

Nach Ruh nur allweil lechz' ich,
daß ich von nix nix weiß,
denn spiel ich sechsundsechzig,
den Preis gewinnt der Preiß'.
Ja, das muß ich doch sagen,
das Glück war mit mir hart.
Mein Reich lag mir im Magen
und mir blieb nichts erspart.

Ich kann mich nicht erinnern,
daß ich erlebt nicht hätt'
im Äußern und im Innern
ein Kreuz und halt ein Gfrett.
Der Sohn, die Frau, der Otto –
bis in die Gegenwart
bleibt meines Lebens Motto:
Mir bleibt doch nichts erspart.

Nur Pech in der Verwandtschaft –
längst hätte ich es satt,
hätt' ich nicht die Bekanntschaft
mit Ihr, der Kathi Schratt.
Mit ihr allein ich's aushalt,
obschon sie schon bejahrt
und kostspielig der Haushalt –
auch ihr bleibt nix erspart.

Doch find ich, sie und alles
in Österreich war sehr schön.
Das Reich hat zwar den Dalles,
doch hoff ich, 's wird schon gehn.
Die Ehre ist oft bitter,
von Gold die Schande starrt.
Ich mach den Jud zum Ritter –
er hat sich was erspart.

Nur Ärger, nix als Kummer,
oft krieg ich eine Wut.
In Ischl nur, im Summer,
da g'freut mich mancher Jud.
Der denkt, wie er nur Geld krieg' –
was der zusammenscharrt
in diesem saubern Weltkrieg!
Hätt' ich mir den erspart!

Nur einem Freudenfeste
hab ich einst beigewohnt:
das war der Fall des Este –
der hat sich doch gelohnt! *(Er erwacht.)*
Wie man es hinterbracht hat
ganz schonend mir und zart,
mein linkes Aug' gelacht hat:
Schaut's, der bleibt uns erspart!

Es war sehr schön, so meint' ich
und grüßte alle Leut,
leutselig lacht' und weint' ich,
es hat mich sehr gefreut.
Recht g'schichts ihm, schmecks, nun büß' er,
weil auf mein' Tod er g'wart'.

Der Geizhals war kein Grüßer,
hat am Gemüt gespart.

Ein freudiges Erlebnis
für mich und für das Land
war das spanische Begräbnis
des Neffen Ferdinand.
Wir folgten unsrem Hasse
auf lustiger Leichenfahrt.
Begräbnis dritter Klasse –
da blieb mir was erspart.

Die G'schichte war erledigt,
erlöst hat uns der Tod.
Für den Verlust entschädigt
hab ich das Reich durch Not.
Wär' das Malheur nicht gschehen
durch Geistesgegenwart,
wär' ein Malheur geschehen!
So blieb es uns erspart.

Laßt Gott uns dafür preisen!
Mein Kreuz ist endlich rot.
Gold geben sie für Eisen,
Gift nehmen sie für Brot. *(Er schläft ein.)*
Nachdem ich so viel Leid trug,
mein Reich liegt aufgebahrt.
Das Volk sein Scherflein beitrug,
auch ihm bleibt nichts erspart!

Doch spür ich keine Reue,
doch geb ich keine Ruh.
Durch Nibelungentreue
drückt mich nicht mehr der Schuh.
Der Wilhelm, hätt' Geduld er!
Der Treubund ist sehr hart.
Jetzt drückt mich nur die Schulter.
Da wird mir nix erspart!

Die Schulter statt zu stützen,
sie drückt mich noch zu Tod,
und zu den faulsten Witzen
gehört der Nibelungen Not.

Das Schicksal hat, man weiß es,
mich oft und oft genarrt –
sein Essen, ach der Preiß' es
von meinem Munde spart!

Was hab ich von dem Bund doch!
Es geht mir glorreich schlecht.
Beim deutschen Gott, kein Hund doch
so länger leben möcht'!
Ach ums Panier der Treue
haben wir uns schön geschart –
der Freund frißt meine Säue,
mir bleibt ein Dreck erspart.

Es ist ein Bund des Pferdes
mit einem Reiter toll
und für den Schutz des Herdes
verlangt er hohen Zoll.
Das Volk, es preist das Deutsche.
Es war sehr schön beim Start.
Mich aber peitscht die Peitsche –
das Ziel bleibt mir erspart.

In dem Kalkül ein Loch ist:
der Preiß', er macht mir heiß.
Hoch ruft das Volk, doch hoch ist
von allem nur der Preis.
Ein Roß nicht ahnen kunnte,
wohin es ging' der Fahrt.
Der Preiß', man wanen kunnte,
der bleibt mir nie erspart!

Wie immer ich mich wende,
ich sitz dem Reiter auf
und kehr mit blutiger Lende
von seinem Siegeslauf.
Der Preiß' sitzt mir im Nacken,
die Treu er mir bewahrt.
Mein Thron ist seine Tacken,
kein Tritt bleibt mir erspart.

Nicht endet meine Klage,
nicht endet mein Verdruß,
auf meine alten Tage
ich hohenzollern muß!
Wozu, das möcht' ich fragen,
hab so ich mich gepaart –
nur um wiederamal zu sagen:
mir bleibt doch nichts erspart?

Was sind denn das für Sachen?
Bin ich nicht Herr im Haus?
Da kann man halt nix machen.
Sonst schmeißt er mich hinaus.
Wär' ich im Sommer sieben
gefolgt dem Eduard,
so wäre mir geblieben
so mancherlei erspart.

Mit Hurra gehts herunter
bis auf den Kladderadatsch.
Jetzt geht der Wiener unter!
Wir heißen 's Pallawatsch.
In diesem Weltenkriege
krieg ich den schoflen Part
und wie ich immer siege,
der Sieg bleibt mir erspart.

In der Geschichte steht es,
was immer mir geschah.
Seit siebzig Jahren geht es
in einem Pfui k. k.!
Mit Justament regier ich
auf eine eigene Art,
und meine Völker führ ich,
daß uns ka Hetz erspart.

Ihr dürft noch lang nicht hoffen
aufs End von mein' Couplet.
Es hat noch Katastrophen –
Euer Gnaden wissen eh.
Mir wern kan Richter brauchen
nach dieser Praterfahrt!

Wenn erst die Trümmer rauchen,
wird am Tabak gespart.

In der Geschichte steht es,
was immer mir geschicht,
und wie man immer dreht es,
sie bleibt das Weltgericht.
Den Narren gab ich Titel
dem Volk des Kaisers Bart.
Die blutigsten Kapitel
hab ich mir aufgespart.

Mir war seit Kindesbeinen
schon alles einerlei.
Doch g'freut mich heut wie keinen
die blutige Schlamperei!
Heut bin ich ja noch rüstig,
noch rüst ich nicht zur Fahrt,
noch nicht für alles büßt ich,
noch viel bleibt euch erspart!

Noch bisserl Blut sehn will ich,
man nimmt an Weisheit zu,
und justament erst spiel ich
Wirrwarr von Kotzebue!
Noch bin ich ja der Alte,
Lorbeer den Kopf behaart.
Dem Volk mich Gott erhalte!
Ihm, dem ja nichts erspart.

Erhalt' er mich in Plagen!
Noch ists nicht an der Zeit,
»Es war sehr schön« zu sagen,
»es hat mich sehr gefreut«.
Die Welt muß erst verzweifeln,
worauf ich gnädig wart.
Dann fragen s' mich bei den Teufeln,
ob mir noch was erspart!

Und der nur Ruh wollt haben,
geht endlich selbst zur Ruh.
Doch eh' sie mich begraben
und eh' der Sarg fallt zu –

»So jung noch, soll ich«, frag ich,
»schon auf die letzte Fahrt?«
Und noch einmal g'schwind sag ich:
Mir bleibt doch nichts erspart!
(Die beiden Kammerdiener nähern sich auf Zehenspitzen.)
(Verwandlung.)

32. Szene

Kragujevac, Militärgericht.

DER OBERLEUTNANT-AUDITOR *(hinausrufend)*: Solln sich aufhängen! *(zum Schriftführer)* Sind die drei Todesurteile ins Reine geschrieben? Die über die drei Burschen aus Karlova mein ich, die Gewehre gehabt haben.
DER SCHRIFTFÜHRER: Jawohl, aber *(zögernd)* da – möchte ich auf einen Umstand aufmerksam machen, da – hab ich die Entdeckung gemacht – daß sie erst achtzehn Jahre alt sind –
DER OBERLEUTNANT-AUDITOR: Nun und? Was wollen Sie damit sagen?
DER SCHRIFTFÜHRER: Ja – da dürfen sie aber – nach dem Militärstrafgesetz nicht hingerichtet werden – da muß das Urteil – auf schweren Kerker abgeändert werden –
DER OBERLEUTNANT-AUDITOR: Geben S' her! *(Er liest.)* Hm. Da wern wir nicht das Urteil, sondern das Alter abändern. Es sind sowieso stattliche Burschen *(Er taucht die Feder ein.)* Da schreiben wir halt statt achtzehn einundzwanzig. *(Er schreibt.)* So, jetzt kann man sie ruhig aufhängen.
(Verwandlung.)

33. Szene

Ischler Esplanade. Eine teilnehmende Gruppe umgibt den alten Korngold.

DER ALTE KORNGOLD *(händeringend)*: Er is doch nicht gesund! Er is doch nicht gesund! *(Wird von der Gruppe abgeführt.)*
EIN KURGAST *(spricht einen andern an)*: No Sie wern mir doch sagen können, Sie sind doch intim in Theaterkreise, also is es wahr was man hört oder is es bloß ein Gerücht?

Der andere: Der alte Biach?

Der erste: Konträr, der junge Korngold!

Der andere *(ernst)*: Es is wahr.

Der erste: Hören Sie auf – also den jungen – Korngold – ham sie genommen?

Der zweite: Wenn ich Ihnen sag! Was sagen Sie zu Biach? *(Beide ab.)*

Dritter Kurgast *(kopfschüttelnd zu seinem Begleiter)*: Einen Mozart! Und wo er doch bei der Presse is!

Vierter *(sich umsehend)*: Ein Racheakt. *(Beide ab.)*

(Fräulein Löwenstamm und Fräulein Körmendy treten im Dirndlkostüm auf.)

Fräulein Löwenstamm: Es hat aufgehört zu regnen!

Fräulein Körmendy: Also was is? Gehts ihr nachmittag am Nussensee?

Fräulein Löwenstamm: Wenn es so bleibt, ja, sonst selbstredend zu Zauner! Was is abends? Gehts ihr? Wir ham Sitze, der Schalk dirigiert von der Oper. *(Ein anderes Dirndl geht vorbei.)* Du – schau dir sie jetzt an –!

Fräulein Körmendy: Möcht wissen, worauf herauf sie so herumgeht.

Fräulein Löwenstamm: Ihr Bruder verehrt doch die Wohlgemuth!

Fräulein Körmendy: Dort kommt der Bauer mit dem Lehar. *(Ab.)*

Bob Schlesinger *(Janker, nackte Knie)*: Was da hergemacht wird! Wetten, nächste Woche is er enthoben! Ein Wort wenn ich dem Hans Müller sag!

Baby Fanto *(Tenniskostüm)*: Aber! Ein Wort vom Papa! In unserem Haus in Baden verkehrt doch bekanntlich das ganze Aokah! Der Arz wälzt sich, wenn der Tury einen Witz macht, und ich kopier ihm die Konstantin.

(Ein Hofwagen fährt vorbei. Sie grüßen.)

Bob Schlesinger: Ich glaub, er war leer.

Baby Fanto: Ich glaub, der Salvator. *(Ab.)*

Ein alter Abonnent: Was sagen Sie zum jungen Korngold?

Der älteste Abonnent: Das kann in England nicht ohne Eindruck bleiben. *(Ab.)*

(Man hört von ganz fern die Rufe des alten Korngold.)
(Verwandlung.)

34. Szene

Wachstube.

DER INSPEKTOR: Aha, da is scho wieder so a syphilitischer Schlampen! Und verlaust is'!
EIN WACHMANN: Die kenn i eh. Die is wegen Diebstahl abgstraft und wegen Vagabundasch war s' aa eingliefert. Im Spital war s' eh scho.
DER INSPEKTOR: Wie alt bist denn? Wem ghörst denn?
DIE SIEBZEHNJÄHRIGE: Der Vater is eingrückt, die Mutter is gstorben.
DER INSPEKTOR: Seit wann bist denn bei dem Leben?
DIE SIEBZEHNJÄHRIGE: Seit 1914.
(Verwandlung.)

35. Szene

Ein Berliner Nachtlokal.

EINE GRÖHLENDE STIMME *(aus dem Hintergrund)*:

> Das Dünnbier ist ein scheußliches Geschlampe
>   Und als Getränk mau mau!
> Gießt du davon zuviel in deine Wampe,
>   Dann wird dir flau!

Bringt Burgeff-Grün, ihr Hundejungen! Friedelchen bleib man da, süße Toppsau – bewahre Sitzfleisch – ihr Vatalandsverräter – wat? – nu mal rin in die Sommeschlacht –
FRIEDA GUTZKE *(spuckt ihm auf die Glatze)*: Hopla, Vata sichts ja nich – *(geht nach vorn.)*
(Sally Katzenellenbogen, Export, Frankfurt a./O. tippt seinem Nachbarn, dem Rechtsanwalt Krotoschiner II an die Schulter.)
KATZENELLENBOGEN: Wie sagt doch Nietzsche? Jehst du zum Weibe, vajiß de Peitsche nich!
KROTOSCHINER II: Na hörn Se mal, lassen Se mich man bloß mit dem Mann zufrieden, der Mann is mir nich maßgebend, der hat doch bekanntlich 'n böses Ende jenommen. Oberfauler Kunde, sage ich Ihnen. Kenn Se Dolorosa?

KATZENELLENBOGEN: Nee. Sitzt dort nich Hertha Lücke vom Palais de danx, Kantstraße funfzehn Belletahsche, Kurfürst achthundertvierundfunfzigtausendsiebenhundertsiebenundfunfzig?
KROTOSCHINER II: Ach Unsinn, Jejenteil, das ist Gerda Mücke vom Lindenkasino, Leibnizstraße neunundfunfzig zwei Treppen, Lützoo neunhundertsiebenundfunfzigtausendachthundertdreiundfunfzig, Teelefonn mit Warmwasser, Luftschiff im Hause, zu jedem Appartemang 'n Kulturbatt, tipptopp! Kann famos pieken!
KATZENELLENBOGEN: Jewiß doch, mit das schickste Mädchen, das wa jetzt in Berlin haben – un wissen Se, wer neben sitzt? Motte Mannheimer, Kunststück – wickelt se alle in blaue Lappen.
(Die Musik spielt das Lied »Ach Puppe sei nicht so neutral!«)
FRIEDA GUTZKE *(geht vorbei und sagt zu Katzenellenbogen)*: Na hörste, sollst nich so neutral sein – was sitzt ihr beiden denn so miesepetrich da, halli hallo hopsaßa – *(zu Krotoschiner II)* na Puppe? Oller mit'n Kneifer!
KROTOSCHINER II: Totschick! Na komm mal ran.
FRIEDA GUTZKE: Nich zu machen, schließt von selbst – weeßte, der Rittergutsfritze, der Pommernhengst, immer mit'n roten Kopp, guckt rüber – andermal – du schenk mr'n braunen Lappen, ik will Hindenburch benageln. *(Sie geht nach hinten.)*
DIE GRÖHLENDE STIMME:
    Und was das Schönste ist bei dieser Schose:
       Das Reichsbekleidungsamt
    (Frieda Gutzke singt mit) Gibt uns pro Jahr bloß
                              eine Unterhose –
    Verdammt! Verdammt!
(Verwandlung.)

36. Szene

Der Optimist und der Nörgler im Gespräch.

DER NÖRGLER: Das nenne ich einmal Propaganda für eine gute und gerechte Sache!
DER OPTIMIST: Was ist es denn?
DER NÖRGLER: Ein Aufruf, der lautet »Schluß der Kriegsanleihezeichnung!« Ein gutes Wort zu rechter Zeit.

DER OPTIMIST: Es freut mich, daß Sie so einsichtsvoll denken. Alles Gerede von einem Verständigungsfrieden hat sich eben als müßig erwiesen.
DER NÖRGLER: Es ist, wie Sie sagen. Und immer klarer stellt sich heraus, daß Deutschland recht behalten wird: Der Krieg wird militärisch entschieden werden.
DER OPTIMIST: Daß S i e das sagen! Darin stimmen wir einmal –
DER NÖRGLER: – vollkommen überein.
DER OPTIMIST: Ich hoffe Sie auch zu meiner Ansicht über patriotische Jugenderziehung zu bekehren. In diesem Punkte kann, da es sich darum handelt, alle Gedanken auf den Endsieg einzustellen, gewiß nicht genug geschehen. Ich habe Ihnen aber den Jahresbericht der Kaiser-Karls-Realschule mitgebracht, damit Sie sich überzeugen, daß die Mittelschüler durchaus nicht zur Beschäftigung mit kriegerischen Themen gezwungen werden. Es wird ihnen vielmehr, in den meisten Fällen jedenfalls, die Alternative gelassen. Zum Beispiel in der V. b Klasse: »Eine Ferienwanderung« oder »Kriegsmittel neuester Zeit«. In der VI. a: »Warum ist Lessings Minna von Barnhelm ein echt deutsches Lustspiel?« oder »Durchhalten!« Was würden Sie wählen?
DER NÖRGLER: Durchhalten!
DER OPTIMIST: Da haben wir zum Beispiel: »Gedanken nach der achten Isonzoschlacht« oder »Herbstwanderung«. Dann »Inwiefern vermag das Klima die geistige Entwicklung der Menschheit zu beeinflussen?« oder »Unser Kampf gegen Rumänien«.
DER NÖRGLER: Hier wählte ich, um mir's leichter zu machen, beide Themen auf einmal.
DER OPTIMIST: »Die Hauptgestalten in Goethes Egmont« oder »Der verschärfte U-Bootkrieg«.
DER NÖRGLER: Ich würde sagen, daß wenn der verschärfte U-Bootkrieg nicht hinzugetreten wäre, die Deutschen mit Goethes Egmont England auf die Knie gezwungen hätten.
DER OPTIMIST: Sie sind ein Optimist. Dann hätten wir noch: »Schicksal des Menschen, wie gleichst du dem Wind! (Goethe)« oder »Wir und die Türken – einst und jetzt«.
DER NÖRGLER: Hier wählte ich ganz bestimmt beide Themen; denn mir scheint, als ob mir just aus der Verknüpfung ein artiges Stück von einem Aufsatz gelingen sollte.
DER OPTIMIST: Wie stellen Sie sich zu der Alternative: »Meine Gedanken vor Radetzkys Standbild« oder »Seine Handelsflotte

streckt der Brite gierig wie Polypenarme aus und das Reich der freien Amphitrite will er schließen wie sein eignes Haus (Schiller)«.

DER NÖRGLER: Was das zweite Thema anlangt, so würfe ich es dem Deutschprofessor an den Kopf, würde ihm raten, für seinen pädagogischen Zweck lieber Lissauer zu zitieren, und ihm beweisen, daß ich auch die Anfangsstrophe des Schillerschen Gedichtes kenne: »Edler Freund! Wo öffnet sich dem Frieden, wo der Freiheit sich ein Zufluchtsort? Das Jahrhundert ist im Sturm geschieden, und das neue öffnet sich mit Mord.«

DER OPTIMIST: Und das erste Thema, »Meine Gedanken vor Radetzkys Standbild«?

DER NÖRGLER: Würde ich ohneweiters und mit Erfolg bearbeiten, denn ich habe vor Radetzkys Standbild meine eigenen Gedanken. Zum Beispiel, daß dort schon mehr Schieber vorbeigekommen sind, als für den Nachruhm Conrads von Hötzendorf unbedingt erforderlich war.

DER OPTIMIST: Da bemerke ich eben – der Jahresbericht verzeichnet: »An die Schülerbibliothek wurden 2 Exemplare Schalek, ›Tirol in Waffen‹ geschenkt von Gräfin Bienerth-Schmerling, 1 Exemplar von der Verfasserin an die Lehrerbibliothek.« Na, das ist gewiß gut gemeint, aber –

DER NÖRGLER: Sie sind ein Nörgler. Die heranwachsende Generation kann nicht früh genug erfahren, wie man Schützengräben ausputzt. Ist denn kein Aufsatz da, der solche Anregungen schon unmittelbar verwertet?

DER OPTIMIST *(blättert)*: Etwa der da, für die VI. b: »Welcher von unseren Feinden scheint mir der hassenswerteste?«

DER NÖRGLER: Das Thema ist so anziehend, daß es keiner Alternative bedurft hat. Aber es läßt ja selbst eine zu, die allerdings schwierig genug ist.

DER OPTIMIST: Und wie hätten Sie gewählt?

DER NÖRGLER *(nachdenkend)*: Warten Sie – nein, ich wäre nicht imstande, zu einer endgültigen Entscheidung zu kommen.

DER OPTIMIST: Wenn Sie sich streng an das Aufsatzthema halten, das da den Sextanern der Kaiser-Karls-Realschule gestellt wird –

DER NÖRGLER: – so sage ich: Österreich! Wenn ich aber wieder auf diese Annonce hier blicke, so erscheint mir der Militarismus unserer Jugenderziehung als ein Kinderspiel gegen das ausgewachsene Vorbild.

DER OPTIMIST *(liest)*: »Verkaufs-Kanone, Christ, militär-

frei, repräsentabel und doch dezent, bisher Reklame-Akquisiteur für Ost- und Westdeutschland und Berlin mit effektiven Erfolgen und nur prima Referenzen, sucht Generalvertretung eines ausdehnungsfähigen kapitalskräftigen Unternehmens – –«
Nun und?
DER NÖRGLER: Da weiß ich als Patriot, welcher von unseren Feinden mir der hassenswerteste scheint!
(*Verwandlung.*)

37. Szene

Deutsches Hauptquartier.

WILHELM II. (*zu seinem Gefolge*): Morjen, meine Herrn!
DIE GENERALE: Morjen Majestät!
WILHELM II. (*in Positur, mit Aufblick zum Himmel*): Es hat unser Herrgott entschieden mit unserem deutschen Volke noch etwas vor. Wir Deutsche, die wir noch Ideale haben, sollen für die Herbeiführung besserer Zeiten wirken. Wir sollen kämpfen für Recht, Treue und Sittlichkeit. Mit den Nachbarvölkern wollen wir in Freundschaft leben, aber vorher muß der Sieg der deutschen Waffen anerkannt werden. Es hat das Jahr 1917 mit seinen großen Schlachten gezeigt, daß das deutsche Volk einen unbedingt sicheren Verbündeten in dem Herrn der Heerscharen dort oben hat. Auf den kann es sich bombenfest verlassen, ohne ihn wäre es nicht gegangen. Was noch vor uns steht, wissen wir nicht. Wie aber in diesen letzten vier Jahren Gottes Hand sichtbar regiert hat, Verrat bestraft und tapferes Ausharren belohnt, das habt ihr alle gesehen, und daraus können wir die feste Zuversicht schöpfen, daß auch fernerhin der Herr der Heerscharen mit uns ist. Will der Feind den Frieden nicht, dann müssen wir der Welt den Frieden bringen dadurch, daß wir mit eiserner Faust und mit blitzendem Schwerte die Pforten einschlagen bei denen, die den Frieden nicht wollen. Ein Gottesgericht ist über die Feinde hereingebrochen. Der völlige Sieg im Osten erfüllt mich mit tiefer Dankbarkeit. Er läßt uns wieder einen der großen Momente erleben, in denen wir ehrfürchtig Gottes Walten in der Geschichte bewundern können. (*Mit erhobener Stimme*) Welch eine Wendung durch Gottes Fügung! Die Heldentaten unsrer Truppen, die Erfolge unsrer großen Feldherren, die be-

wunderungswürdigen Leistungen der Heimat wurzeln letzten Endes in den sittlichen Kräften, die unserm Volk in harter Schule anerzogen sind, im kategorischen Imperativ! Glauben sie noch immer nicht genug zu haben, dann weiß ich, werdet ihr – *(Der Kaiser macht eine soldatische Bewegung, die ein grimmiges Lächeln auf den Gesichtern seiner Mannen hervorruft.)* Der sichtbare Zusammenbruch des Gegners war ein Gottesgericht. Unsern Sieg verdanken wir nicht zum mindesten den sittlichen und geistigen Gütern, die der große Weise von Königsberg unserm Volke geschenkt hat. Gott helfe weiter bis zum endgültigen Siege!

(Der Kaiser streckt die rechte Hand vor, die Generale und Offiziere küssen sie der Reihe nach. Er stößt während des Folgenden, in der Erregung wie in der Belustigung, einen Ton aus, der wie das Bellen eines Wolfes klingt. Im Moment der Erregung bekommt er einen roten Kopf, der Ausdruck wird der eines Ebers, die Backen sind aufgeblasen, wodurch die Schnurrbartenden völlig senkrecht aufstehen.)

ERSTER GENERAL: Majestät sind nicht mehr das Instrument Gottes –

WILHELM II. *(prustend und pfuchzend)*: Ha –

DER GENERAL: – sondern Gott ist das Instrument Eurer Majestät!

WILHELM II. *(strahlend)*: Na 's is gut. Ha –!

ZWEITER GENERAL: Wenn wa jetzt mit Gott und Gas durchbrechen, so haben wir das ausschließlich Eurer Majestät genialer strategischer Umsicht zu danken.

WILHELM II. *(tritt an die Generalstabskarte heran)*: Ha – Von hier bis hier sind funfzehn Kilometer, da werfe ich funfzig Divisionen hinein! Kolossal – was? *(Er blickt um sich. Beifälliges Murmeln.)*

DRITTER GENERAL: Majestät sind ein Weltwunder strategischen Weitblicks!

VIERTER GENERAL: Majestät sind nicht nur der größte Redner, Maler, Komponist, Jäger, Staatsmann, Bildhauer, Admiral, Dichter, Sportsmann, Assyriologe, Kaufmann, Astronom und Theaterdirektor aller Zeiten, sondern auch – sondern auch *(er beginnt zu stottern)* –

WILHELM II.: Nanu?

DER GENERAL: Majestät, ich fühle mich außerstande, die Liste der Meisterschaften zu erschöpfen, die Majestät auszeichnen.

WILHELM II. *(nickt befriedigt)*: Na und ihr andern? *(Sie lächeln verlegen.)* Was, ihr verfluchten Kerls, wollt ihr euern Obersten Kriegsherrn – ha – auslachen? Ich werde euch – Seckendorff!

(Er geht auf einen Adjutanten zu und tritt ihm öfter auf den Rist des Fußes.)

DER ADJUTANT *(hüpft verlegen)*: Majestät – Majestät –

WILHELM II.: Ha – Hacken zusammenschlagen! Na 's is gut, Seckendorff, habe Sie bloß 'n bisken pisacken wollen. Sekt!

EIN OFFIZIER: Zu Befehl! *(Ab.)*

WILHELM II.: Kaviar! *(Ein Offizier will abgehen.)* Ha – halt! Es ist des Deutschen unwürdig, reichlich zu leben! – Kaviar! *(Der Offizier ab.)*

VIERTER GENERAL: Majestät –

WILHELM II.: Na was is'n los?

DER GENERAL: Majestät – sind auch der feinste Gourmand aller Zeiten!

WILHELM II. *(strahlend)*: Na 's is gut. *(Sekt und geröstete Kaviarschnitten werden gebracht. Er trinkt.)* Das ist ja französischer Sekt! Pfui Deibel!

EIN OFFIZIER *(klebt eine Etikette »Burgeff-Grün« auf)*: Nein Majestät, es ist deutscher Sekt!

WILHELM II.: Das ist ja ein famoser deutscher Sekt! – Ha – Hahnke, möchten wohl auch Sekt –? Hurra – *(er schwippt den Rest auf das Gefolge und lacht dröhnend.)*

DIE GENERALE *(sich tief verbeugend)*: Zu gnädig, Euer Majestät!

WILHELM II. *(schmiert mit dem Zeigefinger der rechten Hand den Kaviar und die Butter von einer Schnitte herunter und streicht sie sich in den Mund)*: Ha – Hahnke, möchten wohl auch Kaviar haben –? *(Er wirft das leere Stück Brot unter die Generale und lacht dröhnend, wobei er sich mit der rechten Hand auf den Schenkel schlägt.)*

DIE GENERALE *(sich tief verbeugend)*: Zu gnädig, Euer Majestät!

WILHELM II. *(sich an einen Adjutanten wendend)*: Ha – Duncker, nu sagen Se mal, was ist Ihr Geschmack in der Liebe? Sind Sie mehr für Dicke oder für Dünne? *(Duncker lächelt verlegen. Wilhelm II. zur Umgebung.)* Er schwärmt für Dicke. Er liegt gern weich.

DIE GENERALE: Köstlich, Euer Majestät! *(Der Kaiser lacht wie ein Wolf.)*

WILHELM II.: Ha – Krickwitz! *(Indem er ihn in den Bauch pufft)* Wie macht der Hahn?

KRICKWITZ *(kräht)*: Kikeriki – Kikeriki –

VIERTER GENERAL *(zu seinem Nachbar)*: S. M. ist ein Gott.

WILHELM II.: Ha – Flottwitz – gucken Se mal dorthin, was dort los ist – *(Der Admiral dreht sich um. Der Kaiser pirscht sich an ihn heran und schlägt ihm mit aller Wucht auf den Hintern. Der Admiral krümmt sich vor Schmerzen.)*

WILHELM II.: Sind Sie verrückt geworden? Pissen Se mir doch nicht immer auf die Stiebeln! *(Zum Generalarzt Martius)* Ha – Martius, gucken Se mal dorthin, was dort los ist. *(Der Generalarzt dreht sich um. Der Kaiser pirscht sich an ihn heran, springt dann auf ihn los und greift ihm mit der Rechten zwischen die Beine. Der Generalarzt taumelt vor wahnsinnigem Schmerz und hält sich an einem Stuhl fest. Er ist kreidebleich. Der Kaiser bricht in ein tolles Gelächter aus und wendet sich dann, wie er die Wirkung seines Zugriffs bemerkt, erzürnt ab. Mit rotem Kopf und aufgeblasenen Backen, prustend und pfuchzend)*: Kerls sind zu dösig – ha – keen Humor bei die Kerls!

DIE GENERALE: Köstlich, Euer Majestät, köstlich!

DER ERSTE GENERAL *(zu den andern)*: Amor et deliciae humani generis.

(Verwandlung.)

38. Szene

Winter in den Karpathen. Ein Mann an einen Baum gebunden.

KOMPAGNIEFÜHRER HILLER: Wie viel Grad hats woll?

EIN SOLDAT: An die 30.

HILLER: Na, denn könnt ihr'n losbinden. *(Die Soldaten tun es. Der Mann – Füsilier Helmhake – bricht ohnmächtig zusammen. Hiller schlägt ihm mit der Faust mehrmals ins Gesicht.)* Nu mal ins Erdloch neben! *(Es geschieht.)* Aber ist es denn auch feucht und stinkend genug?

DER SOLDAT: Jawohl.

HILLER: Fiebert woll schon tüchtich?

DER SOLDAT: Jawohl.

HILLER: Doppelposten – nu mal ran – das Schwein bekommt nichts zu fressen und zu saufen. Darf auch weder tags noch nachts austreten. *(Lachend)* Hat er denn freilich auch nicht nötich! Also wie gestern. Wer was dawider hat, den zerschmettere ich! *(Er geht mit den Leuten ab. Zwei Soldaten bleiben vor dem Erdloch zurück. Man hört Wimmern.)*

DER ZWEITE SOLDAT: Meinst du nicht auch, daß wir gottgefälliger handelten, wenn wir statt seiner – ihn –?

DER ERSTE: Jawohl.

DER ZWEITE: Zwei sind schon tot. Thomas, den er bei ebensolcher Kälte gezwungen hat, sich nackt auszuziehen, und Müller, der krank auf Wache mußte. Noch fünf andere hat er – *(Man hört Stöhnen. Es klingt wie »Durst!«)* Ach was – das halte ein anderer aus! Ich will ihm einen Schneeball an den Mund halten. *(Er kriecht in das Erdloch und kehrt weinend zurück.)* Noch nicht zwanzig Jahre alt – freiwillig ins Feld gegangen –! *(Hiller erscheint mit Leuten.)*
HILLER: Ich habe mir die Sache überlegt. Ich will mal sehn – der Kerl soll rauskommen! – Na wirds?
DER ZWEITE SOLDAT: Er – kann wohl nicht mehr, Herr Leutnant.
HILLER: Was is'n los? 'raus mit dem Mistvieh! *(Einige Soldaten zerren Helmhake heraus und schleifen den Reglosen wie ein Stück Vieh.)* So siehste aus. Ach die Drecksau verstellt sich ja bloß, trampelt ihn doch in den Hintern! *(Er tritt ihn mit dem Stiefelabsatz.)* Willst du laufen, du Schwein!? Ist denn das Aas noch nicht verreckt?!
DER ZWEITE SOLDAT *(beugt sich zu dem Mißhandelten nieder, den er berührt, streckt seine Hände wie abwehrend zu Hiller empor und sagt)*: Soeben.
(Verwandlung.)

39. Szene

Ebenda im Unterstand Hillers.

UNTERARZT MÜLLER: Tod durch Erfrieren. Wiederbelebungsversuche vergebens. Das Bedenklichste ist, daß er keine Verpflegung bekommen hat.
HILLER: Wir müssen die Sache so deichseln, daß uns keiner an den Wagen fahren kann.
MÜLLER: Kein Zweifel, das Menschenmaterial ist erschöpft und krank. Nichts als Konservensuppe und die ist gesundheitsgefährlich. Es zeigt sich ein direkter Erschöpfungswahnsinn. Die Leute buddeln im Schnee und springen wie die Besessenen herum.
HILLER: Ich gebe ja selbst zu, daß Hunger, Schläge und Anbinden nicht mehr zureichen, um den Kampfesmut zu beleben. Was soll man tun? Was Helmhake betrifft, so kann ich sagen, daß ich alles Erdenkliche getan habe. Dem Vater schreibe ich so:

Werter Herr Helmhake!
Hierdurch erfülle ich die traurige Pflicht, Sie von dem plötzlichen Ableben Ihres Sohnes, des Gardefüsiliers Carl Helmhake, In Kenntnis zu setzen. Der Arzt stellte blutigen Dünndarmkatarrh fest.
Während seiner kurzen Krankheit ist Ihrem Sohne die bestmöglichste körperliche und ärztliche Pflege zuteil geworden.
Wir verlieren in dem Dahingeschiedenen einen tüchtigen Soldaten und guten Kameraden, dessen Verlust wir schmerzlich betrauern. Seine Überreste ruhen auf dem Friedhofe in Dolzki.
(Verwandlung.)

40. Szene

Der Optimist und der Nörgler im Gespräch.

DER OPTIMIST: Lesen Sie, mit welch erhebenden Worten die Waffenbrüderliche Ärztetagung eröffnet wurde: Ein wohltuendes Gefühl, ein erhebendes, echt bundesbrüderliches Bewußtsein soll es für uns alle sein, daß wir in dem Momente, wo draußen an unseren Fronten noch der Kampf wütet, hier mit kaiserlicher Erlaubnis darüber beraten dürfen, wie am besten und erfolgreichsten für unsere siegreichen Krieger vorgesorgt werde, um die Schäden an ihrer Gesundheit durch sachgemäße Pflege wieder zu tilgen und zu beraten, wie den siech gewordenen Helden frische Arbeitskraft, neuer Lebensmut –
DER NÖRGLER: Todesmut!
(Verwandlung.)

41. Szene

Ein Militärspital. Rekonvaleszente, Verwundete aller Grade, Sterbende.

EIN GENERALSTABSARZT *(öffnet die Tür)*: Aha, da sind s' ja alle schön beisamm, die Herrn Tachinierer. *(Einige Kranke bekommen schwere Nervenzustände.)* Aber gehts, nur kein Aufsehn. Das wern wir gleich haben – Momenterl! *(Zu einem Arzt.)* No wird's?

Wo bleibt denn heut der Starkstrom? Gschwind, daß mr die Simulierer und Tachinierer herauskriegen. *(Die Ärzte nähern sich einigen Betten mit den Apparaten. Die Kranken bekommen Zuckungen.)* Der dort, das is ein besonders verdächtiger Fall, der Fünfer! *(Der Kranke beginnt zu schreien.)* Da hilft nur ein Mittel, das verordnen wir im äußersten Fall. Ins Trommelfeuer! Jawohl, das Beste wäre, alle Nervenkranken in einen gemeinsamen Caisson stecken und dann einem schönen Trommelfeuer aussetzen. Dadurch würden s' ihre Leiden vergessen und wieder frontdiensttaugliche Soldaten wern! Da wern euch schon die Zitterneurosen vergehn! *(Er schlägt die Tür zu. Ein Kranker stirbt. Es erscheint der Kommandant Oberstleutnant Vinzenz Demmer Edler von Drahtverhau.)*

DEMMER VON DRAHTVERHAU: Ah, heut wird zur Abwechslung wieder einmal schlampert salutiert! Ja die Herrschaften machen sichs halt im Hinterland kommod in die Betten. Aber grad diesbezüglich bin ich heut unter euch erschienen. Sie Regimentsarzt pulvern S' die Leut auf, daß s' jetzt zuhören, ich habe eine wichtige beispielgebende Mitteilung zu machen. Es handelt sich um die neuen Vurschriften wegen dem Salutieren, aber nicht wegen dem Salutieren hier in der Anstalt, sondern wenn die Leut wieder aufstehn, daß s' sich in der Zwischenzeit gewöhnen, bevor s' wieder einrückend gemacht wern. Also aufpassen! *(liest vor)* Direktive, Ehrenbezeigungen betreffend:
Die Ehrenbezeigung muß stets mit voller Strammheit bei Annahme der vorgeschriebenen Haltung geleistet werden; jedem Vorgesetzten und Höheren ist die vorgeschriebene Ehrenbezeigung zu leisten, wenn sich dieser nicht mehr als 30 Schritt vom Untergebenen oder Niederen befindet. Dieselbe ist durch ungezwungene Erhebung des rechten Armes gegen den Kopf, die Hand mit der inneren Fläche derart seitwärts des rechten Auges gegen das Gesicht gewendet, daß die Spitzen der geschlossenen Finger den Schirm der Kopfbedeckung (bei Kappen ohne Schirm den Rand der Kappe) berühren, zu leisten. Bei Begegnung des zu Begrüßenden, oder geht der zu Begrüßende an dem Grüßenden vorüber, ist die Ehrenbezeigung so zu leisten, daß diese drei Schritt vor dem zu Begrüßenden vollzogen ist, sie endet, sobald sich der Begrüßte drei Schritte entfernt hat. Trägt der Soldat etwas in der rechten Hand, so salutiert er mit der linken, hat er in beiden Händen etwas, so leistet er die Ehrenbezeigung durch eine stramme Kopfwendung. Letzteres gilt auch bei allen Gelegenheiten des Grußes. Beim Begegnen eines

Vorgesetzten oder Höheren hat der Soldat es zu vermeiden, näher als einen Schritt an demselben vorüberzukommen. Andere eingerissene Arten der Salutierungen, wie zum Beispiel Erheben der rechten Hand mit der Fläche nach rechts auswärts, die Finger gespreizt und Antippen des Kappenschirmes mit dem Zeigefinger womöglich vor der Nase, Leistung der Ehrenbezeigung mit der Zigarette oder Zigarre (kurzer Pfeife, sogenannter Nasenwärmer) in der zum Gruß erhobenen Hand oder gar im Munde, dann Leistung der Ehrenbezeigung im Freien mit unbedecktem Kopfe, die Kappe in der Hand durch eine Verbeugung, sind streng untersagt und werden solche Militärpersonen, welche die Ehrenbezeigung nicht nach der Vorschrift leisten oder diese – sei es aus was immer für einem Grunde – unterlassen, einer strengen Ahndung unterzogen; Urlauber nebst Anzeige an ihr vorgesetztes Kommando einrückend gemacht. –
Alstern, merkts euch das, wer nicht, die Hand mit der inneren Fläche derart seitwärts des rechten Auges gegen das Gesicht gewendet, daß die Spitzen der geschlossenen Finger den Schirm der Kopfbedeckung (bei Kappen ohne Schirm den Rand der Kappe) berühren, den rechten Arm ungezwungen gegen den Kopf erhebt, kann dazu gezwungen wern! Merkts euch das! Das ist beispielgebend! Was die andern Salutiervurschriften betrifft, nämlich die was noch für die Anstalt gelten, solang ihr hier herumliegts, so müßts ihr auch mit gutem Beispiel vorangehn und ich brauch euch nicht erst einschärfen, daß ihr unbeschadet eurer p. t. Krankheiten jeder vurschriftsmäßig zu salutieren habts, wenn ein Vurgesetzter hereinkommt. Jetzt habts ihr keine Kappen, aber a Stirn hat a jeder und so wirds ihm auch net schwer fallen die Hand, wann er a Hand hat, an die Stirn z' führen, verstanden? Also – rechts schaut! Sie, was is denn dort – der dort von Bett 5 – mir scheint, der kanns net erwarten, daß er wieder zum Marschbaon – *(der Regimentsarzt macht ihm eine Mitteilung)* Ah so – no ja – also von mir aus – aber im allgemeinen – also daß mir das nächste Mal alles in Ordnung is! Sie überhaupt Regimentsarzt schaun S' mir daß die Leut hinauskommen! Sie sind ohnedem schlecht angschrieben oben – machen S' mr keine Spomponadeln und treiben S' nicht die Humanität auf die Spitze! Was ein patriotischer Arzt ist, hat ein Frontlieferant zu sein! Nehmen S' sich ein Beispiel am Dr. Zwangler, der hat einem Zitterer einen Fetzen in den Mund gsteckt und ihn mit zwei elektrischen Behandlungen B-Befundtauglich gemacht. Oder der Dr. Zwickler! Der hat einen Ehrgeiz, von dem stammt

bekanntlich die Idee, die Geschlechtsteile zu faradisieren, er will halt möglichst viele und rasche Erfolge erzielen, und es gelingt ihm! Nehmen S' sich ein Beispiel! Jetzt muß man halt bißl antauchen! Bei die Deutschen hams den Sinusstrom – mir san ja eh die reinen Lamperln! Humanität hin, Humanität her, das is ja alles recht schön, aber wie reimt sich das mit dem Patriotismus? Jetzt is Krieg und da ist es die oberste Pflicht des Ärztestandes, mit gutem Beispiel voranzugehn und das Menschenmaterial aufzufüllen. Der Oberstabsarzt beklagt sich, daß Sie den medizinischen Standpunkt hervorkehren. Er hat Ihnen kollegial begreiflich zu machen gesucht, daß ein C-Befund in den Schützengraben ghört, er sagt, daß das immer ein Gwirks mit Ihnen is. Da möcht ich Sie nur fragen – haben Sie vielleicht Lust, in ein Fleckspital nach Albanien abzugehn? Na alstern! Vom medizinischen Standpunkt können S' ja von mir aus recht haben – wie neulich wo Sie sich kapriziert haben, weil also der Mann Lungenbluter is und Familienvater und so – aber hier ist ausschließlich der militärische Standpunkt maßgebend! Die Verantwortung übernehmen wir! Oder der Nierenkranke – hammer ein Gspaß ghabt – tun S' Ihnen nix an! Der Mann hat seine fünfzig Schuß zu machen, nacher kann er hin sein! Der Allerhöchste Dienst erfordert, daß jeder, der gehn kann, nicht länger hier herumliegt, als wie unbedingt nötig ist – die Schkrupeln heben Sie sich für den Frieden auf! Solange das Vaterland in Gefahr ist, hat jeder auf seinem Posten zu stehn, wie ich selbst, da kenn ich keinen Unterschied, krutzitürken! – [Jetzt wern die Feldwebeln die Salutierübungen mit euch vornehmen, und daß ich von kein' Anstand hör also – über mich hat sich noch keiner zu beklagen ghabt – ja wenn statt meiner der Medinger von Minenfeld hier regieren tät oder der Gruber von Grünkreuz, ujegerl! Was wollts haben? Zu essen habts, Suppen, feins Dörrgemüse und a Schalerl Tee a no, da hat sich noch keiner beschwert. No ja die Zeit wird euch lang, bis ihr wieder hinauskommts, um euch gut zu schlagen. Aber eben dafür sind die Salutierübungen! Und die, denen es nicht vergönnt ist, die was also nicht mehr hinauskönnen, um sich gut zu schlagen, für das Vaterland, für die hat das Vaterland vorbildlich gesorgt. 6 Heller per Tag, ohne was arbeiten zu müssen, no is das vielleicht nix? No und wenn einer brav is, kriegt er sogar eine Prothesen und nachher wenn er mit gutem Beispiel vorangeht, wird er zu seinem Ersatzkörper zurückinstradiert. Mir san ja eh die reinen Lamperln – könnts eh noch froh sein, daß mr nicht bei die Deutschen sein, sonst müßt

ich euch habtacht liegen lassen! Das bißl Salutieren, bevor einer wieder hinauskommt, hat noch keinen umbracht. So – gut is für heut! *(Ab.)*
(An einem Bett nimmt der Feldwebel Salutierübungen vor. An einem andern ist der Feldkurat beschäftigt.)
(Verwandlung.)

42. Szene

Der Optimist und der Nörgler im Gespräch.

DER OPTIMIST: Die bekannte Frage »Was suchen wir in Albanien?« –
DER NÖRGLER: – kann ich Ihnen beantworten. Die Malaria.
DER OPTIMIST: Glauben Sie, daß in Albanien nichts anderes zu holen ist?
DER NÖRGLER: O ja, auch Flecktyphus.
DER OPTIMIST: Dort unten aber –
DER NÖRGLER: – ist's fürchterlich.
DER OPTIMIST: Albanien diente uns doch vorwiegend als –
DER NÖRGLER: – Strafkolonie. »Nach Albanien mit ihnen!« war eine Verschärfung der Ehre, fürs Vaterland zu sterben.
DER OPTIMIST: Wenn wir nach Albanien gehn, so ist eines sicher –
DER NÖRGLER: Der Tod.
DER OPTIMIST: Unter unsern Truppen in Albanien herrschte, und dafür bürgt schon der Name Pflanzer-Baltin –
DER NÖRGLER: – Ein Massensterben.
DER OPTIMIST: Wir hatten bekanntlich große politische Interessen in Albanien und außerdem –
DER NÖRGLER: Verwanzte Baracken.
DER OPTIMIST: Aber unsere Offiziere in Skutari sollen sehr gut untergebracht gewesen sein und waren bekannt durch –
DER NÖRGLER: Hurentreiben.
DER OPTIMIST: Was die Sanitätsverhältnisse in Albanien betrifft, die Sie in so düsteren Farben schildern, so habe ich mir im Gegenteil sagen lassen, daß die Feldspitäler leer standen.
DER NÖRGLER: Weil man die Malariakranken ohne Behandlung sterben ließ.
DER OPTIMIST: Der Armeesanitätschef der Armeegruppe Albanien hat sich im Gegenteil dagegen gesträubt –

DER NÖRGLER: – daß die Kranken im Sommer abgeschoben werden.
DER OPTIMIST: Er war aber dafür bekannt, daß er gesunde Soldaten –
DER NÖRGLER: – ohne Aburteilung erschießen ließ, wenn sie Konserven stahlen.
DER OPTIMIST: Es wurde immerhin dafür gesorgt –
DER NÖRGLER: – daß für die Offiziere ein Feldkino errichtet werde.
DER OPTIMIST: Der Krankenabschub, von dem Sie sprechen, ist tatsächlich durchgeführt worden, allerdings erst –
DER NÖRGLER: – bei der Flucht.
DER OPTIMIST: Sie meinen den strategischen Rückzug. Was die Transportmittel anlangt, die dabei in Verwendung kamen, so war es freilich schwer, die ungeheuren Massen Kranker –
DER NÖRGLER: – die es bis dahin nicht gegeben hat, zu übersehen.
DER OPTIMIST: Man half sich aber, indem man, da die paar Spitalschiffe zum Abtransport nicht ausreichten, in Automobilen –
DER NÖRGLER: – die Offiziersbagage des Armeekommandos beförderte.
DER OPTIMIST: Was meinen Sie?
DER NÖRGLER: Ich meine die gestohlenen Möbel.
DER OPTIMIST: Ach so. Die kranken Mannschaften freilich –
DER NÖRGLER: – hatten durch Dreck und Kot zu marschieren.
DER OPTIMIST: Es war ihnen aber gestattet –
DER NÖRGLER: – am Straßenrand liegen zu bleiben, um eine längere Ruhe zu finden.
DER OPTIMIST: Dies geschah ausnahmsweise, ohne daß –
DER NÖRGLER: – ohne daß Kaisers Geburtstag oder ein Jubiläum des Regierungsantrittes vorangegangen war. Denn sonst pflegt der Rückzug einer österreichischen Armee, speziell ein albanisches Schrecknis tausendfältigen Qualentods in Hunger und Dreck, mit einem dynastischen Datum verknüpft zu sein; als ob es nicht selbst eines wäre.
DER OPTIMIST: Wie das?
DER NÖRGLER: Seit Belgrad hat das Bedürfnis österreichischer Generale, nebst ihrer eigenen verbrecherischen Dummheit Seiner Majestät auch noch eine Stadt zu Füßen zu legen, aus der sie am nächsten Tag wieder heraus müssen, dort unten Feste gefeiert.

Der Optimist: Sie scheinen nicht zu wissen, daß derartige Gelegenheiten dem Opfermut des Frontkämpfers zugleich ein Ansporn und eine Entschädigung sind. Wenn es auch in der weiteren Entwicklung eines solchen Ereignisses, das im Kalender des Vaterlands rot angestrichen ist, an Transportmitteln, Labestationen, Verpflegung und Unterkunft gemangelt haben mag – Krieg ist Krieg –, so ist doch nicht zu leugnen –
Der Nörgler: – daß der persönliche Train des Armeekommandanten fünfundzwanzig Fuhrwerke betrug, für die ein Hauptmann zu sorgen hatte.
Der Optimist: Woher weiß man das?
Der Nörgler: Aus dem Tagebuch eines Arztes, der in Albanien, wo es keine Gesunden gab, keine Kranken für sein Spital bekommen konnte.
Der Optimist: Es muß nicht so arg gewesen sein, wenn er selbst davongekommen ist. Wie ist er denn zurückgelangt?
Der Nörgler: Fieberkrank, in einem Lastautomobil, hoch oben auf der Kiste, die das Klavier der Korpsmesse enthielt, gestohlen bei –
Der Optimist: Nun, wenn ich auch leider zugeben muß, daß die Frage, was wir in Albanien suchen, durch die Ereignisse in ziemlich ungünstigem Sinne beantwortet worden ist, wiewohl wir doch unstreitig in Albanien große politische Interessen haben, so sollten Sie doch nie vergessen, das Letzte, was dem Stabsoffizier geblieben ist, ist –
Der Nörgler: Sein Klavier!
(Verwandlung.)

43. Szene

Kriegspressequartier.

Ein Hauptmann *(zu einem von den Journalisten)*: Dokterl, heut gibts keine Würschteln, heut müssen S' einen Artikel schreiben, was sich gewaschen hat, und zwar Hygienische Betrachtungen. Alstern notieren S' Ihnen die Richtlinien. *(Er liest ab.)*
Der Siegeszug in Galizien, die Eroberung von Lemberg waren mitbestimmend für die weitere Entwicklung der Hygiene bei unserer Armee. Was, da schaun S'!
Der Journalist: Is denn Lemberg schon wieder noch in unserem Besitz?

Der Hauptmann: Wie Sie das ausführen, is Ihre Sache. Solange in den Karpathen das heiße Ringen währte, gab es also naturgemäß weniger Möglichkeit für die Organisation hygienischer Detailarbeit. Unter dem schweren Drucke der allgemeinen Situation konnte die Sorge um den einzelnen Mann nicht in dem gewünschten Maße zur Geltung kommen. Die Parole war: Durchhalten um jeden Preis, ohne Rücksicht auf den einzelnen Mann, welcher in der Front nur so lange von Bedeutung war, als er kämpfte. Es war in jener schweren Zeit nicht anders möglich. Da waren s' halt alle verlaust. Jetzt, wo wir aus'n Wasser sind, kann die Hygiene beispielgebend einsetzen. In jenen schweren Tagen wurde die Saat gelegt für ein großzügiges Wirken zur Erhaltung des Mannes, welcher so schwer zu kämpfen und zu leiden hatte. In den Sonnentagen der Wiedereroberung Lembergs kam der Keim zur ungehemmten Entfaltung. Das Gefühl unendlicher Dankbarkeit für die heldenmütigen Kämpfer, das Bewußtsein, nach schweren Verlusten unbedingt mit jedem Mann haushalten zu müssen, gaben Veranlassung, mit allen Kräften und allen Mitteln zur Erhaltung der Gesundheit und Leistungsfähigkeit des einzelnen Mannes zu wirken. Jetzt erzählen S', wie wir mit der Cholera fertig gworn sind. So wurde hygienisches Denken und Schaffen innig und überall mit der ärztlichen Tätigkeit verwoben. Aber jetzt! Jetzt kommt der Entlausungsdienst! Jeder Mann bekam etwa alle vier Wochen ein Bad oder wissen S' was, jede zweite Woche. Die Arbeit war überall eine systematische. Die Desinfektion war eine Prophylaxe gegen die durch Kontakt übertragbaren Infektionskrankheiten. Großartig, was? Das is von einem Oberstabsarzt! Der verstehts! Das regelmäßige Bad, oft gewürzt durch Kinovorstellungen, hatte einen hohen seelischen Einfluß auf die Mannschaften, hob ihre Leistungsfähigkeit und Dienstfreude. Ein wichtiger Schritt nach vorwärts zur Erhaltung des Mannes. Ich gib Ihnen nur die Richtlinien, das Weitere is Ihre Sache. Doch es gab kein Stillstehen. Die Front is mit der Zeit zu einem Erholungsheim ausgebaut worn. Oft waren s' in sonniger Waldgegend, Freibad hätten s' g'habt und Sonnenbad und es war gedacht, diese Einrichtung auch durch Unterricht und Musik, Bibliothek, Sport und Theater auszugestalten, wo Gelegenheit gewesen wäre, manches wichtige volkshygienische Problem der jetzt so empfindlichen und aufnahmsfähigen Soldatenseele näherzubringen, als elementare soziale Vorarbeit für die Zukunft. Das Projekt harrt noch der Verwirklichung! Wenn ruhigere Zeiten kommen, wird es unsere erste Arbeit sein. Das müssen S' sehr schön herausarbeiten. Wir sehen, daß ein Teil der Maßnahmen darauf hinzielt, dem Mann in der Front eine Heimat zu schaffen. Der stete fürsorgliche, kameradschaftliche Kontakt zwischen Offizier, Arzt und Mann schafft den Boden für ein günstiges Gedeihen.

DER JOURNALIST: Der Infektionskrankheiten, Herr Hauptmann?

DER HAUPTMANN: Machen S' keine Gspaß. Die enge Zusammengehörigkeit zwischen Offizier, Arzt und Mann ist nicht vielleicht ein Problem, das erst der Realisierung harrt. Der Arzt ist nicht mehr allein »Doktor«, sondern er ist bestimmt, über seine rein ärztliche Tätigkeit hinaus, den Mann in jenem körperlichen und seelischen Gleichgewicht zu erhalten, welches für Siegerringen und Leidertragen dauernden Rückhalt bietet. Die Zugänge an Infektionskrankheiten sind seit Monaten nur mehr vereinzelt. Einzig und allein die Geschlechtskrankheiten sind es, die uns noch Sorge bereiten. *(Kichern.)* Ihre erfolgreiche Bekämpfung ist jedenfalls das allerwichtigste Problem, das uns bisher entgegengetreten. Und doch dürfen wir wegen der scheinbaren Aussichtslosigkeit des Kampfes gegen die Geschlechtskrankheiten die Hände nicht in den Schoß legen. *(Heiterkeit.)* Bedenken wir, daß sich während dieses Feldzuges wohl schon eine namhafte Anzahl Soldaten venerisch infiziert haben, bedenken wir, daß die Volkszahl ohnehin unmittelbar durch den Krieg einen Verlust an vielen im kräftigsten Mannesalter stehenden Soldaten eingebüßt hat, so ist es klar, daß wir mit allen Mitteln den durch die Geschlechtskrankheiten bedingten Schäden entgegentreten müssen. Wenn auch die zur Erhaltung des Mannes geleistete Arbeit schon dem Volke zugute kommt, so ist die Bekämpfung der Geschlechtskrankheiten ein wichtiges Postulat zur Erhaltung des Volkes. Der große Ernst der Sachlage erfordert, überall tunlichst gleichsinnig und rücksichtslos energisch einzugreifen. Von den Maßnahmen zur Erhaltung des Mannes und im weiteren Sinne zur Erhaltung des Volkes, die unter der Ägide unseres Armeekommandanten Sr. Exzellenz des Generalobersten von Böhm-Ermolli ergriffen wurden und auch den Stempel der Persönlichkeiten unseres Armeesanitätschefs sowie des Chefs der Quartiermeisterabteilung tragen, gehört nebst den prophylaktischen Stationen und dem Zentralspital mit erstklassigem Personal und therapeutischem Rüstzeug eine Einrichtung, durch die wir speziell unentwegt werden wirken kön-

nen für die Erhaltung des Mannes und für die Wiedererstarkung des Volkes, eine Einrichtung, in der die Sonnentage der Wiedereroberung Lembergs reichliche Früchte getragen: Wir haben – und das können S' grad so schreiben, wie ichs sag und wie ichs vom Oberstabsarzt hab – wir haben Bordelle mit einwandfreiem Material unter strengster militärischer Kontrolle etabliert.
(Verwandlung.)

44. Szene

Armee-Ausbildungsgruppe Wladimir-Wolinsky.

EIN HAUPTMANN *(diktiert einer Schreibkraft)*:
Es ist der gesamten Mannschaft an drei aufeinanderfolgenden Tagen zu verlautbaren, daß venerische Erkrankungen als Selbstbeschädigungen kriegsgerichtlich belangt werden, und um dieser Verfügung Nachdruck zu verleihen, sind in jedem einzelnen Falle die erkrankten Leute beim A. A. Grp. Kmdo. vorzustellen. Für die in letzter Zeit vorgekommenen Erkrankungen, welche nachgewiesener Maßen künstlich erzeugt oder absichtlich herbeigeführt wurden, wird angeordnet, daß die Betreffenden körperlich zu züchtigen sind, und wird die Prügelstrafe, mit fünf Stockstreichen beginnend, täglich um einen Streich erhöht und so lange verabreicht, bis die Krankheitssymptome erlöschen.
Die erste Züchtigung ist heute um 2^h nachm. an nachfolgenden Leuten durchzuführen. – Da haben S' den Zettel, schreiben S' es ab.
Vollzugsorgan ist der Profoß, dem zwei kräftige Leute der technischen Kompagnie zur Verfügung zu stellen sind.
(Verwandlung.)

45. Szene

Bei Graf Dohna-Schlodien. Um ihn zwölf Vertreter der Presse.

EIN VERTRETER DER PRESSE: Wir schätzen uns glücklich, Herr Graf, aus dem Munde eines unserer unsterblichsten Helden eine authentische Schilderung der glorreichen Fahrt mit der »Möwe« zu empfangen, von der noch die Kinder und Kindeskinder den

Enkeln in den fortlebenden Annalen erzählen werden. *(Sie setzen die Bleistifte an.)*

DOHNA: Meine Herrn, ich bin ein Mann der Tat und nicht der vielen Worte. Als wesentlich mögen Sie das Folgende festhalten. Auf Grund der eingegangenen Aufklärungsnachrichten hatte ich mir für meine Fahrt einen ziemlich genauen Plan gemacht. Ich hatte denn auch gleich am ersten Tage das Glück, einen großen Dampfer zu sichten. Es war dies, wie bereits bekannt, der Dampfer Voltaire. Ich ließ die Nacht vergehen, ehe ich mich an den Voltaire heranmachte.

EINE STIMME AUS DER GRUPPE: Bravo!

DOHNA: Später konnte ich dann den Voltaire unschädlich machen. Ich kreuzte dann etwa zehn Tage im Nordatlantischen Ozean, konnte aber in den ersten drei Tagen kein weiteres Schiff sichten; später jedoch habe ich jeden Tag etwa einen Dampfer abtun können. Die Schiffe hatten sämtlich wertvolle Ladung, zum Teil Kriegsmaterial; eines von ihnen hatte eine Ladung von 1200 Pferden.

EIN VERTRETER DER PRESSE: Richtich gehende Pferde? 1200 Pferde, Herr Graf?

DOHNA: 1200 –! *(Gebärde des Untertauchens.)*

DIE VERTRETER DER PRESSE *(durcheinander)*: Donnerwetter noch mal! – Richtich gehende Pferde! – Hurra! – Schneidiger Rekord! – Elegant!

V. Akt

1. Szene

Abend. Sirk-Ecke. Naßkalt. Es regnet von unten. Tonloses Starren des Rudels Böcke. Spalier der Verwundeten und Toten.

STIMME EINES ZEITUNGSAUSRUFERS: Der Aabeend, Aachtuhrblaad!
EIN OFFIZIER *(zu drei anderen)*: Grüß dich Nowotny, grüß dich Pokorny, grüß dich Powolny, also du – du bist ja politisch gebildet, also was sagst zu Bulgarien?
ZWEITER OFFIZIER *(mit Spazierstock)*: Weißt, ich sag, gar net ignorieren!
DER DRITTE: Weißt – also natürlich.
DER VIERTE: Ganz meine Ansicht – gestern hab ich mullattiert –! Habts das Bild vom Schönpflug gsehn, Klassikaner!
STIMME EINES ZEITUNGSAUSRUFERS: Friedensversuche der Eenteentee!
DER DRITTE: Stier is heut.
DER ERSTE: Weißt, im KM hat heut der Schlepitschka von Schlachtentreu gesagt, wir nähern uns dem Riesen mit Friedensschritten – oder nein, wir nähern uns dem Frieden mit Riesenschritten, du is das wahr? Das is doch optimistisch?
DER ZWEITE: Pessimistisch ist das.
DER ERSTE: Pessimistisch. Weißt, er hat gesagt, in der Türkei is ein kranker Mann, dann kommen wir dran, du also wieso?
DER ZWEITE: Er meint halt die Lage und so.
DER ERSTE: Ah so.
DER DRITTE: Heut sind keine Menscher.
DER ZWEITE: Der Fallota kommt heut.
Greise ziehen vorbei. Man hört den Gesang: In der Heimat, in der Heimat, da gibts ein Wiedersehn –
POLDI FESCH *(zu seinem Begleiter)*: Morgen wird mit dem Sascha Kolowrat gedraht – *(ab.)*
(Man hört die Fiakerstimme: Im Kriag kriag i's Fuchzichfache!)

125

DER VIERTE: Wißts ihr, wie s' ihn drin nennen im KM den Fallota? Held nennen s' ihn.
DER ERSTE: Wieso?
DER VIERTE: Nö verstehst nicht, er war doch an der Front! Er sagt, dort war ihm lieber.
DER ERSTE: No solln s' ihn nicht zrückhalten. Leben und leben lassen! No is doch wahr?
(Turi und Ludi erscheinen.)
TURI: Du Ludi, spielt der Rudi Nyári nur im Lurion? *(Ab.)*
FALLOTA *(tritt auf)*: Grüß euch!
DER ERSTE: Grüß dich Held!
ALLE: Grüß dich Held!
FALLOTA: Wieso Held? Pflanzts wem andern!
EIN BLUMENWEIB: Veigerl!
DER VIERTE: No du wie is gegangen? Bist froh? Erzähl beim Hopfner!
DER ERSTE: Aber ja, kommst mit, bist a Feschak –
DER ZWEITE: No wie wars draußen?
FALLOTA: Fesch wars.
DER DRITTE *(versunken)*: Der Strich is wie ausgestorben.
DER ERSTE: No du, wie gehts also?
FALLOTA: Man lebt.
Zwei Beinstümpfe in einer abgerissenen Uniform treten in den Weg.
DER ZWEITE: Kommts weg da, nix wie Tachinierer! *(Ab.)*
STIMME EINES ZEITUNGSAUSRUFERS: Extraausgabee –! Die Millionenverluste der Eenteentee!
EINE FLÜSTERNDE STIMME: Komm her, ich sag dir was.
Stille. Plötzlich ein brausender Ruf, donnerhallartig: Hoooch! Hierauf: Schleeschaak –! Der Ruf scheint von der Gegend des Operngebäudes zu dringen. Ein Wagenschlag fällt. Dann Schweigen.
(Verwandlung.)

2. Szene

Der Optimist und der Nörgler im Gespräch.

DER NÖRGLER:
»Gott wer darf sagen: schlimmer kanns nicht werden?
's ist schlimmer nun, als je.
Und kann noch schlimmer gehn; 's ist nicht das Schlimmste,
Solang man sagen kann: dies ist das Schlimmste.«

Kinder, die Gesichter haben, als hungerten sie schon ein Menschenalter – und noch kein Ende! Aber das Schlimmste ist in diesem Bericht über eine Nervenheilanstalt enthalten. Einer sitzt da im blaugestreiften Kittel und büßt die Glorie von Asiago, wo er von einer Granate verschüttet wurde, mit unheilbarer Schwermut. Einem steckt die Kugel im Kopf; um den wahnsinnigen Schmerzen zu entgehen, mußte er Morphinist werden. Abends brüllt er verzweifelt nach der Pflegerin und alle beginnen vor Aufregung zu weinen. Ein hirnkrankes Kind schreit, zwei Monate nach dem Heldentod geboren, den die schwangere Mutter erwartet hat. Eine, deren Söhne heil zurückgekehrt sind, hat's nicht abgewartet und ist vorher wahnsinnig geworden. Doch wer darf sagen: schlimmer kanns nicht werden?

DER OPTIMIST: Ja, es ist nicht zu leugnen, der Krieg greift in die Lebensverhältnisse eines jeden ein. Wie lange, glauben Sie, wird es noch dauern?

DER NÖRGLER: Wir werden jedenfalls bis zum letzten Hauch von Mann und Roß lügen. Ob auch kämpfen, ist eine andere Frage. Es scheint, daß wir dem deutschen Druck durch etwas Nibelungenuntreue entweichen wollen. Wir werden uns an Deutschland dafür, daß es uns nicht verhindert hat, es in den Krieg zu treiben, durch ein bisserl Verrat rächen. Wer würde aber nicht jede Schmach des Vaterlands jener der Menschheit vorziehen, mit der sie sich durch jede Minute eines fortgesetzten Krieges belädt! Zum Glück verlängern ihn nicht mehr unsere Siege, sondern verkürzen ihn schon unsere Niederlagen. Sagte ich Ihnen nicht einst, daß der Durchbruch bei Gorlice, die ihm verdankte Fristerstreckung des Zusammenbruchs, mit Millionen Menschenleben bezahlt würde? Dies war ehedem paradox, aber nun bestätigt es die große Zeit.

DER OPTIMIST: Nun, was die Größe dieser Zeit betrifft, so muß selbst ich zugeben, daß sie seit dem Ultimatum an Serbien nicht erheblich gewachsen ist. Darin behalten Sie wohl recht, daß alles an ihr so klein ist, wie Sie es immer gesehen haben. Oder man könnte vielmehr sagen, daß eine große Zeit ein kleines Geschlecht gefunden hat.

DER NÖRGLER: Das ist ein Pech. Aber auf welche Wahrnehmungen stützen Sie Ihre Ansicht?

DER OPTIMIST: Ich wollte es Ihnen nicht sagen, aber ich habe heute eine Annonce entdeckt, die in den Tagen, wo die Zeitung vorne Generalstabsberichte von so gewichtigem Inhalt bietet, immerhin zu denken gibt.

DER NÖRGLER: Wie kann man nur in den Tagen, wo die Zeitung vorne Generalstabsberichte von so gewichtigem Inhalt bietet, Augen für eine Annonce haben?
DER OPTIMIST: Urteilen Sie selbst.
DER NÖRGLER *(liest)*:

>Mein Pipihendi!
>
>Hast Du mich lieb? Sehr lieb? Wie sehr lieb?
>Werde warten, bis Du schreibst oder kommst.
>
>Mitzi.

Sehen Sie, die Zeit hat noch Liebe. Und ich hatte geglaubt, nur ihr Haß sei gewachsen und mit ihm ihr Hunger. Was aber die Dummheit anlangt, so tritt sie nur klarer in den Dimensionen hervor, die ich ihr längst zuerkannt habe. Wollen Sie das österreichische Antlitz sehen? Es ist zwar durch eigene Schuld unterernährt, aber es spiegelt sich geistig in dem Knödel, den diese Ansichtskarte als ein Idealbild der Wiener Phantasie darbietet. Ich revanchiere mich, der Text dürfte von jenem Pipihendi sein.
DER OPTIMIST *(liest)*:

>Wenn ich mir etwas wünschen sollt,
>Ich wüßt' schon lange, was ich wollt!
>Ein Knödel müßt' es sein,
>Aus Semmeln gut und fein!

DER NÖRGLER: Treuland-Verlag! Es spricht zum Herzen und sagt den Leuten mehr als »Nur wer die Sehnsucht kennt«. Im Jahre 1914 hat sich diese Bevölkerung zu einer Romantik des Knödelideals verurteilt und ich könnte es weltgerichtsordnungsmäßig beweisen, daß die Epoche, die eine solche Ansichtskarte ermöglicht hat, identisch sein muß mit der Epoche, deren letzter realer Besitz die Fliegerbombe war. Wären die Machthaber, die ja so gottverlassen sind, nichts zu haben als die Macht, wären sie fähig, solche Zusammenhänge zu erfassen, so wäre der Krieg nie begonnen worden oder längst beendet.
DER OPTIMIST: Dazu besteht vorläufig keine Aussicht, jetzt kommt die fünfte Musterung.
DER NÖRGLER: Denn der Mensch könnte sonst vergessen, wozu ihn Gott erschaffen hat.
DER OPTIMIST: Das wäre?
DER NÖRGLER: Damit er vor der Assentkommission erscheine. Sie waren nackt, und sie schämten sich nicht.
(Verwandlung.)

3. Szene

Vor dem Parlament. Einige Herrenhausmitglieder haben soeben das Haus verlassen und sind unterhalb der Pallas Athene in einer Debatte begriffen. Eine Elektrische ist stehen geblieben, aus der von beiden Seiten Gliedmaßen heraushängen. In einem unbeschreiblichen Tumult gellender Beschimpfungen, Flüche und unartikulierter Laute wird aus dem Beiwagen durch den Knäuel von Tornistern, Rucksäcken und zusammengequetschten Leibern, durch den Pferch einer unterernährten, ungewaschenen und abgerissenen Menschheit eine Frau gezerrt, die soeben vor Hunger zusammengebrochen ist.

PATTAI: Was ich ihm erwidert habe, davon nehme ich kein Jota zurück – das kann er sich einrahmen lassen, der Lammasch! Wir sind die Sieger, und wir verlangen auch die Palme!
(*Verwandlung.*)

4. Szene

Ministerium des Äußern.

GRAF LEOPOLD FRANZ RUDOLF ERNEST VINZENZ INNOCENZ MARIA (*sieht in den Taschenspiegel*): Gut schaun mr aus. Wenn ich das geahnt hätt, hätt ich mich gegen das Ultimatum ausgesprochen!
BARON EDUARD ALOIS JOSEF OTTOKAR IGNAZIUS EUSEBIUS MARIA: Was hast denn?
DER GRAF: Gut schaun mr aus. Wenn man Krieg führen will, hätt man das voraussehn müssen!
DER BARON: Ich versteh dich nicht. Was willst denn noch? Grad les ich, die Piffkes haben wieder viertausend Tonnen versenkt und wir waren auch nicht faul. Fünf.
DER GRAF: Tausend?
DER BARON: Tonnen!
DER GRAF: Pflanz wem andern. Wenn uns nicht die Schweiz herausreißt –
DER BARON: Was? Du hoffst jetzt noch auf die Neutralen?
DER GRAF: Noch nie hab ich den Kurier mit solcher Spannung erwartet. Ich bin rasend neugierig.
DER BARON: Ja was is denn?

DER GRAF: Aber da sitzt man und wartet und wartet – auf unsere Leut in Bern is eben kein Verlaß! Meiner Seel, wenn ich hier nicht unentbehrlich wär, ich setzet mich auf und geholten wär uns. Ich hab mir das enteitet. Auf Schritt und Tritt is man gehandicapt. Charmante Einrichtung dieser Krieg. Aber ich garantier dir, das wird jetzt anders wern!
DER BARON: Du warst immer ein rasender Optimist. Was stellst dir denn vor, daß die in Bern machen können?
DER GRAF: No ich habs ihnen doch genau aufgschrieben! Aber nein, die müssen Bridge spielen den ganzen Tag – und bei der Nacht, da weiß man eh was sie tun. Übrigens haben s' dazu auch am Tag Zeit.
DER BARON: No no, bist du aber auf einmal – Schau, schickt man wieder Leut hinaus, was nicht von der Gesellschaft sind, können s' nicht einmal repräsentieren.
DER GRAF: Laß mich aus – jede Woche beim KM für ein' Juden um ein' kontumazfreien Grenzübertritt penzen, damit s' in Bern ihre Bridgewurzen haben, dazu is man ihnen gut! Und die Flitscherln, die ich hinausprotegieren muß! Ich sag dir, seit der Bubi Legationsrat is, is er rein zu gar nix mehr zu brauchen. Paß auf, wenn der Bubi und der Affi nach Wien kommen, wer' ich ihnen zeigen, wie viels gschlagen hat. Ich sag ihnen ins Gsicht, Burscherln, wer' ich ihnen sagen, ihr seids ja furchtbar charmant, aber im Ernstfall is eben kein Verlaß auf euch. Lächerlich. Der Krieg hat uns noch gfehlt! Weißt, jetzt wär's rasend tentant, die ganze Geschichte einfach hinzuschmeißen.
DER BARON: Aber du hoffst doch auf die Neutralen!
DER GRAF: Ich sag dir, die Neutralen sind die schwerste Enttäuschung. Holland laßt uns überhaupt im Stich –
DER BARON: Ich weiß nicht wie du mir auf einmal vorkommst. Rasend komisch is das. Von uns allen warst du der Zuversichtlichste. Vom ersten Tag an. Wie der Berchtold damals zu uns gsagt hat: Jetzt hat die Armee ihren Willen! – da haben deine Augen noch mehr geleuchtet wie die seinigen, um den Hals wärst ihm gfallen. Das Ultimatum is prima, das war dein zweites Wort – rasend vernünftig – Geh, erinnerst dich nicht?
DER GRAF: Geh, erinner mich nicht! Das Ultimatum war saublöd. So können wir nicht weiter existieren. Wenn die Schweiz diesesmal versagt, dann weiß ich schon nicht – ich bin deschperat! No aber morgen – also ich erwart den Kurier mit einer Spannung wie noch nie! *(Sieht in den Taschenspiegel.)* Gut schaun mr aus.

DER BARON: Ja, Fixlaudon, was erwartest denn diesesmal eigentlich so bsonderes?
DER GRAF: Tepp – eine Colgate –!!
(*Verwandlung.*)

5. Szene

Bei Udine. Zwei Generale, jeder in einem über und über bepackten Automobil, von verschiedenen Seiten.

DER ERSTE GENERAL: Jetzt fahr i 's letzte Mal. Mehr is nicht zu holen.
DER ZWEITE GENERAL: Mehr is nicht zu holen.
DER ERSTE: Schad, so ein reiches Land!
DER ZWEITE: Ja, die Deutschen!
DER ERSTE: Mir san wieder amol zu spät kommen.
DER ZWEITE: Ja, die Deutschen!
DER ERSTE: Praktisch san s', das muß ihnen der Neid lassen. Beuteoffizier' ham s', das is alles urganisiert. Mit Sammeltranspurte. Unsereins muß sich alles kleinweis zsammklauben.
DER ZWEITE: Sie ham halt a Urganisation. Wie s' nach Udine kommen sein, ham sie 's gleich einteilt in Udine S und Udine N. In Udine S war Seide, das hat also den Deutschen ghört.
DER ERSTE: In Udine N war nix. Das hat also uns ghört.
DER ZWEITE: Und über die Demarkationslini derf naturgemäß unsereins nicht hinüber.
DER ERSTE: Traurig.
DER ZWEITE: Traurig.
DER ERSTE: Die deutschen Seidenhändler waren früher da als wie unsere Vorhut
DER ZWEITE: Und die deutschen Beuteoffizier san gschwinder wie bei uns die galoppierende Schwindsucht. Da kriegt man an Reschpekt!
DER ERSTE: No, aber an Wein ham die Eigenen doch kriegt. Der is noch heut nicht verschwunden.
DER ZWEITE: Aber dafür die Eigenen im Wein. Das war der reine Russentod!
DER ERSTE: Hast was? Bißl a herrenloses Gut?
DER ZWEITE: Haßt net vül, halt so paar kleine Erinnerungen an die Front, no was halt net niet- und nagelfest war.

DER ERSTE: I hab heut drei Teppiche, 30 Kilo Reis, bißl a Fleisch, zwa Säck Kaffee, drei Türfüllungen und vier Heiligenbilder requiriert, schön gmalen, nach der Natur!
DER ZWEITE: I hab heut ein Grammophon, 20 Kilo Makkaroni, bißl a Kupfer, 5 Kilo Käs, zwa Dutzend Sardinenbüchsen und paar Bildeln, in Öl! Servus. *(Er fährt ab.)*
DER ERSTE: Servus. – Dort siech ich einen Infanteristen von uns im Feld, der nimmt einen Kolben Kukuruz! Wart Kerl, stehlen! *(Er steigt ab und gibt ihm eine Ohrfeige.)*
(Verwandlung.)

6. Szene

Etappe Fourmies.

LANDWEHRMANN LÜDECKE: Na, wenn auch die Miesmacher von beiden Seiten kommen, von der Front und vom Hinterland, wir in der Etappe werden uns den Krieg doch nicht verekeln lassen. Bei uns sauft und hurt man ganz tüchtig, da deutet nichts auf 'nen Verzichtfrieden. Der Kronprinz hat einen richtiggehenden Harem, er hat neulich einen famosen Zuwachs bekommen und die Eltern, die was dawider hatten, egal abschieben lassen. Die Sache im Westen wird gemacht. Und schließlich, was will denn das Hinterland? Wir schicken ihm ja, was wir können. Ich höre, daß bei Wertheim schon die Kriegsbeute von Lille verkauft wird. Da muß ich nachhause schreiben, wie fein wir hier jetzt raus sind. *(Er schreibt)* 8. Mai. Lieber Freund! Ich bin dem Requisitionsdienst der Etappe Fourmies zugeteilt. Wir nehmen der französischen Bevölkerung alles Blei, Messing, Kupfer, Kork, Öl u. s. w., Kronleuchter, Kochherde fort, und alles, was von fern und nah zusammenkommt, wandert nach Deutschland. Oft ist es sehr unangenehm, den jungen Frauen ihre Hochzeitsgeschenke wegzunehmen, aber die Kriegsnotwendigkeit zwingt uns dazu. Zusammen mit einem meiner Kameraden habe ich neulich einen hübschen Fang gemacht. In einem vermauerten Zimmer fanden wir fünfzehn Musikinstrumente aus Kupfer, ein ganzes Orchester, ein ganz neues Fahrrad, 150 Bettlaken und Handtücher und sechs kupferne Kronleuchter, die allein ein Gewicht von 25 Kilogramm ausmachen; außerdem noch eine Menge anderer Gegenstände. Du kannst dir die Wut der alten

Hexe vorstellen, der die Sachen gehörten; ich habe sehr gelacht. Alles zusammen hatte einen Wert von mehr als 10000 Mark. Einige Ballen Schafwolle und viele andere Gegenstände. Der Kommandant war sehr zufrieden, und wir sollten sogar eine Belohnung bekommen. Vielleicht auch noch dazu das Eiserne Kreuz. Und dann gibt es hier junge Mädchen, die hübsch zu entjungfern sind. Es grüßt Dich –
(Verwandlung.)

7. Szene

Zirkus Busch, Monstreversammlung für einen deutschen Frieden.

PASTOR BRÜSTLEIN *(mit ausgestrecktem Arm)*: – Im Westen: Longwy und Briey! Und die vlämische Küste wird nicht wieder herausgegeben! *(Dröhnender Beifall.)* Im Osten die bekannte Festungslinie, die Ostpreußen nie mehr bedrohen darf, muß in irgendeiner Form in unsrer Hand bleiben! *(Lebhafter Beifall.)* Kurland und ein Stück von Litauen wird nicht wieder herausgegeben! *(Donnernder Beifall.)* Verbunden sind mit Kurland: Livland und Estland. *(Die rechte Hand vorgestreckt.)* Dort flattert die Notflagge! Da müssen wir helfen.
(Rufe: Hurra! Hurra! Hurra! Redner tritt ab. Die Versammlung stimmt das Lied an: »Ein' feste Burg ist unser Gott«.)
HAUPTSCHRIFTLEITER MASCHKE: Verehrte Volksgenossen! Ich werde mich kurz fassen. Ich habe nur eine Forderung, die uns alle beseelt, vorzubringen: Fort mit dem Weltgewissen! *(Hurra-Rufe.)* Hinweg mit dem Weltbrüdergeist! Das deutsche Machtgewissen allein sei unser Gebieter und Führer! Sein Losungswort lautet: Mehr Macht! Mehr deutsche Macht! Wen sein Weltgewissen oder sein Verantwortlichkeitsgefühl gegenüber der Menschheit etwas anderes reden oder schreiben läßt, als was des deutschen Schwertes Machtsprache gebietet – der ist und bleibt ein armseliger politischer Träumer, ein trüber Wolkenwandler! *(Dröhnender Beifall.)*
EIN MISSVERGNÜGTER: Ich will der geehrten Versammlung nur eines zu bedenken geben. Die Schädigung der Volksmoral durch den Krieg hat kürzlich der Finanzminister durch den Hinweis auf die glänzenden Siegestaten unseres Heeres zu beschönigen gesucht. In der Bibel aber heißt es: Was hülfe es ihm, wenn er die

ganze Welt gewänne, und nähme doch Schaden an seiner Seele! Mit dieser Auffassung der Bibel deckt sich die Auffassung der modernen Kultur, nämlich, daß die moralische Zersetzung des Volkskörpers durch Betrug, Diebstahl und Schwindel von dem Ruhm der Waffen nimmermehr vergoldet werden kann. Große Staatsinstitute wie die Post sind zu Diebeshöhlen geworden, ganze Klassen der Bevölkerung in den bodenlosen Abgrund geschleudert, alles aus der unersättlichen Gier nach Gewinn – (*Rufe: Rraus mit dem Kerl! Redner wird hinausgeworfen.*)
PROFESSOR PUPPE: Meine verehrten Anwesenden! Ich werde mich kurz fassen, denn die Richtlinien für einen deutschen Frieden stehen so klar vor unser aller Augen, daß wir sie mit Händen greifen können. (*Tut es.*) Eine Versöhnung Frankreichs durch Güte ist unmöglich. (*Rufe: Unmöglich!*) Wir müssen Frankreich so ohnmächtig machen, daß es niemals wieder angreifen kann! (*Dröhnender Beifall.*) Dazu ist notwendig, daß unsere Westgrenze weiter vorgeschoben wird, die nordfranzösischen Erzlager müssen uns zufallen! (*Lebhafter Beifall.*) Das ehemalige Belgien darf militärisch, politisch und wirtschaftlich nicht mehr aus der Hand gelassen werden! Wir brauchen ferner ein großes afrikanisches Kolonialreich! (*Dröhnender Beifall.*) Um dieses sicherzustellen, benötigen wir Flottenstützpunkte! Eine unerläßliche Bedingung ist die Vertreibung Englands aus dem Mittelmeer, aus Gibraltar, Malta, Cypern, Ägypten und seinen neuen Eroberungen im Mittelmeer! (*Rufe: Gott strafe England!*) Dazu käme natürlich eine Kriegsentschädigung (*Orkanartiger Beifall.*) – namentlich in der Weise, daß die Feinde gezwungen würden, einen erheblichen Teil ihrer Handelsflotte uns zur Verfügung zu stellen, uns Gold, Nahrungsmittel und Rohstoffe zu liefern. (*Rufe: Hurra!*) Ferner – –
(*Verwandlung.*)

8. Szene

Der Optimist und der Nörgler im Gespräch.

DER OPTIMIST: Was lesen Sie da?
DER NÖRGLER: Hören Sie. Ein Irrsinniger auf dem Einspännergaul. Eine aufregende Straßenszene hat gestern abend an der Kreuzung der Alser- und Landesgerichtsstraße eine ge-

raume Zeit lang unter den vielen Vorübergehenden großes Aufsehen erregt. Gegen halb 8 Uhr fuhr ein Einspännerwagen mit zwei Damen als Fahrgästen und Gepäck, das auf dem Bocke verstaut war, in der Universitätsstraße gegen die Alserstraße. Als der Wagen im langsamen Tempo zur Kreuzung der Alser- und Landesgerichtsstraße fuhr, kam ein junger Mann in Infanteristenuniform plötzlich im Laufschritt auf die Straße und stürzte sich dem Einspännerrosse entgegen; er faßte es an dem Zügel und wollte das Pferd anhalten. Der Kutscher war überrascht, die beiden Insassen waren erschrocken. Der Kutscher schlug mit der Peitsche auf das Pferd ein, um es zu schnellerem Trabe zu veranlassen und dem jungen Menschen zu entkommen; das Pferd lief auch schneller, da sprang der junge Mensch wieder an den Gaul heran und schwang sich auf ihn. Mit der bloßen Hand trieb er das arme Tier zu noch schnellerem Laufe an, indem er dabei wiederholt »Hurra!« schrie. Nun hatte der Kutscher die Lenkung über das Pferd ganz verloren und der sonderbare Reiter ließ den Gaul ganz umkehren. Im Galopp kam das Tier mit dem schleudernden Wagen gegen die Kreuzung. Das Abenteuer hätte noch schlimm enden können, wenn nicht an der Kreuzung ein Sicherheitswachmann das Pferd am Zügel gefaßt und zum Stehen gebracht hätte. Der Wachmann zog den Reiter wieder auf den Boden herab. Kutscher und Fahrgäste atmeten auf. Um den Wagen sammelte sich gleich eine große Menge an. Der junge Mann, der offenbar geistesgestört ist, wurde der irrenärztlichen Behandlung übergeben.

DER OPTIMIST: Nun? Eine Winzigkeit aus der lokalen Chronik. Warum befassen Sie sich mit so etwas? Jetzt gibt es doch gewiß größere Themen. Harden –

DER NÖRGLER: Das dringendste ist aber doch die Frage, wann endlich der Wachmann kommt. Wenn man einmal einen braucht, ist natürlich keiner da!

DER OPTIMIST: Ja, aber warum regt Sie das auf? Dieser alltägliche Übelstand!

DER NÖRGLER: Ich sage Ihnen, bei solchen lokalen Unfällen gibts keine Rettung. Der sonderbare Reiter sitzt nicht ab. Außer – wenn der Policeman kommt!

DER OPTIMIST: Ich verstehe Sie nicht. Sie sind der richtige Wiener Raunzer. Weltpolitik ist doch wichtiger.

DER NÖRGLER: Aber ein Umweg, um den Dingen auf den Grund zu kommen. Derlei liegt mir zu fern. Höchstens, daß mich Japan interessiert.

Der Optimist: Es ist bezeichnend, was Ihnen am nächsten liegt. Und warum Japan?
Der Nörgler: Da – hören Sie – Die chinesisch-japanische Militärkonvention. Volle Herrschaft Japans in China. Der »Shanghai Gazette« zufolge haben die geheimen Abmachungen der eben zustandegekommenen Militärkonvention zwischen Japan und China folgenden Inhalt: Die chinesische Polizei wird von Japan neu organisiert. Japan übernimmt die Leitung sämtlicher chinesischer Arsenale und Werften. Japan erhält das Recht, in allen Teilen Chinas Eisen und Kohle zu fördern. Japan erhält alle Privilegien in der äußeren und in der inneren Mongolei, ferner in der Mandschurei. Schließlich sind eine Anzahl von Maßnahmen getroffen, die das Finanz- und Ernährungswesen Chinas japanischem Einfluß unterwerfen. – O ich interessiere mich für Weltpolitik!
Der Optimist: Ja was geht uns denn aber Japan an? Das Verhältnis zwischen Japan und China scheint Ihnen –
Der Nörgler: – ausgebaut und vertieft!
(Verwandlung.)

9. Szene

Ischler Espanade. Der Abonnent und der Patriot im Gespräch.

Der Patriot: Es wurde im vollen Einvernehmen der Entschluß gefaßt, das bestehende Bündnisverhältnis auszubauen und zu vertiefen.
Der Abonnent: Also mit einem Wort: Ausbau und Vertiefung des Bündnisses.
Der Patriot: Hiebei ergab sich volles Einvernehmen in allen diesen Fragen und der Entschluß, das bestehende Bündnisverhältnis auszubauen und zu vertiefen.
Der Abonnent: Also mit einem Wort: Ausbau und Vertiefung des bestehenden Bündnisverhältnisses.
Der Patriot: In welcher Form der Ausbau und die Vertiefung des Bündnisses geschehen sollen, wird heute noch nicht mitgeteilt.
Der Abonnent: Der Krieg hat jedoch den Ausbau und die Vertiefung des Bündnisses zur Notwendigkeit gemacht.
Der Patriot: In welcher Richtung der Ausbau und die Vertie-

fung sich vollziehen sollen, wird in der amtlichen Mitteilung nicht angedeutet.

DER ABONNENT: Gewiß wird es der Wunsch der beiderseitigen Generalstäbe sein, den Vorteil, den die Monarchie und Deutschland durch den Grundsatz hatten, der im Kriege Schulter an Schulter genannt wurde, auszubauen und zu vertiefen.

DER PATRIOT: Haben Sie Mitteilungen von unterrichteter Seite?

DER ABONNENT: Ich kann Ihnen nur soviel sagen, wir müssen an dem Defensivbündnis festhalten und für einen Ausbau und eine Vertiefung dieses Bündnisses nur andere Vorbedingungen schaffen.

DER PATRIOT *(nach einer Pause)*: Was sagen Sie zu Ausbau und Vertiefung des Bündnisses mit Deutschland?

DER ABONNENT: Die von den Mittelmächten geschaffenen Tatsachen sollen durch Ausbau und Vertiefung zur Regel für die Zukunft erhoben werden.

DER PATRIOT: Wir brauchen nur den Ereignissen des Krieges zu folgen, um zu verstehen, warum der Ausbau und die Vertiefung des Bündnisses unvermeidlich geworden sind.

DER ABONNENT: Die Einheit der Front für die Mittelmächte ist eine zureichende Ursache für die militärische Vertiefung des Bündnisses.

DER PATRIOT: No und der Ausbau?

DER ABONNENT: Der Plan, den Mittelmächten die Rohstoffe auch nach dem Kriege zu entziehen, wird mit der Nachricht vom wirtschaftlichen Ausbau des Bündnisses beantwortet. Der Ausbau des Bündnisses mit Deutschland in wirtschaftlicher Hinsicht –

DER PATRIOT: Der Ausbau und die Vertiefung des Bündnisses zwischen der Monarchie und Deutschland haben einen Zusammenhang mit der polnischen Frage. Da liest man aber Nachrichten über gefälschte deutsche Friedensangebote. Was ist wahr?

DER ABONNENT: Wahr ist der Ausbau und die Vertiefung des Bündnisses zwischen der Monarchie und Deutschland. Sag ich Ihnen!

DER PATRIOT: Ihnen gesagt! Sie scheinen auf die amtliche Mitteilung anzuspielen, daß bei der Kaiserzusammenkunft im deutschen großen Hauptquartier der Ausbau und die Vertiefung des zwischen Deutschland und Österreich-Ungarn bestehenden Bündnisses abgeschlossen worden ist.

DER ABONNENT: Wissen Sie was die Folge sein wird? Die Welt

wird damit rechnen müssen, daß England mit seinen vierhundert Millionen Einwohnern die Beziehungen zu den Vereinigten Staaten ausbaut und vertieft, um seine Überlegenheit in der Versorgung mit Rohstoffen noch zu vermehren. Alles machen sie uns nach.

DER PATRIOT: Selbstredend. Welchen Einfluß könnten die Nachrichten über den Ausbau und die Vertiefung des Bündnisses auf die Politik der Entente haben? Die Wirkung dürfte nachhaltig sein.

DER ABONNENT: Der Schluß ist gerechtfertigt, daß der wesentliche Zweck des Ausbaues und der Vertiefung in der Öffentlichkeit richtig erkannt worden ist.

DER PATRIOT: Was Sie nicht sagen! Ich hab stark den Eindruck, in dieser letzten Stunde der Monarchenbegegnung fühlten alle Zeugen dieses historischen Ereignisses, daß das Bündnis zwischen beiden Mittelmächten in des Wortes wahrster Bedeutung vertieft worden ist. Nämlich die Grundlagen einer wesentlichen Vertiefung –

DER ABONNENT: Apropos, der Ausbau der Technischen Hochschule –

DER PATRIOT: Der Ausbau des Bündnisses dürfte die polnische Frage –

DER ABONNENT: Der Ausbau des Bündnisses wird die Entente –

DER PATRIOT: Der Ausbau und die Vertiefung des Bündnisses mußten unter solchen Umständen die Entente überraschen.

DER ABONNENT: Kunststück, auf der Börse wurde die große Bedeutung des politischen und militärischen Ausbaues des Bündnisses eingehend besprochen. Insbesondere wurde hervorgehoben, daß die Vertiefung –

DER PATRIOT: Es ist anzunehmen, daß jetzt auch die Besprechungen über die zur Vertiefung und zum Ausbau des Bündnisses zu treffenden Vereinbarungen beginnen werden. Was speziell den Ausbau des wirtschaftlichen Bündnisses mit Deutschland anlangt, so hat doch soeben –

DER ABONNENT: Deshalb ist es von besonderem Interesse, zu hören, was dieses hervorragende Mitglied des Kabinetts Wekerle über die Beschlüsse betreffend den Ausbau des wirtschaftlichen Bündnisses mit Deutschland sagt.

DER PATRIOT: Der? No der hat doch schon immer eine Vertiefung des Wirtschaftsverhältnisses angestrebt!

DER ABONNENT: Die Welt hörte die Verkündigung, daß der

Entschluß gefaßt worden sei, das Bündnis auszubauen und zu vertiefen.

DER PATRIOT: Die Vertiefung des Bündnisses werden die Monarchie und Deutschland nach dem Kriege als Bedürfnis empfinden.

DER ABONNENT: Nutzt nix, Sicherheit kann nur werden durch Ausbau und Vertiefung des Bündnisses.

DER PATRIOT: No aber – Budget, Anleihen und Steuern können nicht warten, bis das Bündnis mit Deutschland politisch, militärisch und wirtschaftlich ausgebaut ist.

DER ABONNENT: In Besprechung der Vertiefung des Bündnisses der Mittelmächte hat er ja erklärt –

DER PATRIOT: Sie meinen Friedjung. Aber Friedjung konträr schloß doch mit einem dreifachen Hoch und Eljen auf den Ausbau des Bündnisses der beiden Mittelmächte mit der Türkei!

DER ABONNENT: No und was is mit der Vertiefung? Die erste Frage galt der Vertiefung des Bündnisses der Mittelmächte.

DER PATRIOT: Aber das is doch ganz etwas anderes! Da war vom Ausbau des österreichisch-ungarisch-deutschen Bündnisses in militärischer Beziehung die Rede.

DER ABONNENT: No ja, aber die Vertiefung des Bündnisses auch in militärischer Hinsicht ist darum eine unbedingte Notwendigkeit.

DER PATRIOT: Ich weiß nur, wie sich Wekerle und Tisza über die Vertiefung des Bündnisses –

DER ABONNENT: Es sind nämlich Äußerungen von einer Seite gefallen, die gegen eine Vertiefung des Bündnisses Bedenken hegte.

DER PATRIOT: Apropos, da fällt mir ein, was sagen Sie zum Ausbau des Sieges von Noyon?

DER ABONNENT: No haben Sie gelesen Burian über die Vertiefung des Bündnisses?

DER PATRIOT: No haben Sie gelesen über die Beratungen in Salzburg über den Ausbau des Bündnisses?

DER ABONNENT: Bitte, da war nur von den leitenden Auffassungen bei der wirtschaftlichen Vertiefung des Bündnisses die Rede!

DER PATRIOT: Der deutsche Kaiser hat aber dem Hetman nachgerühmt, daß er schon begonnen hat, die Ukraine zu einem neuen geordneten Staatswesen auszubauen.

DER ABONNENT: Bitte, drauf hat aber der Hetman sofort der Hoffnung Ausdruck gegeben, daß die Beziehungen zwischen dem mächtigen deutschen Reiche und der Ukraine sich immer mehr vertiefen werden!

Der Patriot: Sagt er! Wissen Sie, vertiefen is riskant. Haben Sie nicht gelesen aus Berlin, wie aus dem Haag gemeldet wird, daß aus London gemeldet wird, sie melden aus Turin, daß die italienische Börse seit der deutsch-österreichischen Kaiserzusammenkunft flau ist und man glaubt, daß die Italiener durch die Tiefe des Bündnisses sehr enttäuscht sind?

Der Abonnent: No wie tief is es schon! Trotzdem bin ich überzeugt, weil Sie von Haag sprechen, die Einrichtung der Schiedsgerichte wird nach dem Kriege stark ausgebaut werden müssen.

Der Patriot: Meglich. Vorläufig sind erst Verhandlungen, die von dem Grundgedanken ausgehen, das Bundesverhältnis zu vertiefen, und die sind zurzeit noch im Flusse.

Der Abonnent: Dafür sind die Abwehrmaßregeln in unablässigem Ausbau begriffen.

Der Patriot: Die Abwehrmaßregeln gegen die Diebstähle an Postgütern? weiß ich! Was nutzt das aber? Grad jetzt, in den Zeiten des Ausbaues und der Vertiefung, haben die Eisenbahndiebstähle so überhand genommen.

Der Abonnent: Ein Ausbau der Bestimmungen über die Versicherung des Reisegepäcks ist heute umso dringlicher, als –

(Der alte Biach kommt atemlos.)

Der alte Biach: Wissen Sie was passiert is? Ausgebaut und vertieft!

Der Abonnent: No das is doch nix Neues?

Der alte Biach: Wenn ich Ihnen sag, das Bündnis is ausgebaut und vertieft! Aber –

Der Patriot: No was is? Kommen Sie zu sich –

Der alte Biach: Das hat noch gefehlt –

Der Abonnent: Was ham Sie?

Der alte Biach: Gotteswillen – das is nicht so einfach – passen Sie auf – es is nämlich auch ausgelegt worn! Wissen Sie schon den Unterschied zwischen der Fassung in Wien und der Fassung in Berlin? *(Außer Fassung)* Eine genaue Prüfung des Textes der in Wien und Berlin veröffentlichten Mitteilung zeigt einen Unterschied, der in die Augen springt.

Der Patriot: Wieso?

Der alte Biach: Bitte, die beiden Communiqués sind in den Sätzen, in den Ausdrücken und in den spärlichen Mitteilungen gleichlautend –

Der Abonnent: No also!

Der alte Biach: – mit einer einzigen Ausnahme. *(Jappend)* In Wien und Berlin wird gesagt – In Wien und Berlin wird erzählt – In Wien und Berlin wird mitgeteilt – Da ist volle Gleichheit im Inhalte und in der Form – – wird mit Genugtuung aufgenommen werden. Denn nichts kann wichtiger sein als der Felsblock – nichts kann das Gefühl der Sicherheit mehr befestigen –

Der Patriot: No also, was wolln Sie mehr?

Der Abonnent: No sehn Sie, wo is also der Unterschied – Sie machen sich Gedanken –

Der alte Biach *(mit wachsendem Paroxysmus):* Was nutzt das alles – das in Wien veröffentlichte Communiqué sagt, die Zusammenkunft der beiden Kaiser habe auch festgestellt, »daß die erlauchten Monarchen an ihren im Mai gefaßten bündnisvertiefenden Beschlüssen festhalten«. Das in Berlin veröffentlichte Communiqué sagt, die Zusammenkunft habe »auch die gleiche und treueste Auslegung des Bündnisses festgestellt«. Wenn der Satz über das Festhalten an den Maibeschlüssen, betreffend die Vertiefung des Bündnisses, im Wiener Communiqué in ein Verhältnis gebracht wird zu dem Satze über die gleiche und treueste Auslegung des Bündnisses im Berliner Communiqué, so ergibt sich kein Widerspruch, sondern nur die Tatsache, daß in jeder der beiden Mitteilungen von etwas anderem gesprochen wird.

Der Abonnent: No also!

Der alte Biach: Die gleiche und treueste Auslegung des Bündnisses kann nicht im Gegensatze zu den Maibeschlüssen über die Vertiefung des Bündnisses sein und diese wäre undenkbar ohne die gleiche und treueste Auslegung des jetzigen Bündnisses.

Der Patriot: Natürlich.

Der alte Biach: Aber dem deutschen Publikum wird etwas mitgeteilt, was das Wiener Communiqué nicht sagt, und umgekehrt. Es handelt sich um Erklärungen, die, nebeneinandergestellt und in einem und demselben Communiqué veröffentlicht, nichts Auffallendes hätten. Sie fallen nur auf, weil in einem Communiqué vom Festhalten an der Bündnisvertiefung nichts zu lesen ist und in dem anderen wieder nichts von der gleichen und treuesten Auslegung des jetzigen Bündnisses. Mitteilungen über die Zusammenkunft der Kaiser pflegen im Einvernehmen verfaßt und dem Publikum zugänglich gemacht zu werden. Graf Burian war somit einverstanden mit dem

Hinweise auf die gleiche und treueste Auslegung des Bündnisses und Graf Hertling hat der Feststellung zugestimmt, daß die beiden Kaiser an ihren im Mai gefaßten bündnisvertiefenden Beschlüssen festhalten. Beide Staatsmänner sprechen aus beiden Communiqués und keiner von ihnen kann über die Zusammenkunft sagen, was der andere nicht billigt.

DER ABONNENT: Selbstredend.

DER ALTE BIACH: Aber die Ungleichheit der Fassung dürfte trotzdem nicht grundlos sein. Die Andeutung ist zu erkennen, daß die Monarchie bei der Vertiefung des Bündnisses nach den im Mai gefaßten Beschlüssen die polnische Frage zur Lösung bringen will. Graf Burian hat sie schon im Juni damit in Zusammenhang gebracht. Deshalb wird die Vertiefung des Bündnisses im Wiener Communiqué unterstrichen. Das Berliner Communiqué spricht von der gleichen und treuesten Auslegung des jetzigen Bündnisses. Es will dessen Bestand und Wirkung in keine Abhängigkeit von den schwebenden Fragen des Ausbaues sowie von der austro-polnischen Lösung bringen.

DER ABONNENT: Das is doch klar, die Vertiefung kann ausgelegt, aber der Ausbau kann nicht vertieft werden. Also ich versteh nicht, warum Sie sich Sorgen machen –

DER ALTE BIACH: Auch die treueste Auslegung des Bündnisses ist, wie das Berliner Communiqué sagt, in der Monarchie und in Deutschland gleich. Graf Burian will die Vertiefung des Bündnisses und Graf Hertling auch. *(Er beginnt zu stampfen.)* Der deutsche Reichskanzler will aber das jetzige Bündnis, selbst wenn es nicht vertieft werden könnte. Die Monarchie teilt diese Ansicht. Die Grundauffassungen über das Zusammenstehen kommen aus Notwendigkeiten. *(Schon mit ermattender Gewure.)* Die treueste Auslegung des Bündnisses ist wechselseitige Unterstützung an den Fronten gegen den Feind. Das tut die Entente; das sollten die Mittelmächte tun. *(Erschöpft beginnt er zu taumeln. Der Abonnent und der Patriot stützen ihn.)*

DER PATRIOT: Aber sie tun es doch – kommen Sie zu sich – es wird sich schon alles aufklären – beruhigen Sie sich – man wird doch da sehn –

DER ALTE BIACH: Es is ein Unterschied – es is ein Unterschied – Sie glauben vielleicht es is kein Unterschied, aber ich sag Ihnen es is ja ein Unterschied – *(er weint.)*

DER PATRIOT: Natürlich is ein Unterschied – regen Sie sich um Gotteswillen nicht auf – man sieht doch, es is ein Unterschied!

DER ABONNENT: Zu was regen Sie ihn noch mehr auf? Es is kein Unterschied!
DER PATRIOT: Es is kein Unterschied?
DER ALTE BIACH *(stöhnend)*: Es – is – kein – Unterschied –?
DER ABONNENT: Also das wissen Sie noch nicht? Also hören Sie zu! Aus Berlin wird gemeldet, gegenüber gewissen Auffassungen in der Presse wird in hiesigen informierten Kreisen betont, daß bis heute eine amtliche Erklärung über Einzelheiten der Besprechungen im Großen Hauptquartier nicht veröffentlicht wurde. Von einem Unterschied zwischen dem deutschen und österreichischen amtlichen Bericht über die Zusammenkunft könne keine Rede sein.
(Der alte Biach sinkt um.)
DER ABONNENT: Gotteswillen – ihm is etwas nicht wie ihm sein sollte –
DIE KURGÄSTE *(massieren sich)*: Was is geschehn? – Biach is unwohl –
DER PATRIOT: Niix – er hat sich aufgeregt –
DER ALTE BIACH *(stöhnend)*: Alles – umsonst –. Es is – kein – Unterschied. Die – ganze – Müh –
DER ABONNENT: Gotteswillen – wenn ich geahnt hätte – schrecklich!
DER PATRIOT: Daß ihm das so nah geht!
DER ABONNENT: No ja, ich bitt Sie, es is keine Kleinigkeit.
(Es bilden sich Gruppen.)
DIE KURGÄSTE: Biach gefällt mir etwas nicht – man sollte um den Dokter schicken – man sollte um die Frau laufen – gestern war er doch noch – ich hab ihn noch gekannt, wie er –
DER PATRIOT: Wissen Sie, was ich glaub? *(sich vorsichtig umsehend)* Er hat ihn am Gewissen!
DER ABONNENT: Versündigen Sie sich nicht! – Hören Sie, er sagt etwas –
DER ALTE BIACH *(stöhnend)*: Ausgebaut – und – vertieft –
DER ABONNENT: Hören Sie nur –
DER ALTE BIACH *(verklärt)*: Die Nase der Kleopatra – war eine ihrer größten Schönheiten.
DER ABONNENT: Er phantasiert.
DER ALTE BIACH *(sich groß aufrichtend)*: Es – rieselt – im – Gemäuer.
DER PATRIOT: Er prophezeit.
DER ALTE BIACH *(sinkt zusammen)*: Das – is – der Schluß – vom – Leitartikel.

DER ABONNENT *(aufschluchzend)*: Biach –!
(Er stirbt. Die Beiden verharren erschüttert. Schweigende Gruppe der Kurgäste.)
DER ABONNENT: Schad um ihm.
DER PATRIOT: Er hat es überstanden.
(Verwandlung.)

10. Szene

Berlin, Weinrestaurant in der Passage. Man hört ein Orchestrion, welches abwechselnd die Lieder spielt: »*Emil du bist eene Pflanze*« *und* »*Sie sind doch bekannt mein Lieber als Schieber, als Schieber*«. *Das passierende Publikum besteht aus zumeist älteren Strichjungen mit großen Pranken. Ein Zeitungshändler ruft den* »*Heiratsonkel*« *aus. Ein Ausrufer ladet in Kastans Panoptikum.*
Zwei freisinnige Politiker, Zulauf und Ablaß, sitzen an einem Tisch. Beide haben niedrigen Stehkragen mit übereinanderliegenden Enden, Fertigmasche und Hornkneifer.

ABLASS *(erhebt sein Glas)*: Auf die Verfassungsreform! Pupille!
ZULAUF *(erhebt sein Glas)*: Pupille!
ABLASS: Hörn Se mal Zulauf, dieses Wort »Neuorientierung« behagt mir nu ganz und gar nich.
ZULAUF: Nanu?
ABLASS: Ich würde »Neuaufmachung« vorschlagen.
ZULAUF: Famos! Pupille!
ABLASS: Pupille!
ZULAUF: Hörn Se mal Ablaß, haben Se heut schon den roten Tach jelesen?
ABLASS: Doch.
ZULAUF: Hörn Se mal Ablaß, haben Se heut schon das B. T. gelesen? Da, 'n WTB – *(zieht die Zeitung hervor.)*
ABLASS: Nee.
ZULAUF: Ist aber mächtich intressant, hörn Se mal: Brüssel 23. Juli (Wolff). Dem alten auch in der Geschichte Flanderns von Fürsten und ihren Vertretern geübten Brauche folgend, nahm der Generalgouverneur am 11. Juli, dem vaterländischen Gedenktage des flämischen Volkes, um ihn der Erinnerung der Mit- und Nachwelt einzuprägen, Anlaß zu einem besonderen Gnadenakte und entsprach der Bitte von 3000 zur Feier des Gülden-Sporen-Festes in Antwerpen versammelten Flämen.

ABLASS: Sieh mal an!
ZULAUF: Der Generalgouverneur wollte im Hinblick darauf, daß der Erinnerungstach des flämischen Freiheitskampfes sich zum erstenmal seit seinem Amtsantritt jährt, ihm in diesem Jahre durch Maßnahmen zur Durchführung der flämischen Volksrechte besondere Bedeutung verleihen.
ABLASS: Fein!
ZULAUF: Demgemäß wandelte der Generalgouverneur die vom Feldgericht des Gouvernemangs Antwerpen über fünf Flämen verhängte Todesstrafe in lebenslängliche Zuchthausstrafe um. – Na wat sagen Se nu?
ABLASS: Doll!
ZULAUF: Wat? Ja 's weht ne andere Luft jetzt. 3000 Flämen auf die Bitte von fünfen begnadicht!
ABLASS: Ach, Unsinn!
ZULAUF: Doch. Nee – ach so – na ejal. Jedenfalls, Begnadijung is Begnadijung. Die Kerls haben doch nu wenigstens lebenslänglich. Tja, die Volksrechte werden eben jetzt mal gründlich durchjeführt.
ABLASS: Kein Zweifel, daß es sich der Mit- und Nachwelt einprägen wird.
ZULAUF: 'ne schöne Handlung. Und zur Erinnerung, daß es der erste Erinnerungstach des flämischen Freiheitskampfes unter deutscher Herrschaft ist!
ABLASS: Kalassal!
ZULAUF: Wat? Na – Pupille! Auf die deutsche Freiheit!
ABLASS: Ich tue Ihnen Bescheid. Die deutsche Freiheit! Pupille!
ZULAUF *(nach einer Pause)*: Na, morjen sind wa bei Hindenburch und Ludendorff.
ABLASS: Morjen? Morjen sind wa doch bei Schneider-Dunkker!
ZULAUF: Vormittach sind wa bei Schneider-Duncker?
ABLASS: Nee, abends! Vormittach sind wa doch bei Hindenburch und Ludendorff.
ZULAUF: Richtich. Na und funfzehn Minuten sind jedem von uns zujemessen. Schlag 11 müssen wa antreten.
ABLASS: Nackt?
ZULAUF: Nee, Frack!
(Verwandlung.)

11. Szene

Kriegsgeneralversammlung des sozialdemokratischen Wahlvereins des Großberliner Riesenwahlkreises Teltow-Beskow-Storkow-Charlottenburg.

GENOSSE SCHLIEFKE (TELTOW): – – Als Generalredner der Kriegsgeneralversammlung des sozialdemokratischen Wahlvereins des Großberliner Riesenwahlkreises Teltow-Beskow-Storkow-Charlottenburg fasse ich mithin zusammen: Wenn preußische Sozialdemokraten der Einladung in das Reichsamt des Innern folgen und der Kaiser an dieser Besprechung teilnimmt, so ist dies keine Verletzung sozialdemokratischer Grundsätze. Auch der Genosse David handelte korrekt, wenn er der Einladung des Kronprinzen folgte. Die Sozialdemokratie ist eine revolutionäre Partei *(Oho!-Rufe)* – sie muß deshalb auch, wenn es die veränderten Verhältnisse erfordern, mit alten Traditionen brechen –
EIN ZWISCHENRUFER: Bei Hof?
SCHLIEFKE: – ich meine mit ihren eigenen Traditionen! Sie muß in ihren eigenen Reihen revolutionieren. Sie ist eben eine durch und durch revolutionäre Partei! *(Lebhafte Zustimmung.)*
(Verwandlung.)

12. Szene

Bad Gastein. Der Abonnent und der Patriot im Gespräch.

DER ABONNENT: Ich bin überzeugt, daß durch den Ausbau des Bündnisses –
DER PATRIOT: Ich zweifle nicht, daß dann der Abbau des Hasses –
DER ABONNENT: Vermutlich würde durch die Vertiefung des Bündnisses –
DER PATRIOT: Ich glaube, daß dadurch eine Erhöhung der Preise –
DER ABONNENT: Ohne Zweifel könnte der Abbau der Preise –
DER PATRIOT: Mir scheint, daß dafür eine Erhöhung des Hasses –
DER ABONNENT: Ich glaube aber, daß ein Ausbau der Preise –

DER PATRIOT: Ich meine, daß dadurch eine Vertiefung des Hasses –

DER ABONNENT: Vermutlich würde durch eine Erhöhung des Bündnisses –

DER PATRIOT: Mir scheint, daß dadurch ein Ausbau des Hasses –

DER ABONNENT: Andererseits bin ich überzeugt, daß sich durch einen Abbau des Bündnisses –

DER PATRIOT: – unschwer eine Vertiefung der Preise herbeiführen ließe.
(Verwandlung.)

13. Szene

Bureauzimmer bei einem Kommando.

EIN GENERALSTÄBLER *(beim Telephon)*: – servus – aber nein – ich bins, der Kobatsch – der Peham is auf Urlaub – Also hörst – natürlich, a Massa Tote – danke, man lebt – Weißt wegen der phantastischen Gefangenenziffern, was die Russen angeben – no mußt halt schreiben, woher können s' denn das so genau wissen, das laßt sich doch gar nicht zählen! – Was? – Noja, das is wirklich schwer den Leuten plausibel z'machen. Weißt, mußt halt sagen, solange sich die Angaben in bescheidenen Grenzen bewegt haben, also täglich 10 000, da hat mas hingehn lassen, aber wo's amal hunderttausend übersteigt, also das geht nicht! – Was? – Noja, mußt halt schreiben, daß man das doch gar nicht zählen kann und so, wo also so viel sein! – Was? Wir zählen selber immer? Noja, wir, wir, aber der Feind, das is doch was andreas! – Was? Was wern s' sagen? Der Feind kann, wann s' so zuströmen, nicht so schnell zählen, aber wir können leichter unsere Verluste zählen –? Herstellt pomali, wir ham ja gezäiht und wir sind eben nach genauer Berechnung auf eine weit geringere Ziffer gekommen, verstehst! Die Hauptsach is, du sagst immer: phantastische Gefangenenziffern – du, das is sehr wichtig, daß d' das sagst. No wirst scho machen – wann drauf steht »amtlich«, so is's eh scho die halberte Wahrheit und die andere Halbscheid machst halt dazu, bist ja ein gscheiter Bursch, also servus servus – Schluß!
(Verwandlung.)

14. Szene

Schlachtfeld bei Saarburg.

HAUPTMANN NIEDERMACHER: Immer wieder zögern unsre Jungens. Jeder von ihnen weiß längst, daß General Ruhmleben bei einer Besprechung der Kampflage den prägnanten Befehl gegeben hat, Kriegsgefangene, ob verwundet oder unverwundet, mit Gewehrkolben oder Revolver niederzumachen und Verwundete auf dem Feld zu erschießen, wie die Lügenpropaganda unsrer Feinde behauptet.
MAJOR METZLER: Ruhmleben handelt getreu der alten Devise unsres obersten Kriegsherrn: Pardon wird nicht gegeben, Gefangene werden nicht gemacht! S.M. hat überdies befohlen, Spitalschiffe zu versenken, und da werden wir uns zu Lande nicht beschämen lassen!
NIEDERMACHER: Ich habe den Brigadebefehl über die Erledigung der Kriegsgefangenen von Mund zu Mund an die Kompagnie weiter gegeben. Aber immer wieder zögern die Kerls.
METZLER: Das wollen wir doch mal sehn, da gibts ja Gelegenheit. *(Er stößt einen anscheinend toten französischen Unteroffizier mit dem Fuß an.)* Na also, der öffnet noch die Augen. *(Er winkt zwei Soldaten heran. Sie zögern.)* Ist euch der Brigadebefehl nicht bekannt? *(Die Soldaten schießen.)* Da hockt einer – mir scheint gar, der trinkt Kaffee! *(Er winkt einen Soldaten heran.)* Hör mal Niedermacher, du magst die Angelegenheit indessen erledigen, ich muß bei mir zum Rechten sehn. *(Ab. Der Verwundete fällt vor Niedermacher auf die Knie und hält die Hände flehend empor.)*
NIEDERMACHER *(zu dem Soldaten, der zögert)*: Gefangene werden nicht gemacht!
DER SOLDAT: Eben noch habe ich ihn verbunden und gelabt, Herr Hauptmann –!
NIEDERMACHER: Er wird dir dafür die Augen ausstechen und die Kehle durchschneiden. *(Der Soldat zögert. In Rage)* Sie schießen heimtückisch von hinten und von oben. Schießt sie von den Bäumen wie die Spatzen, hat der General gesagt. Alles muß zusammengeschossen werden, hat der General gesagt. Soll ich es dir befehlen, Kerl? Zwanzig sind heute erlegt worden, und du Kerl hast Bedenken? Bist du ein deutscher Mann? Das wirst du zu verantworten haben! Muß man denn für euch Hosenscheißer

immer selbst zugreifen? – Da – sieh her, wie mans macht! *(Er erschießt den knieenden Verwundeten.)*
(Verwandlung.)

15. Szene

Bei Verdun. Deutsche Gefangene sind aufgestellt. Französische Unteroffiziere erteilen Faustschläge, Reitpeitschenhiebe und Kolbenstöße. Jene werden weiter getrieben. Verwundete sinken ermattet nieder. Einem quillt Blut aus Mund und Nase. Nachdem der Zug vorbei ist, erscheint der General Gloirefaisant. Er winkt und gefangene Offiziere werden vor ihm im Paradenmarsch vorbeigeführt. Einem schlägt ein französischer Offizier mit der Reitpeitsche auf die Schenkel.

GENERAL GLOIREFAISANT *(zu einem Hauptmann)*: Zu viel Gefangene! Meine Nettoyeurs liegen auf der faulen Haut. Uns fehlt ein Roland Campbell, dieser vorbildliche Lehrer für Bajonettübungen. Er macht das Blut der Jugend gerinnen durch seine Beredsamkeit über die Methoden des Angriffs, um die Leber, die Augen und die Nieren des Feindes zu durchstoßen. Wie sagte er doch? »Ihr könnt einem Deutschen begegnen, der sagt: ›Mitleid, ich habe zehn Kinder!‹ . . . Tötet ihn, er könnte noch zehn bekommen.« Verlaß ist nur auf unsere Schwarzen. Ihre Rucksäcke mit abgeschnittenen Ohren und Köpfen, von denen die Lügenberichte der Boches erzählen, sind unwiderlegliche Trophäen. Wir sollten uns von unsern Hilfstruppen nicht beschämen lassen. *(Ab.)*
HAUPTMANN DE MASSACRÉ: Man kann es ihm nicht recht machen.
OBERST MEURTRIER: Wie? So wenig Gefangene? Zwanzig? Ich glaubte, daß Sie eine ganze Kompagnie haben!
DE MASSACRÉ: Ich hatte sie. Aber die übrigen sind da unten im Schützengraben verreckt. Ich habe meinen Leuten den Befehl erteilt, 180 mit dem Bajonett niederzumachen. Die braven Jungen zögerten wohl, aber als ich stellte ihnen kurzen Prozeß in Aussicht und da gings mit Halsabschneiden und Bauchaufschlitzen.
MEURTRIER *(ungehalten)*: 180? Das ist zu viel! Das wäre selbst dem General zu viel! Ich rate Ihnen, über diese Sache nicht zu sprechen, wenn Sie nicht riskieren wollen, aus der Liste der Ehrenlegion gestrichen zu werden.

DE MASSACRÉ *(selbstbewußt)*: Ich glaube im Gegenteil, Herr Oberst, daß ich in einigen Tagen das Kreuz der Ehrenlegion tragen werde! Und dann bekomme ich das Regiment von Korsika. Meine Taten eröffnen mir die Bahn und mein Ziel soll der Ausgangspunkt der gloire sein.
(Verwandlung.)

16. Szene

Kriegspressequartier in Rodaun.

DIE SCHALEK *(zu einem Kameraden)*: Die 208 Leichenphotographien legitimieren mich wohl zur Genüge vor der Nachwelt; sie wird nicht zweifeln, daß ich mitten drin war im heroischen Erleben. Damit Sie sich aber ein Beispiel nehmen, damit Sie sehn, was wirkliche Schlachtenschilderung ist, will ich Ihnen nur die Kernsätze aus meinem nächsten Feuilleton vorlesen. Ich gehe davon aus, wie aus 70 Batterien in vier Gruppen geschossen wird, eine beledert die Infanterie, die zweite die Artillerie, die dritte die Reservestellungen und die vierte sperrt die Anmarschwege, verstehn Sie, also hören Sie zu:
Die Hauptfrage ist: Wie und wo und wann kann abgeriegelt werden.
Beinahe wie ein eingelerntes Theaterstück rollt sich das ab.
Waldkämpfe sind das Schauerlichste im Schauerlichen.
Man hält sich für umzingelt und inzwischen hat anderswo die eingetroffene Verstärkung bereits »ausgeputzt«.
DER KAMERAD: Ausgeputzt?
DIE SCHALEK: Hören Sie zu – Der Tote ist tot. Nur der lebend Gebliebene gewinnt den Ruhm.
DER KAMERAD: Glänzend!
DIE SCHALEK: In einen sechsspännigen Munitionswagen geht ein Volltreffer.
DER KAMERAD: Ssss – –!
DIE SCHALEK: Viele von den Leuten fliegen in Stücken in die Wipfel hinauf.
Die Feinde werfen Handgranaten und es entspinnt sich ein rasendes Handgemenge; mit Dolchen, Kolben, Messern, Zähnen wird gerauft.
Fliegen die Granaten zu weit, so werden die Kappen geschwenkt und den Geschossen Verbeugungen gemacht.

DER KAMERAD: Ein Genrebild.
DIE SCHALEK: »Habe die Ehre« rufen sie ihnen nach. Und zwischendurch wird darüber geschimpft, daß die Russen ausgerechnet am Gagetag losgegangen sind.
DER KAMERAD: Ausgerechnet.
DIE SCHALEK: »Wollen die unserem Ärar die Löhnungen ersparen? Gerade hätte die Auszahlung beginnen sollen!«
DER KAMERAD: Humor im Felde.
DIE SCHALEK: Warum soll er nicht in seine Rechte treten? Hören Sie zu.
Der Oberleutnant Radoschewitz ist jetzt ganz ruhig. Seine innere Krisis ist vorbei.
DER KAMERAD: Sie nennen ihn?
DIE SCHALEK: Warum nicht, wenn er geleistet hat? Hören Sie zu.
Welche Freude! Eine Kiste deutscher Eier –
DER KAMERAD: Das glaub ich!
DIE SCHALEK: Lassen Sie mich ausreden.
Welche Freude! Eine Kiste deutscher Eiergranaten ist dort, das sind kleine Wurfgeschosse, die man wie Steine schleudern kann.
DER KAMERAD: Ah, so is das!
DIE SCHALEK: Einer hat einen Armschuß bekommen, einem ist das Trommelfell geplatzt. Der Oberleutnant ist wie taub. Er taumelt. Einer neben ihm hat einen Nervenchok.
Feldwebel Janoszi brüllt eine Rede.
DER KAMERAD: Sie nennen ihn?
DIE SCHALEK: Warum nicht, das stille Heldentum des einfachen Mannes –? Hören Sie zu.
Singend gehen sie los. »Stochere ihn aus dem Graben –« so beginnt das muntere Lied, das so wehmütig endet.
DER KAMERAD: Fesch!
DIE SCHALEK: Die Leute stürzen sich nun über die dritte Linie her und jetzt gehen die Sturmtruppen nach beiden Seiten vor und sie wird ausgeputzt.
Die Methoden wechseln beständig, und die neueste unter den neuen ist die der »Sturmtruppen« und der »Grabenputzerei«.
(Mit leuchtenden Augen.) Wer je eine Sturmtruppe nachts beim Ausmarsch gesehen hat, wird nie wieder ein Erlebnis romantisch, abenteuerlich, verwegen finden. Und wer je zu ihnen gehört hat, möchte um keinen Preis der Welt wieder fort.
DER KAMERAD: Das kann ich Ihnen nachfühlen!

Die Schalek: Lauter ganz junge, unverheiratete Leute unter vierundzwanzig müssen sie sein. Schlank, beweglich, kühn und zu tollen Streichen geneigt.
Der Kamerad: Ja die Jugend –!
Die Schalek: Genau nach dem Muster der wirklichen Front wird hinten ein Übungsplatz angelegt und das Ausputzen im wirklichen Feuer gelernt.
Ist eine besondere Aufgabe im Feindesgebiet zu leisten, so wird sie mit allen Einzelheiten wie ein Theaterstück geprobt. Das Leichteste ist natürlich das gewöhnliche Putzen.
Der Kamerad: Natürlich.
Die Schalek: Zwei Handgranatenwerfer gehen voran.
Ist die Handgranate geworfen, so rennt die Gruppe um die Traverse herum. Die Infanterie, die folgt, besetzt dann die geputzten, das heißt, die eroberten Gräben.
Die Sturmtruppen auf der Lysonia unter Führung des Oberleutnants Tanka, des Leutnants Kovacs und des Fähnrichs Sipos arbeiten wie in der Schule. Sie glühen vor Eifer und Wichtigkeitsgefühl.
Die Exaktheit ihrer Bewegungen, das Ineinandergreifen ihrer Wirkungen ist erstaunlich, erschütternd, gewaltig.
Bis zehn Uhr abends wird geputzt.
Der Kamerad: No aber es muß doch schon endlich rein sein?!
Die Schalek: Was fällt Ihnen ein, noch lang nicht!
Da sind es insbesondere der Leutnant Pintér und die Gefreiten Juhasz und Baranyi, die ihre Sache so ganz besonders bedächtig und vorschriftsmäßig durchführen.
Die erste Linie aber wird noch drei Tage lang geputzt. Dort findet man am dritten Tage einen Verwundeten, dessen Heil es bedeutet, daß die »Putzerei« so lange gedauert hat. Er bekam einen Bauchschuß und ist nur durch das fürchterliche dreitägige Liegen und Fasten gerettet.
Der Kamerad: Da sieht man erst wie gesund das Putzen is.
Die Schalek: Selbstredend.
Nun da die Sturmtruppen mit Handgranaten ihre Fuchslöcher ausräuchern, schreien sie um Gnade.
Der Kamerad: Sagen Sie bittsie, das haben Sie alles mit eigenen Augen –
Die Schalek: Da könnte ich Ihnen noch ganz andere Dinge erzählen! Unterbrechen Sie mich nicht immer.
Während der drei Tage, in denen vorne geputzt wird, säubert

der Kommandant Oberst Söld von Dreihundertundacht mit seinen übriggebliebenen Truppen den Wald.
DER KAMERAD: Wo waren die andern?
DIE SCHALEK: So viel Leichen hat er noch nie gesehen. Tag und Nacht arbeitet man, alle zu verscharren.
Ein paar Gänse retten sich aus dem zertrümmerten Käfig und spazieren nun wohlgemut im Trommelfeuer umher.
Also was sagen Sie?
DER KAMERAD: Ich bin begeistert. Wenn nicht das mit dem Putzen wär – kein Mensch möcht merken, daß es eine Frau geschrieben hat!
DIE SCHALEK: Wie meinen Sie das?
DER KAMERAD: Ich meine, wie Sie das Ausputzen schildern – daß Sie so viel Wert auf Reinlichkeit im Schützengraben –
DIE SCHALEK: Wie?
DER KAMERAD: No – die Putzerei – wie Sie sich das loben!
DIE SCHALEK *(ihm einen verächtlichen Blick zuwerfend)*: Sie blutiger Laie! Putzen heißt Massakrieren!
DER KAMERAD *(zurücktaumelnd und sie anstarrend)*: Wissen Sie –!
DIE SCHALEK: Das haben Sie nicht gewußt? Die Herrn Kollegen!
DER KAMERAD: Aber –
DIE SCHALEK: Fassen Sie sich, à la guerre comme à la guerre.
DER KAMERAD: Da muß ich schon sagen – unsereins –
DIE SCHALEK: Nun?
DER KAMERAD: Koschamadiener! *(Nach einer Pause, in der er sie stumm betrachtet, ekstatisch.)* So etwas ist nur in Rußland möglich! Oder in Frankreich, bei der Jungfrau von Orleans! Wie sagt doch Salten, wenn dann den Männern jegliches Hoffen entsinken wollte, stand solch ein Mädchen auf, geweckt und begeistert, von der Gewalt des Unglücks aus seiner eingeborenen Natur gerissen, und trat hervor, um die Männer anzufeuern. An diese einzelnen Gestalten geben wir unser Bewundern hin; sie sind vom Strahl des Ruhmes umleuchtet, sind vom Reiz großer Tapferkeit und poetischer Abenteuer umwittert, und gerade weil sie als seltene Ausnahmen gelten dürfen, fühlen wir uns so sehr bereit, sie durchaus zu idealisieren, daß der nüchterne Verstand gar nicht dazu gelangt, sich all der vielen furchtbaren, häßlichen und rohen Dinge zu besinnen, die sie doch zweifellos selbst getan oder mitangesehen haben müssen.
DIE SCHALEK: Es muß sein!

Der Kamerad: Nein, das war nicht im Feuilleton »Es muß sein«, sondern im Feuilleton über das russische Todesbataillon. Da werden Weiber zu Hyänen.

Die Schalek: Wie meinen Sie das –?

Der Kamerad: Unterbrechen Sie mich nicht. An solchen Ausartungen der weiblichen Natur können wir nicht schweigend vorübergehen, weil sie manches erklären, was zu den Erlebnissen des Krieges gehört. Diese abstoßende Unweiblichkeit, diese auf der Gasse zur Schau getragene Gemütlosigkeit sind Merkmale ernster Verwilderung –

Die Schalek: Sie, erlauben Sie mir – Sie haben doch gerade – das ist sehr unkollegial von Ihnen – woraus ist das?

Der Kamerad: Aus dem Leitartikel, von Ihm selbst, lassen Sie mich ausreden – Wie das immer zu sein pflegt, daß die Frau, wenn sie aus der Eigenart des Geschlechtes heraustritt, ihre Zartheit abstreift und sich zum Mannweib verunstaltet, zu einer seltsamen Grausamkeit neigt, hat sich diese Erfahrung auch in England wiederholt.

Die Schalek: Ah so!

Der Kamerad: Da werden Weiber zu Hyänen! Die Spinster –

Die Schalek: Sie, wer gibt Ihnen eine Spinster ab? Ich beschwer mich beim Eisner von Bubna!

Der Kamerad: Hören Sie zu – die Spinster darf nicht mit ihrer festländischen Schwester verglichen werden. Diese ist gewöhnlich ein liebes, gutmütiges und bescheidenes Wesen.

Die Schalek *(geschmeichelt):* No so einen Leitartikel schreibt ihm heut doch keiner nach!

Der Kamerad: Dem Himmel sei Dank, daß eine österreichische Frau im Kriege dort ihren Platz gewählt hat, wo Kranke zu pflegen, Müde zu erfrischen und Bedrückte zu trösten sind.

Die Schalek: Was heißt das? Das steht so? Wissen Sie – er läßt sich manchmal doch von seinem Temperament fortreißen. Man darf nicht generalisieren. Alles zu seiner Zeit. Man kann nicht immer im Hinterland hocken. Bekanntlich hab ich das Schwarzgelbe Kreuz angeregt zusammen mit der Anka Bienerth!

Der Kamerad: Das weiß man, regen Sie sich nicht auf –

Die Schalek *(mit Tränen kämpfend, entschlossen):* Grad schick ich ihm das Feuilleton!

Der Kamerad: Nu na nicht. Aber den Schlußsatz rat ich Ihnen streichen Sie.

Die Schalek: Den Schlußsatz? *(Sie blickt in das Manuskript.)* Ein paar Gänse retten sich aus dem zertrümmerten Käfig und

spazieren nun wohlgemut im Trommelfeuer herum – Das soll ich streichen?
DER KAMERAD: Ja.
DIE SCHALEK: Warum?
DER KAMERAD: So.
DIE SCHALEK: Also sagen Sie –
DER KAMERAD *(zögernd)*: Ja wissen Sie denn nicht –
DIE SCHALEK: Was denn?
DER KAMERAD: – daß das Kriegspressequartier beschlossen hat –
DIE SCHALEK: Ja was denn?
DER KAMERAD: – von jetzt an außer Ihnen noch ein paar Kriegsberichterstatterinnen zuzulassen!
DIE SCHALEK *(betroffen, dann bitter lachend)*: Dank vom Haus Österreich! *(Sie will gehen, vermag es aber nicht.)*
Verwandlung.)

17. Szene

Der Abonnent und der Patriot im Gespräch.

DER ABONNENT: Was sagen Sie zu den Gerüchten?
DER PATRIOT: Ich bin besorgt.
DER ABONNENT: In Wien sind Gerüchte verbreitet, daß in Österreich Gerüchte verbreitet sind. Sie gehen sogar von Mund zu Mund, aber niemand kann einem sagen –
DER PATRIOT: Man weiß nichts Bestimmtes, es sind nur Gerüchte, aber es muß etwas dran sein, wenn sogar die Regierung verlautbart hat, daß Gerüchte verbreitet sind.
DER ABONNENT: Die Regierung warnt ausdrücklich, die Gerüchte zu glauben oder zu verbreiten, und fordert jeden auf, sich an der Unterdrückung der Gerüchte tunlichst auf das energischeste zu beteiligen. No ich tu was ich kann, wo ich hinkomm sag ich, wer gibt auf Gerüchte?
DER PATRIOT: No die ungarische Regierung sagt auch, daß in Budapest Gerüchte verbreitet sind, daß nämlich in Ungarn Gerüchte verbreitet sind, und warnt auch.
DER ABONNENT: Mit einem Wort, es hat stark den Anschein, daß die Gerüchte in der ganzen Monarchie verbreitet sind.
DER PATRIOT: Ich glaub auch. Wissen Sie, wenn mans nur

gerüchtweise gehört hätte, aber die österreichische Regierung sagt es doch ausdrücklich und die ungarische auch.

DER ABONNENT: Es muß etwas dran sein. Aber wer gibt auf Gerüchte?

DER PATRIOT: Selbstredend. Wenn ich wen von Bekannte treff, frag ich zuerst, ob er schon von den Gerüchten gehört hat, und wenn er sagt nein, sag ich ihm, er soll sie nicht glauben, sondern ihnen erforderlichenfalls sofort tunlichst auf das energischeste entgegentreten. Das ist das mindeste, was man verlangen kann – die erste Pflicht der Loyalität!

DER ABONNENT: Es muß etwas dran sein, denn sonst wären doch nicht die drei Abgeordneten, wissen Sie, die immer zusamm ausgehn, beim Ministerpräsidenten Seidler erschienen und hätten ihn auf die im Umlauf befindlichen Gerüchte aufmerksam gemacht.

DER PATRIOT: No sehn Sie? Aber der Ministerpräsident hat gesagt, daß ihm die in Frage stehenden und im Umlauf befindlichen Gerüchte wohl bekannt seien.

DER ABONNENT: No sehn Sie? Wissen Sie, was ich glaub? Ich sag Ihnen im Vertraun – die Gerüchte betreffen das angestammte – *(er nimmt sich das Blatt vor den Mund.)*

DER PATRIOT: Was Sie nicht sagen! Ich weiß sogar mehr. Die Verbreiter der Gerüchte wollen den Glauben der Bevölkerung an dasselbe vergiften!

DER ABONNENT: Was Sie sagen! Und es heißt sogar, daß die Gerüchte zur Ursprungszeit jedesmal an ganz verschiedenen Stellen gleichzeitig zu vernehmen seien, weshalb –

DER PATRIOT: – die Annahme gerechtfertigt ist, daß man es mit einer Organisation der Gerüchte zu tun habe.

DER ABONNENT: Sagt man! Aber das sind doch schließlich nur Gerüchte, wer kann das so genau festgestellt haben – bittsie gleichzeitig an verschiedene Stellen!

DER PATRIOT: Sagen Sie das nicht. Die Regierung kann das. Wissen Sie was man sagt? Man sagt, die Verbreitung der Gerüchte sei ein neues Zeichen der aus den Reihen unserer Feinde kommenden Versuche, bei uns Verwirrung zu stiften. Aber da strengen sie sich vergebens an!

DER ABONNENT: Hab ich auch gehört. Man sagt sogar, die Gerüchte gehören in das Arsenal unserer Gegner, die kein Mittel scheuen, um das Gefüge der Monarchie zu erschüttern sowie die Bande der Liebe und Verehrung zu lockern, nämlich zum angestammten – *(er nimmt sich das Blatt vor den Mund.)*

DER PATRIOT: Was Sie nicht sagen! No – da wern sie auf Granit beißen!
DER ABONNENT: Wissen Sie was?
DER PATRIOT: No –?
DER ABONNENT: Wissen möcht ich, was an den Gerüchten dran is!
DER PATRIOT: Das kann ich Ihnen sagen: gar nix is dran und der beste Beweis is, daß man nicht einmal weiß, was es für Gerüchte sind. Wissen Sie was?
DER ABONNENT: No –?
DER PATRIOT: Wissen möcht ich, was es für Gerüchte sind!
DER ABONNENT: No was wern es schon für Gerüchte sein! Schöne Gerüchte das, von Mund zu Mund gehn sie, aber kein Mensch kann einem sagen –
DER PATRIOT: Man is rein auf Gerüchte angewiesen!
(Verwandlung.)

18. Szene

Der Optimist und der Nörgler im Gespräch.

DER OPTIMIST: Was sagen Sie zu den Gerüchten?
DER NÖRGLER: Ich kenne sie nicht, aber ich glaube sie.
DER OPTIMIST: Ich bitt sie, die Lügen der Entente –
DER NÖRGLER: – sind bei weitem nicht so bedenklich wie unsere Wahrheiten.
DER OPTIMIST: Das einzige, was allenfalls den Gerüchten Nahrung geben könnte, wäre –
DER NÖRGLER: – daß wir keine haben.
(Verwandlung.)

19. Szene

Michaelerplatz. Die Burgmusik zieht vorbei. Hinter ihr die Pülcher. Trommelwirbel.

CHOR DER PÜLCHER:
    Kabrrottkamöll – karauchtabak –
    Kabrrottkamöll – karauchtabak –

Stier – stier – stier.
O – du mein – Österreich – Österreich –
(Die Musik entfernt sich.)

20. Szene

Militärkommando.

EIN HAUPTMANN *(diktiert ablesend)*: Reservat! – Kriegsgefangene, die von ihrer Arbeitsstelle nichtiger Ursachen wegen entflohen sind und wieder eingebracht wurden, sind mit dem mindestens einmaligen zweistündigen Anbinden zu bestrafen – *(Es klingelt.)* Was is denn? – Ah so – ja natürlich – 20 Kilo Nullermehl – na ja, wer' schaun – grüß dich! – Also wo sind wir?
DIE SCHREIBKRAFT: – mindestens einmaligen zweistündigen Anbinden zu bestrafen –
DER HAUPTMANN: – und nach der Verbüßung der Strafe – wenn dies bei Berücksichtigung der speziellen Fälle opportun erscheint – grundsätzlich und ehestens auf ihre frühere Arbeitsstelle zurückzusenden. Die Kommandos der Kriegsgefangenenlager haben zu trachten, durch Anwendung aller zulässigen Strafmittel, sodann durch Heranziehung zu den beschwerlichsten Arbeiten im Kriegsgefangenenlager den geflüchteten, wieder eingebrachten und dem Kriegsgefangenenlager zugeschobenen Kriegsgefangenen den Aufenthalt nach Möglichkeit zu verleiden. – *(Es klingelt.)* Was is denn scho wieder? – Ah so – ja natürlich – C-Befund – fünf Kilo Filz – sag ihm, wer' schaun was sich machen laßt – Schreib alles auf – Ja du, Momenterl, vergiß nicht, errinner den Doktor von der Zeitung wegen die Karten zu »Husarenblut«, telephonier ihm, hörst – Ich komm also bißl später, servus Alte! – Also wo sind wir?
DIE SCHREIBKRAFT: – den Aufenthalt –
DER HAUPTMANN: – nach Tunlichkeit –
DIE SCHREIBKRAFT: nein, nach Möglichkeit zu verleiden.
DER HAUPTMANN: Bemerkt wird, daß Freiheitsstrafen im allgemeinen wenig geeignet erscheinen, um die Fluchtfälle zu verringern, es sei denn, daß sie an Tagen, die vorschriftsmäßig der Ruhe gewidmet sind oder die als große Feiertage gelten, bei Anwendung der erlaubten Verschärfungen in Vollzug gesetzt werden. – So – vier is gleich! Servus die Herrn, gute Nächte!
(Verwandlung.)

21. Szene

Kriegsministerium.

EIN HAUPTMANN *(diktiert ablesend)*: Reservat! – Mit Rücksicht darauf, daß im Laufe der nächsten Monate fast eine Million russischer Kriegsgefangener die österreichisch-ungarische Monarchie verlassen und in ihre Heimat zurückkehren werden, ist es von wesentlicher Bedeutung, mit welchen Gefühlen diese Kgf. an die in unserem Vaterlande verbrachte Zeit zurückdenken. Es erscheint daher eine im richtigen Augenblick einsetzende Einwirkung unsererseits im höchsten Maße wünschenswert, um von den zahllosen, in der Gefangenschaft gewonnenen Eindrücken und Erfahrungen die ungünstigen abzuschwächen, die erfreulichen und angenehmen jedoch zu beleben und zu befestigen. Die in ihre Heimat zurückkehrenden Russen werden dann nicht mit stumpfer Gleichgiltigkeit oder gar feindseligem Hasse an uns zurückdenken, sondern wissentlich aus voller Überzeugung als Sendboten öst.-ung. Kultur in ihrem eigenen Vaterlande tätig sein. Die Wege, eine solche günstige Einwirkung zu erzielen, liegen in der Entfaltung einer der russischen Volksseele angepaßten, großzügigen, von ehrlicher Absicht getragenen politischen, sozialen und wirtschaftlichen Propaganda. Es wird beabsichtigt, kurz vor Abschub –
DIE SCHREIBKRAFT: Wie bitte?
DER HAUPTMANN: Abschub der russischen Kgf. durch abzuhaltende Propagandavorträge über politische, soziale und wirtschaftliche Gebiete einen Österreich freundlichen Geist unter den russischen Kgf. wachzurufen. Abgesehen von allen für unser Wirtschaftsleben etwa bedeutsamen Folgen kann durch eine solche Umstimmung der russischen Volksseele ein mächtiger Abbau der von unseren Feinden über die ganze Welt verbreiteten Lügenpropaganda herbeigeführt werden. Um einen nachhaltigen Eindruck auf die russischen Kgf. zu erzielen, darf sich die Propaganda bei den russischen Kgf. naturgemäß nicht bloß auf die Abhaltung von Vorträgen beschränken, es ist vielmehr bis zur Zeit des endgiltigen Abtransportes notwendig, auf die russischen Kgf. anderweitig in jeder Hinsicht nach Tunlichkeit günstig einzuwirken. – Machen S' ein' Absatz.
Der ganzen Sachlage nach liegt es auf der Hand, daß jedoch eine solche Propaganda, wenn sie bloß durch Organe der Heeresverwaltung erfolgen würde, zweifellos viel von ihrem ursprünglichen Wert einbüßen müßte – no jo, is eh wahr – und erscheint

es in Ansehung des Zweckes vorteilhaft, durch tunlichste Heranziehung für diese Aufgabe geeigneter und auch ideal und praktisch interessierter Personen diese Beeinflussung auf ein den militärischen Formen möglichst entrücktes Niveau zu heben. – No das is bißl stark! – Dieser wesentliche Umstand bedingt hinwieder, daß aus militärisch-disziplinären Gründen eine solche Propaganda erst knapp vor Abfahrt der kriegsgefangenen Russen einsetzen darf – selbstverständlich! – wobei auch zu hoffen ist, daß dieselben mit dem frischen unvermittelten Eindruck, den sie hiebei empfangen, in ihre Heimat zurückgelangen. – Absatz!
Politisch: Mit einer aus tiefster Wahrhaftigkeit entspringenden Überzeugung kann gerade in Österreich-Ungarn den heimkehrenden Russen die offenherzige Versicherung mitgegeben werden, wie wenig unser Vaterland den Krieg gewollt, wie sehr es den Frieden gewünscht – also das is gut, daß er das betont, mir san ja eh die reinen Lamperln –
DIE SCHREIBKRAFT: Wie bitte? Mir san –
DER HAUPTMANN: Aber nein, das schreiben S' nicht! – also den Frieden gewünscht, wie nachdrücklich man die mit dem Lose der Gefangenschaft für die Kgf. unzweifelhaft verbundenen Härten aufrichtig bedauert und wie alle etwa seitens der Kgf. erlittenen Unbilden – no no! – keineswegs in einer Abneigung, Geringschätzung oder gar einem Haß gegen das russische Volk ihren Ursprung gehabt hätten, sondern einzig und allein in den durch die lange Kriegsdauer sich häufenden Schwierigkeiten begründet seien. – Absatz!
Sozial: Ohne auch nur mit einem Wort die derzeitigen russischen sozialen Verhältnisse zu berühren, können die heimkehrenden Russen über die Vorteile und Eigentümlichkeiten unserer gesellschaftlichen und sozialen Struktur zweckentsprechend aufgeklärt werden, wobei insbesondere darauf das Augenmerk zu lenken wäre, wie bei dieser gesellschaftlichen Ordnung Wohlstand und Fortschritt stetig steigen und die Allgemeinheit sowohl wie der einzelne daraus bleibenden Vorteil zieht. – Noja, is eh wahr – Absatz!
Jetzt kommen wir zum puncto puncti. Wirtschaftlich: Indem man an der Hand der Tatsachen den Beweis führt, daß die großen Schwierigkeiten, die der lange Kriegs- und Unruhezustand allseits geschaffen, nur durch die höchste Entfaltung aller verfügbaren Arbeitskräfte und eine damit parallel gehende schleunige Aufnahme eines großzügig organisierten, die Staaten übergreifenden Güteraustausches überwunden werden können, wird den

heimkehrenden Russen die unbedingte Notwendigkeit einer raschen und rückhaltlosen Anknüpfung von Handelsbeziehungen mit der Monarchie vollends verständlich werden. Es wird ein Leichtes sein, den Leuten von diesem Gesichtspunkte aus in überzeugender Weise vor Augen zu führen, wie sehr der Bauer, der seine Vorräte verbirgt und dadurch der Auswertung durch den freien Handel entzieht, sich selbst schädigt, indem er gerade infolge dieses Umstandes nicht oder sehr verspätet in den Besitz der von ihm begehrten Gebrauchsartikel kommen wird, da eben unsere eigene Bevölkerung, welche mit der Herstellung solcher Waren beschäftigt ist, infolge des Mangels einer zureichenden Nahrung nicht in der Lage ist, jene höchsten wirtschaftlichen Energien zu entwickeln, wie sie im Frieden bei guter Ernährung für einen großzügigen Export erforderlich sind. – No das muß ihnen doch einleuchten. – Absatz!

Bei den landwirtschaftlichen Partien, insbesondere bei den Kgf. in Bauerngemeinden, ist eine Propaganda zumindest nicht nötig, es wäre denn eine Orientierung und Beeinflussung der auf dem Lande lebenden kgf. Russen, daß die Ernährungsverhältnisse der in Städten wohnenden Bevölkerung viel zu wünschen übrig lassen und Abhilfe durch Einfuhr von außen sehr geboten sei. – No das müssen s' einsehn. – Absatz!

Anders steht es jedoch mit den russischen Kgf. in Fabriken, bei Bauten aller Art und bei ärarischen Arbeitsstellen. Es wäre hier sehr zweckdienlich, wenn die Arbeitgeber in solchen Fällen die patriotische Pflicht übernehmen würden, den russischen Kgf. die letzten Tage ihrer Arbeit bei uns tunlichst zu erleichtern. – Absatz!

Alle militärischen Leiter der Firmen unter KLG. und der Mil. Bergbaue und Kommandanten werden daher angewiesen, unverzüglich alle Arbeitsstellen, wo russische Kgf. beschäftigt sind, zu bereisen, beziehungsweise aufzusuchen und in ähnlichem Sinne auf die Kgf. einzuwirken, wie es im Nachfolgenden (unter hst. Vdg. Präs. Nr. 14169/18) bereits von den Lagerkommandanten verlangt wurde. – Absatz!

Der Lagerkommandant muß abwechselnd die Wohngruppen, Offz.-Abteilungen oder Lagerspitäler besuchen und mit den russischen Kgf. in persönlichen Verkehr treten. *(Mit warmer Stimme.)* Bald fragt er sie nach ihrem Befinden, bald nach ihren Eltern, nach der Verpflegung, Post, Bekleidung. Bei Klagen muß er bis ins Detail die Untersuchung an Ort und Stelle pflegen, öffentlich, vor allen Kriegsgefangenen. Er muß sie hiebei überzeugen, daß er keine persönliche Mühe scheut, um auf die Wahrheit und durch diese zur Gerechtigkeit zu gelangen. Klagen über Verpflegung und Bekleidung benützt er, um den Russen zu beweisen, daß nicht wir, sondern unsere Feinde im Westen schuld daran sind und daß wir mit Freuden speziell den russischen Kgf. mehr geben würden, wenn wir es hätten. Sie, die Russen sind ja jetzt nicht mehr unsere Feinde. *(Er wird wärmer.)* Wir haben sie überhaupt niemals für unsere Feinde gehalten, das beweisen die vielen früheren Kriege, wo Russen und Österreich-Ungarn tapfer zusammengekämpft haben. Der Lagerkommandant muß hie und da in die Küche, wenn das Fleisch oder Fische bereits zur Verteilung gelangen. Einen, zwei oder vier Kgf. fängt er in dem Momente ab –

DIE SCHREIBKRAFT: Wie bitte?

DER HAUPTMANN: – fängt er in dem Momente ab, als sie mit der ausgegebenen Menage von der Verteilungsstelle zu ihren Pritschen gehen. *(Mit Eifer)* Niederstellen, Wage herbei, Fleisch oder Fisch abwägen. Je mehr er Zuseher hat, desto besser. Sodann Fleischbüchel herbei, wie viel wurde im ganzen heute eingekauf ? 25 Prozent an Knochen, 20 Prozent an Kochschwund ab, Rest dividieren durch Anzahl der Menageportionen und *(drohend)* wenn nur ein Deka an der Portion fehlt – so sind z. B. bei 200 Menageportionen 2 kg Fleisch oder Fisch gestohlen worden. *(Streng)* Wer hat das getan? Menagekommission, Köche, Inspektionschargen herbei! Strenges Gericht vor allen Kgf. der ganzen Wohngruppe. Schluß: Absetzung der Köche, der Menagekommission und aller in der Küche Beschäftigten, falls der Schuldtragende nicht gefunden wird. – Absetzen – ah Absatz!

Findet der Lagerkommandant Tabak, Zigaretten, gekauftes Brot, Wurst etc. bei den Russen, so erkundigt er sich um den Preis, welchen der betreffende Kgf. hiefür gezahlt hat. Bald wird sich herausstellen, daß unter den Kgf. es viele Schleichhändler gibt. Diese Winkelkaufleute sind nicht immer Juden. Sie haben außerhalb des Lagers Quellen, wo sie bei passender Gelegenheit einkaufen und die gekauften Artikel im Lager an ihre Kameraden, die Kgf., um drei- bis vierfachen Preis verkaufen. Wenn es dem Lagerkommandanten gelingt, einen solchen Winkelhändler zu ertappen – *(in Rage)* ausziehen, Leibes- und Koffervisite. Oft wird er 500 Kronen und mehr bei ihm finden. Wegnehmen und jenen Betrag davon, über dessen gerechte Herkunft er sich nicht ausweisen kann, an die übrigen Kgf. verteilen. – Absatz!

Derzeit werden dem Lagerkommandanten die kgf. Russen stundenlang zuhören, wenn er ihnen etwas über den Austausch erzählen kann. Wann kommen wir daran, wie lange noch? Wenn er in der Lage ist, ihnen lapidar nachzuweisen, daß nicht wir daran schuld sind, daß der Austausch so schleppend vor sich geht, so wird auch die Arbeitsfreudigkeit der Kgf. sich wieder einstellen, nur darf er dabei Rußland nicht herabsetzen. Das wäre ein grober Fehler. – Absatz!
(Mit Gefühl) Immer weiter werden die russischen Herzen, wenn er, der Oberst, ihnen hie und da die neuesten Nachrichten aus Rußland mitteilt, die er soeben im Morgenblatt gelesen hat. *(Stellt sich in Positur.)* Stramm und gehorsam werden sie ihn salutierend begrüßen, keine Furcht vor Disziplinlosigkeit, wenn er mit ihnen spricht. Wie überall, muß er auch hier ein gutes Beispiel geben und selbst so stramm, als es sein Alter und Gebrechen erlaubt, salutieren. *(Er salutiert.)* Ein Besuch des Lagerkommandanten im Lagerspitale –
EIN FÄHNRICH *(tritt ein)*: Herr Hauptmann melde gehorsamst, der Herr Oberst verlangt den Bericht über die russischen Kriegsgefangenen.
DER HAUPTMANN: Den Erlaß wegen der Propaganda? Da bin ich grad dabei.
DER FÄHNRICH: Nicht wegen der Propaganda, sondern über die Verhungerten.
DER HAUPTMANN: Die Verhungerten? Wo sans denn scho wieder verhungert? Ham mr denn den Akt?
DER FÄHNRICH: Es handelt sich um den Fall, wo ein Russe, der mit zwei andern zusammen auf einer Pritschen geschlafen hat, an Hunger gestorben ist. Er war schon verwest, wie der Inspektor in den Raum kommt, und die zwei andern waren so entkräftet, daß sie nicht mehr haben aufstehen können und auch nicht rufen.
DER HAUPTMANN: Momenterl – also sag dem Herrn Oberst, ich wer' gleich im Einlauf nachschaun, ich bin grad mit der Propaganda beschäftigt, weißt damit sich die ungünstigen Eindrücke bei den Kgf. abschwächen, daß mr wieder Handelsbeziehungen anknüpfen können und daß s' uns nacher Lebensmittel schicken, die Russen, wann s' z'haus kommen und so. *(Verwandlung.)*

22. Szene

Statthalterei in Brünn.

DER LANDESHAUPTMANN: Ich hab eine Idee! *(Zur Schreibkraft)* Schreib'n S': Zu den wichtigsten Lehren, die wir dem mörderischen Weltkriege und seinen opfervollen Anforderungen an die gesamte Bevölkerung entnehmen können und müssen, gehört unzweifelhaft auch jene von der Wichtigkeit, unsere Jugend schon in der Schule im patriotischen Geiste zu erziehen, ihr Kenntnis und Liebe ihres engeren und weiteren Vaterlandes einzuimpfen und schon in die Kindesseele alle jene Keime zu pflanzen, aus denen sich jene herrlichen Manneseigenschaften entwickeln, welche den jungen Mann befähigen sollen, als glühender Patriot, beseelt von Liebe und Pflichttreue gegenüber dem angestammten Herrscherhause und dem Vaterlande, seine staatsbürgerlichen Pflichten gerne und gewissenhaft zu erfüllen und gegebenenfalls auch Leben und Gesundheit für diese Ideale zu opfern.
Wenig wurde leider diesbezüglich in Österreich vorgearbeitet und Pflicht aller leitenden Persönlichkeiten des Reiches scheint es mir zu sein, dieses Versäumnis einzuholen und für die weitere Fortentwicklung der ja gottlob im Keime allenthalben vorhandenen patriotischen und dynastischen Gefühle in der kommenden Generation Sorge zu tragen.
Ein populär geschriebenes, dem Geiste unserer Schuljugend angepaßtes Monatsschriftchen, betitelt »Mladé Rakousko«, soll an unseren Volks- und Bürgerschulen sowie an den Fortbildungsschulen verbreitet werden und halte ich es für eine heilige Pflicht unserer Gesinnungs- und Standesgenossen, für eine erhabene Aufgabe des Großgrundbesitzes, die Verbreitung dieses Blattes an den Schulen seines wirtschaftlichen Wirkungskreises dadurch zu fördern, daß er für jede dieser Schulen eine Anzahl Exemplare abonniert, um so die unentgeltliche Verteilung des Blattes an vermögenslose Schüler zu ermöglichen, wobei ja noch außer der Einwirkung auf die Schüler selbst, auch der Einfluß auf die älteren Familienmitglieder mit Recht zu erwarten steht.
Die Zeitschrift, deren jährlicher Abonnementbetrag K 2.40 macht, kann in Brünn, Kaiser Franz Josef-Platz Nr. 18, bestellt werden.
Möge dieser Appell – –
(Verwandlung.)

23. Szene

In einer Volksschule. Einige Bänke sind leer. Die überlebenden Kinder sind unterernährt. Alle in Papieranzügen.

DER LEHRER ZEHETBAUER: – – Hütet euch vor den Gerüchten, die in Umlauf sind, und tretet denselben tunlichst entgegen. Es ist der tückische Plan der Feinde, Verwirrung in eure Reihen zu bringen, aber es wird ihnen nicht gelingen. Verschließet euer Ohr den Ausstreuungen, als ob wir nicht bis zum gedeihlichen Ende durchhalten könnten und daß bei uns Hungersnot herrsche. Wer ist denn schuld an derselben als die Feinde? Und jetzt entfalten sie gar noch eine brunnenvergiftende Tätigkeit, indem sie – *(Ein Knabe zeigt auf.)* Was willst du, Gasselseder?
DER KNABE GASSELSEDER: Bitt Herr Lehrer, derf man da auch nichts trinken?
DER LEHRER: Setz dich, du bist töricht, ich meine ja das nicht bildlich, sondern wörtlich. Der Feind will, da er uns im Felde nicht besiegen kann, unsere Kraft im Hinterlande zermürben. Darum seid auf der Hut vor den Gerüchten! Beteiliget euch auf das energischeste an deren Unterdrückung. Sie gehören in das Arsenal unserer Feinde – *(Ein Knabe zeigt auf.)* Was willst du, Anderle?
DER KNABE ANDERLE: Bitt Herr Lehrer, haben denn unsere Feinde auch ein Arsenal?
DER LEHRER: Wohl haben sie ein solches, jedoch es sind nur Gerüchte darin, und sie scheuen ebendaselbst kein Mittel, um das Gefüge der Monarchie zu untergraben, ja sogar die Bande der Liebe sowie der Verehrung zum angestammten Herrscherhause zu lockern. Kotzlik, du störst, wiederhole das Gesagte.
DER KNABE KOTZLIK: Die Feinde – die Feinde haben – das Arsenal untergraben – und – und wir scheuen nicht die Liebe – zur angestammten Bande –
DER LEHRER: Du bist ein Element! Du bleibst hier und wirst den Satz, den ich dir diktieren werde, zehnmal abschreiben. Setz dich, Tunichtgut! Ihr andern aber, bleibet standhaft. Nehmet euch diesbezüglich ein Beispiel an dem Wehrmann in Eisen. Wie für die Ewigkeit gebaut steht er da, solange Habsburgs Doppelaar über unsern Häuptern kreisen wird, ein Wahrzeichen für und für. Überzeuget euch, gehet hin und benagelt dasselbe tunlichst, wofern noch Platz für einen Nagel ist, mit Erlaubnis eurer Herren Eltern oder Vormünder. Auf dem Wege dahin

verschließet euer Ohr den Einflüsterungen, denn sie verbreiten sogar, daß die Tage des Wehrmannes gezählt seien und daß an seine Stelle ein Würstelmann treten werde. So weit halten wir Gottseidank noch nicht und gerne tragen wir die Entbehrungen, die uns das Vaterland auferlegt, solange der Kampf noch nicht entschieden ist für und für, sondern hin und her wogt. Und doch! Wenn wir – *(Ein Knabe zeigt auf.)* Was willst du, Zitterer?

DER KNABE ZITTERER: Bitt Herr Lehrer, den Frieden!

DER LEHRER: Setz dich, du Element! Dir prophezeie ich, daß du noch am Galgen endest, wenn du dereinst ins Leben hinaustreten wirst. Schäme dich! Und was ist denn das dort in der dritten Bank? Ei Merores, du schwätzest ja!

DER KNABE MERORES: Der Papa hat gesagt, er versteht nicht das Geriß um den Frieden, er kann es erwarten, konträr, ich glaub es wär ihm eher unangenehm, er hat hübsch verdient, no und wenn der Frieden kommt, hört sich das doch auf.

DER LEHRER: Merores, es ist schön, daß dein Vater so wacker durchhält und mit gutem Beispiel vorangeht, aber du sprichst, ohne daß du gefragt wurdest, und das ist ein Zeichen, daß dank den Wühlereien der Feinde die Disziplin schon sehr gelockert ist. Ich will nicht geradezu annehmen, daß ihr im Dienste der feindlichen Propaganda stehet, die überall ihre Fühlhörner im Spiele hat, aber ich muß sagen, daß mir ein derartiges Verhalten, jetzt wo wir unmittelbar vor der Entscheidung stehen, doch sehr bedenklich ist. Ich kann euch immer wieder nur einprägen: Bleibet standhaft immerdar! Was sollte geschehen, wenn auch ihr ins Wanken geratet? Die Feinde würden ins Land kommen, und dann wehe euch, wehe euren Schwestern und Bräuten, wehe euren Herren Eltern oder Vormündern! *(Ein Knabe zeigt auf.)* Was willst du, Sukfüll?

DER KNABE SUKFÜLL: Bitt Herr Lehrer, die Fremden! Der Vatter hat gsagt, er will nicht mehr durchhalten, er haltet es nicht mehr aus, es wär schon höchste Zeit, daß einmal die Fremden kommen!

DIE KLASSE: Ja, pfleget den Fremdenverkehr!

DER LEHRER: Nicht doch! Das war anders gemeint! Der Fremdenverkehr ist ein gar zartes Pflänzlein, das wohl behütet sein will. Verlangt es euch nach den Katzelmachern?

DIE KLASSE: Ja! Wir möchten was zu essen haben!

DER LEHRER: Pfui! Ihr seid Elemente! Schämet euch! Was soll sich der verewigte erhabene Monarch, dessen Bild weiland auf euch herniederschaut, von euch denken? Das hätte er sich schier

nicht gedacht, daß eine derartige Verlotterung die Folge sein wird, als er sich genötigt sah, einen mutwillig heraufbeschworenen Verteidigungskrieg zu beginnen und gegen eine Übermacht das Schwert zu ziehen. Wehe euch, wenn die Feinde ins Land kommen! Sie würden in den erstklassigsten Hotels absteigen, ihr hättet nichts zu lachen und unsere Frauen, die Hüterinnen des häuslichen Herdes, hätten das Nachsehen. Habt ihr denn alles vergessen, was ich euch je gesagt habe? Ich will schier nicht hoffen!
DIE KLASSE: Wiewohl der rauhe Kriegessturm über unsere Lande hinwegfegt, indem unser erhabener Monarch Tausende und Abertausende unserer Söhne und Brüder zu den Waffen rief, so zeigen sich schon jetzt die ersten Ansätze zu einer Hebung des Fremdenverkehrs. Darum lasset uns dieses Ideal nie aus dem Auge verlieren, sondern lasset uns heute das alte Lied anstimmen, das wir einst in Friedenszeiten gelernt haben: Pfleget den Fremdenverkehr! *(Sie singen:)*
    A a a, der Fremde der ist da.
    Die stieren Zeiten sind vergangen,
    Der Fremdenverkehr hat angefangen,
    A a a, der Fremde der ist da.
(Verwandlung.)

24. Szene

Im Landesverband für Fremdenverkehr.

DER REDAKTEUR: – – um einige Äußerungen zu bitten, wie sich der Fremdenverkehr nach dem Kriege gestalten wird, das heißt ob diesbezüglich überhaupt schon etwas ins Auge gefaßt ist.
DER FUNKTIONÄR: Selbstverständlich. Bekanntlich fand dieser Tage im Anschluß an die Tagung der ärztlichen Abteilungen der waffenbrüderlichen Vereinigungen ein Gedankenaustausch unter Vertretern der Fachgruppen für Fremdenverkehr der waffenbrüderlichen Vereinigung Deutschlands, Ungarns und Österreichs statt.
DER REDAKTEUR: Es ist wohl zu erwarten, daß das Problem des Fremdenverkehrs nach dem Krieg von ganz neuen Seiten zu betrachten sein wird?
DER FUNKTIONÄR: Zweifellos.

DER REDAKTEUR: Vielleicht hätten Sie die Freundlichkeit, mir zunächst einen Fingerzeig nach der Richtung zu geben, in der sich die Situation unserer Waffenbrüder hinsichtlich des Fremdenverkehrs nach dem Kriege gestalten wird. Daß die Feinde auch in diesem Punkt einen Verlust erleiden werden, steht wohl außer Frage?
DER FUNKTIONÄR: Selbstverständlich werden die französischen und belgischen Fremdenverkehrsplätze aller Voraussicht nach von den Reichsdeutschen nicht aufgesucht werden.
DER REDAKTEUR: Sie meinen, die Deutschen werden diese Plätze nicht aufsuchen können oder nicht wollen?
DER FUNKTIONÄR: Ich meine, die Deutschen werden diese Plätze nicht aufsuchen wollen können.
DER RRDAKTEUR: Da werden die Deutschen wohl Ersatz suchen? Ich meine, Ersatz im eigenen Lande?
DER FUNKTIONÄR: Für die Nordseebäder bietet die deutsche Küste ausreichenden Ersatz.
DER REDAKTEUR: Wo aber werden die Deutschen Ersatz für die französische Riviera suchen? Doch offenbar bei uns?
DER FUNKTIONÄR: Ersatz für die französische Riviera mit ihren klimatischen Vorzügen als Frühlings- und Herbstaufenthalt zu bieten, dazu ist sicherlich die österreichische Küste der Adria vorzüglich geeignet, die demnach auch einen großen Fremdenzufluß zu erwarten haben wird.
DER REDAKTEUR: Sie sprechen von der österreichischen Küste der Adria wohl im Gegensatz zu der italienischen und wollen damit jedenfalls sagen, die Adria bleibt –
DER FUNKTIONÄR: – unser. Gewiß, denn sonst wären ja die Deutschen genötigt, auch für die Adria Ersatz zu suchen.
DER REDAKTEUR: Sie sind also, wenn ich Sie richtig verstanden habe, der Ansicht, daß hauptsächlich das reichsdeutsche Publikum für unsern Fremdenverkehr in Betracht kommen wird?
DER FUNKTIONÄR: Allerdings.
DER REDAKTEUR: Nun aber die Hauptsache. Welche Attraktionen werden wir unsern Fremden nach dem Kriege bieten können, oder vielmehr welchen Ersatz werden wir für jene Sehenswürdigkeiten, die etwa durch den Krieg zerstört worden sind, durch andere Attraktionen bieten können? Sie haben mit Recht der Adria ein günstiges Prognostikon gestellt. Aber was werden wir außerdem zu bieten haben?
DER FUNKTIONÄR: Außerdem werden die Alpenländer mit

ihren hervorragenden Kriegserinnerungen einen Anziehungspunkt des mitteleuropäischen Reisepublikums bilden.
DER REDAKTEUR: Welche Art Kriegserinnerungen wäre diesbezüglich ins Auge gefaßt?
DER FUNKTIONÄR: Wir geben uns der Hoffnung hin, daß der pietätvolle Besuch der Heldengräber und Soldatenfriedhöfe eine lebhafte Verkehrsbewegung zur Folge haben wird. Es handelt sich ja darum, unser Haus wiederum zu bestellen. Und wir appellieren gerade in diesem Punkte an die verständnisvolle Mitarbeit der Presse, da es unsere Aufgabe ist, jeder Epoche die Attraktionen abzugewinnen, die sie in sich selbst bietet, und die Gräber der Gefallenen wie geschaffen erscheinen, die Hebung des Fremdenverkehrs erhoffen zu lassen.
(Verwandlung.)

25. Szene

Ringstraßencafé. Nachmittag. Sitzend und stehend, eine Fauna von Gestalten, die in heftigen Debatten begriffen sind. Die Konversation bewegt sich um die verschiedensten Gegenstände, wie Reis, Zucker, Leder, und auch Wetten, die für ein Trabfahren abgeschlossen werden; einer packt ein Ölgemälde aus, ein anderer zeigt einen Brillantring, der von einer erregten Gruppe geschätzt wird. Unter den Händlern sind auch Leute in Uniform, ein kleiner Oberleutnant, der einem Agenten von riesenhaften Körperformen »Tips« gibt. Dazwischen, auf den Seitenbänken da und dort verstreut, Mädchen in insektenhafter Tracht. Kellner und Kellnerinnen, die Getränke bringen. Rennprogrammverkäufer. Gürteltiere schreiten durch. Die Luft ist voll von Ziffern und Miasmen.
Dem Eintretenden tönt ein großes Geschrei entgegen, aus dem er zunächst nur unartikulierte Laute hört, dann in allen Tonarten hervorgestoßene, gebrüllte, gepfiffene, geröchelte Rufe, die zumeist eine Bekräftigung bedeuten. Näher hinhorchend, vermag man erst genauer zu unterscheiden.

DAS GESCHREI: – Mir gesagt! – Ihm gesagt! – Unter uns gesagt! – Sag ich Ihnen! – Sagen Sie! – No wenn ich Ihnen sag! – Also ich sag Ihnen –! – Was s a g e n Sie! – Sagt e r! – Auf ihm soll ich sagen! – Ich wer' Ihnen etwas sagen – No was soll ich Ihnen sagen? – Ihnen gesagt! –
MAMMUT: Sie – pst – ham Sie Scheidl?
EIN KELLNER: Seit vorige Wochen verboten.

MAMMUT: Nix kriegt man! Nix – nix, gut. Aber gor nix? *(Zu seinem Nachbar)* Also wie ich Ihnen sag, a konto dessen bin ich heute enthoben!
ZIESELMAUS: Danken Sie Gott jeden Früh.
WALROSS: – Lassen Sie mich aus, ich tipp nicht auf Hindenburg, ich tipp nicht auf Primadonna, ich wer Ihnen sagen, auf was ich tipp, ich tipp auf Doberdo! –
HAMSTER: – Er hat ausgesorgt, er is Selbstversorger. Ich bin doch intim mit Kornfeld von der Oezeg, bin ich also heraufgegangen zu der Miag, sag ich dort, ich bin da, Salo Hamster –
NASHORN: – Wer gebt auf Gerüchte, für Gerüchte wer' ich mr nicht den Kopp abreißen! Warum, weil in der Presse stehn soll von etwas e Friedensfühler? Idee! Ich sag Ihnen, e Bombengeschäft! –
TAPIR: – Was wolln Sie von mir haben, bin ich Hindenburg? –
SCHAKAL: – Was wolln Sie von Siegfried Hirschl, auf einen Menschen, was e B-Befund hat, geb ich keinen Kreizer! Sie hätten sehn solln, wie sie mich empfangen ham im KM, was sich da getan hat! Nu na nicht! –
LEGUAN: – Lire so viel Sie wollen! –
KAIMANN: – Ohne Ausfuhrbewilligung nicht zu machen – sag ich Ihnen, Julius Kaimann! –
PAVIAN: – Albanien? Nicht der Rede wert, e Gorillakrieg! –
KONDOR: – Auf Ihnen hat ma gewartet! Ich hab scho verdient, wie Sie noch nicht auf der Welt waren! Vor fünf Minuten, wenn Sie zugehört hätten beim Telephon – achtzig Zentner mit fufzig Mille auf Ehre! Ab Wien sofort greifbar! Werfen Sie sich auf Zucker, mit Verbandzeug wern Sie kein Glück mehr haben! –
LÖW: – No kann man exestieren? –
HIRSCH: – Täglich schrei ich zu meiner Frau –
WOLF: – Das wird ein Geriß sein um das Abendblatt! Aber sicher is es nicht wahr! –
POSAMENTIER: – Weiß ich? Burian hat etwas e Friedensfühler ausgestreckt! –
SPITZBAUCH: Pst – Sie eine Tschoklad – oder nein, wissen Sie was, bringen Sie mir –
SCHLECHTIGKEIT: – Der Brillant ist unter Brüdern –
STIMMEN HASTIG EINTRETENDER: Aber ich sag Ihnen, es is nicht wahr! – So wahr ich da leb aus kompetentester Quelle, es is wahr! – Also wenn ich Ihnen sag, es is nicht wahr!? – Und ich sag Ihnen, es is ja wahr, fertig sind wir! – Also wetten, es is nicht wahr?!

(Ein Pelz wird gestohlen. Es entsteht große Aufregung.)
GOLLERSTEPPER: Aber ich kenn ihm doch, jeden Tag hat er drin herumgekiebitzt, der Schlieferl!
TUGENDHAT: Wer brauch jetzt einen Pelz?
GOLLERSTEPPER: Frag –! Mundi Rosenberg!
MAMMUT *(röchelnd)*: Ich hätt noch zwei Waggon –
MASTODON: – Fetten? Woher nehm ich Fetten? Ich soll riskieren? –
RAUBITSCHEK: – Meschugge sind sie mit Hextpreise. Ich wer' Ihnen etwas sagen – er soll in Uniform hinaufgehn, kriegt er! –
VORTREFFLICH: – Wissen Sie was? Mit Seife erziel ich einen Durchbruch! Zwirn setz ich auf die Verlustliste. –
GUTWILLIG: – Großer Mann geworn! Teenovin und Punschnovin, Kleinigkeit! Der Mann hat heute seine zwa Millionen auf Ehre! Was wolln Sie haben, ein Artikel Nommer eins! –
AUFRICHTIG: – So wahr ich da leb, mein heiliges Ehrenwort, er hat auf die Unterschrift von Tizian am Bild hingezeigt und hat gesagt, eine Mezzie! Wie ich ihm aber später beweis, es is kein echter Tizian, sagt er einfach: No dabei war ich nicht, wie es der Tizian gemalt hat! No is das ein Geschäft?
BESTÄNDIG: Also wenn er keine Haftung übernommen hat, daß es kein echter Tizian is –?!
BRAUCHBAR: Man greift sich an den Kopf, jetzt erklärt er auf amol er hat ihm den Tizian um vier Rennpferd gegeben, also wieso?
DIE TOILETTEFRAU *(ruft herein)*: Herr Pollatschek zum Telephon! *(Pollatschek stürzt hinaus.)*
LUSTIG: Sehn Sie –? Laufen Sie ihm nach –
Ein Invalide, Zitterer, erscheint. Er schüttelt unaufhörlich den Kopf. Er wird entfernt.
Im Hintergrund, ganz in sich zusammengekauert, wie gebrochen, sitzt ein alter Schieber. Freunde bemühen sich um ihn. Eine Frau hält die Hand auf seiner Schulter. Ein Mädchen spricht ihm zu. Neugierige und Teilnahmsvolle gesellen sich.
EIN FREUND: Aber –! Es brauch ja nicht wahr sein?!
EIN ZWEITER: Du – ich weiß nicht, wie du mir vorkommst – wer wird denn gleich – du bist komisch –!
DER ALTE SCHIEBER *(stöhnend)*: Laßts mich – laßts mich – ich weiß doch – ich bin e Pechvogel – Gotteswillen – Gotteswillen – einmal im Leben hat man – wo bleibt da – ich hab Schkoda – ich hab Schkoda –
DIE FRAU: Bernaad – komm zu dir – wer sagt dir, daß es wahr

is – du bist etwas in einen überreizten Zustand durch dem Krieg –

Die Tochter: No regts ihn nur noch mehr auf – alle kommen sie da herein –!

Die Frau: Gotteswillen – sein Herz!

Der alte Schieber: Laßts mich – laßts mich – das Herz – das Abendblatt – achab Schkoda –

Die Tochter: Wie er sich freut dort, Weitzner – der möcht es ihm gönnen –! Onkel, sag doch er soll weggehn – der Papa is schon aufgeregt wenn er nur sein Gesicht sieht!

Der Onkel: Entschuldige – man kann keinem Gast verbieten – in einem öffentlichen Lokal –

Die Frau: Du hast uns noch gefehlt!

Der Freund: Moldauer – duu – ich hab geglaubt – schau, du bist doch ein verninftiger Mensch – ich kenn mich nicht aus in dir –

Der alte Schieber: Wenn es aber – wahr is – ich weiß doch – Gottes – willen – achab Schkoda –

Der zweite Freund: Wetten, es is nicht wahr – also was wetten wir? – ich mach ein gutes Geschäft – oi wie du gern zahlen wirst –!

(*Der alte Schieber bricht in ein konvulsivisches Schluchzen aus. Alles ist mit angstverzerrten Mienen um ihn beschäftigt.*)

Ein jüngerer Wucherer (*drängt sich vor*): Hat er Waggons –? Wie viel Waggons hat er?? Also ich erkläre feierlich, daß ich bereit bin –

Der Onkel: Gehn Sie weg, Sie Asisponem!

Der alte Schieber (*nur noch wimmernd*): – Schkoda – –

Der Geschäftsführer (*erscheint*): Was is denn geschehn –? Ja, was is denn mit'n Herrn von Moldauer –?

Der Freund: Niix – Rappaport kommt sich hereingestürzt und erzählt ihm – er weiß – ausgerechnet – Rappaport weiß!

Der Geschäftsführer: Ja – was denn? Mein Gott, er liegt ja ganz gefühllos da! Was is denn gschehn –?

Der Freund: Niix – geredt wird – und das hat er sich so zu Herzen genommen.

Der Geschäftsführer: Ja – was wird denn gredt?

Der Freund: No –! Vom Frieden!

(*Verwandlung.*)

26. Szene

Friedrich-Straße. Ein geordneter Zug von Rowdies, Maklern, Operettensängern, Bohemiengs, Gesundbetern, Luden, Pupen, Nutten, Neppern, Schleppern, Schiebern und Schneppen.

CHOR DER RUFER: – Die Vorbereitungen am Piave! – Der Heiratsonkel! – Neieste Numma des Semplecessemas! – B. Z. am Mittach! Die Neutralen gehn nicht mit – Wachsstreichhelza, Wachsstreichhelza! – Tageblatt Amdausgabe, deutsche Schiffe werden nich beschlachnahmt! – Lakalanzaija! – Die jroße Glocke! Sensationelle Enthüllungen, Schweinerei bei Wertheim – Deutsche Schiffe werden nich beschlachnahmt! – Die Welt am Montach! Der Männervenustempel in der Kochstraße polezeilich jesperrt! – Für unsre Kinder! Täuschende Nachahmung des Getöses unsrer jrößten Kanonen! – Die ersten duftenden Frühlingsboten! Funfzehn Fennje! – Der Heiratsonkel! – Pikantes aus Moabit! – B. Z. am Mittach, B. Z.! – Die Woche, Lustjefliejende Blätta! – Wachsstreichhelza, Wachsstreichhelza! – Weinstube Rosenkavalier, lauschigstes Eckchen der Welt! – Täuschende Nachahmung des Getöses unsrer jrößten Kanonen! – Voss Amdausgabe, Kühlmann wird Elsaß niemals rausjeben! – 42 cm Brummer! Hochaktueller 10 Pfennich-Schlager! Beim Herumschleudern des Brummers entsteht ein Knattern und Brummen, als wenn wirkliche Granaten durch die Luft sausen! – B. Z. am Mittach! Die Neutralen gehn nicht mit – Tageblatt Amdausgabe, deutsche Schiffe werden nich beschlachnahmt! – Neieste Numma der Wahrheit! Die Jeheimnisse vom Kurfürstendamm! Sensationelle Enthüllungen! – Kühlmann wird Elsaß niemals rausjeben! – Heftje Sprache des Vorwärts! – Lakalanzaija! Die Vorbereitungen am Piave! – Als wenn wirkliche Granaten durch die Luft sausen! – Der Heiratsonkel! – Semplecessemas! – Die jroße Glocke! Schweinerei bei Wertheim – Die ersten duftenden Frühlingsboten – B. Z. am Mittach, B. Z.! – Die Schlafzimmerjeheimnisse der Frau von Knesebeck, einfach süß! – Für unsre Kinder! Täuschende Nachahmung des Getöses unsrer jrößten Kanonen! – Die Vorbereitungen am Piave! –

EIN JÜNGLING *(zu einem vorübergehenden Mädchen)*: Nuttenzeuch!

DAS MÄDCHEN: Pupenjung!

DER JÜNGLING: Wat? Schneppe! *(Die Passanten sammeln sich.)*

DAS MÄDCHEN: Wat? Lude!
EIN SCHUTZMANN: Na geht man eurer Wege! *(Der Zug ordnet sich wieder.)*
(Ein Berliner Schieber und ein Wiener Schieber treten Schulter an Schulter auf.)
DER BERLINER SCHIEBER: Na wat is'n los? Wann jeht ihr 'n los?
DER WIENER SCHIEBER: Ich hätt noch drei Waggon, aber ich wart noch.
DER BERLINER SCHIEBER: Ach Menschenskind, ick meene doch mit da Offensive! Na man los!
DER WIENER SCHIEBER: Weiß ich –?
DER BERLINER SCHIEBER: Na, ihr oberfaulen Östreicher, ihr müßt doch endlich mal losjehn! Werdet ihr denn übahaupt nich mehr losjehn? *(Der Wiener Schieber schweigt verlegen.)* Nanu?
DER WIENER SCHIEBER *(sich ermannend)*: Nuna! *(Beide ab.)*
EIN ZEITUNGSAUSRUFER: 8 Uhr Amdblatt, das Friedensanjebot des Grafen Burian – 22 000 Kilogramm Bomben auf die Festung Paris jeworfen!
(Verwandlung.)

27. Szene

Standort des Armeeoberkommandos. Vergnügungslokal. Generalstäbler, Kriegsgewinner, Animierdamen. Die Musik spielt »Prinz Eugen der edle Ritter«, »Wenn die letzte Blaue geht, dann in die Bar der Gent, der schlaue, geht« und die »Wacht am Rhein«. An einem Tisch rechts Kohn, ein Wiener Schieber, auf dessen Schoß ein Mädchen, dahinter eine Gruppe von Kellnern, die seine Wünsche entgegennehmen. An einem Tisch links Fettköter, ein Berliner Schieber, auf dessen Schoß ein Mädchen, dahinter eine Gruppe von Kellnern, die seine Wünsche entgegennehmen. In der Mitte ein Tisch, an dem Generalstäbler und Mädchen sitzen.

Die Szene ist ungefähr auf den folgenden Ton gestimmt:

EIN BETRUNKENER GENERALSTÄBLER *(den seine Kameraden halten, schlägt auf den Tisch)*:
> Da sagen s', die Front is roglert worn!
> Wenn ich das hör, krieg ich an Zorn.
> Als eingefleischter Patriot
> spürt mr nix von einer Hungersnot.
> Uns hier heraußt kann nix geschehn,
> denn Österreich wird ewig stehn.
> Weißt, ewig bleibt mit Habsburgs Thron –

CHOR DER KELLNER:
> An Heidsieck gschwind fürn Herrn von Kohn!

DAS MÄDCHEN RECHTS:
> Was schaust denn heut so grantig drein?

KOHN:
> Du lachst – und morgen kann Frieden sein!

DER BETRUNKENE GENERALSTÄBLER:
> Gehts machts doch nicht so an Pahöll!

FRITZI-SPRITZI *(einem der Generalstäbler auf die Hand schlagend)*:
> Schmecks – nur für zwanzig Kilo Möll!

DER BESITZER *(zu den Kellnern rechts)*:
> Gschwind einkassiern beim Militär!
> Das is für jedermann a Ehr.

(zu den Kellnern links)
> Wär so ein Gast auch noch so stier,
> er ist und bleibt doch Offizier.
> Die Wurzen lauft euch nicht davon!

DER BETRUNKENE GENERALSTÄBLER:
> Wir stehn und falln mit Habsburgs Thron –

(Er fällt unter den Tisch.)

DIE TOILETTEFRAU UND DAS GARDEROBEPERSONAL:
> Wir stehn und falln mit Habsburgs Thron.

FETTKÖTER *(zu dem Mädchen auf seinem Schoß)*:
> Nanu – das sag ich Hindenburch!
> Ihr Wiener seid ja unten durch.
> Nee so'n Skandal! Nee so etwas!

DAS MÄDCHEN LINKS:
> Geh hörst, verstehst denn du kein' Spaß?

DIE GENERALSTÄBLER:
> Steh auf – jetzt spüln s' den Prinz Euschen!

DER BETRUNKENE GENERALSTÄBLER *(unterm Tisch)*:
> Weißt, Österreich wird ewig stehn –

DIE TOILETTEFRAU UND DAS GARDEROBEPERSONAL:
> Ja, Österreich wird ewig stehn.

FETTKÖTER:
> Nee Kinder, 's geht mit euch bergab,
> euer liebes Östreich ist zu schlapp.
> Euch Bundesbrüdern fehlt schon lang
> ein richtichgehendes Reglemang.

DAS MÄDCHEN LINKS:
> Schau Putzi, nimm's nicht so genau!

FETTKÖTER:
> Erlaube mal, du machst ja flau!
> Bei uns muß heute Groß und Klein
> zwar ernst, doch zuversichtlich sein!
> Sie Oba, zahln – na flink mal ran!

DAS MÄDCHEN LINKS:
> Hör auf, du bist ein Fadian.

DAS MÄDCHEN RECHTS:
> Du meiner Seel, das ganze Jahr
> wünsch ich mir einen Kaviar.
> Ich geh doch nicht mit jedem Herrn –

KOHN:
> E Neuigkeit, das hört ma gern.

FETTKÖTER *(will aufbrechen)*:
> Jetzt bin ich schon seit gestern da,
> und war noch nicht im Aoka!
> Nu fix und mit ein wenig Schwung –
> ich habe eine Lieferung!
> Wenn ich da weiter Zeit verlor,
> so kommt der Endsieg mir zuvor.

(Er knutscht sie.)
> Doch heute liegt mir noch im Sinn
> so'ne richtje schicke Wienerin.

DAS MÄDCHEN LINKS *(indem sie den Kellnern ein Zeichen macht)*:
> Gelt Putzi, nicht wahr, du bist reich?

CHOR DER KELLNER:
> Noch einen Heidsieck, bitte gleich! *(Nachfüllen.)*

DER BESITZER UND DIE KELLNER:
> Das Beste ist – er ist hier fremd –
> wir ziehn ihn aus bis auf das Hemd.

KOHN:
> Du, was ich nicht vertragen kann,
> ich zahl, und du schaust jennen an!

DAS MÄDCHEN RECHTS:
>   Kann ich dafür, die Offizier
>   sie schaun halt alle her zu mir –
KOHN:
>   Hör auf, ich möchte mich genieren,
>   mit Offiziere kokettieren!
EIN GENERALSTÄBLER:
>   Wenn wir verliern, is's kein Malheur,
>   dem Militär bleibt doch die Ehr,
>   weißt, Krieg is Krieg – wenn s' uns besiegen,
>   ich tu halt auf die Fritzi fliegen!
CHOR DER GENERALSTÄBLER:
>   Uns hier heraußt kann nix geschehn,
>   denn Österreich wird ewig stehn.
>   Sind wir in der Schlamastik drin,
>   wern uns die Deutschen außiziehn.
>   Sie Kellner, schenken S' gschwind noch ein!
FETTKÖTER:
>   Fest steht und treu die Wacht am Rhein!

(Verwandlung.)

28. Szene

Wiener Vortragssaal.

DER NÖRGLER *(spricht das »Gebet«)*:
>   Du großer Gott, laß mich nicht Zeuge sein!
>   Hilf mir hinab ins Unbewußte.
>   Daß ich nicht sehen muß, wie sie mit Wein
>   zur Not ersetzen ihre Blutverluste.
>
>   Du großer Gott, vertreib mir diese Zeit!
>   Hilf mir zurück in meine Kindheit.
>   Der Weg zum Ende ist ja doch so weit,
>   und wie die Sieger schlage mich mit Blindheit.
>
>   Du großer Gott, so mach den Mund mir stumm!
>   Nicht sprechen will ich ihre Sprache.
>   Erst machen sie sich tot und dann noch dumm,
>   es lügt ihr Haß, nimmt an der Wahrheit Rache.

Du großer Gott, der den Gedanken gab,
ihr Wort hat ihm den Rest gegeben.
Ihr Wort ist allem Werte nur ein Grab,
selbst Tat und Tod kam durch das Wort ums Leben.

Du großer Gott, verschließ dem Graus mein Ohr,
die Weltmusik ist ungeheuer!
Dem armen Teufel in der Hölle fror,
er fühlt sich wohl in diesem Trommelfeuer.

Du großer Gott, der die Erfinder schuf
und Odem haucht' in ihre Nasen,
schufst du die Kreatur zu dem Beruf,
daß sie dir dankt mit ihren giftigen Gasen?

Du großer Gott, warum beriefst du mich
in diese gottverlassene Qualzeit?
Strafst du mit Hunger, straflos setzte sich
der Wucher zu der fetten Totenmahlzeit.

Du großer Gott, warum in dieser Frist,
wozu ward ich im blutigen Hause,
wo jeder, der noch nicht getötet ist,
sich fröhlich setzt zu seinem Leichenschmause?

Du großer Gott, dies Land ist ein Plakat,
auf dem sie ihre Feste malen
mit Blut. Ihr Lied übt an dem Leid Verrat,
der Mord muß für die Hetz' die Zeche zahlen.

Du großer Gott, hast du denn aus Gemüt
Vampire dieser Welt erschaffen?
Befrei mich aus der Zeit, aus dem Geblüt,
unseligem Volk von Henkern und Schlaraffen!

Du großer Gott, erobere mir ein Land,
wo Menschen nicht am Gelde sterben,
und wo im ewig irdischen Bestand
sie lachend nicht die reiche Schande erben!

Du großer Gott, kennst du die Mittel nicht,
die diese Automaten trennten,

wenn sie sich trotz dem letzten Kriegsgericht
bedrohen mit Granaten und Prozenten?

Du großer Gott, raff mich aus dem Gewühl!
Führ mich durch diese blutigen Räume!
Verwandle mir die Nacht zu dem Gefühl,
daß ich von deinem jüngsten Tage träume!

(Beifall, an dem sich auch die vorderen Reihen beteiligen.)
EIN ZUHÖRER *(zu seiner Gattin)*: – Also du mußt nämlich wissen, er hat einmal in die Presse kommen wollen –
(Verwandlung.)

29. Szene

Der Abonnent und der Patriot im Gespräch.

DER ABONNENT: Der alte Biach hat in Kolberg gesagt –
DER PATRIOT: Wieso?
DER ABONNENT: Ich wollte sagen der alte Hindenburg – heut sagt er doch, er hat in Kolberg gesagt, mit der Hoffnung auf eine bessere Zukunft für das deutsche Volk steige ich ins Grab.
DER PATRIOT: Sie?
DER ABONNENT: Wieso ich? er!
DER PATRIOT: Also Er?
DER ABONNENT: Aber nein – bloß er! Hindenburg!
DER PATRIOT: Wenn das der alte Biach erlebt hätte!
(Lange Pause, in der sie einander anblicken.)
DER ABONNENT: Seit Biach tot ist, sind die Stimmungen nicht mehr so wie sie sein sollten.
DER PATRIOT: Statt den Stimmungen sind jetzt die Gerüchte, und das is immer ein beeses Zeichen.
DER ABONNENT: Mir scheint stark – es geht schwach.
DER PATRIOT *(blickt schmerzvoll zum Himmel)*: Man wird doch da sehn.
(Verwandlung.)

30. Szene

Zwei Kommerzialräte aus dem Hotel Imperial tretend. Eine Bettlerin mit einem Holzbein und einem Armstumpf steht vor ihnen.

ERSTER KOMMERZIALRAT *(sich umsehend)*: Is kein Wagen da? Schkandaal!
BEIDE *(mit ihren Stöcken auf ein vorüberfahrendes Automobil zielend)*: Auto –!
DER ERSTE *(einem Fiaker nachrufend)*: Sie – sind Sie frei?
DER FIAKER *(achselzuckend)*: Bin bstöllt!
DER ZWEITE *(indem sie von Bettlern aller Arten umkreist werden)*: Das einzige was ma noch hat, daß man überhaupt noch was zum essen kriegt. *(Eine Frau bricht vor Hunger zusammen und wird fortgetragen.)* – Schkandaal, auf der Ringstraße! – Rothschild wird auch grau –
DER ERSTE: Kein Wunder bei die Zeiten.
DER ZWEITE: Er kann doch höchstens – wie lang is das her, warten Sie –
DER ERSTE: Was nutzt das alles, eine Stimmung is in dem Wien – Wissen Sie, seit der alte Biach tot is –
DER ZWEITE: Die Krone fällt rapid –
DER ERSTE: Vorige Woche, wenn man noch hinübergebracht hätte –
DER ZWEITE: Morgen wollt ich hinauf in die Devisenzentrale – aber was braucht man sich richten, es geht so leichter.
DER ERSTE *(wirft seinen Zigarrenrest und einen Zwanzighellerschein vor einen Bettler hin)*: Das is auch schon teurer geworn. Silvester – die Loosch im Tabarin kostet mich geschlagene sechshundert – meine Frau laßt doch nicht locker – wenn das so weiter geht, nächsten Silvester tausend!
DER ZWEITE: Warum nicht?
(Der Nörgler geht vorbei.)
DER ERSTE *(spuckt aus)*: Meine Sorgen auf ihm!
DER ZWEITE: No Sie, wenn ich das meinem Jüngsten erzähl –
DER ERSTE: Wieso?
DER ZWEITE: Er schwärmt für ihm. In alle Vorlesungen rennt er. Er is nämlich einer seiner glühendsten Verehrer.
DER ERSTE: Ich an Ihrer Stelle würde nur hauen.
DER ZWEITE: Was fallt Ihnen ein, heutzutag – der Bub is imstand und gebt mich hinein in das rote Büchl.
DER ERSTE: Wissen Sie, daß das die Zensur durchlaßt, man greift

sich an den Kopf, anderswo wär er längst gehängt! Fortwährend dieses Aufwiegeln – gegen den Krieg und sogar gegen die Presse! Er schreit, es soll kein Krieg sein – no is deswegen kein Krieg? No also müßt er doch Ruh geben.
DER ZWEITE: Das hab ich gern im Krieg, hetzen, zum Frieden!
DER ERSTE: Neulich hörich soll er förmlich in den Saal hereingerufen haben, sie solln nicht mehr in den Krieg ziehn und solln aufhören die Presse abonnieren! Also wenn der nicht von der Antaant bezahlt is, will ich Veitl heißen. Dorten kommt der Wassilko mit der Gerda Walde. Zu Fuß!
DER ZWEITE: Wo?
DER ERSTE *(mit dem Finger zeigend)*: Dorten.
DER ZWEITE: Meinem Buben hat er den Kopf verdreht. Bis mir kürzlich die Geduld gerissen is, no hab ich mir ihn doch hergenommen und hab ihm gesagt, das Geschimpfe auf dem Krieg hat gar keinen Zweck, wenn kein Krieg wär, gebets auch keinen Kriegsgewinn, fertig. No das hat er eingesehn. Aber was nutzt das, dann rennt er doch wieder in die Vorlesungen. Was is mit Ihrem Jüngsten? Macht er Fortschritte?
DER ERSTE *(stolz)*: Was wolln Sie haben? Er draht schon mit dem Sascha Kolowrat!
DER ZWEITE: Sss! Recht hat er, solang man jung is, soll man sich unterhalten. Komisch, ich muß immer lachen – was sagen Sie zum heutigen Hirschfeld?
DER ERSTE: Glänzend. No und die Schalek? Sogar die greift er an!
DER ZWEITE: Nutzt nix, tapfer is sie. Soll er sich traun, mitten in der Schlacht sich hinstelln und schreiben! Wir ham Sitze zu Piccaver –
DER ERSTE: Ich hab kürzlich auch meiner Frau auseinandergesetzt, weil sie immer treibt, wenn nur der Krieg schon zu End wär, die Soldaten im Schützengraben tun ihr leid. Ich sag immer, dafür ham sie das Bene, der Nachruhm in den Annalen! Was ham wir? Die Kriegsgewinnsteuer! Das vergessen die Leute immer.
DER ZWEITE: No und das Friedensrisiko –?!
DER ERSTE: Man soll gar nicht daran denken. Wissen Sie – wenn einer zurückkommt und er fängt an zu erzähln – es is doch immer dasselbe – gut, sie ham ausgestanden, aber das weiß man doch schon! Ich kann gar nicht mehr zuhörn, es is doch schon fad.
DER ZWEITE: Man hat scho genug von die Graiel.
(Ein Invalide humpelt vorbei.)

BEIDE *(mit ihren Stöcken auf ein vorüberfahrendes Automobil zielend)*:
Auto –!
(Verwandlung.)

31. Szene

Der Optimist und der Nörgler im Gespräch.

DER NÖRGLER: Das Pferdespital bot keine Rettung mehr. Dieser Märtyrer mußte getötet werden. Er hatte die Zeichen der großen Zeit auf seinem Rücken; eine förmliche Zeichnung. Auf beiden Seiten ziemlich regelmäßig die gleiche Form. Vom Rückgrat sah man das Gelbe des Knochens; ebenso an den Hüften. Der Schweif durch Streifschuß weggeschossen. Der Gurt hatte sich ganz herum wund eingegraben. Die Wunde war grün vereitert und sah aus wie eine Verbrennung höchsten Grades. Diagnose: Tragbares Geschütz, wochenlang nie abgeschnallt. Weder nachts noch untertags kam die Last von diesem Rücken herunter.
DER OPTIMIST: Ja, da hilft nichts, die Tiere müssen eben auch an den Krieg glauben.
DER NÖRGLER: Und ihre Blutzeugenschaft wird die Schinder und Schänder der Kreatur lauter anklagen als das Martertum der Menschen; denn sie waren stumm. Das wunde Pferd, auf dessen Rücken die Form der Geschützlast eingezeichnet war, die Last des Menschentods, ist ein Traumbild, an dessen Schrecknis jene sterben werden, die sich auf Lorbeern schlafen gelegt haben.
DER OPTIMIST: Weil wir von Tieren sprechen – da habe ich eine empörende Annonce für Sie aufgehoben: »Hunde zum Schlachten werden zu hohen Preisen gekauft«. So etwas sollte doch nicht annonciert werden! Welche Schlüsse sollen die Feinde auf unsern Ernährungszustand ziehen, wenn sie hören –
DER NÖRGLER: Die Schlüsse auf unsern Kulturzustand scheinen mir noch gefährlicher.
DER OPTIMIST: Wieso? Wenn der Mensch Nahrung braucht, verschmäht er selbst das Fleisch des Hundes nicht und tötet ihn eben.
DER NÖRGLER: Zum Unterschied vom Hund, der die Nahrung verschmäht, wenn ihm ein Mensch gestorben ist.
DER OPTIMIST: Ich habe noch nie von einem solchen Hund gehört.

DER NÖRGLER: Hier können Sie von einem lesen – in der Zeitschrift ›Der Tierfreund‹: »Hundetreue. Wie uns ein Mitglied schreibt, ist die von unserem Vereine mehrmals mit einer ermäßigten Hundemarke bedachte Hilfsarbeiterin Hermine Pfeiffer vor einigen Wochen gestorben. Ihre Pudelhündin verschmähte seit dem Todestage der Frau jede Nahrung und ging einige Tage nachher zugrunde. Man fand das treue Tier, welches seinen Kopf auf einem von seiner Herrin früher benützten Polster liegen hatte, des morgens tot auf. Merkwürdig ist, daß die Verstorbene sich einmal geäußert hatte, daß sie froh wäre, wenn ihr Hund auch enden würde, wenn ihr einmal etwas zustoßen sollte, damit das Tier nicht in schlechte, rohe Hände käme. Und wirklich ist die Hündin, welche ihrer Wohltäterin so innig zugetan war, sehr rasch nach dieser vor Gram zugrundegegangen«. Das ist gut so.

DER OPTIMIST: Warum?

DER NÖRGLER: Sie wäre sonst gefressen worden. Vorausgesetzt, daß sie nicht vor Hunger schon zu mager war. Wenn Hunde nicht den Menschen liebten, würden sie, eh sie sich seitwärts in die Büsche schlagen, bekennen, daß sie doch bessere Menschen sind!

DER OPTIMIST: Es muß aber wohl tiefere Gründe haben, daß »Hund« ein Schimpfwort ist und »hündisch« die übelste Gesinnung bezeichnet.

DER NÖRGLER: Das ist leider wahr. Es bezeichnet etwa die jener Menschen, welche Hunde zum Schlachten zu hohen Preisen kaufen wollen. Oder jener, von denen es hier in dieser Theaterkritik heißt: »Das Deutsche Volkstheater hat gezeigt, daß es auch Autoren zu Wort kommen läßt, die nicht hündisch den Geschmack des gutzahlenden Publikums abzulauschen suchen«.

DER OPTIMIST: Wollen Sie den Geschmack des gutzahlenden Volkstheaterpublikums mit dem Geschmack der Leute, die zu hohen Preisen Hunde zum Schlachten –

DER NÖRGLER: Warum nicht, die sitzen auch schon in Logen. Aber was immer den Hunden nachgesagt werden mag, nie konnte doch einem von ihnen bis heute vorgeworfen werden, daß er den Geschmack des Volkstheaterpublikums abzulauschen gesucht hat. Ich glaube aber auch nicht, daß ein Hund aus Gram über den Tod eines Volkstheaterhabitués sterben würde. Hier spürt die liebende Kreatur die Grenze. Wo nichts Menschliches ist, hat auch das Hündische nichts zu suchen.

DER OPTIMIST: Sie scheinen ja überhaupt den Hunden ein besseres Zeugnis als den Menschen ausstellen zu wollen.
DER NÖRGLER: In jedem Falle. Ob schön, ob Regen, bei Tag und bei Nacht, in Krieg und Frieden. In diesem Krieg haben auch sie durchgehalten – und waren doch wehrloser. Und jeder von jenen, die eingerückt waren, jeder Kriegshund könnte dem besternten Gelichter, das Soldaten »Fronthunde« genannt hat, zeigen, daß an dem Vergleich Ehre ist und nur an den Unmenschen keine. Man reiße ihnen die Orden von der Brust und weihe sie, indem man sie den Hunden verleiht, den in Armut und Würde beispielgebenden Antipoden des Generalstabs!
(Verwandlung.)

32. Szene

Beim Bataillonsrapport.

DER MAJOR: Was warst du?
DER SOLDAT: Herr Major, melde gehorsamst, Sattler.
DER MAJOR: Hast du da nicht gelernt, mir in die Augen zu sehn? Du Hund! Ihr Hunde! Sohn einer Hündin du! *(Zu einem andern)* Du hast einen Brief an deine Frau geschrieben, wo du dich über die Behandlung beklagst.
DER SOLDAT *(erschrocken)*: Herr Major – melde – bitte – gehorsamst –
DER MAJOR *(den Brief schwenkend)*: Da is der Brief! Was, da schaust, hast nicht gewußt, daß ich der Zensor bin? Du Hund! Ihr Hunde! Sohn einer Hündin du! Das ist das größte Schwein vom ganzen Barackenlager! 21 Tag Einzel mit drei Fasttagen in der Woche, hernach in die vorderste Lini einrückend gemacht! Wirst schon sehn, du Schweinehund! Wirst dich verflucht umschaun! *(Zu einem andern Soldaten)* Ah das is der mit die Bauchschmerzen! Hat dir deine Mutter was zum fressen geschickt? Wenn du mir nur verrecken möchtest! *(Er versetzt ihm drei Hiebe mit dem Stock über Kopf und Rücken. Der Soldat wankt weinend fort.)* Daß ihrs nur wißt, die vier Infanteristen, die sich geweigert haben, ein Achtel Brot anzunehmen, kommen vors Divisionsgericht und wern erschossen. Natürlich Tschechen! Wenn ein Soldat seinen Pflichten als Vaterlandsverteidiger nicht nachkommt, so is es immer ein Tscheche! Lauter Überläufer! Ein

deutscher Soldat kommt immer seinen Pflichten nach. Ich bin ja selbst Tscheche, aber ich schäme mich, dieser Nation anzugehören. *(Zu einem Gefreiten)* Sie wern mir morgen den Einkauf besorgen, um mir Gelegenheit zu geben, Sie einzusperrn. Zum Höchstpreis kriegen Sie nix, über den Höchstpreis dürfen Sie nix bringen. Bringen Sie nix, wandern Sie unnachsichtlich ins Loch! Also – was wolln S' noch?
DER GEFREITE: Herr Major, melde gehorsamst, der Herr Leutnant Ederl hat auf eigene Faust im Zillertal Schnittkäse für 10 Kronen das Kilogramm gekauft und hat ihn wollen an die Offiziersmesse für 24 Kronen weiterverkaufen.
DER MAJOR: Was sagen Sie da? – Das is ja unerhört!
DER GEFREITE: Der Menageverwalter hat das Anbot wegen schlechter Qualität abgelehnt. Damit der Herr Leutnant nicht zu kurz kommt, ist ihm der Käse für die Mannschaft abgenommen worn, dafür hat man sie am Fleischrelutum verkürzt. Ich glaube, Herr Major, daß ich im Interesse der Mannschaft gegen das Unstatthafte einer solchen –
DER MAJOR: Das ist ja unerhört! Sie haben an dem Tun und Lassen der Herrn Offiziere keine Kritik zu üben! Sechs Stund Spangen! *(Zu einem andern)* Du hast dich über die schlechte und unzulängliche Kost beschwert?
DER SOLDAT: Herr Major, bitte gehorsamst, jawohl!
DER MAJOR *(gibt ihm eine Ohrfeige)*: Nicht an der Menage fehlts, sondern ihr habts zu wenig Appetit! Seids froh, daß Krieg is! Ihr habts in Friedenszeiten nicht einmal das zu fressen! Ich wer' euch exerzieren lassen, bis euch die Zunge bis zum Magen heraushängt – dann wern die Klagen über die schlechte Verpflegung schon von selber aufhörn! Du Hund! Ihr Hunde! Sohn einer Hündin du!
(Verwandlung.)

33. Szene

Der Optimist und der Nörgler im Gespräch.

DER OPTIMIST: Um in das Gefühlsleben des Kriegsteilnehmers Einblick zu gewinnen, brauchte man bloß –
DER NÖRGLER: – einen Feldpostbrief zu lesen. Zumal einen von jenen, deren Schreiber irgendwie die Möglichkeit hatten, sie zensurfrei an ihre Adresse gelangen zu lassen.

Der Optimist: Trotzdem würde man daraus entnehmen, daß es eines jeden höchster Ehrgeiz ist, sich gut zu schlagen, und daß ihm Pflichttreue selbst vor der Sehnsucht nach Weib und Kind steht.

Der Nörgler: Oder es faßte einen das Grausen vor dem unermeßlichen Verbrechen dieser kriegsurhebenden, beziehungsweise kriegsverlängernden Schurken, das der Eingriff in ein einziges der Millionen Schicksale bedeutet, die Zerreißung und Zertrampelung jedes einzelnen Lebensglücks, die Zubereitung dieser Martern einer jahrelangen Unheilserwartung zwischen Haus und Graben, einer Spannung, die vor dem Schweigen zittert und jedes Lebenszeichen von da und dort als Todesbotschaft fürchtet. Eine Gattin wird Mutter, eine Mutter stirbt – und der, den's am nächsten angeht, liegt irgendwo im Dreck fürs Vaterland. Nun haben ja die Schurken die sinnreiche Einrichtung getroffen, daß die Feldpost, diese verfluchte und doch wie ersehnte Erfindung des Satans, zeitweise überhaupt suspendiert wird. Da wissen dann die Unglücklichen mehr als genug; denn die Stille bedeutet die vor dem Sturm. Und mit wie unausdenkbarer Mechanik fügen sich die elementaren Tatsachen des Lebens, Geburt und Tod, dem unerforschlichen Ratschluß des Generalstabs! Nur die Liebe pariert ihm nicht. Was ist ihm die Liebe! *(Er liest vor:)*

»– der allgemeine Grund der Verlangsamung der Post von hier ins Hinterland soll der sein, daß jetzt nicht mehr zensuriert wird, sondern die Post einfach zurückgehalten wird, um von den Ereignissen überholt zu werden.

Ich versuche die verschiedensten Methoden, um mir diese schwere, schreckliche Zeit leichter zu machen – alles ohne Erfolg. Wenn ich viel an dich denke, so werde ich nur noch trauriger, und wenn ich mich zu zerstreuen suche, bin ich dann nachher nur noch trauriger. Das Richtigste ist so in den Tag hinein zu leben, damit die Zeit schneller vergeht. Denn jeder Tag, der vorüber ist, bringt uns ja näher, das dürfen wir nicht vergessen!

Ich bin noch ganz unter dem Eindruck des Sorgengefühles, das ich heute um dich habe, ich will es aber abschütteln und mich ganz nur der Hoffnung auf gute Nachrichten morgen von dir hingeben. Wenn ich so daran denke, daß ich jetzt bei dir sein könnte, dein geliebtes Gesichtl sehen, mit dir sprechen über die kommenden Tage, die ja unser Glück noch mehr besiegeln sollen – und ich bin hier, weit weg, und du allein!

Wirklich, er ist so grausam, dieser Krieg, so unnatürlich, es sind ja nicht nur wir, die darunter zu leiden haben, so viele, so unzählige werden unglücklich gemacht durch diese Willkür einiger gewissenloser Menschen. Aber was scheren mich die anderen, mir bricht das Herz, wenn ich an das denke, was wir zwei jetzt durchzumachen haben! Es ist zu schrecklich, kaum zu überwinden! Und dabei muß man noch Dienst machen, schweren, verantwortungsvollen, gefährlichen, soll als Beispiel der Leute an Tapferkeit, Pflichttreue und wie alle diese mir verhaßten Tugenden heißen, auftreten und tut ja jeden Schritt, den man in dieser Sache macht, mit Ekel und Widerwillen, gegen alle innerste Überzeugung. Es wird von einem verlangt, daß man alle seine besseren Gefühle verleugnet, und wer zu gut ist um das zu tun, der leidet unsäglich, und macht mit Ekel alles, was man von ihm verlangt. Wo wir so glücklich waren, uns so ineinander gelebt haben, so eins sind, daß eins ohne das andere ganz verloren ist. Ich bin so arm und klein ohne dich, du würdest mich manchmal gar nicht wiedererkennen. So oft, wenn ich meinen Gedanken nachgehe, auch wenn sie nicht gerade zu dir fliegen, möchte ich dich oft was fragen, was wissen von dir, deine Meinung hören, und bin allein! Ich brauche die Meinung eines andern nicht, dich will ich hören, für dich denke und fühle ich, was immer es auch ist, und ohne dich bin ich nicht ich, bin ich halb und arm. Deine Liebe, die ja auch aus der Ferne zu mir herüberstrahlt, ist das Einzige, was mir noch Lebensfreude erhält. Zu was noch reden, zu was die Wunden noch aufwühlen, die ja so schon so brennen! Du weißt, daß du mir alles bist – oder eigentlich bist du der Grund von meinem Elend, denn ohne dich wäre mir das alles gar nicht arg! Und manchmal denke ich auch voraus. Bis zur völligen Erschöpfung, halb tot werden wir uns in den Armen liegen und nicht mehr können vor Liebe, Liebe!
Ach, daß ich nicht da sein kann! Nicht gerührt hätte ich mich von deiner Seite während der schweren Stunden, die dich erwarten, und es wäre dir alles so viel leichter geworden.
Über mich mach dir keine Sorgen. Wenn ich dich herzaubern könnte, würde ich dich ganz ruhig in die Gräben mitnehmen.
Oh, daß ich nicht bei dir sein kann! Ich gehöre ja dazu, und kann nicht da sein! Oh gebe Gott, daß du nicht zu arg gelitten hast, daß dir nichts geschehen ist, daß du mir gesund geblieben

bist und dich jetzt von Tag zu Tag erholen und stärken wirst. Oh gebe Gott, daß ich heute eine von dir selbst geschriebene Karte bekomme. Bis du diese Zeilen erhältst, wird es dir – gebe Gott – schon gut gehen. Hast du gefühlt, daß ich bei dir war und daß ich alles mitgelitten habe mit dir? Oh, es wird, es muß die Zeit kommen, wo wir uns entschädigen werden für alles überstandene Leid.

So weit, so weit von dir in diesen Tagen! Oh warum, warum kann ich jetzt nicht bei dir sitzen, dich wärmen und stärken mit meiner endlosen Liebe! Ich kann mich nicht erwehren, habe fort ganz nasse Augen, so daß ich kaum sehe, was ich schreibe.

Ach Gott, daß ich nicht bei dir sein kann! Und keine Hoffnung! Man wird jetzt nicht nach Haus oder zum Kader, sondern in irgend ein Spital geschickt.

Habe so viel graue Haare bekommen, daß ich sie gar nicht mehr zählen kann. Aber lieb hab ich dich, ob weit oder nah, lieb, lieb, lieb, unaussprechlich, wahnsinnig. –«

DER OPTIMIST: Was weiter? Er kehrt heim, und findet Gattin und Kind, die sich wohl befinden.

DER NÖRGLER: Das Vaterland wills anders. Hier kommt ein Mensch zur Welt, dort fällt einer. Nie habe ich Traurigeres gelesen, nie Wahreres als diesen letzten Brief eines, der Vater wurde, als er starb. Das ganze Vaterland mit Sack und Generalspack für einen einzigen dieser Millionen Märtyrer der Liebe!

(Verwandlung.)

34. Szene

Im Dorfe Postabitz.

EINE FRAU *(sitzt an einem Tisch und schreibt)*:
Inigsgelibter Gatte!
Ich theile Dir mit, daß Ich mich verfelt habe. Ich kan nichs Dafür, lieber Gatte. Du verzeist mir schon alles, was ich Dir mittheile. Ich bin in Hoffnung gerathen, von einem andern. Ich weis ja, das Du gut bist und mir alles verzeist. Er hat mich überredet und sagte, Du komst so nicht mehr zurück vom Felde und hatte dazu meine schwache Stunde. Du kennst ja die weibliche Schwäche und kanst nichts Besseres als verzeihen, es ist

schon passiert. Ich dachte mir schon, Dir muß auch schon was passiert sein, weil Du schon 3 Monat nichts mehr geschrieben hast. Ich bin ganz verschrocken, als ich Deinen Brief erhalten habe und Du noch am Leben warst. Ich wünsche es dir aber verzeihe es mir, lieber Franz, vileicht stirbt das Kind und dan ist alles wieder gut. Ich mag diesen Kerl nicht mehr, weil ich weis, das Du noch am Leben bist. Bei uns ist alles sehr teuer, es ist gut, daß Du fort bist, im Feld kostet Dich wenigstens das Essen nichts. Das Geld, was Du mir geschickt hast, kan ich sehr notwendig gebrauchen. Es grüßt Dich nochmals Deine Dir unvergeßliche Frau　　　　　　　　　　　　　　　　　　　　Anna.
(Verwandlung.)

35. Szene

Spital in Leitmeritz.

EIN AUSTAUSCHINVALIDE *(zu seinem Bettnachbar, schwer atmend)*: Man darf nicht – die Geduld – verlieren. Es is ja doch schon – unsere vorletzte – Station. Dann wern s' uns – nach Prag – oder Wien – aber bald – komm ich – nach Postabitz. *(Es wird eine Briefverteilung vorgenommen.)* Vielleicht – von meiner Anna – *(Er streckt die linke Hand nach einem Brief aus.)* Gott – ja! *(Er versucht sich aufzurichten. Er hält den Brief mit den Zähnen fest, öffnet ihn mit der Linken und liest. Er sinkt zurück, vom Schlage gerührt.)*
(Verwandlung.)

36. Szene

Heimkehrerlager in Galizien.

DER FREUND *(schreibt einen Brief)*: – – Besonders seit jene gefallen sind, wollte es mir nicht mehr passend scheinen, über mein verhältnismäßig doch erträgliches Los auch nur ein Wort der Klage zu verlieren. Aber ich bin nun nahe den Vierzig, habe Frau und Kinder und sonst noch einige Sorgen, die mir über den Kopf zu wachsen drohen, und muß nun schon das vierte Jahr (und wer weiß, wie lange noch!) im lächerlichen Glanz einer Wehrfähigkeit, die einen zum wehrlosesten Geschöpf auf Gottes Erdboden macht, vor der Willkür dieses hoffnungslosesten aller Kriege sozusagen ohnmächtig habtacht stehen. Das zehrt an den Nerven und zermürbt den Geist. Das bitte ich Sie in Nachsicht zu bedenken und mir zu verzeihen, wenn ich mich auch jetzt noch, da sich zweifellos manches zu meinen Gunsten gewendet hat, nicht wortlos über all das, was mein persönliches leidliches Ungemach betrifft, hinwegzusetzen vermag, obwohl meine Ehrfurcht vor dem Schweigen jener, denen Ihre ergreifende Totenklage gilt, groß und meine Erkenntlichkeit für alles, was Sie für mich – für mich, der ich noch am Leben bin! – getan haben, tief und unauslöschlich ist.

Gewiß, ich habe allen Grund, einem gütigen Geschick dankbar zu sein, das mich nun schon die längste Zeit der Front ferne hält. Aber ich weiß nicht – vielleicht bin ich schon zu benommen, um mir dessen als einer Wohltat auch recht bewußt zu werden; und manchmal – denken Sie! – ist mir sogar, als hätte ich draußen in der Gefahr mitunter freier geatmet, freier als hier in der Geborgenheit. Das mag eine Selbsttäuschung sein oder, wenn nicht, darin begründet sein, daß draußen der Lebenswille das Blut doch seltsam erregt, während ich hier von Angst gelähmt bin, es könnte der Lebensüberdruß mir schließlich zum Lebensinhalt werden. Was das betrifft, kann ich nur sagen, daß mir die Schrecken der Kriegsmaschine – im übertragenen Sinne wenigstens – nie so nahe gegangen sind wie die Qual, die mir gegenwärtig die Verbannung in ein Offiziersmilieu bereitet, das – zumeist aus ungarischen Juden bestehend – sich bei näherem Zusehen als ein Konsortium uniformierter Schleichhändler enthüllt. Dazu die Trostlosigkeit des äußeren Aspekts dieses Lagers, das – ein rechtes Sinnbild unseres Elends – die eigenen heimgekehrten Soldaten wie wilde Völkerschaften hinter einer rostigen Stacheldrahtumfriedung zur Schau stellt, während Jammergestalten mit aufgepflanztem Bajonett die Eingänge und insbesondere ein Haupttor bewachen, das im flatternden Schmuck von Fähnchen und Girlanden die gemütvolle Aufschrift »In der Heimat willkommen!« trägt. Gott, man begreift ja diese wie manche andere peinliche, fast rührende Verlegenheit, in die die Staaten Europas, und vollends der unsere, durch diese Riesenkriegsblamage gestürzt wurden; und stünde man draußen – außerhalb des Gitters –, ließe sich das Ganze allenfalls mit Humor betrachten (zumal jetzt, wo die Heimkehrer vorziehen, an der Grenze Kehrt zu machen und in das russische Chaos zurückzuflüchten). Aber wenn man sozusagen Zwangsangestellter dieses ärarischen Jahrmarktbetriebes ist, und wenn man, in die Seele dieses Unternehmens vordringend, auf einen Konzern von Geschäftemachern stößt, der Lebensmittel, die im Handeinkauf beschafft dem Hunger jener armen Teufel zu Leibe rücken sollten, im Dunkel eines Hinterlands verschwinden läßt, das keinen Hunger – nur den nach Geld – kennt; wenn einem ein Exportkommis zu befehlen hat, dem, als er mich jüngst bei der Lektüre der Fackel überraschte, der verdutzte Ausruf entfuhr: »I du meine Güte – fackelt der noch immer herum?!« – dann dringt einem kalter Schweiß aus den Poren und man möchte nicht nur aus dem da, sondern überhaupt aus dem Affenzwinger dieser Zeit und dieser Welt bisweilen ausbrechen!

Und nun stellen Sie sich vor, daß ein Ausruf wie der eben zitierte sich so aufs Geratewohl vor einen hinspuckt, während man »Zum ewigen Frieden« und andere Gedichte liest! In einem Augenblick vielleicht, da ich mir denken mochte, was ich hier nur im Bilde anzudeuten wage: Nie noch war Ihr Herz so heilig bloß gelegen! Wie doch sein Sturm verebbt im Rauschen der Tiefe, im Gesang der Höhen! Wie ein leuchtendes Gestade taucht es auf im Schleier Ihrer Verse: Morgenland der Kindheit – Morgenland der Menschheit! Und alles von heut scheint plötzlich wie von gestern. Die junge alte Gotteswelt!

So ungefähr sah ich das Antlitz Ihrer Schöpfung, als mir das Untier sie besudelte. Indem ich an Sie schreibe, fühle ich erst, wie ich doch wieder ganz voll Lebensmut bin. Uns, denen die Verewigung im eigenen Geist versagt geblieben ist, muß genügen, was uns an irdischem Wunsch, an irdischer Bestimmung erfüllt wurde; auch wenn der Zufall des geborenen Sohns nur die Bestimmung unserer Sterblichkeit verewigt. Vielleicht ist die Liebe zu meinem Sohn (der mir die rührendsten Zeichnungen und Briefe schickt – »uns geht es bis jetzt noch gut« hat er mir neulich geschrieben) – vielleicht ist sie nur deshalb so schmerzlich und tief. Denn, wie in Ihrem »Halbschlaf«, irgendwo wartet doch überall der ungeborne Sohn.

Nun aber leben Sie wohl! Doch, noch eins: Ihr Zitat von Goethe an die Frau v. Stein! Wie habe ich die Wahrheit dessen empfunden hier im Verkehr mit unseren Heimkehrern! Da habe ich z. B. in dem Ort, an dem ich zuletzt war, eine Kompagnie gehabt, die aus Leuten der verschiedensten Nationalitäten bestand. Ich habe kein anderes Verdienst um sie gehabt, als daß ich mir die Aufbesserung ihrer Menage angelegen sein ließ und sie,

anstatt mit ihnen zu exerzieren, auf die Wiese führte, mir ihre Schicksale in der Gefangenschaft erzählen ließ und ihnen, wo es nötig war, ein bißchen in der Korrespondenz mit ihren Angehörigen nachhalf. Wie rührend haben mir dies die Leute vergolten! Als die Kompagnie abmarschbereit stand, traten von jeder Nationalität – Deutsche, Ruthenen, Polen, Czechen, Italiener, Bosniaken – zwei Mann vor und sprachen mir im Namen ihrer Landsleute den Dank aus. Nach ein paar kurzen Abschiedsworten meinerseits brachten sie ein dreifaches Hoch auf mich aus, ein Schriftsetzer aus Wien sprang noch schnell aus der Einteilung mit der Frage, ob er mir von Wien eine Karte schreiben dürfe, und mit Mützenschwenken marschierte dann die Kompagnie in den schönen Frühlingsabend hinein zur Bahn. Unser Oberstleutnant, der von ferne zugesehen, fragte mich dann: »Sie haben wohl ein Hoch auf den Kaiser ausgebracht?«, was ich selbstverständlich bejahte. –
(Verwandlung.)

37. Szene

Nach der Winteroffensive auf den Sieben Gemeinden. Exerzierplatz in der Etappe. Die Überreste eines Regiments, jeder Mann zu einem Skelett abgemagert. Mit den zerfetzten Monturen, dem zerrissenen Schuhwerk und der verdreckten Unterwäsche ist es auf den ersten Anschein ein Haufe kranker und zerlumpter Bettler. Sie erheben sich müde, üben Gewehrgriffe und machen Salutierübungen.

ERSTER KRIEGSBERICHTERSTATTER: Wie sie aufleuchten wern, wenn sie hören wern, der oberste Kriegsherr, der soeben bei seinen tapferen Truppen an der Front weilt, geruhe, das siegreiche Regiment zu besichtigen.
ZWEITER KRIEGSBERICHTERSTATTER: Er weilt noch an der Front, in Gries bei Bozen, aber gleich wird er da sein. Mir scheint, sie wissen es schon.
EIN SOLDAT *(zu einem andern)*: Jetzt kommt er her, der Lackl!
ZWEITER SOLDAT: Draußen laßt er sich eh net anschaun!
ERSTER KRIEGSBERICHTERSTATTER: Der Kaiser genießt unter den Soldaten ein blindes Vertrauen.
ZWEITER KRIEGSBERICHTERSTATTER: Sie sind schon glücklich, wenn er sie nur anlächelt, die Braven.

EIN HAUPTMANN: Fixlaudon, bißl fescher, gleich kommt Seine Majestät! Natürlich, Urlaub – das schmeckert euch. Habts glaubt, weil ihr in die Retablierung kommts, wird's an Urlaub geben. An Dreck. Seine Majestät kommt zur Besichtigung seines glorreichen Regiments und da darf kein Mann fehlen, Bagasch überanand!

ERSTER KRIEGSBERICHTERSTATTER: Schaun Sie her, das is interessant, was jetzt geschieht. Sie ziehn sich um. Neu ausstaffiert wern sie, vom Scheitel bis zur Sohle.

ZWEITER KRIEGSBERICHTERSTATTER: Was geschieht mit den alten Fetzen?

DER ERSTE: Die kriegen sie wieder, wenn der Kaiser weg is.

DER ZWEITE: Die Kompagnien sind auf einen Stand von 15 bis 60 Mann gesunken, die wird man doch natürlich auffüllen –?

DER ERSTE: Was heißt man wird? Sie sind doch grad dabei – dorten – schaun Sie her, wie sie auffüllen. Man wird doch dem Kaiser nicht Verluste von 2500 Mann zeigen, was glauben Sie!

DER ZWEITE: Mit was für Material wird aufgefüllt?

DER ERSTE: No mit Schuster, Schneider, Offiziersdiener, Köche, Tragtierführer, Pferdewärter, Marode und so – alle haben sie doch schon Gewehre und exerzieren schon. Wenn er nur schon da wär! Die Kälten soll ein anderer aushalten.

DER ZWEITE: Schaun Sie, was sie jetzt machen – was is das?

DER ERSTE: No das is doch klar, die dekorierte und besser aussehende Mannschaft wird ins erste Glied geschoben, sie wechseln aus.

DER ZWEITE: Das seh ich, aber was machen sie am Gesicht?

DER ERSTE: Was sie am Gesicht machen? Das wissen Sie nicht, Sie blutiger Laie? Sie reiben sich das Gesicht mit Schnee ein, damit jeder Mann eine gesunde Gesichtsfarbe kriegt, auch die Kranken.

DER ZWEITE: Das is eine glänzende Idee! Schaun Sie her, wie sie schon blühend aussehn! Was geschieht aber jetzt? Etwas wird verteilt.

DER ERSTE: Karten mit dem Bildnis des Kaisers. Dafür kriegen sie um die Hälfte weniger Brot.

DER ZWEITE: Da wern manche sein, was mit dem Tausch zufrieden sind, die Tapfern! – Gotteswillen, die Autos – hören Sie nicht?

Automobile kommen. Dickleibige Gestalten entsteigen ihnen, darunter eine schmächtigere, in dichtes Pelzwerk gehüllt, mit großen Ohrenwärmern. Man sieht kaum mehr als zwei Wülste von Lippen.

DER ERSTE: Sehn Sie, da können Sie es einmal erleben: der oberste Kriegsherr inspiziert an der Front die Truppen, die soeben aus der siegreichen Schlacht kommen, und läßt sich mit dem einfachsten Mann in ein Gespräch ein.
DER ZWEITE: Sein Wesen ist gewinnend. Sehn Sie sich an, wie ihm die Herzen zufliegen.
DER ERSTE: Jetzt elektrisiert er.
DER ZWEITE: Wenn man nur hören könnte, was er sagt, was sagt er?
DER ERSTE: Nichts. Aber er lächelt.
Man hört nun, von Mann zu Mann, von Zug zu Zug, in einem regelmäßigen Abstand von je fünf Sekunden entweder »Aha! Sehr schön!« oder »Aha! Sehr gut!« oder »Aha! Sehr brav!« oder »Aha! Nur so weiter!« Es dauert zwei Stunden. Verabschiedung von den Offizieren. Die Automobile fahren ab.
DER OBERST *(zum Major)*: Folgender Abendbefehl ist zu verlautbaren: »Seine Majestät hat sich über das Regiment besonders lobend ausgesprochen. Der Geist und das Aussehen der Truppen ist hervorragend, der Mut, der jedem einzelnen aus den Augen blickt, ein unvergleichlicher. Besonders freute sich Seine Majestät über die geringen Verluste, die das Regiment erlitten. Seine Majestät schloß: ›Nicht wahr, Herr Oberst, das Regiment wird auch wie bisher zu den treuesten Truppen seines Kaisers, seines Vaterlandes zählen und in den bevorstehenden Kämpfen, die wohl hart, dafür aber siegreich sein werden, voll und ganz seinen Mann stellen und so Lorbeer an Lorbeer an seine Fahne heften.‹ Ich erwiderte: ›Jawohl, Majestät, ich verspreche es.‹«
DER HAUPTMANN *(zu den Soldaten)*: Was ihr heute erlebt habts, davon könnts ihr noch euern Kindern und Kindeskindern erzählen, wanns wollts! Jetzt aber heißt es: Auf zu neuen Schlachten und Siegen! Und vor allem – ziagts gschwind die neuchen Uniformen aus!
DER ERSTE KRIEGSBERICHTERSTATTER: No steht das dafür? Sie, das is wirklich kein Vergnügen, bei 28 Grad!
DER ZWEITE KRIEGSBERICHTERSTATTER: No was hab ich Ihnen gesagt? Mir paßt der Dienst schon lang nicht! Mein Ressort is Theater – der Hoehn weiß doch! Ich wer einfach mit dem Divisionär sprechen, was mit dem Fronttheater is. Die Idee hat ihm imponiert.
DER ERSTE: Fronttheater? Sie schminken sich doch schon ab!
(Verwandlung.)

38. Szene

Hofburg. Pressedienst.

HAUPTMANN WERKMANN *(diktierend)*: Verehrliche Redaktion! Sie würden mir einen großen Gefallen erweisen, wenn Sie die heute erscheinenden, gewiß nicht zu langen Berichte über die Truppenbesichtigungen durch Seine Majestät und den Besuch Ihrer Majestät in der Ottakringer Kriegsküche tunlichst ungekürzt bringen wollten. Ich möchte besonderen Wert auf die Schilderung der Seiner und Ihrer Majestät dargebrachten Huldigungen legen. Ich selbst war Zeuge dieser wirklich überwältigenden Begrüßungen und habe in meinem Bericht gewiß nicht zu viel gesagt. Nehmen Sie im voraus meinen verbindlichsten Dank entgegen. Ihr ganz ergebener –
So und jetzt das:
Verehrliche Redaktion! Es liegt mir sehr viel daran, daß der Bericht über ein von Seiner kaiserlichen Hoheit Herrn Erzherzog Max geleitetes Sturmunternehmen, welcher in der Österreichisch-ungarischen Kriegskorrespondenz vom 27. d. veröffentlicht werden wird, möglichst allgemein veröffentlicht werde. Ich bitte Sie daher um zuverlässige Übernahme dieses Berichtes in Ihr sehr geschätztes Blatt. Nehmen Sie im voraus meinen verbindlichsten Dank entgegen. Ihr ganz ergebener –
(Verwandlung.)

39. Szene

Kärntnerstraße. Passanten umringen einen Operettentenor. Ein Hofwagen hält. Die Passanten grüßen. Ein Lakai öffnet den Wagenschlag.

ERZHERZOG MAX *(aus dem Wagen rufend)*: Serwas Fritzl! Kummst mit zum Sacher?
DER OPERETTENTENOR: I kann net, kaiserliche Hoheit – i wart auf ein Madl! *(Hochrufe für beide.)*
ERZHERZOG MAX: Ah so. Alstern serwas!
(Der Lakai schließt. Der Hofwagen fährt davon.)
EIN ZEITUNGSAUSRUFER: – – Erfolge am Piavee!
(Verwandlung.)

40. Szene

Eine Seitengasse. Unter einem Haustor ein Soldat mit zwei Medaillen auf der Brust. Die Kappe hängt ihm tief über das Gesicht. Ihm zur Seite seine kleine Tochter, die ihn geführt hat und sich nun bückt, um einen Zigarettenrest vom Trottoir aufzuheben, den sie ihm in die Tasche steckt. Im Hofe des Hauses ein Invalide mit einem Leierkasten.

DER SOLDAT: Jetzt sind's schon genug. *(Er zieht eine Holzpfeife hervor, in die das Mädchen den Tabak der Zigarettenreste hineinstopft.)*
EIN LEUTNANT *(der vorbeigekommen ist, dreht sich um, barsch)*: Können Sie nicht sehn?
DER SOLDAT: Nein.
DER LEUTNANT: Was? – Ah so –
(Er entfernt sich. Der Soldat, geführt von dem Kind, in die andere Richtung. Der Leierkasten spielt den Hoch Habsburg-Marsch.)
(Verwandlung.)

41. Szene

Armeeoberkommando.

EIN MAJOR *(zu einem andern)*: Von denen Fronten hat ma wirklich nix wie Verdrießlichkeiten. Schon wieder so Teuxelsberichte, wo ma rein nicht weiß, was ma machen soll. Gib ichs dem Waldstätten, wird er wüld, gib ichs ihm nicht, wird er aa wüld. Alstern was soll ma machen? Schau her:
»Bei manchen Regimentern ist eine Aufbesserung der Verpflegung dringend geboten, um die Leute in physischer Hinsicht in Schwung zu erhalten. Bei einer Division beträgt das Durchschnittsgewicht des Mannes 50 Kilogramm.« No also! – Und das:
»Jeder Deserteur im Hinterland, selbst wenn er in den Wäldern versteckt leben muß, kann sich besser ernähren als der Soldat an der Front.« Deserteur! Wie man nur so was hinschreiben kann!
»Was die Bekleidung betrifft, so ist oft keine volle Garnitur mehr vorhanden, da Hemd oder Unterhose oder beides fehlt. Der eine hat keinen Ärmel mehr am Hemd, dem andern fehlt der Rückenteil, der dritte besitzt nur halbe Unterhosen oder Fragmente von Fußfetzen. Malariafiebernde müssen nackt warten, bis ihre

Fetzen gewaschen und getrocknet sind.« Fetzen! Der Ton, den sich die Front gegen unsereinen erlaubt! Das is ja rein, als ob wir verantwortlich wären, war net schlecht! »Bei einem Regiment fehlt jedem dritten Mann der Mantel. Feldwachen mit Helm und Mantel ohne Hosen kommen vor.« Noja, muß gspaßig zum Anschaun sein. »Von soldatischem Ehrgefühl kann da nicht mehr gesprochen werden, die einfache Menschenwürde ist da verletzt.« No no, soll sich nix antun. Ein Ton is das! Diese Leute an der Front begreifen weder die eisernen Kriegsnotwendigkeiten noch wie man mit dem AOK zu verkehren hat. Das is ja rein, als ob wir den Krieg angfangen hätten! Und auf was für Ideen die Leut kommen. Schau her:
»Um die Stimmung zu heben, würde es sich empfehlen, die jüngeren Mitglieder des Allerhöchsten Kaiserhauses bei Kampftruppen und an schwierigeren Frontabschnitten einzuteilen.« Also da muß ich bitten – das is schon Beleidigung von Mitgliedern des kaiserlichen Hauses! Nein lieber Herr, um den Preis wern wir die Stimmung nicht heben – die wern wir denen Herrschaften schon anders heben! Das is schon der reine Defaitismus – Mitglieder des angestammten Herrscherhauses an die Front schicken! War net schlecht!
DER ANDERE MAJOR: Was regst dich auf? Gingerten s' denn?
(Verwandlung.)

42. Szene

Der Optimist und der Nörgler im Gespräch.

DER OPTIMIST: Glauben Sie mir, der junge Kaiser macht den Eindruck eines Mannes, der sich auf seinen Herrscherberuf gründlich vorbereitet hat.
DER NÖRGLER: Das glaube ich ohneweiters, als Thronfolger hatte er ja ein mit »Muskete«-Bildern austapeziertes Arbeitszimmer.
DER OPTIMIST: Sie glauben gar nicht, wie ernst er geworden ist.
DER NÖRGLER: Kein Wunder bei einem, der in keine Operette mehr geht, seitdem der »Walzertraum« nicht mehr gegeben wird.
DER OPTIMIST: Erlauben Sie mir, wenn man den »Walzertraum« schon fünfzigmal gesehn hat –

Der Nörgler: – dann muß der Mensch ernst werden, das ist wahr.
Der Optimist: Es hat sich auch sonst viel um ihn verändert. Die Schwärmerei der Jugend –
Der Nörgler: – für das Papageienkabarett –
Der Optimist: – die schöne wilde Garnisonszeit in Brandeis –
Der Nörgler: – das Kino in Reichenau –
Der Optimist: Da geht er auch nicht mehr hin.
Der Nörgler: Nach seinem hundertsten Besuch soll er erklärt haben, daß es ihm schon zu fad ist.
Der Optimist: Nein, glauben Sie mir, Sie unterschätzen seine geistigen Qualitäten.
Der Nörgler: Ich bin überzeugt, daß sein Gesicht eine übertriebene Vorstellung von ihnen gibt. Erst neulich hat mir jemand, der ihn kennt, versichert, daß er gut auffaßt. Das ist das höchste Lob, das Monarchisten für den Gegenstand ihrer Ehrfurcht aufbringen, wenn sie einen Zweifler bekehren wollen. Eigentlich sollte aber die Vorbedingung für den Herrscherberuf sein, daß ein Monarch besser auffaßt als seine Untertanen.
Der Optimist: Ist es ihm nicht hoch anzurechnen, daß er den Frieden will?
Der Nörgler: Auch diese Eigenschaft erhebt ihn nicht über die meisten Angehörigen seiner Monarchie. Ich zum Beispiel will den Frieden noch mehr und habe sogar noch keine Lüge ausgesprochen, um ihn zu vereiteln, wo ich durch die Wahrheit ihn hätte herbeiführen können. Und unsereins hat nicht einmal die Möglichkeit, auf einen Thron zu verzichten, wenn man einen Krieg nicht zu führen oder nicht fortzusetzen wünscht.
Der Optimist: Das ist das einzige, was an ihm ausgesetzt wird: er ist wankelmütig, wer zuletzt mit ihm spricht, behält recht.
Der Nörgler: Die Vielfältigkeit seiner Ansichten ist verblüffend. Denn er sieht aus, als ob er nur einfältig wäre.
Der Optimist: Aber alles in allem muß man doch zugeben, daß seine Entwicklung überraschend ist. Man hat Gutes von ihm erwartet und er hält, was er versprochen hat.
Der Nörgler: Das schon. Aber nicht, was er verspricht.
Der Optimist: Seine Zwiespältigkeit – daß er heute so und morgen anders redet –
Der Nörgler: – kommt offenbar von dem Naturspiel einer sächsischen Habsburgerlippe.
Der Optimist: Aber alles in allem ist er doch ein gemütliches Haus. Man kann sagen, was man will –

Der Nörgler: Ja wissen Sie, leider kann man aber nicht sagen, was man will.
Der Optimist: Was würden Sie sonst sagen?
Der Nörgler: Daß ich nicht der Untertan eines Operettenlieblings sein möchte. Daß es mir unmöglich ist, mir den Herrn Marischka oder den Herrn Fritz Werner auf einem Thron vorzustellen. Daß es noch weit gräßlicher ist, für einen Feschak Ehrfurcht empfinden zu sollen als für einen Lemur. Daß ich es unerträglich finde, von einem Schönpflug-Modell regiert zu werden. Von einem, der lächeln kann und immer lächeln – und den Mund nie zukriegen wird. Von einem Grüßer, der in der dazugehörigen Stellung verharrt.
Der Optimist: Und den lustigen Text zu dem Bild macht er auch. Er soll kürzlich bei der Hoftafel das köstliche Mot geprägt haben: »Was ist das Gegenteil von Apponyi? – A Pferd!«
Der Nörgler: Ich höre das wiehernde Gelächter derer, die uns in den Tod schicken können. Nein, es geht nicht. Den Winterfeldzug mache ich nicht mehr mit.
Der Optimist: Aber schauen Sie, Sie können ihm doch seinen Humor nicht ernstlich zum Vorwurf machen. Er hat eben die sprichwörtliche Leutseligkeit der Habsburger geerbt, von der nur Franz Ferdinand eine Ausnahme gemacht hat, und sogar Harden, der doch gewiß einen Kronzeugen abgibt, hat große Hoffnungen auf ihn gesetzt. Nämlich damals, als er nach der Sarajevoer Mordtat sich lächelnd am Arm seines Großonkels –
Der Nörgler: – Grußonkels dem Volke zeigte, der sogar durch seine Aufgeräumtheit das Bulletin Lügen gestraft hat, er habe zum Zeichen seiner tiefen Trauer das Dejeuner allein eingenommen. Vorgänger und Nachfolger empfahlen sich grüßend dem p. t. Publikum. Der Nachfolger rechtfertigte sogleich die an ihn geknüpften Hoffnungen durch den historischen Ausspruch: »Also – fahr' mr!«
Der Optimist: Übersehen Sie nicht die symbolische Bedeutung, die solchen Aussprüchen innewohnt.
Der Nörgler: Wie sollte ich? Der Vorgänger hat durch das Wort: »Die Linienwälle müssen fallen« in das Bollwerk der alten Zeit Bresche geschlagen.
Der Optimist: Und der Kronprinz Rudolf hat bekanntlich die Hoffnung ausgesprochen, daß ein »Meer von Licht« erstrahlen werde –
Der Nörgler: – als die Elektrizitätsausstellung eröffnet wurde. Aber wenn der sterbende Goethe nicht, wie die Legende be-

hauptet, »Mehr Licht!« gerufen hat, sondern nur: »Macht doch den zweiten Fensterladen auf, damit mehr Licht hereinkomme«, so dürfte mehr Licht darin gewesen sein als in sämtlichen Habsburgerworten, die freilich nach dem allerhöchsten Tarif von den ausstellenden Firmen geschätzt wurden und deren gehirnlähmende Wucht den von den Habsburgertaten heimgesuchten Völkern den Rest gegeben hat. Immerhin hat der Kronprinz Rudolf, dessen Gestalt zwischen den Fiakern Bratfisch und Mistviecherl kommenden Drahrergeschlechtern vorleuchten wird, seinen Kulturdurst bei Szeps und Frischauer befriedigt. Jedennoch, trostlos sind diese Habs- und Kalksburger als Wegbahner des Fortschritts, unter deren Ägide den Wissenschaften und Künsten nichts anderes übrig blieb als zu blühen. Ich meine, daß man sich nur wenige von ihnen mit einem Buch in der Hand vorzustellen vermöchte, nicht einmal mit einem von Smolle über die Vorzüge des Doppelaars. Ihrer aller geistiges Adelszeichen war, »gut aufzufassen«, was sie schlecht behalten haben. Aber von allen Aussprüchen Franz Josephs erscheint mir doch der im Anblick des Aquariums einer Kochkunstausstellung gesprochene als der authentischeste. Er sprach: »Ah Goldfische, die schwimmen ja wie natürlich!« Die geistig regsamsten und zugleich verläßlichsten unter den Habsburgern dürften noch die homosexuellen gewesen sein, und wenn von einem eine menschliche Regung überliefert wird, so liegt er gewiß auf Mallorca begraben und nicht in der Kapuzinergruft. Die andern, die ihre welthistorische Bestimmung, die Hausmacht durch Heirat zu mehren, ausleben konnten, und jene, die ihr zuwider das glückliche Österreich durch Kriegführung verkleinert haben, sie alle haben mehr Kaiserwetter gehabt, als ihre Völker Verstand. Sonst wäre das angestammte Pech, von Individuen regiert zu sein, denen man günstigsten Falls nichts anderes nachsagen konnte, als daß sie nicht beleidigt werden durften, längst unerträglich gewesen und der Übelstand, daß es im zwanzigsten Jahrhundert nicht nur Erzherzoge gab, sondern auch Hurentreiber von Beruf, die sich solche Würde zusprachen, noch vor einem verlorenen Kriege behoben worden. Der Gehirndruck, der von diesen Existenzen ausging, wird erst in seiner ganzen vernichtenden Schwere gefühlt werden, wenn er gewichen sein wird, was demnächst geschehen dürfte. Das walte Gott, der lange genug von einer opferfreudigen Bevölkerung angerufen wurde, sie zu erhalten und zu beschützen. Ich hoffe, den nächsten 18. beziehungsweise 17. August schon ohne die illuminierte Bereitschaft der Arschlecker zu feiern, die sich zu diesem Berufe in die Kurorte begeben hatten, und ohne die nachhallenden »Auch hier«-Schreie einer ehrlosen Presse, die es noch im Weltkrieg gewagt hat, diese Hinterlandsgemeinde vor der Front unseres blutigen Leides aufzubieten und die Flüche von Millionen Müttern in den Hochrufen der kaiserlichen Räte zu ersticken. Österreich, das ewige Weiland seiner kaiserlichen Hoheit, wird erst dann zu sich kommen, wenn es eines Tages erkennt, daß dort kein Gras wächst, wo ein elastischer Schritt hintrat; wenn es sich besinnt, Republiken zu bilden statt Spaliere, und mit jähem Entschluß den Salvators und Annunziatas das Hofwagentürl vor der Nase zuschlägt.

DER OPTIMIST: Das scheint aber noch in weiter Ferne zu liegen. Denn der Wagen der Blanka schien mir neulich erst respektvollste Beachtung zu finden, und wenn am Graben eine Verkehrsstockung entsteht, so ist sicher die anziehende Erscheinung des stattlichen Erzherzogs Eugen die Ursache.

DER NÖRGLER: Unleugbar ist insbesondere die Popularität des Erzherzogs Max, der vom Vater die Frohnatur geerbt hat, unter Umständen sogar über Särge zu galoppieren, wozu ja der Weltkrieg reiche Gelegenheit bieten würde.

DER OPTIMIST: Nur ein Nörgler kann es ihm übelnehmen, daß er –

DER NÖRGLER: – während der siebenten Isonzoschlacht eine Würstelsoiree im Polo-Klub veranstaltet hat, von der Gäste und Musikanten in Hofautomobilen transportiert wurden. Daß man gezwungen war, aufzustehen oder sein Haupt zu entblößen, wenn es dem blödgemachten Volke gefiel, einem seiner Gut- und Blutegel zu huldigen, einen dieser parasitischen Dummköpfe hochleben zu lassen, die auch während einer Offensive ihren Orgien und Bubenstreichen nicht entsagen konnten, erfüllt einen mit tiefer Scham, wie uns die Erinnerung an die offenbar zeitgebotenen Zusammenhänge von Kapuzinergruft und Nachtcafé mit Ekel überwältigt. Wer hätte sich nicht dieses lebendigste dynastische Gefühl für die spezifische Kaisertreue bewahrt, die unlösbar mit der dunstigen Vorstellung eines Animierlokals verknüpft bleibt, wo es plötzlich allerhöchst hergeht, zwischen den Gassenhauern der Liebe das Vaterland in seine Rechte tritt und, da die geweihten Melodien einer verblichenen Glorie schon durch die kriegerische Gegenwart entehrt sind, die nur hier denkbare Schmach ehrfürchtig gesinnter Schieber, Büffetdamen, Diebe und Wurzen aller Grade sich von den

Sitzen erhebt unter Assistenz flaschenfertiger Kellner, des Garderobepersonals und last not least der Toilettefrau. Es war das Milieu, in dem die Liebe zum angestammten Herrscherhaus am tiefsten verwurzelt war. Monarchisten, die nicht alle werden, die in einem Krieg nicht aussterben und die es selbst nach diesem noch geben wird, halten die majestätsbeleidigenden Eigenschaften einer regierenden Familie für nebensächlich und für ein Erbteil aller Dynastien. Aber sie werden nicht leugnen können, daß die Evidenz und Aufdringlichkeit dieser Eigenschaften, die Entartung in den Erlaubnissen einer gelockerten Zeit, die Skandal- ja Kriminalreife höchster Vorbilder in einer durch sie ausgebluteten Welt der monarchischen Idee nicht eben förderlich ist und daß diese einigermaßen von der Reue beeinträchtigt werden dürfte, einen Weltkrieg für eine Familie unternommen zu haben, die keinen Schuß Pulver wert ist. Wenn eine kaiserliche Hoheit nicht nur Generalinspektor der Artillerie, sondern auch Armeelieferant ist und im Treubund mit einem Schieber ein Millionengeschäft entriert, das zur Aushungerung der Front wesentlich beiträgt, dann muß die Volkshymne ehestens einen neuen Text bekommen, weil sonst die Verwechslung von Lorbeerreisern und Dörrgemüse unvermeidlich wäre. Lemuren, die a Ruh haben wollten und darum Krieg geführt haben, und Feschaks, die in ihm gedraht und gewuchert haben, werden uns nicht mehr regieren!

Der Optimist: Das, was uns alle in Wahrheit regiert, ist –

Der Nörgler: – das Gesicht des Wolf in Gersthof! Da sehen Sie ihn! Erinnern Sie sich an meine Prophezeiung? Vier Jahre – und wie ist er gewachsen! Der blutige Blick ist da und doch waltet Milde über diesem österreichischen Antlitz.

Der Optimist: Sie übertreiben. Danach wäre er ein Symbol unseres Wesens geworden wie der Kopf Hindenburgs für das preußische?

Der Nörgler: Da können wir nicht ran. Gut schaun mr aus – aber nicht so ernst und zuversichtlich! Wie einst Vater Radetzky auf uns obaschaute, so blickt jetzt das Haupt dieses abgeklärten Fiakerkutschers auf unser Wirrsal hernieder.

Der Optimist: Mein Gott, so ein Plakat – das besagt nichts weiter als –

Der Nörgler: – daß Millionen dahingehen mußten; er aber überlebt, ist überlebensgroß! Wenn aufs Jahr die Feinde kommen, die wern schaun!

Der Optimist: Ganz vermöchten Sie diese Verbindung zwi-

schen einem Plakat und dem Weltkrieg doch nicht auszudenken.
DER NÖRGLER: Usque ad finem! Wenn man die Plakate erschossen hätte, wären die Menschen erhalten geblieben.
DER OPTIMIST: Ich vermag Ihnen auf diesem Gedankengang nicht zu folgen.
DER NÖRGLER: Bleiben Sie getrost zurück. Der Monolog, den ich mit Ihnen führe, hat Sie erschöpft. Die Realitäten, die Sie nicht sehen, sind meine Visionen, und wo sich für Sie nichts verändert hat, erfüllt sich mir eine Prophezeiung. Zwischen meiner Voraussage, daß der Weltkrieg die Welt in ein großes Hinterland des Betrugs, der Hinfälligkeit und des unmenschlichsten Gottverrats verwandeln wird, und meiner Behauptung, daß es geschehen sei, liegt nichts als der Weltkrieg. Um dieser Behauptung dieselben Zweifel entgegenzustellen wie jener, brauchen Sie nichts zu tun, als den Zustand der Welt auszuschalten. Sind Sie nicht ein Nörgler am Ideal, dessen Entehrung durch die Welt Sie gewähren lassen? Ich Optimist muß, da sich meine Prophezeiungen erfüllen, es erleben, daß mein frömmster Wunsch unerfüllt blieb. Am Ursprung dieses Unheils hatte ich Gott gebeten, es in Stadt und Staat die Mißgebornen fühlen zu lassen, daß es vollbracht ist. Aber er hat nicht ihr Blut genommen zur Sühne für die Tat, die am Anfang war, das Blut der Betrüger, der Hinfälligen und der Gottesverräter. Er ließ sie dafür das Blut der andern opfern und unversehrt den Mord der Welt überleben. Wahrlich, wenn Gottes Wege nicht unerforschlich wären, so wären sie unbegreiflich! Warum doch hat er uns kriegsblind gemacht! Hier tappen sie durchs Leben, Krüppel und Gelähmte, zitternde Bettler, altersgraue Kinder, irrsinnige Mütter, die von Offensiven geträumt hatten, Heldensöhne mit den Flackeraugen der Todesangst, und alle, die keinen Tag mehr haben und keinen Schlaf und nichts mehr sind als die Trümmer einer zerbrochenen Schöpfung. Und dort lachen jene, die sich des Eingriffs vermessen haben, des Richters über den Sternen, der zu hoch thront, als daß sein Arm sie erreiche. Ist's nicht erfüllt? Keine Narbe bleibt ihrer Seele, die nie verwundet ward von dem, was sie getan, gewußt, geduldet. Der Menschheit ist die Kugel bei einem Ohr hinein und beim andern hinausgegangen. Weg von diesem lachenden Grauen! Weg von diesem österreichischen Antlitz, von dem unendlichen Behagen dieser Blutlache!
(Verwandlung.)

43. Szene

Stadtpark. Mittag. Eine unübersehbare Menschenmenge umsteht die Terrasse des Kursalons.

EIN ZEITUNGSAUSRUFER: Mittagszeitung! Die Piaveschlacht! Der österreichische Sturmangriff!
EINE DAME: Gott ich bin so aufgeregt –
EINE ZWEITE: No zeichnest du denn Kriegsanleihe?
DIE ERSTE: Ich? Was fällt dir ein, begierig bin ich –
(Das Publikum wird ungeduldig.)
EIN HERR: Meine Herrschaften bitte nicht drängen –!
EIN GÖTTERGATTE: Du wirst sehn, es is ein Aufsitzer!
DIE GÖTTERGATTIN: Also wenn ich dir sag wenn in der Zeitung früh gestanden is –
DER GATTE: Hier hast du die ›Zeit‹ – wo steht das bittich?
DIE GATTIN: No bist du blind? Hier an der Spitze, noch vor dem Leitartikel –
DER GATTE: Auf Ehre. An der Stelle hab ich es nicht vermutet – *(er liest)* Heute Donnerstag den 23. Mai, mittags 1/21 Uhr wird auf der Terrasse des Kursalons im Stadtpark Herr Hubert Marischka vom Theater an der Wien jener Dame, welche das größte Opfer für die VIII. Kriegsanleihe bringt, einen Kuß verabreichen. – Also das sag ich dir im Voraus, du wirst mir kein Opfer für die VIII. Kriegsanleihe bringen, hörst du?!
DIE GATTIN: No no, reg dich nicht auf, ich will mir doch nur ansehn! Glaubst du, daß alle was gekommen sind, gleich Kriegsanleihe zeichnen wern? Man will doch bloß sehn!
DER GATTE: Man wird doch da sehn – du wirst sehn, es is ein Aufsitzer. Komm weg aus dem Gedräng! Weißt du was es sein wird – ich wer' dir sagen, ein Film wird es sein!
DIE GATTIN: Du möchtest einem alles vermiesen! No und wenn es schon ein Film is – sieht man doch auch den Marischka, wie er einen Kuß gibt.
DER GATTE: Auch ein Vergnügen, wenn es gestellt ist!
EIN DICKER SCHIEBER *(am Arm eines Mädchens, trällernd)*: Kissen is keine Sind – a scheenes Kind –
DAS MÄDCHEN: Geh hör auf, das is doch vom Girardi, den hab ich nie leiden können!
EIN BEGLEITER: Nicht ausstehn hab ich ihn können. Mein Mann is der Thaller.
STIMME EINES SKEPTIKERS: No und der Treumann is e Hund –?

Fräulein Körmendy: Gott der Marischka, ich bin so aufgeregt!
Fräulein Löwenstamm: Ich zeichne nur Kriegsanleihe, wenn der Storm einen Kuß gibt!
Fräulein Körmendy: Gott dort kommt –
Fräulein Löwenstamm: – der Nästelberger!
Ein Feschak *(zu einer Funzen):* Kstiand meine Gnädigste – Ohne den Göttergatten –? Oh, ich hab für Gnädigste ein Protektionsplatzerl – Momenterl! –
(Murren im Publikum.)
Rufe: Es is ja nur ein Film! – Schwindel! – Wo bleibt der Marischka? – Hoch Marischka! – Es is doch ein Saschafilm! – Schwindel! – Die solln wem andern pflanzen!
Ein Zeitungsausrufer: Mittagsjournal! Die Vorbereitungen am Piave!
Ein Redner: Meine Herrschaften! Harren wir noch aus und Sie werden sehn –
Ein anderer: Wenn es nur ein Saschafilm is, hätt man das gleich sagen sollen! Da sind viele Damen, die ein Opfer für die Kriegsanleihe gebracht haben, und jetzt stehn sie da!
Rufe: Pfui! – Schkandal! – Wo bleibt der Marischka!
Ein dritter: Der Marischka soll abgesagt haben!
Eine Gruppe: Wie kommen wir dazu? – Jetzt stehn wir eine geschlagene Stunde da –! wir derstessn uns –! Unsere Frauen –!
Eine andere Gruppe: Bravo! So ist es! – Wo ist das Komitee? – Pfui!
Einer *(kommt atemlos gelaufen):* Ich weiß ein Gerücht – Marischka hat abgesagt!
Ein anderer: No natürlich – hab ich mir gleich gedacht – er wird doch nicht selbst küssen!
Ein älterer Herr *(vor sich hinsummend):* Geh – sag – Schnucki zu mir –
Ein junger Mann mit Gürtelrock und weissen Gamaschen *(trällert, indem er dabei tanzartige Bewegungen ausführt):* Sterngucker – Sterngucker – nimm dich in Acht –
Sein Freund: Du, wirklich wahr, du wirst ihm immer ähnlicher.
Die Steffi: Aber der ganze Marischka! Dezsö laß dich küssen!
Der junge Mann: Ich bin imstand und tritt für ihn auf.
Die Steffi: Untersteh dich.
Der junge Mann: No glaubst du, ich tausch mit dem Marischka –? *(Obige Melodie:)* Vierzehn Wa–gon hab ich – angebracht. *(Gelächter.)*

(Wachsende Unruhe im Publikum.)
RUFE: Was heißt das? – Komitee! – Wofür hat man uns hergelockt? – Pfui!
EIN AUFWIEGLER: So etwas is nur in Wien möglich! Die Leut glauben rein, daß man seine Zeit gestohlen hat!
DER VERTRETER DER FILM-GESELLSCHAFT *(erscheint)*: Hochverehrtes Publikum! Beruhigen Sie sich! Man hat Sie nicht betrogen! Es handelt sich um einen im Auftrag des k. u. k. Kriegspressequartiers aufzunehmenden Werbefilm für die Kriegsanleihe. Die Publikation, der die Saschafilmgesellschaft vollständig fernsteht, ist offenbar einem patriotischen Beweggrund entsprungen. Wir selbst hatten ein Interesse daran, daß die Filmprobe unter größtmöglichstem Ausschluß der Öffentlichkeit stattfindet, aber da Sie nun einmal erschienen sind –
RUFE: Bravo! – Schwindel! – Hoch Marischka! – Wo is der Marischka? – Wir wollen den Marischka sehn!!
Das Publikum drängt unter lebhaften Hoch- und Pfui-Rufen vorwärts und stürmt die Terrasse, zahlreiche Stühle und Tische werden umgeworfen, das Geländer der Terrasse zerstört und auch am übrigen Inventar beträchtlicher Schaden angerichtet.
DER RESTAURATEUR *(ringt verzweifelt die Hände, ermannt sich aber und ruft dem Filmregisseur zu)*: Sö – dös müassen S' zahln!
DIE MENGE: Marischka! Marischka!! Marischka!!!
DER VERTRETER DER FILM-GESELLSCHAFT *(in größter Erregung)*: Unter solchen Umständen – ist die Probe abgesagt!
RUFE: Eine Frechheit! – Was sich die Leut mit einem erlauben! – Pfui!! – Wo bleibt die Polizei? – So ein Skandal im Krieg! – Alles is zusammengebrochen!
(Es bilden sich Gruppen, die das Ereignis in größter Erregung besprechen.)
DIE GÖTTERGATTIN: Also er kommt nicht! Die ganze Kriegsanleihe kann mir –
DER GÖTTERGATTE: Gotteswillen –!
DIE GATTIN: Also gib wenigstens das Abonnoma auf die ›Zeit‹ auf!
DER GATTE: Beruhige dich. No siehst du – also was hab ich gesagt?!
DIE GATTIN: Natürlich –! das freut dich –! so bis du –! geh weg, ich kann dich nicht mehr sehn! alles vermiesen –
DER GATTE *(trällernd)*: Weibi, Weibi, sei doch nicht so hart –
(Die Menge zerstreut sich.)
DER DICKE SCHIEBER: Gehma zahaus und sagma es war nix.

Ein Zeitungsausrufer: Mittagszeitung! Die Piaveschlacht! Der österreichische Sturmangriff!
(*Verwandlung.*)

44. Szene

Der Nörgler und der Optimist im Gespräch.

Der Optimist: Und was wäre dann der Heldenruhm?
Der Nörgler: Das ersehen Sie aus dieser Theaterkritik. Ich möchte sie mit Ihrer Stimme gelesen hören. Gibts ein Fronttheater, gibts auch eine Theaterfront. Oder auch umgekehrt. Der Wechsel ist schaurig.
Der Optimist (*liest, zuweilen die Stimme erhebend*): Bürgertheater. Den Witwen und Waisen der Helden von Uszieczko galt der heutige Abend im Bürgertheater. Die Ersatzeskadron des k. u. k. Dragonerregiments Kaiser Nr. 11 (Oberstleutnant Baron Rohn) hat für die Witwen und Waisen der bei Uszieczko gefallenen Kameraden eine Festvorstellung veranstaltet. In aller Erinnerung ist das ruhmvolle Heldenstück der Kaiserdragoner vor der Brückenschanze am Dnjestr. Gegen zahllose Stürme haben sie den vorgeschobenen Posten gehalten, der vielfachen Übermacht getrotzt, bis nach monatelangem heißen Streiten die Massen der Feinde die zu einem Trümmerhaufen gewordene Schanze endlich bezwingen konnten. **Mitten durch die feindlichen Reihen bahnte sich das übriggebliebene Häuflein der Kaiserdragoner, von seinem Kommandanten Oberst Planckh geführt, dennoch den Weg zu den Unsrigen. Die Tapferen von Uszieczko grüßte heute das Wiener Publikum auf der Bühne des Bürgertheaters und brachte ihnen eine stürmische Huldigung dar.** Dieser schöne Gedanke, die Helden von Uszieczko zu feiern, lag dem szenischen Vorspiel zugrunde, das die feinsinnige heimische Dichterin Irma v. Höfer für diesen Anlaß verfaßt hat. Sie hat die Örtlichkeit der heißen Kämpfe zum Schauplatz der Szene gemacht, und Maler Ferdinand Moser hat die Landschaft am Dnjestr mit glücklicher Hand auf die Bühne gezaubert. Vor der Schanze, hinter der sich im Dämmerlichte des Mondes der Dnjestr wie ein Silberfaden hinzieht, sind die Kaiserdragoner gelagert, und die heute die Bühne belebten, standen noch vor

kurzem im fürchterlichen Ringen am Dnjestr. Die meisten von ihnen trugen die wohlverdienten Auszeichnungen. Hofburgschauspieler Skoda interpretierte in der Uniform eines Dragoneroffiziers den gehaltvollen und fesselnden Prolog von Irma v. Höfer. Er erzählt von dem Ruhme der Kaiserdragoner, von den Heldentaten der »Elfer«, von dem Ausharren in allen Angriffen, ist von zündender Begeisterung und tiefem Empfinden erfüllt. Während der Kaiserdragoner im Morgengrauen den Überfall des Feindes erwartet, denkt er an sein Heim, an Mutter, Gattin und Kinder, streichelt und küßt die letzte Postkarte von den Lieben und geht darauf vor den Feind. Das Vorspiel von Irma v. Höfer ist eine poetische, formschöne Darstellung der letzten Heldentat der Kaiserdragoner und gibt in großen Umrissen die Geschichte des ruhmvollen Regiments. Nach der glutvollen Ansprache des Offiziers, die Herr Skoda mit rhetorischem Schwung und pathetischer Steigerung hinreißend vortrug, wurde das neue Regimentslied von Rittmeister Zamorsky, einem Helden von Uszieczko, mit dem anfeuernden Text von Frau Rittmeister Perovic gesungen. Dann zogen die Gestalten der Führer und Inhaber des berühmten Regiments vorüber, des Obersten Heißler, Prinz Eugen, Radetzky und schließlich unseres Kaisers. Der Regimentstrompeter blies »Zum Gebet!« Die Soldaten auf der Bühne knieten nieder und stimmten die Volkshymne an, in deren Töne das Publikum, in dem man außer den höchsten militärischen Kreisen auch die Spitzen der Zivilbehörden und die Vertreter der vornehmsten Gesellschaft bemerkte, einfiel. Rauschender Beifall folgte diesem Vorspiel der Frau v. Höfer, welche die Ereignisse der jüngsten Tage mit lebender Kraft und greifbarer Plastik auf die Bühne gebracht hat. Dann mußte der Vorhang des öftern in die Höhe gehen und das übervolle Haus jubelte den Helden begeistert zu, die stramm salutierend dankten. Irma v. Höfer war Gegenstand rauschender Ovationen und es wurde von vielen Seiten der Wunsch laut, daß die Dichtung durch weitere Aufführungen breiteren Schichten zugänglich gemacht werde. Dem szenischen Prolog folgte die Aufführung von Eyslers »Der Frauenfresser« mit Fritz Werner und Betty Myra in ihren bekannten Glanzrollen – – Nein! Das kann nicht wahr sein!
Der Nörgler: Wie denn also?

Der Optimist *(sieht noch einmal in die Zeitung und sagt)*: Das Publikum jubelte den Helden begeistert zu – die stramm salutierend dankten. *(Pause. Er sieht den Nörgler an.)* Das kann nicht wahr sein! Was – wäre dann der Heldenruhm?
Der Nörgler: Ein Theaterstück. Oder: Ein morscher Hügel, auf dem das Unkraut rot wie Feuer steht – wie ein chinesischer Kriegsdichter sagt. Ein deutscher Hausierer denkt weit weniger defaitistisch.
Der Optimist: Wie meinen Sie das? So sollten Sie von diesen Dingen nicht sprechen. Der Heldenruhm ist keine Hausiererware.
Der Nörgler: Doch. Lesen Sie nur diesen Ausschnitt aus einem Fachblatt, den mir jemand zugesandt hat.
Der Optimist *(liest)*: Wichtige Mitteilung für Hausierer! Falls Sie Interesse für einen glänzenden 1 Mk.-Verkaufs-Artikel haben, empfehlen wir Ihnen unser patriotisches Gedenkblatt: »Er starb den Heldentod fürs Vaterland«. Größe des Bildes: 44×60 cm. Dasselbe ist in hochkünstlerischer Kupferstich-Imitation ausgeführt und eine Zierde als Wandschmuck für jede Familie, die einen ihrer Angehörigen auf dem Felde der Ehre verloren hat. Es zeigt neben ergreifenden Schlachtenbildern aller Waffengattungen ein stilles Soldatengrab, darunter Name und Ort des Gefallenen eingetragen wird. Seine Photographie, von einem Eichenkranz umrahmt, wird inmitten des Bildes befestigt und von den Strahlen des darüber befindlichen Eisernen Kreuzes glorifiziert, während ihm die Friedensgöttin den Sieges-Lorbeer reicht. Se. Majestät der Kaiser ist sichtbar, den Volksvertretern die denkwürdigen Worte: »Ich kenne keine Parteien mehr!« zurufend, und aus den Wolken leuchten verklärt die Antlitze der Gründer des Deutschen Reiches: Kaiser Wilhelm I., Bismarck und Moltke, hervor. – Ein Gedenkblatt, so vornehm und ergreifend, daß es von Arm und Reich begehrt sein wird. Übertrifft bei weitem alles, was bisher in diesem Genre erschienen ist! Preise für Wiederverkäufer – – Das kann nicht wahr sein! – Sagen Sie, daß es – von Ihnen ist – daß das alles von Ihnen ist!
Der Nörgler *(drückt ihm die Hand)*: Ich danke Ihnen. Es ist von mir.
(Verwandlung.)

45. Szene

Innsbruck. Maria Theresienstraße. Mitternacht. Menschenleer. Ein Mädchen tritt auf, in ihrer Rechten hält sie einen Säbel, mit dem sie herumfuchtelt. Von der andern Seite ein Metzgergehilfe.

DER METZGERGEHILFE: Ja was war nacher dös? *(Er erkennt sie)* Ja – *(er packt den Säbel.)*

DAS MÄDCHEN MIT DEM SÄBEL: Auslassen – Auslassen sag ich –!

DER METZGERGEHILFE: Sie sein eine Protestierte! Sie ham mich vorige Woch'n zu Ihnen gewunken! Sie derfen keinen Säbel nicht tragen! *(Er entreißt ihr den Säbel.)* Wie käm denn so eine Person zu ein' Säbel, jetzt im Krieg –

Drei Offiziere erscheinen im Laufschritt; einer ohne Säbel.

DER OFFIZIER OHNE SÄBEL *(wankend)*: Oho! Wer hat denn da meinen Sabul? Hergeben auf der Stelle! *(Er will dem Metzgergehilfen den Säbel entreißen.)*

DER METZGERGEHILFE: Tschuldigen schon Herr Oberleutnant, aber diese Dame ist mir wohlbekannt – es ist eine Person – diese Person ist eine Protestierte – da bin ich verpflichtet – da muß ich den Säbel doch auf die Wachstuben bringen – oder nicht? Wie käm denn so eine Person zu ein' Säbel?

DER OFFIZIER OHNE SÄBEL *(energischer werdend)*: Kerl, hergeben oder – *(er greift an die Stelle, wo sonst der Säbel ist.)*

DER METZGERGEHILFE: Das gibts nicht, daß so eine Person einen Säbel hat! Das muß angezeigt wern!

DER ZWEITE OFFIZIER *(zieht seinen Säbel)*: Kein Aufsehn! Willst du Fallot auf der Stelle –

DER DRITTE OFFIZIER *(ihn zurückhaltend)*: Kein Aufsehn, Waber, gscheit sein! Das is eine bsoffene Gesellschaft!

DER METZGERGEHILFE *(fuchtelt mit dem Säbel)*: Was? Bsoffene Gesellschaft? Herr Oberleutnant, schaun S', ich hab auch einen Säbel!

DER OFFIZIER OHNE SÄBEL *(packt ihn beim Arm)*: Fallot!

DAS MÄDCHEN OHNE SÄBEL: Geh Pipsi, stell dich nicht her – mit so Zivilisten!

DER METZGERGEHILFE: Wachmann! Wachmann! Das wern wir sehn!

Zwei Wachleute kommen. Alle sprechen auf sie ein.

DER ERSTE WACHMANN: Aber bitte, bitte, Herr Oberleutnant, nur kein Blutvergießen – jetzt im Krieg!

DER DRITTE OFFIZIER: Hörst, kein Blutvergießen, gscheit sein!

DER ZWEITE WACHMANN: Kommen die Herrschaften alle mit aufs Hauptwachzimmer im Rathaus, dort wern wir schon ins Reine kommen.
Ein Inspektionsoffizier erscheint. Alle sprechen auf ihn ein.
DER INSPEKTIONSOFFIZIER: Was is denn? Jede Nacht gibts was. Du, die kenn ich schon. Du bist nicht der erste, dem s' mit'n Säbel durchgeht. Also da hast ihn! *(Er nimmt dem Metzgergehilfen den Säbel ab und überreicht ihn dem Oberleutnant, der ihn fallen läßt. Die Kameraden sind ihm behilflich.)* No was is mit der Person?
DER METZGERGEHILFE: Vorige Woch'n hat s' mich zu ihr gewunken! Das ist eine Protestierte – ist das!
BEIDE WACHMÄNNER *(zum Mädchen ohne Säbel)*: Sie mir scheint, Sie ham kan Schein!
DER INSPEKTIONSOFFIZIER *(zum Oberleutnant)*: Du Pöffl, warst mit ihr?
BEIDE WACHMÄNNER *(zum Mädchen ohne Säbel)*: Sie, Sie führn einen unbefugten Lebenswandel!
DER ERSTE: Wegen Verdachtes von Geschlechtskrankheiten –
DER ZWEITE: – und gewerbsmäßiger Unzucht ohne Erlaubnisschein –
BEIDE: – gehn S' mit auf die Wachstuben!
DER INSPEKTIONSOFFIZIER: Solche Witz mit'n Säbel mitten im Krieg meine Liebe wern Ihnen teuer zu stehn kommen! Das is schon der dritte Fall, von dem ich weiß.
DAS MÄDCHEN OHNE SÄBEL *(auf den Oberleutnant zeigend)*: Bitte, der is mein Freund! Gelt Pipsi, du bist mein Freund?
DER OFFIZIER MIT SÄBEL *(auf den Metzgergehilfen zeigend)*: Der soll auch mit! Der hat meinen Säbel angerührt!
DER METZGERGEHILFE: Bitt, ich bin unschuldig –!
DER INSPEKTIONSOFFIZIER: Du Pöffl, hast ihr den Schandlohn gegeben?
DAS MÄDCHEN OHNE SÄBEL *(indem sie abgeführt wird, zurückrufend)*: Ich bin keine so eine –! Ich bin nur vazierend –! Zwanzig Kronen krieg ich von ihm –! Zwanzig Kronen –! Blitzen, pfui Teufel! –
DER METZGERGEHILFE: So ein Schlampen! Herr Oberleutnant wern sich doch nicht mit so ein' Schlampen abgeben!
DER OFFIZIER MIT SÄBEL: Der hat meinen Säbel angerührt! *(Er will den Säbel ziehen.)* Frontschwein! Hurenpack! Wer mir in die Näh kommt –! Warts – Sabul – Rock des Kaisers – uah – *(Er übergibt sich. Die andern ziehen ihn fort. Die Straße ist menschenleer.)*
(Verwandlung.)

46. Szene

Zwei Verehrer der Reichspost, schlafend.

ERSTER VEREHRER DER REICHSPOST *(aus dem Schlaf sprechend)*: – und bat, die Huldigung der kaisertreuen Bevölkerung an den Stufen des allerhöchsten Thrones niederzulegen, Bürgermeister Weiskirchner antwortete, meine lieben Wiener, ihr lebt eine große Zeit mit, in unentwegter Treue huldigen wir unserem geliebten alten Kaiser, brausende Hochrufe, wir gedenken auch des Bundesgenossen in schimmernder Wehr, donnernde Heilrufe, und heute –

ZWEITER VEREHRER DER REICHSPOST *(aus dem Schlaf sprechend)*: – und heute war der italienische Botschafter bei unserem Minister, um die feierliche Erklärung abzugeben, daß Italien in Treue Österreich zur Seite stehe, stürmische Evvivarufe – Katzel –

DER ERSTE: In Prag, Brünn und Budweis, überall jubeln s' den kaiserlichen Entschließungen zu.

DER ZWEITE: Allerhöchstes Hoflager in Ischl!

DER ERSTE: In Serajevo haben s' Gott erhalte gsungen.

DER ZWEITE: Fürst Alfred Windischgrätz hat sich freiwillig zum Kriegsdienst gemeldet.

DER ERSTE: Der Kaiser hat während des ganzen Tages in angestrengtester Weise gearbeitet.

DER ZWEITE: Soldatenvater.

DER ERSTE: Am 27. zwischen 12 und 1 Uhr wurde im Postsparkassenamt die finanzielle Vorsorge für den Krieg getroffen.

DER ZWEITE: Die Approvisionierung Wiens für die Kriegsdauer wurde vom Bürgermeister gemeinsam mit dem Ministerpräsidenten und dem Ackerbauminister gesichert.

DER ERSTE: Keine Teuerung durch den Krieg.

DER ZWEITE: Nur Tugenden.

DER ERSTE: Welch einen Schatz von Tugenden hat doch dieser Krieg schon gehoben.

DER ZWEITE: Ein gar strenger Lehrmeister der Völker.

DER ERSTE: Prometheischer Erringer von Licht und Klarheit.

DER ZWEITE: Lichtbringer – Lebensspender – Katzelmacher –

DER ERSTE: Kriege sind Prozesse der Läuterung und Reinigung, sind Saatfelder der Tugend und Erwecker von Helden.

DER ZWEITE: Renaissance österreichischen Denkens und Handelns.

DER ERSTE: Ramatama!
DER ZWEITE: Rrtsch – obidraht!
DER ERSTE: Wir sind für den Frieden, wenn auch nicht für den Frieden –
DER ZWEITE: Um jeden Preis!
DER ERSTE: Noch ist Lemberg –
DER ZWEITE: – in unserem Besitze.
DER ERSTE: Belgrad und Deschenee im intimsten Familienzirkel eingenommen – dinatoor – begaben sich –
DER ZWEITE: Elastischen Schrittes.
DER ERSTE: Kurz und gut –
DER ZWEITE: Gut und Blut –
BEIDE: Allerhöchstes Hoflager!
(Verwandlung.)

47. Szene

Separatcoupé erster Klasse. Im finstern Gang ein Haufen von Koffern und Körpern.

DER OBERSTLEUTNANT DES GENERALSTABS MADERER VON MULLATSCHAK *(liegt betrunken im Coupé, lallend)*: Ich und du – blinde Kuh – der größere Gauner das bist du! – Huupp – Hupf mein Mäderl – umarme dich im Geiste, mein Lumperl – hast die 600 Kilo Dörrgemüse? – Was? Was? Aber na, aber na! – ah daschaurija – 100 000 Kronen per Waggon hast gmacht – ich noch nicht – du Schlankl! du Schlankl! – Ich – hab ein – kolosales Geschäft – mit Speck in petto – nein, kein Veto! – Kajestät der Maiser – kann mich gern haben – Was? Der dalkerte Ehrenpunkt – Le – Leleopold – schmeiß ihm 'n Lleopoldsorden – heut trommel ich auf dein' Kakadu den Radetzkymarsch – Ehrenpunkt – Gfraßt – das soll er seiner Schwiegermutter erzähln – die macht noch bessere Gschäften – oder seiner Tant – recht hams – wann ich eine Herz – erzogin war – ich raubert die Schatzkammer aus – und der Sal – Salvator! – ujegerl, hammer an Gspaß ghabt – was Schatzi – is ja eh alles Wurscht – bin gedeckt – was – Mutzigam – haha! hoho! huhu! – ich – bin riesig stolz – ich hab jetzt ein Sparkassabuch – das is mein Reglement! – huupp – mein Lumpi – ich kann nur sagen – ich bin sehr zufrieden mit dem Krieg! – jeder Waggon fünftausend Kronen Pro – Provision –

lauft als Müli – Mülidärfrachtgut – der Jud – zahlt gut – aber
daß du nicht glaubst – daß du nicht glaubst, ich arbeit nicht selber auch – oh der Speck – der Speck – wirst schon sehn – was
schaute denn? standeswidrige – Zivilistenbagasch – huupp –
alle hab ich außischmeißn lassen – ausn Coupé – das andere wissen S' eh – mein Lumpi – sollns sich derstessn – hängts euch alle
auf – ah woos, häng mrs alle auf – sollns krepiern – fürs Vaterland, wanns – auf der Maschikseiten – Herstellt! – den bsoffenen
Kerl hab ich – huupp – erschießen lassen – bin gedeckt – Mausi –
ich bring dir – raten, raten! – schmecks – hundertzwanzig Pfund
Schweinernes! *(Fährt auf, sieht auf die Uhr.)* Was – elf is schon?
Gleich – sama do – in Steinbrück – huupp – oha – jetzt – jetzt –
wann s' jetzt nicht parieren – ich hab telephonisch – Befehl geben, daß der Dings – den Schnellzug warten laßt – er weiß ja
nicht, der Trottel – daß es – für dich, mein Arscherl – Sakra heut
bin ich aber geil auf dich – warum kommt er nicht – der Saukerl
von an Burschen – gleich is Steiermark – Steinbrück – er – er
ließ schlagen – eine Brucken – brr – was schauts denn? – Stein –
Steinbrück – wann er nur kan Pallawatsch – einen Schlof *(Gähnen)* – haab ich – uäh – es is – alles – Wurscht –
(Verwandlung.)

48. Szene

3000 Meter hoch.

DER FÄHNRICH *(im Halbschlaf)*: Vier Jahre – Gott, Gott, wozu
– das – alles – Helene – ach – wo – bist du –
Die Schalek erscheint.
DIE SCHALEK: Also was empfinden Sie jetzt, was denken Sie
sich, Sie müssen sich doch etwas – *(Batteriesalve.)*
(Verwandlung.)

49. Szene

Der Optimist und der Nörgler im Gespräch.

DER OPTIMIST: Wenns nur schon zu Ende wäre! Was sagen Sie zu den Grab- und Leichenschändungen bei den Engländern und Franzosen? Die deutsche Propaganda behauptet, daß die Knochen der Gefallenen verwertet werden und aus Soldatenleichen Fett gewonnen wird.

DER NÖRGLER: Ich kann es nicht nachprüfen, aber als Metapher scheint es mir eine weitere Realität zu beglaubigen, dem weltüblichen Sachverhalt zu entsprechen und ganz und gar den Gebrauch zu bezeichnen, den die überlebende Menschheit in allen ihren Bestrebungen und Interessen vom Heldentod und von der Glorie macht.

DER OPTIMIST: Wenn man Sie sprechen hört, möchte man allerdings glauben, daß der allgemein erwartete Seelenaufschwung tatsächlich nicht eingetreten ist.

DER NÖRGLER: Fast glaube ich es selbst. Aber ich glaube auch, daß das Blutgeschäft, das die Agenten mit dieser Chance verlockend machen wollten, als der größte Bankrott, den je der Planet erlebt hat, enden wird. Und vor allem in den Reichen dieser mißgebornen Mittelwelt. Denn wir haben den Mord mit der Bibel und den Raub mit der Fibel in der Hand betrieben. Wir wollten den Weltmarkt in der Ritterrüstung erobern – wir werden mit dem schlechteren Geschäft vorlieb nehmen müssen, sie am Tandelmarkt zu verkaufen.

DER OPTIMIST *(will eine Zigarette anzünden):* Sonderbar, kein Zündholz fängt.

DER NÖRGLER: Das kommt vom Ultimatum an Serbien.

DER OPTIMIST: Ich sage, kein Zündholz fängt!

DER NÖRGLER: Ich sage, weil es gelungen ist, die Welt in Brand zu stecken!

DER OPTIMIST: Besteht auch hier ein Zusammenhang?

DER NÖRGLER: Gerade hier! Nichts von allem was wir stündlich berühren, ist unverändert geblieben, innen und außen, in Wert und Preis. Hätte 1914 ein Staatsmann gelebt, der so viel Phantasie hatte, zu wissen, daß 1918 kein Zündholz zünden werde, er hätt's mit der Welt nicht getan! Er hätte den Krieg, den er erklären sollte, auch gesehn und dazu den Frieden, in den aller Jammer noch wachsend hineinreichen wird.

DER OPTIMIST: Aber wenn einmal der Friede kommt –

DER NÖRGLER: – so wird der Krieg beginnen!
DER OPTIMIST: Jeder Krieg wurde doch noch durch einen Frieden beendigt.
DER NÖRGLER: Dieser nicht. Er hat sich nicht an der Oberfläche des Lebens abgespielt, sondern im Leben selbst gewütet. Die Front ist ins Hinterland hineingewachsen. Sie wird dort bleiben. Und dem veränderten Leben, wenns dann noch eines gibt, gesellt sich der alte Geisteszustand. Die Welt geht unter, und man wird es nicht wissen. Alles was gestern war, wird man vergessen haben; was heute ist, nicht sehen; was morgen kommt, nicht fürchten. Man wird vergessen haben, daß man den Krieg verloren, vergessen haben, daß man ihn begonnen, vergessen, daß man ihn geführt hat. Darum wird er nicht aufhören.
DER OPTIMIST: Aber wenn nur erst der Friede da ist –
DER NÖRGLER: – so wird man vom Krieg nicht genug kriegen können!
DER OPTIMIST: Sie nörgeln selbst an der Zukunft. Ich bin und bleibe Optimist. Die Völker werden durch Schaden –
DER NÖRGLER: – dumm. Dumdum!
(*Verwandlung.*)

50. Szene

Schweizer Hochbahn. Zwei riesenhafte Fettkugeln, deren unbeschreibliche Formen mit menschlichen Maßen nicht bestimmbar sind, nehmen die ganze Sitzbank ein. Die eine läßt in Wintersporthosen und Wadenstrümpfen zwei von einander unterscheidbare Fleischmassen erkennen; die ungeheuren Wangenflächen sind blau beschattet, der gestutzte Schnurrbart glänzt unter Mondaugen wie ein schwarzes Boskett und läßt zwei rote Wülste frei. Das andere Wesen ist von einem abgetragenen Winterrock überzogen; es ist der Kompagnon, der eben zu Besuch gekommen ist. Kein Hals, nur ein vierfaches Kinn vermittelt den Übergang der Körperkugel zur Kopfkugel, das Ganze ist völlig ungegliedert und hat das Aussehen eines Igelfisches. Beide haben Bergstöcke; der eine eine Gattin, die eine Brosche mit der Inschrift »Gott strafe England« trägt und gegenübersitzt. Es sind die Riesen Gog & Magog. Eine strahlende Schneelandschaft mit tiefblauem Himmel bildet den Hintergrund.

Gog: Was ich mir jetzt noch wünsche, sind schöne Bilder. Es muß ja nich jrade 'n Rembrandt oder 'n Böcklin sein –
Magog: Ich habe schon hundert.
Gog: So 'n schönes Bild ist doch wat Schönes. Na, 's nich wah' Elschen? Jib 'n Schmatz. *(Er küßt sie.)*
Magog *(nach einer Pause)*: Wer in diesem Kriege nicht reich wird, verdient nicht, ihn zu erleben.
Gog: Jewiß doch.
Magog: Ich verlege mich jetzt auf Miniaturen, am liebsten 16. Jahrhundert, auch Gobelengs, Dosen, Wappenbücher und so Krimskram macht mir Spaaß. Übahaupt trachte ich mir möglichst alte Kultur zuzulegen.
Gog: Na und was ists denn mit Ihren Büchern? Ihr Bengel ist doch mit einer der feinsten Bibliophilen, die wa jetzt im Reich haben –
Magog: Ja, da koof'n wa alles zusammen, was es jetzt an numerierten Ausjaben auf Bütten jibt. Wird bald nischt mehr da sein. Eh ich von Berlin abreiste, habe ich um 60 000 Emmchen Bücher jekauft, Aufmachung in Leder – Leder is Bedingung. Ich bevorzuge Enschedé en Zonen-Drucke auf handjeschöpftem van Geldern-Bütten. Bütten muß handjeschöpft sein. Denn Kaiserlich Japan mit Perjamenträcken, zur Not auch Old Stratford.
Gog *(blickt in die Zeitung)*: Na wat sagen Se, WTB – »In 24 Stunden 60 000 Kilogramm Bomben! – Ganz Dünkirchen steht in Flammen! Unsre Bombengeschwader haben Außerordentliches geleistet. Auch über der Festung London wurde die Wirkung einwandfrei festgestellt.«
Magog: Die Sache im Westen wird jemacht.
Gog: 's muß doch 'n Hochjefühl sein, so'n Kampfflieja! Vasteht man erst, wenn man das Ullsteinbuch von unserm Richthofen jelesen hat! Wie er den Rußkis die Bahnhöfe einjetöppert hat – da kann man ihm den Jenuß des Bombenfluges so recht nachfühlen. Ist doch köstlich, die Schilderung, wie er sich aus 'nem bessern Etappenschwein zum unbestrittenen Kampfflieja emporjearbeitet hat! 's muß 'n Hochjefühl sein, so alles unter sich haben und man kann kaputt machen – wie 'n König, mit Bomben beladen, wie 'n Gott!
Magog: U-Boot is ooch nich von Pappe.
Gog: Jewiß doch. *(Blickt in die Zeitung.)* Na wat sagen Se, WTB – »Die wenigsten Leute können sich vorstellen, welche prachtvolle U-Boot-Leistung die gestern und heute als versenkt gemeldeten sechzehn Dampfer wieder bilden. Auch der ange-

schossene, leider entkommene Dampfer dürfte wenigstens für mehrere Monate seiner Bestimmung entzogen sein.«

MAGOG: Unsre blauen Jungen schaffen es.

GOG: Na passen Se man uff, die jroße Kanone allein wird die Kerls mores lehren! Der Schuß in die Kirche neulich, so mitten rin ins Verjnüjen, Menschenskind da müssen se doch dran glauben lernen!

MAGOG: In spätestens zwei Monaten ist England auf die Knie gezwungen. Eeventuell in drei. Machen wa. Die Pleitestimmung ist da. Das sieht man doch an den Humanitätszicken, wat se jetzt wieda aufmachen.

GOG: Kokolores. Wat sagen Se zum Aufruf gegen den Gaskampf?

MAGOG: Sollte das nicht ein Zeichen für die überlegene Wirkung unsrer Gase sein?

GOG: Nu eben. Wir Deutsche begrüßen alle Versuche, dem Völkerrecht und der Menschlichkeit zum Siege zu vahelfen, mit Freude, lehnen es aber ab, uns übertölpeln zu lassen.

MAGOG: Der Entwicklung der Angelegenheit sehn wa mit Ruhe und gutem Gewissen entgegen.

GOG: Da sehn Se mal – immer dieselbe Schose! Immer die olle Vaständijungskiste! Reuter wirft uns vor, daß wir einer klaren und ernsthaften Einigung mit den Prinzipien einer kommenden Rechtsordnung ausweichen. Haben Se schon so 'nen Quatsch jehört?

MAGOG: Rechtsordnung? Wir haben Gas!

ELSCHEN *(zum Fenster hinausdeutend)*: Ach Männe sieh dir bloß –!

GOG: Jewiß doch. Solange der Vanichtungswille unsrer Feinde unjebrochen ist –

MAGOG: Ach lassen Se mich man bloß mit den lausigen Lügen der Angtangte unjeschoren. Immer das Jequassel mit ihrem Vaständjungsfrieden!

GOG: Fisimatenten. Die Brüder kenn wa doch. Wa brauchen 'nen deutschen Frieden, und 'n deutscher Friede is keen weicher Friede, vaschtehste lieber Lloyd George, Herzensjunge?

MAGOG: Jaawoll, wir wern det Kind schon schaukeln, da is mir nich bang vor. Machen wa. Faule Jesellschaft, sage ich Ihnen. Da wolln se uns damit komm', daß Amerika nich einjetreten wäre, wenn wa den vaschärften U-Bootkrieg nich anjefangen hätten. U-Boot kann jar nich scharf jenuch sein! Dieser Erzpharisäer Wilson is doch 'n janz fauler Kopp, meinen Se nich auch?

GOG: Na von dem hab ich die Neese pleng!

MAGOG: Nich in die Lameng!
GOG: Alles Blöff! Mogelt bis in die Puppen. Die Sache liegt doch janz eenfach so, daß wa durch den pyramidalen Coup mit Brest-Litowsk unjeheure Truppenmassen frei bekomm' haben. Na und wenn Rußland erledicht ist, denn vasteht sich alles weitre von selbst. Denn wird die Chose für die Brieder mulmich. Denn mögen die Onkels übers jroße Wasser rüber komm'!
MAGOG: Unter allen Umständen haben wa doch Belgien als Faustpfand. Wa brauchen 'ne jesunde Flottenbasis, wa brauchen 'ne tüchtje Fliejabasis, wa brauchen Übasee und wa brauchen doch det Erzbecken. Es erübricht sich, von allem übrijen zu sprechen, was wa noch brauchen. Und daß unsere Schwerindustrie beschäfticht werden muß, leuchtet jedem ein, nur nich den dämlichen Feinden. Wenn da übahaupt von Frieden die Rede sein kann, könn' wa uns doch unter keinen Umständen in 'ne Auseinandersetzung über Elsaß-Lothringen einlassen!
GOG: Selbstvaständlich. Die zweideutje Haltung der Gegner zeigt deutlich, daß sie keenen Frieden wollen.
MAGOG: Die Leute sind eben in 'ner Mentalität vastrickt und da könn' se nu mal nich raus.
GOG: Na wenichstens weiß man jetzt, wo die Kriegsvalängerer sind. Wo die Kriegsschuldjen sind, weiß man ja längst.
MAGOG: Uns Deutschen bleibt nichts übrich als durchzuhalten.
GOG: Wenn die Völkerbundsfritzen behaupten, daß sie für 'ne moralische Idee kämpfen, bleibt einem nichts übrich als der Appell an die Jewalt. Der olle Humanitätsfatzke übern jroßen Teich soll es vorerst mal probieren!
MAGOG: Ach, ik sage immer – Jeduld und warme Füße. Die Jungens wern jroße Augen machen, wenn wir Berliner schwuppdich in Bachdad stehn. Mit'm D-Zuch!
GOG *(zum Fenster hinausblickend)*: Na? sind wa nich bald da? – Nu? jeht de Dampfpuste aus? – Nee! – Wat sagen Se zu unsern Internierten – stramme Kerls, wat?
MAGOG: Ach Se meinen woll die Hindenburch-Feier auf der Rütli-Wiese?
GOG: Na ja, und den Rütli-Schwur haben se doch mit dem Fahneneide vajlichen!
MAGOG: Fein, da hätt ich mit bei sein mögen! Ja wenn unsre Eidjenossen aufmarschieren, kommt gleich 'n andrer Zuch in den Betrieb! Wat sagen Se zu unsern schneidjen Landsleuten in Luganooh, die haben somit richtich die feindlichen Konsuln aus dem Hotel rausjejrault, der Hotelier hat nachjeben müssen.

Gog: Da jeschieht noch lange nich jenuch. Wir müssen die Schweiz säubern! Auf der Zürcher Straßenbahn hat einer neulich französisch jesprochen! Da habe ich denn jleich Krach jemacht und dem Mann auf den Kopf zujesagt, daß Neutralitätsbruch vorliege. Hätten Se ooch bei sein mögen. Der Bengel schwieg betroffen. Na und Elschen hat in Bern in 'ner Konditorei drauf bestanden, daß die Vakäuferin statt Crême Sahne sage. Die Sahne war zwar alle, aber Elschen ließ doch nicht locker. Nich wah' Elschen? Na, jib 'n Schmatz. *(Er küßt sie.)*
Elschen: Ja, Schnuckepiezelchen.
Magog: Das sind leider nur vaeinzelte Fälle. Unsre Jesandtschaft müßte viel energischer zujreifen. Wir tun entschieden zu wenich, um die neutralen Sympathien zu jewinnen.
Gog: Unsre Propaganda versacht. Nu ja, da und dort werden wohl Bomben deponiert – aber mit der Aufklärung ists Essig.
Magog: Das dicke Ende kommt nach – das wird sich mal bitter rächen. Nach dem Krieg wer'n wa zwar als Sieger jefürchtet sein, aber man müßte doch schon jetzt das Terräng sondieren und um jeden Preis für Beliebtheit sorjen.
Gog: Ach, 's wird sich nich allzuviel ändern, so und so. Daheim – ja; aber –
Magog: Na wat jlooben Se woll wird da der Unterschied sein, vastehn Se, zwischen der Zeit vor dem Kriege und der Zeit nach dem Kriege – so im Alljemeinen?
Gog: Sehr einfach, vor dem Kriege habn wa von achte bis siebene jearbeetet, nach dem Kriege wern wa von siebene bis achte arbeeten.
Magog: Jewiß doch. Britische Habgier –
Gog: Französischer Revangschedurst und –
Magog: – russischer Haß –
Gog: – haben uns diesen Krieg aufjezwungen.
Magog: Alaum Se mal, aber das Ausland is 'n nich zu unterschätzender Faktor! Wenn se auch besiegt sind, wir müssen uns in Ansehn setzen und beliebt machen! Darauf kommt es an, könn' Se ma jlooben. Der Abbau des Hasses – das müßte 'ne richtichgehende Propaganda besorjen. Und wenn se bis zum Weißbluten kommen – die Kunden dürften nie vajessen, daß wir das Volk Goethes sind!
(Aus dem Nebencoupé dringt der Gesang eines französischen Liedes.)
Gog: Unvaschämtheit! In 'nem neutralen Lande! Na die Jungen soll'n uns kennen lernen!

(Er singt »Deutschland, Deutschland über alles«. Magog stimmt ein, die Gattin gleichfalls. Der Gesang nebenan verstummt.)
MAGOG: So – da wär'n wa! *(Sie wälzen sich aus dem Coupé.)*
GOG *(ausgestiegen)*: Na wat sagen Se zu der Sonne und zu dem Himmel?
MAGOG: Tüchtjer Betrieb! Nu, und der Schnee is ooch sein Geld wert!
GOG: Nee, und der Gletscha is ooch nich von Pappe!
MAGOG: Na, und die Luft –!
GOG: Nee, da braucht man keene Jassmaske! Hach – Jesundbrunn –! Da hat doch Deutschland mal seinen Platz an der Sonne! 's is jut! 's is jut! *(halb singend)* Sie sollen ihn nicht ha–a–ben –! Na Elschen? Biste froh, daß Männchen nich vatalandvateidchen muß, wat?
ELSCHEN: Ja, Siegfriedchen.
Nun, da die Gruppe sich bewegt, ist es für einen Augenblick, als ob die Riesensilhouette eines schwarzen Flecks das in Weiß und Blau strahlende Weltall verdeckte.
(Verwandlung.)

51. Szene

Baracke in Sibirien. Ergraute Männer, ganz unterernährt, barfüßig, in zerfetzten Uniformen, kauern auf der Erde, starren aus hohlen Augen ins Weite. Einige schlafen, einige schreiben.

EIN ÖSTERREICHISCHER HAUPTMANN *(tritt ein und ruft)*: Ihr Schweine!
Sie erheben sich und leisten die Ehrenbezeigung. Während ein Teil Habtacht steht, exerzieren die andern mit Schaufeln und machen Gewehrgriffe.
(Verwandlung.)

52. Szene

Nordbahnhof. Der Perron im fahlen Morgenlicht. Labedienst. Funktionäre. Honoratioren. Ein Zug mit Austauschinvaliden ist soeben eingetroffen. Auf Tragbahren werden Leiber, die sich in Zuckungen winden, aus den Waggons geladen. Die Tragbahren werden aufgestellt.

EINE STIMME: Aufpassen, daß sich die Angehörigen nicht vordrängen.
(Vor der vordersten Reihe des Publikums postieren sich die Mitglieder des Vereins »Lorbeer für unsere Helden« und Funktionäre in Frack. Eine Regimentsmusik bezieht ihre Plätze.)
EINE ZWEITE STIMME: Zwa Stund Verspätung hat er g'habt, jetzt is er da, jetzt stehn mr zwa Stund da und die Leut, die was da sein solln, san net da.
EINE DRITTE STIMME: Gengan S' – acht Täg von Schweden her, da wird's drauf ankommen.
(Es erscheinen zehn Herren in Gehröcken, die sich so aufstellen, daß sie zwar selbst die Vorgänge beobachten können, aber diese den Blicken der Außenstehenden fast ganz entziehen. Die Tragbahren sind seit dem Moment ihres Auftretens nicht mehr sichtbar. Während jeder der zehn ein Notizblatt hervorzieht, treten zwei Funktionäre an die Gruppe heran und stellen sich gegenseitig wie folgt vor.)
ZAWADIL: Spielvogel.
SPIELVOGEL: Zawadil.
BEIDE *(zugleich sprechend)*: Ein trüber Morgen. Schon um 6 Uhr waren wir zur Stelle, um die Anordnungen zu treffen.
ANGELO EISNER V. EISENHOF *(tritt hinzu und spricht angelegentlich mit einem der zehn, die zu schreiben beginnen. Er deutet auf verschiedene Gestalten, die alle die Hälse recken und den Versuch machen, aus dem Spalier zu treten. Er beruhigt durch Winken jeden einzelnen, indem er, gleichzeitig auf die zehn Männer weisend, die Pantomime des Schreibens macht, so als ob er ihm bedeuten wollte, daß bereits von ihm Notiz genommen sei. Inzwischen ist es dem Hofrat Schwarz-Gelber und dessen Gemahlin gelungen, in unmittelbaren Kontakt mit den Schreibenden zu kommen und einem von diesen auf die Schulter zu tippen.)*
HOFRAT SCHWARZ-GELBER UND HOFRÄTIN SCHWARZ-GELBER: Wir haben es uns nicht nehmen lassen wollen, persönlich zu erscheinen.
SEKTIONSCHEF WILHELM EXNER: Ich stehe hier als Vorkämpfer der Prothesen-Aktion.
DOBNER V. DOBENAU: Als Truchseß hätte ich eigentlich das Recht, hineinzugehen, wo die Spitzen sind.
RIEDL: In der Adriaausstellung habe ich mit ihm verkehrt, als Obmann um damit auf dem einmal betretenen Wege unerschrocken fortzufahren.
STUKART: Meine Anwesenheit versteht sich von selbst.
SIEGHART: Ich bin heute Gouverneur.

Präsident Landesberger von der Anglobank: Sie sagen von mir, ich sei ein Bankmagnat.

Eine Stimme: Da stell di her, da siehst sie besser, die heimgekehrten Manen.

Eine andere Stimme: Durch Sibirien solln s' acht Wochen gebraucht haben. No jetztn, bei die Verspätungen –

Eine Mutter: Geh nicht zu nah, man weiß nicht, was sie für Krankheiten mitbringen. Schau dort, wie der dort sich windet.

Die Tochter: Bittich Bauchschuß.

Dr. Charas: Mit mir an der Spitze ist auch die Rettungsgesellschaft erschienen, hat aber noch keinen Anlaß gefunden, in zahlreichen Fällen zu intervenieren.

(Inzwischen ist eine Dame in tiefster Trauer eingetreten. Alles weicht zurück.)

Hofrätin Schwarz-Gelber *(wie vom Blitz getroffen, gibt ihrem Gatten einen Stoß und spricht)*: Was hab ich dir gesagt! Die is überall, wo sie nicht hineingehört. Ob man einmal unter sich sein könnte!

Flora Dub: Wie ruhig sie daliegen!

Ein Redakteur *(zu seinem Nachbar)*: Schreiben Sie, die Augen der heimgekehrten Krieger leuchten.

Zwei Konsuln *(stellen sich gleichzeitig vor)*: Stiaßny. Wir sind herbeigeeilt.

Drei kaiserliche Räte *(treten in einer Reihe auf)*: Als Vertreter der Aktion »Lorbeer für unsere Helden« sind wir erschienen, den heimgekehrten Vertretern unserer glorreichen Armee den Zoll zu spenden.

Sukfüll: Vom Gremium entsendet, nehme ich die Gelegenheit wahr, hocherhobenen Herzens der Freude Ausdruck geben zu können, mit der unsere tapferen Krieger, die auch in der Ferne unseren Bestrebungen ihr Interesse unverändert bewahrt haben, sich nunmehr von deren Erfolgen überzeugt haben zu können. Wenngleich keineswegs zu leugnen ist, daß das Hoteliergewerbe durch den Krieg gelitten hat und wofern dem Fremdenverkehr auch durch die Schwierigkeit der Beschaffung von Lebensmitteln Hindernisse in den Weg gelegt waren, so werden sich die glorreichen Kämpfer, die für Habsburgs Ehre geblutet haben, keineswegs verschließen können.

Birinski und Glücksmann: Als Vertreter der Kunst hat uns die Kunst entsendet.

Hans Müller: Wohlan! Wer diese Bresthaften betrachtet, die nun am Ziele der Heimfahrt das Spittel empfängt, den wird es in

sein Inneres hinein schauern, als blickte er jäh durch einen Spalt
in die letzte Glut des Erlebens.
*(Es erscheinen Leute, Männer und Frauen, die eine Anregung gegeben
haben, geführt vom kaiserlichen Rat Moriz Putzker.)*
PUTZKER: Meiner Anregung zufolge haben zum Zwecke der genauen Berechnung der Dauer ihrer Gefangenschaft unsere sibirischen Kriegsgefangenen die Stunden bis zu ihrer Ankunft gezählt.
(Der Prinz Eugen-Marsch wird intoniert. Einige der Invaliden werden ohnmächtig.)
DIE MUTTER: Geh nicht zu nah, ich hab meine Gründe.
DIE TOCHTER: Gott wie viel solche hab ich schon gehabt!
(Es entsteht eine Bewegung. Einer der Ohnmächtigen ist gestorben.)
EINE STIMME: Schaun Sie sich den Blick an. Wie er selig is, daß er am Ziel is.
EINE ANDERE STIMME: Wo bleibt Heller?
EINE DRITTE STIMME: Er wird in den Annalen fortleben.
DOBNER V. DOBENAU: Als Truchseß hätte ich eigentlich das Recht –
DER BUCHHÄNDLER HUGO HELLER *(hat sich Bahn gebrochen)*: Durch meine weitverzweigten kulturellen Verbindungen wäre es mir offenbar ein leichtes gewesen, die Verbindung mit den dem Kulturkreis Entrückten herzustellen, wenn nicht wie gesagt der Tod dazwischen gekommen wär.
HANS MÜLLER: Wohlan!
(Während Funktionäre an die Invaliden Kriegsabzeichen verteilen, wird der Radetzkymarsch intoniert.)
DER REDAKTEUR *(zu seinem Nachbarn)*: Schreiben Sie, wie sie lauschen!
(Verwandlung.)

53. Szene

Eine menschenleere Gasse. Es dunkelt. Plötzlich stürzen von allen Seiten Gestalten herbei, jede mit einem Stoß bedruckten Papiers, atemlos, Korybanten und Mänaden, rasen die Gasse auf und ab, toben, scheinen einen Mord auszurufen. Die Schreie sind unverständlich. Manche scheinen die Meldung förmlich hervorzustöhnen. Es klingt, als würde das Weh der Menschheit aus einem tiefen Ziehbrunnen geschöpft.

– asgabee –! strasgabää –! xtrasgawee –! Peidee Perichtee –!
Brichtee –! strausgabee –! Extraskawee –! richtee –! eestrabee –!
abee –! bee –!
(Sie verschwinden. Die Gasse ist leer.)
(Verwandlung.)

54. Szene

Der Nörgler am Schreibtisch. Er liest.

»Der Wunsch, die genaue Zeit festzustellen, die ein im Walde stehender Baum braucht, um sich in eine Zeitung zu verwandeln, hat dem Besitzer einer Harzer Papierfabrik den Anlaß zur Ausführung eines interessanten Experiments gegeben. Um 7 Uhr 35 Minuten ließ er in dem der Fabrik benachbarten Walde drei Bäume fällen, die nach Abschälung der Rinde in die Holzstofffabrik transportiert wurden. Die Umwandlung der drei Holzstämme in flüssige Holzmasse ging so schnell vor sich, daß bereits um 9.39 Uhr die erste Rolle Druckpapier die Maschine verließ. Diese Rolle wurde mittels Automobil unverzüglich nach der vier Kilometer entfernten Druckerei einer Tageszeitung geschafft, und bereits um 11 Uhr vormittags wurde die Zeitung auf der Straße verkauft. Demnach hatte es nur eines Zeitraumes von 3 Stunden 25 Minuten bedurft, damit das Publikum die neuesten Nachrichten auf dem Material lesen konnte, das von den Bäumen stammte, auf deren Zweigen die Vögel noch am Morgen ihre Lieder gesungen hatten.«
Von draußen, ganz von weitem her, der Ruf: – – bee!
Also ist es fünf. Die Antwort ist da. Das Echo meines blutigen Wahnsinnes, und nichts mehr tönt mir aus der zerschlagenen Schöpfung als dieser Laut, aus dem zehn Millionen Sterbende mich anklagen, daß ich noch lebe, der Augen hatte, die Welt so zu sehen und dessen Blick sie so getroffen hat, daß sie wurde wie ich sie sah. Wars gerecht vom Himmel, daß es geschah, so wars doch ungerecht, mich nicht eher zu vernichten! Habe ich diese Erfüllung meiner Todesangst vor dem Leben verdient? Was wächst mir da in meine Nächte? Warum ward ich nur ausersehen, den Thersites zu rehabilitieren, und nicht auch den Achilles zu entehren? Warum wurde mir nicht die Körperkraft, die Sünde dieses Planeten mit einem Axthieb umzulegen? Warum

wurde mir nicht die Gedankenkraft, die geschändete Menschheit zu einem Aufschrei zu zwingen? Warum ist mein Gegenruf nicht stärker als dieses blecherne Kommando, das Macht hatte über die Seelen eines Erdenrunds? Ich bewahre Dokumente für eine Zeit, die sie nicht mehr fassen wird oder so weit vom Heute lebt, daß sie sagen wird, ich sei ein Fälscher gewesen. Doch nein, die Zeit wird nicht kommen, das zu sagen. Denn sie wird nicht sein. Ich habe eine Tragödie geschrieben, deren untergehender Held die Menschheit ist; deren tragischer Konflikt als der der Welt mit der Natur tödlich endet. Ach, weil dieses Drama keinen anderen Helden hat als die Menschheit, so hat es auch keinen Hörer! Woran aber geht mein tragischer Held zugrunde? War die Ordnung der Welt stärker als seine Persönlichkeit? Nein, die Ordnung der Natur war stärker als die Ordnung der Welt. Er zerbricht an der Lüge: die Wesenlosigkeit, an die er den alten Inhalt seines Menschentums verloren hat, in den alten Lebensformen zu bewähren. Händler und Held zu sein und dieses sein zu müssen, um jenes zu bleiben. Er vergeht an einem Zustand, der als Rausch und Zwang zugleich auf ihn gewirkt hat. Gibt es Schuldige? Nein, sonst gäbe es Rächer, sonst hätte der Held Menschheit sich gegen den Fluch gewehrt, der Knecht seiner Mittel zu sein und der Märtyrer seiner Notwendigkeit. Und zehrt das Lebensmittel vom Lebenszweck, so verlangt es den Dienst am Todesmittel, um noch die Überlebenden zu vergiften. Gäbe es Schuldige, die Menschheit hätte sich gegen den Zwang gewehrt, Held zu sein zu solchem Zwecke! Den einzelnen, die es befahlen, hätte die Einheit geantwortet. Jene aber sind nicht Tyrannen. Ihr Geist ist aus dem Geist der Masse geschnitten. Wir alle sind einzeln. Wir haben jeder unsern Schmerz und der andere entbrennt nicht daran. Und wir entbrennen nicht an dem Kontrast, den unser Opfer zum Gewinn des andern täglich stellt, zum grausamen Gewinn des andern. Tyrannen wichen dem Schrecken. Wir aber hätten uns unsere Tyrannen immer wieder aus uns selbst ersetzt. Denn uns alle treibt ein hohles Wort, doch nicht des Herrschers, sondern der Maschine. Was frommte der Revolver gegen die Maschine? Der Revolver gibt kein Beispiel gegen sie, wie die Armbrust gegen den Tyrannen. Wir haben das Ding erfunden und was uns im Rücken bedroht, ist nicht das Maschinengewehr, sondern das öde Wunder, daß es dieses gibt. Nicht seine Drohung, sein Dasein lähmt den Entschluß. Wie könnte da das Gegenkommando erstehen, das uns unsere Waffen zerbrechen hieße! Kann ich im Sprechsaal Europas sprechen? So müßt ihr weiter sterben für etwas, was ihr die Ehre nennt oder die Bukowina, und wovon ihr nicht wißt, was es ist, was aber wieder nur die Waffe selbst ist. Wofür seid ihr gestorben? Hättet ihr alle zusammen Geist genug, um die Kontraste zu spüren, ihr hättet den Leib gewahrt. Was Todesverachtung! Warum solltet ihr verachten, was ihr nicht kennt? Wohl verachtet man das Leben, das man nicht kennt. Ihr lernt es erst kennen, wenn der Zufall des Schrapnells euch nicht ganz getötet hat oder wenn die kommandierte Bestie, Schaum vor dem Mund, ehedem ein Mensch wie ihr, euch anfällt und ihr die Minute Bewußtsein habt, nun an der Schwelle zu stehn. Und da wagt die kommandierende Bestie euch nachzusagen, ihr hättet den Tod verachtet? Und ihr habt jene Minute nicht genützt, eurem Vorgesetzten zuzuschreien, daß er nicht der Vorgesetzte Gottes sei, der ihm schaffen könne, Geschaffenes ungeschaffen zu machen? Nein, ihr habt euch von ihm, mit Gott, über die Schwelle jagen lassen, wo das Geheimnis beginnt, dessen Verrat kein irdischer Staat erlangen könnte! Nach dem jeder seine Helden und keiner seine Spione sendet! Hättet ihr doch in dem Augenblick des Opfers um den Gewinn gewußt, der trotz, nein, mit dem Opfer wächst, sich an ihm mästend! Denn nie, bis zu dem unentschiedenen Krieg der Maschinen, hat es so gottlosen Kriegsgewinn gegeben und ihr, siegend oder besiegt, verloret den Krieg, der ein Gewinn eurer Mörder ist. Eurer feigen, technisch avancierten Mörder, die nur in der Entfernung vom Schauplatz ihrer Tat töten und leben können. Wie, du treuer Begleiter meines Worts, mit reinem Glauben zum Himmel der Kunst emporgewandt, mit stiller Wissenschaft das Ohr an ihr Herz legend, du mußtest hinüber? Ich sah dich an dem Tag, da du auszogst. Regen und der Schmutz dieses Vaterlands und seine ruchlose Musik waren der Abschied, als man euch in den Viehwagen pferchte! Ich sehe dein blasses Gesicht in dieser Orgie von Kot und Lüge, in diesem furchtbaren Lebewohl eines Frachtenbahnhofs, von wo das Menschenmaterial versandt wird durch jenes Machtwort, das die Leiber entfesselt und die Geister gebunden hat und das verurteilte Leben in eine Kinderstube verwandelt, in der Viehknechte spielen! Du sahest nicht aus wie solche. Wie konntest du nicht schon daran sterben, daß du diesen Start erleben mußtest, vor dem wahrlich Wallensteins Lager als die Halle eines Palasthotels erschien! Denn schmutzig wird der Maschinenmensch, ehe er blutig wird. So fing deine Italienreise an, du Kunstforscher. Und du, edles Dichterherz, das zwischen den Stimmen der Mörser und Mörder dem Geheimnis eines Vokals oblag – vier Jahre deines Frühlings hast du unter der Erde verbracht, die künftige Wohnstatt zu erproben? Was hattest du dort zu suchen? Läuse fürs Vaterland? Zu warten, bis der Granatsplitter kam? Zu beweisen, daß dein Leib gegen die Leistungsfähigkeit der Schneider-Creuzot-Werke widerstandsfähiger sei, als der eines Turiners gegen den Skoda? Wie, wir sind die Commis voyageurs von Waffenfabriken, die nicht mit ihrem Mund die Tüchtigkeit ihrer Firma, sondern mit ihrem Körper die Minderwertigkeit der Konkurrenz bezeugen sollen? Wo viel Reisende waren, wird es viel Hinkende geben! Mögen sie sich die Absatzgebiete in Schlachtfelder verwandeln. Aber daß sie auch Macht hatten, die höher Gearteten in den Dienst der Schufterei zu zwingen – nie hätte der Teufel gewagt, eine solche Befestigung seiner Herrschaft für denkbar zu halten. Und wenn man ihm nun zugeraunt hätte, im ersten Jahre des Kriegs, in den er die Völker mit der Fibel in der Hand gejagt hat, damit sie sein Geschäft mit mehr Seele betreiben, im ersten Jahr schon werde eine Petroleumraffinerie 137 Prozent Reingewinn vom gesamten Aktienkapital erzielen und der David Fanto 73 Prozent, die Kreditanstalt 19.9 Millionen Reingewinn und die Wucherer an Fleisch und Zucker und Spiritus und Obst und Kartoffeln und Butter und Leder und Gummi und Kohle und Eisen und Wolle und Seife und Öl und Tinte und Waffen würden hundertfach entschädigt sein für die Entwertung fremden Bluts – der Teufel hätte einem Verzichtfrieden das Wort geredet! Und dafür laget ihr vier Jahre in Dreck und Nässe, dafür war der Gruß erschwert, der euch erreichen, das Buch aufgehalten, das euch trösten wollte. Sie wünschten, daß ihr am Leben bliebet, denn sie hatten auf ihren Börsen noch nicht genug gestohlen, in ihren Pressen noch nicht genug gelogen, in ihren Ämtern noch nicht genug drangsaliert, die Menschheit noch nicht genug durcheinandergepeitscht, in allen ihren Gelegenheiten und Tätigkeiten sich noch nicht genug für ihr Unvermögen und ihre böse Lust auf den Krieg berufen, damit ihr Verbrechen sie entschuldige – sie hatten diesen ganzen tragischen Karneval, in dem Männer vor den Augen des weiblichen Kriegsberichterstatters starben und Metzger Philosophen honoris causa wurden, noch nicht bis zu Kehraus und Fasten durchgetanzt! Wie, ihr habt wochenlang unter Minenwürfen gelegen; wart von Lawinen bedroht; hinget 3000 Meter hoch an einem Seil zwischen dem Trommelfeuer des Feindes und dem Maschinengewehrfeuer der

»Eigenen« – ein Wort, des Landesverrats wert –; waret hundertfach verlängerter Delinquentenqual, und oft genug ohne Henkermahl, ausgesetzt; mußtet die ganze Varietät des Todes im Zusammenprall von Organismus und Maschine durchleben, durch Sprengminen, Drahtverhaue, spanische Reiter, Dumdumgeschosse, Bomben, Flammen und Gase und alle Höllen des Sperrfeuers – weil Wahn und Wucher ihr feiges Mütchen an euch noch nicht gekühlt hatten? Und ihr solltet in solcher Preisgegebenheit »wehrfähig« bleiben, weil der Menschheit für die ihr geraubte Phantasie noch nicht genug Syphilis eingeimpft war? Und ihr draußen und wir drinnen, wir sollen noch länger in das Grab starren, das wir uns auf höheren Befehl schaufeln mußten – wie den serbischen Greisen geboten war, und aus keinem andern Grund geboten, als weil sie Serben waren und noch am Leben, also verdächtig! Oh daß man doch, wenn man mit heiler Haut, obschon verhärmt, verarmt, gealtert, aus diesem Abenteuer entkam, durch den Zauber einer allerhöchsten Vergeltung die Kraft empfinge, sie, die stets überlebenden Rädelsführer des Weltverbrechens, einzelweis zur Verantwortung zu ziehen, in ihre Kirchen zu sperren und dort, ganz wie sie es den serbischen Greisen getan haben, jeden zehnten sein Todeslos ziehen zu lassen! Dann aber nicht zu töten – nein, zu ohrfeigen! Und also anzureden: Was, ihr wußtet nicht, ihr Buben, ahntet nicht, daß die Folgen einer Kriegserklärung unter Millionen Möglichkeiten des Schauders und der Schmach auch die wären, daß die Kinder keine Milch, die Pferde keinen Hafer haben und daß man noch fern vom Schuß an Methylalkohol erblinden kann, wenn es denn im Kriegsplan des Wuchers beschlossen wäre? Wie, ihr ermaßet nicht das Unglück einer Stunde vieljährigen Gefangenenleids? Eines Seufzers der Sehnsucht und der beschmutzten, zerrissenen, hingemordeten Liebe? Wart nicht einmal fähig der Vorstellung, welche Höllen aufgetan sind einer Qualenminute mütterlichen Hinaushorchens durch Nächte und Tage, dieses jahrelangen Wartens auf den Heldentod? Und spürtet nicht, wie die Tragödie eine Posse wurde, durch die Gleichzeitigkeit neuen Unwesens und alten Formenwahns eine Operette, eine jener ekelhaften neuzeitlichen Operetten, deren Text eine Insulte ist und deren Musik eine Tortur? Und ihr spürtet nicht, daß der geringste eurer Befehle, ja nur die letzte Folge eures geringsten Befehls, und wäre es bloß die Stupidität, die die Flucht aus eurem Bezirk erschwerte, die eure Kriegsüberwachungsämter, Paßämter, Paßanweisungsämter, Paßklauselämter, Grenzübertrittsbewilligungsämter, Platzkommanden und Grenzschutzkommanden gegeneinander losgelassen hat, damit sie einander verwirrten – spürtet nicht, daß die geringste Maßnahme eurer Besessenheit der Menschenwürde ein unauslöschliches Schandmal aufprägen würde? Und ihr hattet übersehn, daß, wenn ihr sämtliche Menschen in die Uniform stecktet, sie nun alle unaufhörlich einander salutieren müßten? Und merket nicht, daß diese Gebärde eines Tags, plötzlich, nur mehr der Griff an die Stirn war, der den Zweifel an dem wechselseitigen Verstand betraf? Und daß das Kopfschütteln zuckender Invalider euch, nur euch galt? Und ließet nicht ab von dem Zeitvertreib eurer zum Niederbruch verurteilten und dennoch die Welt fortschröpfenden Glorie? Wie, und ihr dort, ihr Gemordeten, standet nicht auf gegen diese Ordnung? Gegen dieses System von Mord und einer Ökonomie, die das Leben für alle Zukunft zum Durchhalten verurteilen mußte, alle Aussicht verhängt und das kleinste Glücksbedürfnis dem Haß der Nationen preisgegeben hat? Sinnlos im Krieg gewütet und grundlos gewütet gegen jeden, weil Krieg war! Armut, Hunger und Schmach gehäuft über Flüchtigen und Seßhaften und alle Menschheit innen und außen konfiniert. Und Staatsmänner, in abschüssiger Zeit einzig berufen, den bestialischen Drang der Menschheit zu hemmen, sie haben ihn entfesselt! Im Frieden zu Tiermord und Kindermord bereit, griff feiger Lebenshaß zur Maschine, um alles Wachstum zu verheeren. Hysterie im Schutze der Technik überwältigt die Natur, Papier befehligt die Waffe. Invalide waren wir durch die Rotationsmaschinen, ehe es Opfer durch Kanonen gab. Waren nicht alle Reiche der Phantasie evakuiert, als jenes Manifest der bewohnten Erde den Krieg erklärte? Am Ende war das Wort. Jenem, welches den Geist getötet, blieb nichts übrig, als die Tat zu gebären. Schwächlinge wurden stark, uns unter das Rad des Fortschritts zu bringen. Und das hat sie vermocht, sie allein, die mit ihrer Hurerei die Welt verdarb! Nicht daß die Presse die Maschinen des Todes in Bewegung setzte – aber daß sie unser Herz ausgehöhlt hat, uns nicht mehr vorstellen zu können, wie das wäre: das ist ihre Kriegsschuld! Und von dem Wollustwein ihrer Unzucht haben alle Völker getrunken, und die Könige der Erde buhlten mit ihr. Und er sprach ihr zu, der apokalyptische Reiter, den ich einstens, lange eh ers tat, durch das deutsche Reich rasen sah. Ein Jahrzehnt ist um, seit ich sein Werk erfüllt wußte. »Er ist Volldampf voraus in allen Gassen. Sein Schnurrbart reicht von Aufgang bis Niedergang und von Süden gen Norden. ›Und dem Reiter ward Macht gegeben, den Frieden von der Erde zu nehmen, und daß sie sich einander erwürgten.‹« Und ich sah ihn als das Tier mit den zehn Hörnern und den sieben Köpfen und einem Maul gleich dem Rachen eines Löwen. »Man betete das Tier an und sprach: Wer ist dem Tiere gleich? Und wer vermag mit ihm zu streiten? Ein Maul ward ihm gegeben, große Dinge zu reden.« Und wir fielen durch ihn und durch die Hure von Babylon, die in allen Zungen der Welt uns überredete, wir wären einander feind und es solle Krieg sein! Und ihr Geopferten standet nicht auf gegen diesen Plan? Wehrtet euch nicht gegen den Zwang, zu sterben, und gegen die letzte Freiheit: Mordbrenner zu sein? Gegen die Teufelei, die die Aufopferung für den Wollmarkt gar unter den Fahnen des sittlichen Pathos vollziehen hieß! Die sich an Gott vergreift, um seine Zeugenschaft für den blutigen Wechsel zu erlangen! Alle Hoheitsrechte und Lebenswerte an die Idee der Materie verschachert. Das Kind im Mutterleib dem Imperativ des Hasses verpflichtet und das Bild dieser kämpfenden Mannheit, ja selbst dieser pflegenden Frauenschaft, gepanzerte Leiber mit Gasmasken, als das einer Horde von Fabeltieren dem Grausen der Nachwelt überliefert hat. Mit Kirchenglocken auf Gläubige geschossen und vor Altären aus Schrapnells nicht bereut! Und in all dem Glorie und Vaterland? Ja, ihr habt das Vaterland erlebt, ehe ihr dafür starbet! Das Vaterland von dem Augenblick an, wo ihr in der Schweiß- und Bierluft des Vorsaals zum Heldentod entkleidet warten mußtet, als sie Menschenfleisch musterten und Menschenseelen zum gottlosesten Schwure zwangen. Nackt waret ihr, wie nur vor Gott und der Geliebten, vor einer Kommission von Schindern und Schweinen! Scham, Scham für Leib und Seele hätte euch dem Vaterland weigern sollen! Wir alle haben dieses Vaterland gesehn und die Glücklichern unter uns, die ihm entfliehen konnten, sahen es noch in der Gestalt des frechen Grenzwächters. Wir sahen es in allen Formen der Machtgier des losgelassenen Sklaven und der Umgänglichkeit des trinkgeldgierigen Erpressers. Nur daß wir andern es nicht in der Gestalt des Feindes, des wahren Feindes, erleben mußten, der mit dem Maschinengewehr euch vor das Maschinengewehr trieb. Aber wenn wir es nur in den Konterfeis dieser scheußlichen Generale gesehen hätten, die sich die große Zeit hindurch, statt der Luxusdamen, in Theaterrevolverblättern inserierten, zum Zeichen, daß nicht immer nur gehurt, sondern auch gemordet werde in der Welt – wahrlich, wir ersehnten diesem Blutbordell seine Sperrstunde! Wie, ihr dort, ihr Gemordeten, ihr Geprellten, standet nicht auf gegen den Betrieb? Ertruget die Freiheit und das Wohlleben der Preßstrategen, Parasiten und Possenreißer, wie euer Unglück und euern Zwang? Und wußtet, daß sie für eure Martern Ehrenzeichen bekamen? Spieet ihnen nicht die Glorie ins Gesicht? Laget in Verwundetenzügen, die das Gesindel abschildern durfte? Brachet nicht aus, desertiertet nicht in den heiligen Krieg, uns hinten von dem Todfeind zu befreien, der uns täglich mit Lügenbomben das Gehirn belegte? Und starbet für dies Geschäft? Lebtet das Grauen durch, um unser Grauen zu verlängern, die wir hier zwischen Wucher und Not hindurchkeuchten und zwischen den marternden Gegensätzen gemästeter Frechheit und lautloser Schwindsucht. Oh, ihr hattet weniger Gefühl für uns als wir für euch, die wir jede Stunde dieser Jahre, welche sie euch aus dem Leben rissen, von ihnen hundertfach zurückfordern wollten und die an euch immer nur die Frage hatten: Wie werdet ihr aussehen, wenn ihr das überlebtet! Wenn ihr dem letzten Ziel der Glorie entronnen seid, daß die Hyänen zu Fremdenführern werden, um euere Gräber als Sehenswürdigkeit auszubieten! Erkrankt, verarmt, verludert, verlaust, verhungert, verendet, gefallen zur Hebung des Fremdenverkehrs – dies unser aller Los! Sie haben eure Haut zu Markte getragen – doch auch aus der unsern schnitt sich ihr Lebenssinn seine Geldtasche. Ihr aber hattet Waffen – und zogt nicht in dieses Hinterland? Und kehrtet nicht um, von jenem Feld der Schande in den ehrlichsten Krieg, uns und euch zu erretten? Und steht nicht als Tote aus euern Erdlöchern auf, das Gezücht zur Verantwortung zu ziehen, ihnen im Schlaf zu erscheinen mit dem verzerrten Antlitz, das ihr in der Stunde des Ablebens trugt, mit den glanzlosen Augen eurer heldischen Wartezeit, mit der unvergeßlichen Maske, zu der eure Jugend von dieser Regie des Wahnsinns verdammt ward! So stehet doch auf und tretet ihnen als Heldentod entgegen – damit die gebietende Feigheit des Lebens endlich seine Züge kennen lerne, ihm ins Auge schaue ein Leben lang! Weckt ihren Schlaf durch euern Todesschrei! Stört ihre Wollust durch die Erscheinung eurer Leiden! Sie konnten Weiber umarmen in der Nacht nach dem Tage, an dem sie euch erwürgt hatten! Rettet uns vor ihnen, vor einem Frieden, der uns die Pest ihrer Nähe bringt! Rettet uns vor dem Unglück, heimgekehrten Auditoren die Hand zu reichen und Henkern im Zivilberuf zu begegnen. Denn das Gewissen dieser niedrigen

Grausamkeit, der die Hemmung der Phantasie nicht durch Leidenschaft, nur durch Mechanik genommen war, wird sich so rasch zum Tagwerk erholen, wie es sich aus der Banalität der Vergangenheit ins Morden geschickt hatte. Zu Hilfe, ihr Ermordeten! Steht mir bei, daß ich nicht zwischen Menschen leben muß, die aus Ehrsucht oder Selbsterhaltungstrieb Befehl gaben, daß Herzen zu schlagen aufhören und Mütter weiße Haare bekommen! So wahr ein Gott lebt – dies Schicksal wird nur durch ein Wunder heil! Kehret zurück! Fragt sie, was sie mit euch getan haben! Was sie getan haben, als ihr durch sie littet, bevor ihr durch sie starbt! Was sie in euren galizischen Wintern getan haben! Was sie in jener Nacht getan haben, da telephonierende Kommanden keine Antwort von eurem Platz bekamen. Denn vorn war alles ruhig. Und nur später sahen sie, wie ihr brav dastandet, Mann neben Mann, das Gewehr im Anschlag. Denn ihr gehörtet nicht zu jenen, die übergingen, nicht zu jenen, die zurückgingen und denen, weil sie fror, ein Soldatenvater mit Maschinengewehrfeuer einheizen mußte. Ihr habt eure Stellungen gehalten und fielet nicht bei einem Schritt nach hinten in die Mördergrube eures Vaterlands. Vor euch der Feind, hinter euch das Vaterland und über euch die ewigen Sterne! Und ihr habt nicht Reißaus genommen in den Selbstmord. Ihr starbt nicht fürs, ihr starbt nicht durchs Vaterland; nicht durch die Munition des Feinds, nicht durch die eigene – ihr standet und starbt durch die Natur. Welch ein Bild des Ausharrens! Welch eine Kapuzinergruft! Wehrhafte Leichname, Protagonisten Habsburgischen Todlebens, schließt eure Reihen und erscheint ihnen im Schlaf! Erwacht aus dieser Erstarrung! Tretet vor! Tritt hervor, du lieber Bekenner des Geistes und verlange deinen teuren Kopf von ihnen! Du – wo bist du, der im Spitale starb? Sie schickten mir von dort meinen letzten Gruß mit dem Bescheid zurück: »Abgeschoben. Aufenthalt unbekannt«. Tritt vor, ihnen zu sagen, wo du bist und wie es dort ist, und daß du dich nie mehr dazu gebrauchen lassen wolltest! Und du dort, mit dem Gesicht, zu dem du in deiner letzten Minute verurteilt warst, als die kommandierte Bestie, Schaum vor dem Mund, ehedem vielleicht ein Mensch wie du, in deinen Graben stürzte – tritt hervor! Nicht daß du sterben – nein, daß du das erleben mußtest, macht künftig allen Schlaf und allen Tod im Bett zur Sünde. Nicht euern Tod – euer Erlebnis will ich rächen an jenen, die es euch aufgebunden haben! Ich habe sie zu Schatten geformt, die sie sind und die sie in Schein umlügen wollten! Ich habe ihnen das

Fleisch abgezogen! Aber den Gedanken ihrer Dummheit, den
Gefühlen ihrer Bosheit, dem furchtbaren Rhythmus ihrer Nichtigkeit gab ich die Körper und lasse sie sich bewegen. Hätte man
die Stimme dieses Zeitalters in einem Phonographen aufbewahrt,
so hätte die äußere Wahrheit die innere Lügen gestraft und das
Ohr diese und jene nicht wiedererkannt. So macht die Zeit das
Wesen unkenntlich, und würde dem größten Verbrechen, das je
unter der Sonne, unter den Sternen begangen war, Amnestie
gewähren. Ich habe das Wesen gerettet und mein Ohr hat den
Schall der Taten, mein Auge die Gebärde der Reden entdeckt
und meine Stimme hat, wo sie nur wiederholte, so zitiert, daß
der Grundton festgehalten blieb für alle Zeiten.

> Und laßt der Welt, die noch nicht weiß, mich sagen,
> Wie alles dies geschah; so sollt ihr hören
> Von Taten, fleischlich, blutig, unnatürlich,
> Zufälligen Gerichten, blindem Mord;
> Von Toden, durch Gewalt und List bewirkt,
> Und Planen, die verfehlt, zurückgefallen
> Auf der Erfinder Haupt: dies alles kann ich
> Mit Wahrheit melden.

Und hörten die Zeiten nicht mehr, so hörte doch ein Wesen über
ihnen! Ich habe nichts getan, als diese tödliche Quantität verkürzt, die sich in ihrer Unermeßlichkeit auf den Unbestand von
Zeit und Zeitung beriefe. All ihr Blut war doch nur Tinte – nun
wird mit Blut geschrieben sein! Dieses ist der Weltkrieg. Dies ist
mein Manifest. Ich habe alles reiflich erwogen. Ich habe
die Tragödie, die in die Szenen der zerfallenden Menschheit
zerfällt, auf mich genommen, damit sie der Geist höre, der sich
der Opfer erbarmt, und hätte er selbst für alle Zukunft der Verbindung mit einem Menschenohr entsagt. Er empfange den
Grundton dieser Zeit, das Echo meines blutigen Wahnsinns,
durch den ich mitschuldig bin an diesen Geräuschen. Er lasse es
als Erlösung gelten!
(Von draußen, ganz von weitem her, der Ruf: – – bee!)
(Verwandlung.)

55. Szene

Liebesmahl bei einem Korpskommando. Die dem Zuschauer zugekehrte Wand des Saales ist von dem Kolossalgemälde »Die große Zeit« ausgefüllt. Es wird ein Sautanz serviert. Die Musik spielt »Der alte Noah hats doch gewußt, die schönste Boa wärmt nicht die Brust«. Das Gelage neigt sich dem Ende zu. Offiziere der verbündeten Armeen stoßen miteinander an. Aus der Ferne Geschützdonner. Ein Husarenoberleutnant wirft ein Sektglas an die Wand.

DER PREUSSISCHE OBERST *(neben dem General, summend und nikkend)*: Der olle Noah, ja der hats jewußt – Na Prösterchen!
DER GENERAL *(erhebt sich unter Hoch-Rufen, schlägt an das Glas)*: Meine Herrn – also – nachdem unser Offizierskorps ein vierjähriges beispielloses Ringen – also gegen die Übermacht einer Welt – überstanden hat – also setze ich das Vertrauen auf meinen Stab – indem ich überzeugt bin – wir werden auch fernerhin – unerschrocken – tunlichst – die Spitze zu bieten. Kampfgestählt gehen unsere heldenmütigen Soldaten – diese Braven – gehen sie neuen Siegen entgegen – wir wanken nicht – wir werden den bis ins Mark getroffenen Feind – zu treffen wissen, wo immer es sei – und der heutige Tag – der heutige Tag, meine Herrn – wird einen Markstein bilden – in der Geschichte unserer glorreichen Wehrmacht immerdar! *(Hoch-Rufe.)* – Drauf und dran! Von Ihnen aber, denen die schwerste Aufgabe in diesem beispiellosen Kampfe obliegt – wie von unserer in Not und Tod getreuen Mannschaft, der die unermüdlichste Pflicht aufgezwungen ist – also ich erwarte von euch allen – daß ihr bis auf den letzten Hauch von Mann und Roß mit Hintansetzung eure Pflicht erfüllen werdets! Es gilt einen letzten, aber heißen Strauß und wir wissen, daß es – um nichts Geringes geht. Fürwahr! Stehen wir doch alle hier, jedermann – und ein jeglicher stellt seinen Mann – auf seinen Posten, um auszuharren – daselbst – wohin den Soldaten unsere Pflicht hingestellt hat – und der Allerhöchste Dienst uns hingesetzt hat *(Hoch-Rufe)* – wie es dem Gagisten geziemt! In dieser Stunde gedenken wir der Lieben in der Heimat – die fern sind und unserer in Treuen gedenken. Und speziell die Mütter, die vorangegangen sind – indem sie also naturgemäß mit Freuden ihre Söhne geopfert haben auf dem Altare des Vaterlands! Und wahrlich – es ist nicht leicht, in diesem Augenblicke alle Gedanken zusammenzufassen – weil sie immer auf das eine Ziel gerichtet sein müssen. Es gilt – ich spreche das Wort im vollen

Bewußtsein meiner Tragweite aus – es gilt, zu siegen! Siegen, meine Herrn – wissen Sie, was das heißt? Das ist die Wahl, die dem Soldaten bleibt – sonst muß er ruhmbedeckt sterben! Zu diesem Behufe – will ich mich der Erwartung verschließen – daß Sie meine Herrn – im Hinblicke und mit Rücksicht darauf die Pflege eines innigeren, herzlicheren Kontaktes mit derselben – also mit der Mannschaft – für die tunlichste Herabminderung der persönlichen Gefahr – also – sich aufgeopfert haben. *(Hoch-Rufe.)* Denn meine Herrn – wir alle wissen – das Letzte, was der Offizier, vornehmlich der Stabsoffizier, besitzt – ist *(Rufe: Seine Ehre!)* – Sie haben es erraten meine Herrn – seine Ehre! Und die werden wir sich nicht – also ich weiß schon – es gibt solche subversive Elemente – die bis ganz vorn in die vorderste Lini hineinreichen – aber – meine Herrn – uns können sie nicht das Wasser reichen! Oho! Unser Menschenmaterial haltet noch was aus! *(Bravo-Rufe.)* – Und wir, die wir Blut von ihrem Blute, Geist von ihrem Geiste sind – nein und tausendmal nein! – der Offizier fühlt mit dem gemeinen Mann, mit dem einfachen Mann, der am heutigen Tage das Bollwerk ist, an dem sich der Feind blutige Köpfe holen wird – wenn sie auf Granit beißen! Und da können s' sagen, was sie wollen, diese Schkribler – man derf nicht generalisieren! *(Er schlägt auf den Tisch)* – derf man denn das? *(Rufe: Nein!)* Diese Schkribler – ich meine natürlich nicht die beiden Herren Kriegsberichterstatter, die uns heute hier die Ehre erwiesen haben – wir wissen nur zu gut, was die Wehrmacht einer wohluniformierten Kriegsberichterstattung zu verdanken hat – die Presse – die in Erfüllung ihrer hochpadriotischen Pflicht den Mut des Hinterlands behebt – belebt – kann bei uns immer auf Anklang rechnen! *(Bravo-Rufe.)* Ich meine nicht diese Herrn und ich hoffe, daß die Herrn das also nicht auf die Herrn bezogen haben – indem wir ihre gemeinnützige Tätigkeit tunlichst vollauf würdigen *(Bravo-Rufe. Die Kriegsberichterstatter verneigen sich.)* Ich meine – diese Anarchisten und Defaitisten – die ihre Zwietracht hineinträgen und durch Ausstreuung von Gerüchten zur Verbreitung derselben beitragen! Das sind die Elemente! Das sind die Leute, die zuerst wühlen und nacher dann noch Umtriebe machen. Und ich frage Sie meine Herrn – haben wir das notwendig? *(Rufe: Nein!)* In meinem Korps – wo alle Nationen friedlich miteinander vertreten sind – wir haben in unserem Stab deutsche Herrn und wir haben böhmische Herrn, wir haben Polen und Kroatten haben wir und rumänische Herrn haben wir und solche mosaischer Konfession sind auch da. Und haben wir nicht auch Vertreter unserer prächtigen Honved? *(Eljen-Rufe)* – Also da hat sich noch niemand beschwert! Da heißts immer – Nationalidäten hin und her. Ich frage Sie meine Herrn – merkt man da etwas? Also – darum sage ich – es wird nicht so heiß gegessen, wie es gekocht wird. Wenigstens bei uns! Da zeigen Sie den Herrn Bundesgenossen, die wir mit Stolz heute an dieser Tafel hier herin erblicken dürfen – *(Hoch-Rufe)* – wie bei uns volle Einigkeit herrscht! Jeder füllt seinen Platz aus – mit Hintansetzung – denn wir wissen alle, daß und wofür wir durchhalten müssen, alle Nationalidäten ohne Ausnahme, wie wir da sind, in diesem uns aufgezwungenen Verteidigungskriege der germanischen gegen die slawische Rasse! *(Hurra- und Hoch-Rufe.)* Unsere Waffen in diesem beispiellosen Kampfe heißen Zuversicht und Disziplin! *(Bravo-Rufe.)* Oh, ich halte etwas auf Disziplin – aber eisern muß sie sein! Und wir alle – können wahrlich ein Lied davon singen. Bei der letzten Inspizierung habe ich diesbezüglich also Übelstände bemerken müssen und ich habe auch leider bemängeln müssen, daß mir draußen zu wenig Herrn gefallen sind. Ich will niemandem nahetreten, aber es gilt doch, mit gutem Beispiel voranzugehen. Statt den eigenen werten Kadaver in Sicherheit bringen! *(Bravo, bravo!)* Mein hohes Vorbild, Seine Exlenz Pflanzer-Baltin *(Hoch-Rufe)* hat das Wort geprägt: »Ich werde schon meinen Leuten das Sterben lehren!« Dadrauf halte ich! Und was wolln denn die Leut eigentlich? Wolln s' denn ewig leben? Zu solchen Passionen meine Herrn ist jetzt nicht die Verfassung – wo das Vaterland in Gefahr ist, das aber so Gott will – hervorgehn wird – wie ein Phönix aus dem Stahlbad des Weltkriegs! Was uns nottut – ist Selbstsucht! Verwöhnung kann ich nicht hingehn lassen. Wie sie das Glück gehabt haben, damals wie Seine kaiserliche Hoheit der durchlauchtigste Herr Erzherzog Friedrich – *(mit Rührung)* der Soldatenvater *(Hoch-Rufe)* – bis in die vordersten Schützengräben vordrang, um der Mannschaft die huldreichen Grüße Seiner Majestät des obersten Kriegsherrn zu überbringen *(Hoch-Rufe)* – da haben s' also naturgemäß eine Freud ghabt! Ja was wolln denn die Leut noch haben? Damals wars noch ganz ruhig draußen und kein so bewegter Tag wie heute, wo sie den Stürmen trotzen. Aber nein, da wird herumgestierlt und es gibt Elemente, welche es glücklich so weit gebracht haben, daß sich die Mannschaft beklagt und aufbegehrt – wegen dem Dörrgemüse und so – sie möchten womöglich wie im Frieden ein Soupetscherl vom Sacher haben *(Heiterkeit)* – und dreimal täglich Schaumrollen! Jetzt heißt es durchhalten! *(Bravo, bravo!)* Meine Herrn – ich perhorresziere das und wo ich Anzeichen bemerke, da bin ich scharf hinterher! Disziplin – wissen Sie meine Herrn, was das heißt? Disziplin heißt Mannszucht! Das ist die Autorität – die das tägliche Brot für den Soldaten ist! Wenn s' das untergraben, hört sich die Gemütlichkeit auf! Diese Schkribler – Bismarck – er war zwar – also unser großer Bundesgenosse – hat das Kernwort geprägt: Was das Schwert uns vernichtet hat – geht durch die Feder wieder verlorn! – Meine Herrn, lassen wir das nicht aus dem Auge fallen! Erinnern wir uns! – Aber ich staune über die Langmut unseres hohen KM. Wenns nach mir ginge, müßte die Zensur ein Exempel schtatuieren und diese Leute alle aufhängen! *(Bravo-Rufe.)* Auditor et altera parte! Ich habe schon gegen die Katzelmacher gekämpft, wo diese Elemente noch nicht auf der Welt waren! *(Bravo-Rufe)* – das kann ich mit Stolz sagen! Aber meine Herrn – wenn das am grünen Tische geschieht, da freilich – können wir nicht die Verantwortung übernehmen! Man darf nicht alle feindlichen Lügen über uns glauben. Opferfreudigkeit hätten wir genug in unserem lieben Vaterlande, aber was uns fehlt, ist Hingabe und grad auf die kommt es an! Also – man darf derartige subversive Strömungen gar nicht aufkommen lassen – weil sie sonst unterminierend wirken könnten! Wenn wir hier jeder unentwegt bleiben, so werden wir auch die letzte Entscheidung, die uns der Feind aufzwingt – planmäßig und in Ehren an uns herankommen lassen! Wer von uns gedenkt nicht der geradezu beispiellosen Taten, mit denen unsere allzeit bewährte, todesmutige Truppe uns vorangegangen ist – nachdem sie getreu unserem Befehl gefolgt ist in Sturm und Gefahren! Und fürwahr – die sich vielfach aufgeopferten Stäbe haben jederzeit die Verantwortung planmäßig übernommen und auch beispiellos durchgeführt! Und haben wir denn nicht auch schöne Erfolge erzielt? Erfolge, die in den Annalen unserer Wehrmacht fortleben werden, während wir selbst dereinst ruhmbedeckt gefallen sind. Haben wir nicht Erfolge erzielt, die den Neid unserer Bundesgenossen – unserer Feinde – erwecken – so daß sie sie uns schmälern wollen? Leicht, meine Herrn, hat man es uns wahrlich nicht gemacht. Sind wir doch umgerungen von lauter Feinden und bieten einer numerischen Übermacht die Stirne immerdar! Sieg über Sieg, meine Herrn! Wer hätte das vor vier Jahren gedacht, damals als wir auszogen in das Ungewisse, um Serbien zu zertreten – planmäßig und unter den Klängen des Prinz Eugen! *(Hoch-Rufe.)* – Und ist es uns denn nicht gelungen?

Haben wir nicht Serbien zertreten meine Herrn? Wir haben es zertreten! *(Hoch-Rufe.)* – Da hats geheißen: Bis hieher und nicht weiter! Also – auskehrn mit eiserner Faust! Meine Herrn, noch ein Schritt und der Sieg ist unser! Rußland stellt sich immer klarer heraus – das ist ein Koloß auf tönernen Füßen! Das ist so gut wie ein erledigter Standpunkt! Und was die Katzelmacher anbetrifft – nun also, wer von uns zweifelt heute noch am schließlichen Endsieg? Pflicht des Soldaten, meine Herrn, ist es sich gut zu schlagen, und wir haben sich gut geschlagen, fürwahr! Diese Tapferen – die vorangegangen sind und alles in die Schanze geschlagen haben! Wir gedenken ihrer – denn sie haben die Fahne ihres Regiments hochgehalten und tunlichst mit ihrem Blute besiegelt! Meine Herrn – wir leben in einer großen Zeit und die für unser Vaterland unschätzbaren Früchte sind noch im Wachsen – sein Ansehn in der Welt – und vor allem verdanken wir diesem Stahlbad den horrenden Seelenaufschwung, den wir mitgemacht haben. Is das vielleicht nix? Nun trennt uns nur noch ein Schritt und wir haben den Lorbeer unüberwindlich erreicht! Darum sage ich – und das gilt für den Gagisten wie für den gemeinen Mann – kalten Mut, kaltes Blut meine Herrn! Auf Sie kommt es in letzter Linie an – seien Sie sich dessen bewußt! Sie wissen, wofür wir hier stehen! Für den Allerhöchsten Dienst *(Hoch-Rufe)* – für unsern allergnädigsten Kaiser *(Hoch-Rufe)* – dem jeder sein Bestes geben soll, trotz Not und Tod in Stürmen, Gefahren und Unternehmungen aller Art, wie es einem braven Kriegsmanne geziemt! *(Hoch-Rufe.)* Gott helfe weiter! Ich trinke auf das Wohl unserer allmächtigen Verbündeten – die wir hier erblicken im Zeichen bewährter sturmerprobter Nibelungentreue Schulter an Schulter mit uns verbunden auf Gedeih und Verderb! *(Hoch- und Hurra-Rufe.)* Seine Majestät der deutsche Kaiser und Seine Majestät unser oberster Kriegsherr, unser allergnädigster Kaiser und König mitsamt dem angestammten Herrscherhause – sie leben hoch! hoch! hoch! *(Brausende Hoch- und Hurra-Rufe. Allgemeines Anstoßen. Er setzt sich.)* – Was servierst denn da?

DER BURSCHE: Exzellenz bitte gehorsamst, Handgranaten.

DER GENERAL *(lacht aus vollem Halse)*: Das sein ja Eisbomben – die heißen s' bei uns Handgranaten! Also in Gottes Namen – Handgranaten her!

DER PREUSSISCHE OBERST: Handgranaten her! – Donnerwetter noch mal, seid ihr Östreicher aber schneidje Kerlchens! Na wir haben kürzlich Metzelsuppe, denn Schlachtpastetchen mit

Blutwurst jehabt *(Heiterkeit)* und zum guten Ende gabs Torpedos mit Schlagsahne. *(Er singt:)*
>Wer sorgt für solche Gäste
>So, wie's bei uns geschieht!
>Gesprengt, versenkt wird feste –
>Doch immer mit Jemüt!

(Hurra- und Hoch-Rufe. Heiterkeit.)

DER GENERAL: Auf das deutsche U-Boot! *(Hoch- und Hurra-Rufe. Anstoßen.)*

DER PREUSSISCHE OBERST: Exzellenz, ich bin kein Wortemacher und 'nen Toast zu leisten, dazu – reichts nicht mehr. Dazu – ist euer Ungarwein zu gut. *(Heiterkeit.)* Aber soviel kann ich noch sagen – Ihre Worte haben auch zu meinem deutschen Herzen gesprochen! Wo Disziplin fehlt, kommt das dicke Ende nach. Der schlappe Geist, der bei euch Östreichern in eurem Hinterlande herrscht, würde unfehlbar auch die Front zum Wanken bringen – *(ein Hauptmann ist unter den Tisch gefallen. Es entsteht Bewegung.)*

DER GENERAL: Die Schkribler sind schuld! Was wollen s' denn haben – mir san ja eh die reinen Lamperln!

DER PREUSSISCHE OBERST: Nich doch. Euer Friedensgewinsel war Unjebühr. Da habt ihr an euch selbst jesündicht. Nu droht dieser Geist auch eure Front zu verseuchen.

DER GENERAL: Hörts es? Disziplin muß sein, da gibts nix!

DER PREUSSISCHE OBERST: Ludendorff hat volles Vertrauen zu Ihnen, Exzellenz.

DER GENERAL: Zu schmeichelhaft. O ja, ich schau auf das Menschenmaterial – ich schau aber auch auf die Herrn! Jetzt wern mrs wieder a bißl auffüllen – speziell bei der Kag fehlt's – mit 'n Flak wär ich eher zufrieden – unsere Herrn Ärzte sind im allgemeinen recht brav, sie tun was sie können – bei der Konschtatierung und halt so. Alles is scho inschtradiert. Wissen S', mit die Ersatzkörper –

DER PREUSSISCHE OBERST: Prothesen? – Ach so!

DER GENERAL: Zum Inschtradieren!

DER PREUSSISCHE OBERST: Na – heut dürfte ja 'n heißer Tach sein.

DER GENERAL *(sich die Stirn wischend)*: Damisch heiß is herint.

Ein Telephonoffizier kommt, tritt an den diensthabenden Generalstabsoffizier heran und überreicht eine Depesche. Der Generalstabsoffizier öffnet, erhebt sich, torkelt auf den General zu und flüstert ihm etwas ins Ohr.

DER GENERAL: Trotteln!

DER PREUSSISCHE OBERST: Was is 'n los?

DER GENERAL: Vorstellung genommen. Auf zweite Linie zurück. Da is der Wottawa schuld!

DER PREUSSISCHE OBERST: Fatale Schose! Na da habt ihr wieder mal auf dem falschen Fuß Hurra jeschrien? *(Die Musik spielt ein Wiener Lied.)* Ach köstlich! *(Er singt mit)* Trink ma noch a Flascherl – trink ma noch a Flascherl – ich – haab – Geld im Tascherl – – *(Um sich blickend)* Aber ich kenne ja eigentlich einige der Herren noch nich – *(er zeigt auf eine Gruppe von Offizieren.)*

DER GENERAL *(winkt)*: Tu! tu! tu! *(Die Offiziere erheben sich.)*

EIN HUSARENOBERLEUTNANT: Géza von Lakkati de Némesfalva et Kutjafelegfaluszég.

DER PREUSSISCHE OBERST: Komischer Name. Fideles Haus.

DER GENERAL: Das is a roter Teufel.

DER PREUSSISCHE OBERST: Roter Teufel – schneidich! Ja die prächtje Honved!

EIN HAUPTMANN: Romuald Kurzbauer.

DER PREUSSISCHE OBERST: Wiener?

DER GENERAL: Na, a Salzburger is er.

EIN OBERLEUTNANT: Stanislaus v. Zakrychiewicz.

DER PREUSSISCHE OBERST: Kroate?

DER GENERAL: Pole, Pole.

DER PREUSSISCHE OBERST: Ah, ein edler Pole!

EIN LEUTNANT: Petričič.

DER PREUSSISCHE OBERST: Rumäne?

DER GENERAL: Nein, Kroatt.

EIN OBERLEUTNANT: Iwaschko.

DER PREUSSISCHE OBERST: Böhme?

DER GENERAL: Rumäner.

EIN HAUPTMANN: Koudjela.

DER PREUSSISCHE OBERST: Italiener?

DER GENERAL: Behm!

EIN TRAINRITTMEISTER: Trainreferent Felix Bellak.

DER PREUSSISCHE OBERST: Aha. *(Die Vorgestellten setzen sich. Der Oberstabsarzt stößt mit dem Oberauditor an. Der Feldrabbiner mit dem Feldkuraten.)* Mal munter, Heiligenscheinwerfer! Immer stramm, immer stramm! Recht so!

EIN HAUPTMANN: Das is unsere wackere Sündenabwehrkanone! *(Schallende Heiterkeit, in die der Feldkurat einstimmt.)*

DER FELDKURAT: Jawoohl, jawoohl – ich tu ihnen schon das Wülde abiramen!

DER PREUSSISCHE OBERST: Abi – ramen? Köstliches Wort! Bedeutet vermutlich abräumen? Der Mann ist woll vom Lande?
DER FELDKURAT: Nein Herr Oberst, aus Linz.
DER PREUSSISCHE OBERST: Ah, das schöne Linz in der grünen Steiermark!
DER GENERAL: Jetzt soll einer meiner begabten jüngeren Herrn was zum besten geben!
DER OBERINTENDANT: Der Wowes!
DER GENERAL: Wowes! Zum Klavier antreten! Gschwind!
WOWES (*setzt sich ans Klavier, spielt und singt dazu*):
> Wenn ich dich – an deinem Fenster seh –
> So tut mir – das Herz so weh.
> Ich sehn mich – nach dir zurück.
> Denn du bist – das Glück.

(*Rufe: Bravo Wowes!*)
WOWES: Is noch nicht aus!
DER PREUSSISCHE OBERST (*summend und nickend*): Du bist – das Glück. Hat er fein jemacht!
WOWES (*fortfahrend*):
> Wenn ich – bei dir im Bette bin –
> So ist mir – gar wohl im Sinn.
> Ich will – von dort nicht fort.
> Denn dort ist – mein Ort.

(*Heiterkeit. Rufe: Bravo Wowes!*)
DER PREUSSISCHE OBERST (*summend und nickend*): Denn dort ist – mein Ort. Famoser Bengel! (*Trinkt ihm zu.*)
DER GENERAL: Er komponiert selbst! Oh, er is sogar auch ein Zauberkünstler. Prestischatehr! Der unterhaltet eine ganze Gesellschaft!
DER PREUSSISCHE OBERST: Ach was!
DER GENERAL: Ja, das is ein gefinkelter Kampl! Aber ich laß ihn auch nicht hinaus. Jetzt hab ich ihn eingegeben für die große Silberne. (*Geschützdonner.*)
EIN DEUTSCHER GENERALSTABSOFFIZIER: Es lebe die österreichische Gemütlichkeit! (*Hurra- und Hoch-Rufe. Anstoßen.*)
DER OBERSTABSARZT: Es lebe die deutsche Organisation! (*Hoch- und Hurra-Rufe. Anstoßen.*)
DER GENERAL: Oho! Auch wir – meine Herrn! Auch wir! – Oho! Da gibts nix – Wir folgen – unserer Fahne – (*Die Musik spielt »Heut hab i schon mein Fahnl«. Gelächter und Singen am Tafelende.*) Was – habts denn?
EIN RITTMEISTER (*singend*): Heut hab i – schon mein –

Der Oberintendant: Ja wer tommerlt denn da –? *(Heiterkeit.)*
Der Telephonoffizier kommt eilig herein, tritt an den diensthabenden Generalstabsoffizier heran und überreicht eine Depesche. Der Generalstabsoffizier erhebt sich, torkelt auf den General zu und flüstert ihm etwas ins Ohr.
Der General: Solche Hornviecher!
Der preussische Oberst: Was is 'n los?
Der General *(liest)*: Stellung – zusammengetrommelt. Annäherungsräume liegen – unter – unter schwerem Vernichtungsfeuer – Diese Kineser –! verderben einem die schönsten Erfolge –! *(Läßt die Depesche fallen.)* Ah woos – gar net ignorieren.
Der preussische Oberst *(sie aufhebend)*: Reserven eingesetzt. Abschnittsreserven vollkommen aufgebraucht. Batterien müssen in Aufnahmsstellung zurückgenommen werden – Donnerwetter noch mal! *(Verstärkter Geschützdonner.)*
Der diensthabende Generalstabsoffizier *(zu einem Burschen)*: Net allweil einschenken. Heut brauch ich – einen klaren – Kopf. Wieviel Stiefel und Kappen verloren, sagt er natürlich wieder nicht. Trottel das!
Der deutsche Generalstabsoffizier: Nanu? Stiefel und Kappen?
Der diensthabende Generalstabsoffizier: Weißt – Leut und Herrn.
Der preussische Oberst: Es scheint, daß euch lieben Östreichern die Friedensoffensiven denn doch besser gelingen sollen. Na hoffen wir, daß Hindenburch da mal zum Rechten sehn wird. Schließlich ist es ja doch wieder an uns, euch aus dem Dreck zu ziehn!
Der General: Meine Herrn – wir sind stolz – daß wir – Schulter an Schulter mit unseren kampfgestählten Bundesgenossen – in schimmernder Wehr – meine Herrn, ich trinke auf die Nibelungentreue – in diesem Bündnis – das s' jetzt ausgebaut hab'n – *(Bravo-Rufe)* und – und –
Der preussische Oberst: Vertieft! *(Hoch- und Hurra-Rufe. Die Musik spielt die »Wacht am Rhein« und hierauf »Heil dir im Siegerkranz«.)* Ich danke Ihnen meine Herrn – ich danke Ihnen! Aber nu mal wieder ohne feierlichen Klimbim wenn ich bitten darf. Die Wonnejans heben wir uns für den Tach des Endsiechs auf. Jetzt mal wieder eins eurer köstlichen Östreicherlieder – von eurem prächtigen Lehar, der uns an der Westfront so viel Freude jebracht hat. *(Bravo-Rufe.)*
Der General: Spielts »Sag Schnucki zu mir«!

DER PREUSSISCHE OBERST: Schnuckii – was ist denn das? Also Schnuckii, famos! *(Die Kapelle intoniert dieses Lied.)*
DER GENERAL: Aber was is denn mit unsere Feldmatratzen? Die san ja heut ganz stad? Was singts denn nicht mit?
DER RITTMEISTER *(über den Tisch rufend)*: Die Schwester Paula – die hat dir eine Krupp! Taarlos –! Da kann sich die Schwester Ludmilla verstecken!
SCHWESTER PAULA *(kreischt)*: Au! – Aufhörn – grauslicher Mensch das!
DER RITTMEISTER: Was is denn, was is denn, Komplimenten machen darf man auch nicht mehr?
SCHWESTER LUDMILLA: Immer der mit seine Anzüglichkeiten!
EIN OBERLEUTNANT: No und die Gspaßlaberln!
DER PREUSSISCHE OBERST: Gespaßlabal –? Nee, hört mal, was ihr für ulkje Namen – was ist denn d a s fürn Ding? *(Der General gibt eine Erklärung.)*
DER OBERINTENDANT: Die Madln solln a Duett singen! *(Rufe: A Duett!)*
DER OBERLEUTNANT: Der Feldkurat und der Feldrabbiner solln aa a Duett singen!
EIN ZWEITER: Der Feldrabbiner kann jodeln – und der Feldkurat – na – verkehrt – *(Schallende Heiterkeit.)*
EIN PREUSSISCHER HAUPTMANN: Doll!
EIN DRITTER OBERLEUTNANT: Bist halt a Klassikaner. *(Heftiger Geschützdonner.)*
DER ARTILLERIEREFERENT: Die arbeiten heut aber fest – m e i n e Herrn –! das geht ja wie im Takt!
DER FELDKURAT *(singend)*: Können nimma Katzl mach'n, es tuat halt gar zviel krach'n! Tschiff, tscheff, tauch – der Wallisch liegt am Bauch! *(Gelächter und Mitsingen.)*
MEHRERE: Prost Hochwürden! *(Anstoßen.)*
DER PREUSSISCHE OBERST: Ich fürchte, daß es 'n heißer Tach ist!
DER GENERAL *(sich die Stirn wischend)*: Wiar in die Hundstäg. *(Die Musik spielt »Am Manzanares«.)*
Der Telephonoffizier stürzt herein, tritt direkt an den General heran, flüstert ihm etwas ins Ohr.
DER GENERAL: Was? Die elendigen – die elendigen – diese Frontschweine –!
DER PREUSSISCHE OBERST: Was is 'n los?
DER GENERAL: Ich – versteh – das nicht. Ich – habe doch ausdrücklich –

DER PREUSSISCHE OBERST: Nanu Kinder – macht mir man bloß jetzt nicht flau, wo wir den Sieg in der Tasche haben!
DER GENERAL: Herrschaften – da sind wir in der rue de Kack!
DER PREUSSISCHE OBERST *(zum Telephonoffizier)*: Was is 'n los?
DER TELEPHONOFFIZIER *(in größter Erregung, stammelnd)*: Die Spitzen der rückflutenden Divisionen erreichen bereits den Stand des Korpskommandos – die gesamte Artillerie wurde im Stich gelassen – die Straßen sind von gepfropftem Train gesperrt – die Truppen demoralisiert – feindliche Kavallerie im schärfsten Nachdrängen. *(Ab. Der Oberst spricht auf den General ein. Die andern in zwangloser Konversation.)*
EIN HAUPTMANN: Du – Koudjela –
KOUDJELA: Jaa –
DER HAUPTMANN: Spehlmeis war guut! Aber schon sehr gut!
KOUDJELA: Jaa –
DER HAUPTMANN: Du – Koudjela –
KOUDJELA: Jaa –
DER HAUPTMANN: Wein ist guut! Aber schon sehr gut!
KOUDJELA: Jaa –
EIN OBERSTLEUTNANT *(zu einem schlafenden Obersten)*: Du Herr Oberst!
DER ÖSTERREICHISCHE OBERST *(erwacht)*: Was is denn –
DER OBERSTLEUTNANT: Nix! *(Heiterkeit.)*
EIN LEUTNANT *(über den Tisch rufend)*: Du Windischgraetz – hast heut mit dem Schlesinger gebritscht oder gebackt?
DER RITTMEISTER: – Hörts mr auf, die Glanzzeit der Presse war im Anfang, wie s' noch 'n Roda Roda ghabt ham – jetzt is gar nix.
EIN OBERLEUTNANT *(gibt ihm einen Stoß)*: Pst – die zwei Judenbuben! *(Laut)* Weißt, großartig find ich die Sachen von der Schalek – sehr instruktiv! – nächste Wochen kommt sie zu uns heraus – no vor allem is sie tapfer, das muß ihr auch der Feind lassen!
DER RITTMEISTER *(gibt ihm einen Stoß)*: Pst – das gift' das doch noch mehr! *(Laut)* Weißt, der Roda Roda, der hat das verstanden, so mit einem Satz eine militärische Situation – also zum Beispiel, das is mir noch genau in Erinnerung – wie er gschrieben hat: »Sie werden Ihren Mantel kaum mehr brauchen«, sagte der Oberleutnant, als er den Popen an den Steigbügel eines Ulanen binden ließ. Nix weiter.
DER OBERLEUTNANT: Gelungen, aber wieso hast dir das so gemerkt?

DER RITTMEISTER: No Tepp – ratest denn nicht, wer der Oberleutnant war? Ich!
DER OBERLEUTNANT: Keh! – Was hat der angstellt ghabt?
DER RITTMEISTER: No Umtriebe und so. A rote Nasen hat er ghabt – also du das reine Lichtsignal! Das war schon einer!
EIN OBERLEUTNANT *(zu einem andern, der versunken dasitzt):* Du – was denkst du so? Du Denker du.
DER ANDERE: Weißt, ich denk halt – jetzt, auf der Sirk-Ecken. Hier sitzt man herum –
DER ERSTE: Du – ich auch.
EIN PREUSSISCHER OBERLEUTNANT: – Nee Kinderchens laßt mich man bloß unjeschoren, den Siegfrieden erringt ihr fein ohne mich – ich muß ja doch nächste Woche nach Berlin. Da haben wir unser Heldengedächtnisrennen.
EIN ZWEITER: Ach wer wird an morgen denken! Die Hauptsache ist 'ne tüchtje Pulle, daß man die nötje Bettschwere bekommt. Die faulen Hinterlandonkels –
DER RITTMEISTER: No ich verlang mir auch keinen Urlaub. Ujegerl – ins Land, wo Wrucken und Maisbrot fließt! *(Heiterkeit)* – könnt mich haben!
EIN HAUPTMANN: Was Reischl, aber auf die Front hast halt auch kan Gusto? *(Heiterkeit.)*
DER RITTMEISTER: Du hast was zu reden, Obertachinierer!
DER ZWEITE PREUSSISCHE OBERLEUTNANT: Mit das Schlimmste an der Front ist alle Tage Marmelade.
DER ERSTE: Ach Heldenbutter ist auch schon alle. In Rußland sind sie jetzt eklich dran. Da haben sie in einem Abschnitt ne richtichgehende Cholera. Wißt ihr, weil die Kerls Wasser aus 'nem Teich getrunken haben, wo Russenleichen waren.
DER RITTMEISTER: Das wär nix für mich, ich brauch einen Schampus! *(Schallende Heiterkeit.)*
DER ZWEITE: – Ja, kochen könnt ihr Östreicher, aber die Speisenfolge, die wir mal an der Nachmittachstafel in Homburg jehabt haben – da *(er zeigt die Menükarte):* Kraftbrühe mit Ochsenfleisch – Königinpastetchen – Gebackene Rheinfische mit Remouladentunke – Fasane im Topf – Osterlammrücken auf Hausmannsart mit Halberstädter Würstchen – Hammelkeule mit Weißbohnen und Artischockenböden – Spargel mit Sahnentunke – Niersteiner Auflanger vom Kasino Duisburg – Kupferberg-Gold – Eisbombe – Geschmortes Obst – Käsestangen! Jawoll! Da könnt ihr nich ran! *(Oho-Rufe.)*

DER PREUSSISCHE OBERST: – Nee Kinder, euer berühmtes Hofftheaterballett war bei euch?

DER GENERAL: Ja – und auf d' Wochen krieg mr ein Kabarett was sich gewaschen hat!

DER ERSTE KRIEGSBERICHTERSTATTER: Herr Oberst, mein Werk!

DER ZWEITE KRIEGSBERICHTERSTATTER: Wiesoo? Angeregt hab ich!

EIN OBERLEUTNANT: – Aber nein, das war doch bei der siebenten Isonzoschlacht, weißt, wie der Sascha bei uns heraußt war –

EIN ANDERER OBERLEUTNANT: – Noja, der Oberst haltet sich übern Kanonendonner auf. Er kann bei der Nacht net schlaf'n. Da warn die frühern Quartier besser. Ich hab's immer gsagt, die Situation is ungünstig. Das wird wieder a Nacht wern heut! Passieren kann nix, aber der Lärm bei der Nacht is zwider. *(Heftige Detonation.)*

DER ARTILLERIEREFERENT: Das war a schwarer Pumperer!

EIN LEUTNANT: – Der Scharinger von die Elfer? No der hat dir eine Sau! Jetzt is er eingegeben –

DER RITTMEISTER: – Du, weißt, also ein Busen – *(Geste)* erstklassig!

EIN OBERLEUTNANT: Du, aber was ich jetzt in petto hab –! also tulli –!

DER RITTMEISTER: Obersteiger! In der letzten Muskete –

EIN MAJOR: Unsern Menageoffizier lass mr leben! *(Hoch-Rufe. Anstoßen.)*

EIN GENERALMAJOR: Ja der Pschierer! Der stellt seinen Mann! Zwölf Gänge – da muß man schon Habedjehre sagen. *(Trinkt ihm zu.)*

DER OBERAUDITOR: Also ich habe mich schon auf manchen schweren Gang vorbereitet *(Heiterkeit)* – aber ich muß schon sagen – Pschierer Prost!

DER MAJOR: Du, hörst nix vom Haschka?

DER OBERAUDITOR: Der Haschka is noch immer der Alte. Fleißig –!

DER MAJOR: Aber jetzt kann er doch nicht mehr für'n Stöger-Steiner arbeiten? Also gar so viel kanns doch nicht mehr zu tun geben!

DER OBERAUDITOR: Ja die Zeiten sind vorbei. Aber der Haschka is dir ein Hauptbursch. Sein Steckenpferd hat er halt noch immer. Da hebt er sich das Todesurteil auf, pünktlich bis die Suppen aufgessen is. Schaut auf die Uhr, springt auf, mit'n

Braten solln s' warten sagt er – bumsti san scho drin im Billardzimmer zum Verkündigen. Sein schönster Fall war bei den Ma-Formationen vom Fünfzehner-Korps, weißt Wocheiner-Feistrltz. Da warn a paar Humanitätspimpf, die ham sich aufgehalten – paßt ihnen akkurat nicht, weils der Stöger-Steiner gewunschen hat – no ja, es hat halt solln ein Exempel schtatuiert wern.

Der Major: p. u.?

Der Oberauditor: Aber nein – der Fall is doch berühmt. Ein Kerl hat a Brieftaschl gstohln ghabt, no und vom Arrestgitter ham s'n hineingheanzt, daß er dafür erschossen wird. Der Kerl geht durch – aus Furcht. No hat der Haschka gsagt, wanns auch keine ausgesprochene Desertion is, weils bloß aus Furcht war – es is wegn 'n Exempel. Weil also naturgemäß der Stöger-Steiner Wert drauf legt. – Wern dir die Pimpf hopatatschig! Daraufhin verurteilen s' nicht! Was sagst! Ein Skandal so was! Aktive!

Der Major *(perplex)*: Aktive –?!

Der Oberauditor: Ja das gibts auch! Aber ich bitt dich – ich hab ja selbst Fälle ghabt, wo s' selbst bei Selbstverstümmlung einen Kerl ham heraushaun wolln. Bitte – Aktive! Tragen des Kaisers Rock! Die sollt man schtampern! Diese umstürzlerischen Ideen sind eben sogar schon in unsern engern Stand eingedrungen.

Der Major: Was willst haben, in der Lini machen s' auch schon manchmal Gschichten wegen der Mannschaft! No – ich will nix sagen, man darf nicht generalisieren, zum Glück ist der Geist unversehrt. – Also du, was war da?

Der Oberauditor: No hat er ihnen versprechen müssen der Haschka im Protokoll, der Kerl wird begnadigt, wann s'n nur verurteilen. Aber der Haschka, schlau wie er is, hat oben kan Ton von kan Protokoll nicht gsagt – no is also naturgemäß schtantepeh vollzogen worn. Weißt, bei uns sind auch schon viel Exempel schtatuiert worn – aber so eine Exekution, da muß man schon tulli sagen! Ja, der Haschka is halt was bsonderes.

Der Major: Weißt, mit die Humanen – das hab ich scho gfressen. Wann ich einen Humanen nur von weitem siech, wer' ich scho fuchtig. Sich auflehnen gegen 'n Stöger-Steiner! Da hat dir der Tersztszyansky amal kurzen Prozeß gmacht. Das heißt – er hat gar kan Prozeß gmacht.

Der Oberauditor: Wieso?

Der Major: Weißt, da war dir auch so ein Humaner – also ein engerer Standesgenosse von dir –

DER OBERAUDITOR: No mich brauchst nicht verdächtigen, du!
DER MAJOR: Aber geh, ich tu dich ja nur bißl pflanzen. Also hör zu – der weigert sich, einen Kerl standrechtlich zu behandeln. Es is nur eine Disziplinarsache, sagt er und so Spomponadeln. No in der Meß – kommt dir der Tersztszyansky herein, setzt sich zur Suppen – du aber so ruhig hab ich dir den Tersztszyansky noch nie gsehn! – sagt er, Herr Hauptmann-Auditor sagt er, mit Ihrem Delinquenten brauchen wir überhaupt keine Verhandlung mehr. Wieso, fragt er. No schaun S' sich ihn draußen im Garten an – schaun S' sich ihn nur an – draußen liegt er. Hat dir der Tersztszyansky einfach dem Zugführer gsagt ghabt, er soll den Kerl niedermachen, mit 'n Bajonett – bumstinazi! Weißt, weil er dir eine Wut ghabt hat auf den widerspenstigen Menschen.
DER OBERAUDITOR: Auf den Kerl?
DER MAJOR: Aber nein, auf 'n Auditor!
DER OBERAUDITOR: Ah so, natürlich! Du gelt ja, neulich hab ich mich gstritten, der Tersztszyansky is doch Ehrendokter der Philosophie – oder nicht?
DER MAJOR: No ich möcht glauben! – Du richtig, was macht denn der Stanzl von der Na-Stelle? Is der noch in Albanien? Ich hab ghört, daß s' ihn nach Feldkirch hin tun wolln für 'n feinern Dienst?
DER OBERAUDITOR: Woher denn, der hat dir in Albanien Hals über Kopf zu tun! Du, aber der Balogh – weißt in Kossovo-Mitrovica –
DER MAJOR: Ja richtig, da hab ich so eine Gschicht ghört von einer Hinrichtung mit Zahnziehn oder was.
DER OBERAUDITOR: Das is ein Tratsch. Es is unglaublich wie der Mensch verleumdet wird – das wollt ich dir grad erzähl'n. Das ist die harmloseste Gschichte von der Welt. Das Ganze beruht einfach darauf, daß er einen Sechzehnjährigen zum Aufhängen ghabt hat, weil er ein Komitatschi war. No hat er dem Dokter gsagt, er soll halt nachschaun, ob der Bursch nicht am End schon an Weisheitszahn hat. No sagt der Dokter, ja. No hat er hineingschrieben 20 – ham s'n halt aufgängt. Also er hat sich noch die Mühe gnommen mitn Nachschaunlassen. Das war der Fehler – so is 's herauskommen. No und nacher, weil er dafür vom AOK eine Rüge bekommen hat, is halt der ganze Tratsch entstanden. No, das AOK hat früher bei solche Fälle, wo es sich um verdiente Offiziere handelt, mit die Rügen nicht so geußt –

unter uns! Sonst setzt ma's Alter einfach hinauf, sagt ka Mensch was.

DER MAJOR: Is mir auch ein Schleier. Bei unserer Truppendivision – Herrgott waren das Zeiten – wie noch der Peter Ferdinand mehr freie Hand ghabt hat – da hams einmal gewettet, weißt die kaiserliche Hoheit und der Parma, der Generalstabschef – also ob bei der Hinrichtung von Vierzehnjährigen eine – Dingsda stattfinden werde – wie hat er's nur gheißen, der Dokter – so a gspaßigs Wort –

EIN REGIMENTSARZT: Aha, eine ejaculatio seminis! *(Gelächter.)*

DER MAJOR: Ja richtig, natürlich! Oh das war intressant. No überhaupt – damals!

DER OBERINTENDANT: Vierzehnjährige hinrichten – derfen s' denn das? *(Gelächter.)*

DER MAJOR: Ja mein lieber Oberintendant, wir ham ja schließlich Krieg, verstandewu? Da wird man schon keine Spomponadeln machen! Was? Bei die 92er hams Kerln weils eine Konserven 'gessen hab'n vom eisernen Vorrat, draußen vorm Drahtverhau anbinden lassen, damit s' von die Russen abgschossen wern –

DER OBERINTENDANT: Noja, wann s' vom eisernen Vurrat –

DER MAJOR: Meine Devise: Krieg – das is nicht nur gegen den Feind, da müssen die Eigenen schon auch was gspürn! Ujeh! Damals ham sie s' bei uns zum Hinrichten anstell'n lassen! No und a Butterweib, was die Buttern für'n Stab bracht hat, wie s' hat warten müssen – no hams ihr halt gsagt, sie soll sich dazu stell'n – no und da hat mas halt auch aufghängt! *(Schallende Heiterkeit)* – Aber – bitte – da gibts nix zu lachen – irren is menschlich – so was kann ja vorkommen – bei untergeordnete Organe! Sie is halt auf die Maschikseiten zu stehn kommen. Noja. Aber schöne Zeiten waren 's doch! Wie der Weiskirchner zu uns bei die Edelknaben auf Besuch kommen is, also da hams ihm zu Ehren lebhaftern Kanonendonner anbefohlen – ja! Und mit dem 30,5 Mörser hams nach pflügenden Bauern schießen lassen – ja! Und –

DER OBERINTENDANT: Ja warumperl denn –?

DER MAJOR: No – ein Erzherzog war zu Besuch! – also du Oberauditor, wannst mich derschlagst, weiß ich nicht mehr, welcher – also damit er sich halt von der Treffsicherheit der Geschosse überzeugen tut. No er hat aber auch seine Bewunderung ausgesprochen! Also in der leutseligsten Weise – richtig, der Josef Ferdinand wars! – Aber du – weißt, ich hab dich immer fragen woll'n – du hast doch den Fall in Kragujevac ghabt mit die vierundvierzig. Hast da keine Unannehmlichkeiten – *(Die Musik spielt »Jetzt trink mr noch a Flascherl Wein, hollodrioh!« Die Offiziere singen: »Es muaß ja nicht das letzte sein, hollodrioh!« Der Husarenoberleutnant Lakkati wirft ein Sektglas an die Wand.)*

DER OBERAUDITOR: Aber! Das war a Sauferei. Es is wirklich unglaublich, wie die Leut saufen. Weißt, ich hätt auch dreihundert hinrichten lassen! Trunkenheitsexzesse können nicht geduldet werden! Ich habe den Leuten den ehrenvollen Tod durch Erschießen ausnahmsweise bewilligt!

EIN K-OFFIZIER *(mischt sich in die Konversation)*: Die Bagasch is ja immer besoffen. Aber da verraten s' einem wenigstens die Gesinnung. Na so viel wie im vierzehner Jahr is nicht mehr zu tun. Also du Herr Oberauditor, da hab ich dir einmal einen Transport von die Achtundzwanziger aus Prag, ehschowissen, nach Serbien begleitet. Ich hab gleich einen Schpurius ghabt! No – hinter Marchegg gehts los. Die Leut sind renident und fangen an mit die Unteroffizier zu schimpfen, weil s' gegen die Serben gehn solln – diese Horde! Die sind aber auf die Maschikseiten zu liegen kommen! Pomali – da ham wir s' schön auswaggoniert, 25 packt und in einen bsondern Waggon einigschupft. Da is für 40 Platz – ham s' es eh noch kommod ghabt. Dann – so alle Stund ham mr dann auf offener Strecken schön ghalten. Nacher – also eine Unteroffizierspatrouille hat nacher jedesmal drei Mann schön außagholt und in den letzten Wagen einigschupft. Also – fahr' mr! Nach zwei Minuten – rrtsch obidraht! Hättst die Gsichter sehn solln von die nächsten drei – wann alstern wieder drei neuche einikommen sind. Immer drei – nachanand. Der letzte seprat. Die Beschtie! No bis am Westbahnhof in Budapest waren alle fünfundzwanzig schön erledigt. Der Waggon, wie s' ihn abkoppeln – der hat ausgschaut! M e i n e Herrn! Ein Ramatama! Förmlich durchgsiebt – also taarlos! – und 's Blut is nur so –

DER OBERAUDITOR: Hätt ma photographiern solln. Da hast dich verdient gemacht!

DER K-OFFIZIER: Ich habe nur meine Pflicht erfüllt. Der Oberst hat gsagt, schtatuirn mr ein Exempel. Das is nix gegen den Wild.

DER MAJOR: Ja der Wild!

DER K-OFFIZIER: Er geht halt am liebsten auf Ruthener. Gestern hat er mir seine Ansichtskarten gschickt – er zwischen vier Ghängte. Feschak das!

DER OBERAUDITOR: Ja der Wild!
DER K-OFFIZIER: No und der Wild is wieder nix gegen den Prasch! Das is einmal ein Frontoffizier, wie er sein soll. Was der schon eigenhändig –
DER PREUSSISCHE OBERST: – Wie hieß doch das Gericht? Sautanz? Köstliches Wort! Ich könnte mich halbdot lachen über eure ulkjen Bezeichnungen. Ach – ihr Östreicher –! Aber leider muß man auch sagen, es fehlt euch doch an der nötjen ernsten Lebensauffassung. Krieg is 'n Stahlbatt! Seit euer alter ritterlicher Kaiser dot ist, jeht die Sache man bisken etepetete. Nich mehr so stramm, nich mehr so stramm, Gott seis jeklagt. Na was schwatzt denn der rote Teufel dort?
GÉZA VON LAKKATI DE NÉMESFALVA ET KUTJAFELEGFALUSZÉG *(zu einer Gruppe)*: – Tescheek – hob ich gleich bemerkt, wor Dreck am Huf. Sogt der Kerl, Huf wor rein, muß am Weg von Stall passiert sein! Nohát, nehm ich Säbel, – nehm ich Dreck von Huf – schmier ich Schwain in Maul. *(Heiterkeit. Bravo-Rufe.)* Igén, ise so ein ise – so ein Reservepintsch dobeigestonden – hot sich eingemischt – hob ich verflixtem Hund gesogt, kommt vor Kriegsgericht! Na ssärwus, konn sich frain! *(Bravo-Rufe.)*
DER RITTMEISTER: No und der Kerl, der Bursch? Hat der was gsagt?
GÉZA VON LAKKATI DE NÉMESFALVA ET KUTJAFELEGFALUSZÉG: Obbär – hot nicht können – hot Dreck im Maul gehobt, bittá –! *(Schallende Heiterkeit. Starke Detonation.)*
DER ARTILLERIEREFERENT: No no! a wengerl pomali – die beledern uns am End a no!
DER PREUSSISCHE OBERST: – Nee, da könn' Se nischt dawider sagen – euer galizischer Rückzuch war nich berühmt. Euer Erzherzog –
DER GENERAL: Tschuldigen – man hat nix machen können. Seine kaiserliche Hoheit hat das Menschenmöglichste getan – aber der geringe Kampfwert der Truppe – und dann – also das is mir zufällig bekannt – Exlenz Borewitsch hat das ausdrücklich anerkannt – also daß es Seiner kaiserlichen Hoheit durchaus nicht an Energie gemangelt hat – bitte, die Leut ham Selbstmord begangen! Kann man halt nix machen. Mit'n Maschingwehr allein oder Dezimiern also naturgemäß – wissen S', es war halt gar so ein schwächliches Korps. Manchmal is scho so mit die Eigenen. Die Leut warn nicht ausgschlafen und so.
DER PREUSSISCHE OBERST: Nanu?
DER GENERAL: Ja – bitte – Exlenz Borewitsch hat selber zu-

geben müssen, die vorgekommenen Erfrierungen Schlafender, hat er hinaufgschrieben, erzeugen Furcht vor dem Einschlafen.

DER PREUSSISCHE OBERST: Ach so. Na denn freilich trifft euern Erzherzog Josef keine Schuld. Na eja! Seht mal nur jetzt zum Rechten. Ihr habt gut getan, die diesmalige Offensive der Jahreszeit anzupassen. Die Jahreszeit is nich ungünstig. Die Schlappe in Ihrem Frontabschnitt –

DER GENERAL: Na bei die andern wirds a net vül besser –

DER PREUSSISCHE OBERST: Wir wollen das beste hoffen. Es ist freilich fatal, daß der Feind auf diesem Teil der Front zur Offensive übergegangen zu sein scheint. Aber umso mehr Aussicht besteht, ihn zu umzingeln. Das haben wir im Westen schon an die dutzend Mal erprobt. Ich bin in diesem Punkte guter Dinge. Wir Deutsche konzentrieren alle unsre Gedanken auf den schließlichen Endsieg – und da kann ich nur sagen: Machen wir.

DER GENERAL: Aber ja, wer' mr scho machen. *(Lakkati wirft ein Sektglas an die Wand.)*

EIN OBERLEUTNANT: – Hörts – heut hab ich Schluß gmacht mit der Schreibmaschinflitschen – frech war's – na, der hab i's eingfadelt!

EIN LEUTNANT: No was hast gmacht mit ihr?

DER OBERLEUTNANT: Petschiert! Fertig! *(Gelächter)* – Na – bled seids –! Gehts ins Lausoleum!

DER RITTMEISTER: – Mei Lieber, da kannst sagen, was d' willst – die Honved stellen ihren Mann!

EIN DEUTSCHER HAUPTMANN: Ja, aber die Bayern beißen die Gurgel entzwei! Also das möcht ich dir wünschen, so einem –!

DER RITTMEISTER: Erlaub du mir –! *(Heiterkeit. Der Geschützlärm nimmt ab.)*

DER ARTILLERIEREFERENT: – Hörts mr auf – da hab ich schon ganz andere Mullatschaks mitgemacht, mei Lieber – in der siebenten und achten Isonzoschlacht!

DER RITTMEISTER: No was is das für a Mullatschak, wo die Madeln fad sein! *(Ruft)* Kapelle!

EIN OBERLEUTNANT: In Rußland hab ich euch mullattiert –!

EIN ZWEITER: Weißt, bei Rawaruska – wie noch der Fallota –

EIN PREUSSISCHER LEUTNANT: Nanu – der Musikfritze schläft ja!

EIN PREUSSISCHER HAUPTMANN: Spielt mal »Auf dem Friedhof La Bassée«!

DER MAJOR: Nein – herstellt – spielts »Mizzerl, Mizzerl, sei doch netter«!

DER PREUSSISCHE HAUPTMANN: Also – Mizzal! Ach, 's ist ja doll!

DER DIENSTHABENDE GENERALSTABSOFFIZIER: Das hams immer in der Gartenbau – der Varady und die Rollé –

DER OBERINTENDANT: Ja die Gartenbau! Wie noch der Schenk war –! *(singt)* Wir brauchen – keine – Schwiegermamama – Schwiegermamama – Spülts »Ein Tampus vom Schampus«! *(Rufe: Ein Tampus vom Schampus! Bravo!)*

DER RITTMEISTER: Spielts »Nobel geht die Welt zugrund«!

DER OBERAUDITOR: Spielts »Schön war der Tanz, aber spieln tan s' 'n net«! *(Rufe: Bravo! Die Musik spielt. Die Offiziere singen mit.)*

DER OBERINTENDANT *(wiederholend)*: – aber spüln tan s' 'n net!

Der Telephonoffizier stürzt kreidebleich herein und direkt auf den General los, sagt ihm etwas ins Ohr.

DER GENERAL: Was –?! Meutern tan s'?! Dezimiern die Bagasch überanand!! Solln s' a paar frische Regimenter einsetzen!! Antreiben, antreiben!! Geschwind!

DER PREUSSISCHE OBERST: Was is 'n los?

(Der Telephonoffizier flüstert dem General abermals etwas zu.)

DER GENERAL: Was?! Die Gasgranaten gehn auch nicht?! Sauwirtschaft überanand!!

DER PREUSSISCHE OBERST: Na hört mal, das sollte denn doch nich –! das könnte bei uns denn doch –!

DER GENERAL: So ein – Pallawatsch! – So ein Pech! – Kann man halt nix machen –

DER PREUSSISCHE OBERST: Na vorbeijelungen! Bißk'n schlapp, die lieben Östreicher, bißk'n schlapp!

DER ERSTE KRIEGSBERICHTERSTATTER: Sehn Sie sich den General an, also was hab ich gesagt –!?

DER ZWEITE KRIEGSBERICHTERSTATTER: Herr Major, können Sie mir vielleicht sagen, wie die Schlacht steht –?

DER MAJOR: Es hat eine feindliche Offensive eingesetzt.

DER ERSTE KRIEGSBERICHTERSTATTER: Ojwe.

DER MAJOR: Der Feind hat die eigenen Stellungen der ersten Linie etwas eingedrückt –

DER ZWEITE KRIEGSBERICHTERSTATTER: Die eigenen? wozu –?

DER MAJOR: Wir hoffen, daß es uns gelingen wird, diesen tükkischen Plan zuschanden zu machen. Bitte aber meinen Namen nicht zu nennen.

DER ERSTE: Unsere artilleristische Überlegenheit –

DER ZWEITE: Alles, nur keinen Flankenangriff!

SCHWESTER PAULA: – Au! – frecher Mensch!
DER RITTMEISTER: No no – man wird doch noch angreifen dürfen oder nicht?
SCHWESTER LUDMILLA: Aufhörn! Immer der mit seine –
EIN HAUPTMANN: Schakerl, trau di net!
DER PREUSSISCHE HAUPTMANN: Ach ja, Schakal Schakal trau dich nich!
EIN OBERLEUTNANT: – Meinst 'n Madler oder 'n Madlé, der was in Schabatz beim Hausenblas war? Der Madler sag ich dir, is der größte Tachinierer in der ganzen Armee. Der Pimpf is wütend, weil ich eingegeben bin.
EIN ANDERER: Wo is er jetzt?
DER OBERLEUTNANT: No wo wird er sein, beim Kader! Wir plagen uns hier – Du, was macht dein Pupperl?
(Die Musik spielt einen Csardas. Lakkati und eine weibliche Hilfskraft tanzen. Lebhafte Bravo-Rufe.)
DER PREUSSISCHE OBERST: Ach einzich! Famos! 'n richtichgehender roter Teufel!
DER DEUTSCHE GENERALSTABSOFFIZIER: – Ach laßt mich man bloß mit euerm Gas zufrieden! Unser Gelbkreuz, unser Grünkreuz, unser Blaukreuz – wenn wir in Frankreich Bunte Woche hatten!
DER DIENSTHABENDE GENERALSTABSOFFIZIER: Bitte wir haben bei Tolmein a ganz a scheene Wirkung erzielt. Die sind nur so umgfalln, bitte –
DER OBERINTENDANT: Spülts »Braunes Isonzomädel!«
(Rufe: Braunes Isonzomädel! Bravo! Die Musik spielt.)
DIE OFFIZIERE *(singen mit)*:

> Brau–nes Isonzomädel –
> Heiß glüht – dein Auge – mir zu,
> Brau–nes Isonzomädel –
> Die Schönste – von allen – bist du.
> Laß mich – noch einmal – dich küsseen,
> Schling dei–ne Arme – um mich,
> Süßestes braunes Isonzomädel,
> Ich lieb ja – alleine – nur dich.

DER PREUSSISCHE OBERST *(summend und nickend)* Ich lieb ja – alleine – nur dich. Einfach süß!
DER OBERINTENDANT *(singend)*:
> Doch auch sie – scheute nicht das Kriegsgebraus –

Aber das is noch gar nix gegen die dritte Strophen, wie dann aufs Jahr der Pamperletsch kommt mit die Guckerln so schwarz wie Mama und mit ein' Lockenschäderl genau so wie einstens Papa. So a ganz a glanwunzigs Wuzerl.

DER PREUSSISCHE OBERST: Wuzal? Köstlich! Na wer war denn der Vater?

DER OBERINTENDANT: Ein gar ein schmucker Kaiserjägerleutenant! Ein Feschak! Auf die Art wie der Wowes. Der Wowes solls singen!

DER PREUSSISCHE OBERST: Na sagt mal – von wem ist doch dies wundervolle Lied?

DER OBERINTENDANT: Das is von Egon Schubert!

DER PREUSSISCHE OBERST: Ach natürlich – na das sollte man eigentlich wissen. Ja, euer Schubert! Ja, den habt ihr Wiener doch vor uns voraus, da is nischt zu wollen. Ach überhaupt – euer herrliches Wien! Ja ja! So 'n richtjer Wiener Fiagaa mit seiner Jummidroschke und mit seinem Heurigen im Prater – nee, da is nich dran zu tippen. Und die Wéana Waschermadal – ja – kennimus! Auch mal dajewesen. Da sangen se immerzu – *(er singt und pascht)* Weil ich 'n oller Dreher bin – oder so ähnlich. Da war noch Vater Strauß in Blüte mit seinen Schwammal – nee, wie hieß doch gleich das Ding – Schrammal! Der gute Johánn. Na da mag sich auch manches verändert haben.

(Der Geschützlärm immer schwächer.)

DER DIENSTHABENDE GENERALSTABSOFFIZIER: – Bitte bei Tolmein –

DER DEUTSCHE GENERALSTABSOFFIZIER: Ach, das war einmal. Da haben wir doch an einem Tach weit mehr vergast als ihr in 'nem ganzen Jahr! Bei Ausräuchern von letzten Franzosennestern, weißen und farbigen Engländern und so. Jawoll – unsre deutsche Handgasbombe B! Da verspritzt sich die Giftmasse und erzeugt eiternde Wunden, mit 'ner Absonderung wie 'n richtichgehender Tripper. *(Heiterkeit.)* Nanu? das ist wissenschaftlich einwandfrei festgestellt! Der Mann ist erst am andern Tach kaputt.

DIE KAPELLE *(spielt und singt zugleich)*:

> Jessas na –
> Uns gehts guat –
> Ja, das liegt schon
> So im Bluat!

(Die Offiziere repetieren.)

DER GENERAL *(lallend)*: Ja – das liegt schon –
(Der Geschützlärm ist verstummt.)
VERSCHIEDENE STIMMEN: Oha! Was is denn? Was is denn?
DIE KRIEGSBERICHTERSTATTER: Was heißt das –?
DER GENERAL *(mit brandrotem Kopf, springt auf, schlägt auf den Tisch)*: Kruzi!! Ich habe doch ausdrücklich –!! Das is wirklich nur bei uns möglich – Was – hab ich derer Bagasch eingeschärft?! *(brüllend)* Wenn eine Patrone fehlt, kannibalisch strafen! – Mit kräftigem Hurra ungestüm auf Gegner stürzen! – Ihm noch auf kurze Distanz eins unter die Nasen brennen, dann sofort mit dem Bajonett in die Rippen! – Ungetreue rücksichtslos niedermachen! – Gewehr bleibt trotz Handgranate und MG stets bester Freund der Infanterie! – Offiziere müssen da hart sein und beste Kräfte herausfordern! – Und was haben s' gmacht – diese Frontschweine, diese Fronthunde, diese – diese – *(jammernd)* verderben einem alles – der Wottawa! – diese Schkribler! – Nicht durch den Feind, durch Hunger! – der Hunger – und da hams angsetzt – *(die Fäuste ballend)* da hams zersetzend – aufhängen! – Ich – war derjenige – ich habs immer vorausgesagt, das Unglück unserer Armee wird – selbst mein Korps mitreißen! – Dieser boden–lose Leichtsinn – unausrottbar – nix als fressen und Menscher – demora – *(er bricht zusammen.)*
DER DIENSTHABENDE GENERALSTABSOFFIZIER *(springt auf)*: Dadran sind diese Tachinierer schuld – vorne – diese Frontschweine – diese –
DER ÖSTERREICHISCHE OBERST *(erwachend)*: Was is denn gschehn?
DER OBERSTLEUTNANT: Nix! Gschossen hams in Ottakring!
DER GENERAL: Wo – waren die Maschingwehr zum Antreiben?! – Wo bleibt unsere artilleristische Überlegenheit?! – Schufte das!! – Nach einem vierjährigen beispiellosen Ringen – gegen eine – vorbildliche – Übermacht – beispielgebend – unsere glor – *(er fällt auf den Stuhl, wimmernd)* – also – da – kommen s' noch – am End – da – herein –
DER PREUSSISCHE OBERST: Nich doch, Exzellenz, Kopf hoch! Meine Herrn – wir dürfen und können den Mut nicht sinken lassen – jetzt vor dem Endsieg – können und dürfen wir erhobenen Hauptes – Seien Sie überzeugt, meine Herrn, daß es sich nur um den typischen Anfangsgewinn einer jeden feindlichen Offensive handelt – um Bluff und weiter nichts! Bange machen gilt nicht. Was uns noch immer bleibt, ist ein strategischer Rückzug – und ein strategischer Rückzug ist immer 'n Erfolg! *(Vereinzelte*

Hurra- und Hoch-Rufe.) Und davon, daß der Feind unsre seit Jahren ins Auge gefaßten und seit Tagen eingeleiteten Bewegungen nicht hindern werde, bin ich vorweg überzeugt. Unsre Operationen nehmen einen planmäßigen Verlauf. Wir haben uns einfach vom Feinde losjelöst und denn ziehen wir ihn glatt hinter uns her! Immer feste druff! Die Stimmung der Truppen ist eine nicht zu überbietende. Meine Herrn, wir wanken nicht und wir weichen nicht! Je öfter wir dem Feind Gelegenheit zu Vorstößen geben, umso mehr Aussicht haben wir, ihn zu zermürben! Das ist die Taktik, die wir an der Somme erprobt haben. Das ist die Taktik, die uns auch am Piave gelingen wird. Nur jetzt nicht miesmachen! Gott ist mit uns! Wir schaffen es – und wenn die Welt voll Teufel wär! Der Feind wird – seien Sie des überzeugt, meine Herrn – der Feind wird an uns wie an einer ehernen Feuermauer –

Der Horizont ist eine Flammenwand. Panikartiger Lärm. Viele der Anwesenden liegen unter der Tafel. Viele eilen oder wanken dem Ausgang zu, etliche kehren mit entsetzten und verzerrten Gesichtern zurück.

RUFE: Was is denn gschehn? – Was – is –

DER GENERAL *(lallend)*: Durch – san s' –! Spielts – weiter –

Alle Lichter sind erloschen. Draußen Tumult. Man hört das Platzen von Fliegerbomben. Dann tritt Stille ein. Die Anwesenden schlafen, liegen in Somnolenz oder starren völlig entgeistert auf die Wand, an der das Tableau »Die große Zeit« hängt und nun der Reihe nach die folgenden Erscheinungen aufsteigen.

Schmaler Bergpfad nach Mitrovica. Schneegestöber. Zwischen tausenden von Karren eine unübersehbare Menschenmasse, Greise und Frauen, Kinder, halbnackt, an der Hand der Mütter, deren manche auch einen Säugling im Arme tragen. Ein kleiner Junge, an der Seite einer Bäuerin aus dem Moravatal, streckt sein Händchen aus und sagt:

Tschitscha, daj mi hleba –

Die Szene wird von einem andern Bilde verdrängt. Durch die Landschaft rast der Balkanzug. Das Tempo verlangsamt sich. Man sieht den Speisewagen, aus dessen Fenstern sich die beiden Kriegsberichterstatter beugen, sie scheinen ihren Ebenbildern im Saal zuzutrinken. Einer ruft:

Es ist doch etwas Schönes um den Krieg –

Nun ist es wieder das andere Bild. Die erschöpften, fast schon erfrorenen Flüchtlinge liegen auf den eisbedeckten Steinen. Das Morgenlicht fällt

*auf eingefallene, blasse Gesichter, in denen noch das Grauen der verbrachten Nacht steht. Ein Schrei: ein Pferd stürzt in die Tiefe. Wieder ein Schrei, noch gellender: sein Führer ist ihm nachgestürzt. Am Wegrand ein zu Tode erschöpftes Pferd, dort ein Ochse mit heraushängenden Eingeweiden, ein Mensch mit zertrümmertem Schädel. Der Zug setzt sich in Bewegung. Entkräftete müde Tiere bleiben zurück. Unbeweglich stehen sie. Ihr todtrauriger Blick folgt dem Zug. Mit totenblassem Antlitz, an einen Tannenbaum gelehnt, sitzt eine Bäuerin – es ist jene aus dem Moravatal – in den Armen einen leblosen kleinen Körper, zu dessen Häupten, mit zitterndem Licht, eine kleine Wachskerze brennt.
(Die Erscheinung verschwindet.)*

→ *Eine Garnison. Es spielen sich in jähem Wechsel die folgenden Szenen ab.* ←
Slowakische Bauern, aus der russischen Gefangenschaft heimgekehrt, zum Teil in Bauernkleidern, zum Teil in russischen Uniformen, bitten um Urlaubsverlängerung wegen des Rückstandes in der Erntearbeit. Der Kompagniekommandant ordnet die sofortige Einteilung der Bittsteller in die nächste Marschkompagnie an. Ein Raum wird sichtbar, in welchem zwei junge Heimkehrer, 19 und 21 Jahre alt, schlafen. Sie werden durch den Lärm des Auftritts geweckt, der sich nun draußen abspielt. Der Feldwebel nimmt die Verteilung der Monturen vor. Die Leute verweigern die Übernahme, verlangen die Vorführung zum Bataillonsrapport. Der Feldwebel schlägt einige von ihnen und empfängt einen Schlag ins Gesicht. Die Kasernenmannschaft wird alarmiert, die Gewehre werden geladen, die Meuternden mit dem Bajonett in den Kasernenhof getrieben und umzingelt. Der Hauptmann erscheint, alle leisten seinem Befehl, sich in Reih und Glied aufzustellen, Folge. Jetzt befinden sich auch die zwei darunter. Er nimmt den Bericht über den Vorfall entgegen. Niemand weiß, wer den Schlag versetzt hat. Der Hauptmann greift jeden zehnten heraus, läßt sie ins Wachzimmer abführen. Dort werden sie geschlagen, liegen mit Springeisen an den Füßen gefesselt, werden dann in den Garnisonsarrest gebracht. Das Standrecht wird verhängt. Es folgen die Verhöre. Sechs werden vor das Standgericht gestellt. Der Arresthof im Grauen des nächsten Morgens. Die Richter, der Bataillonskommandant, der Militäranwalt und zwei Geistliche erscheinen. Ein Tisch und ein Kruzifix werden gebracht. Der Gerichtshof gruppiert sich um den Tisch, zu beiden Seiten die Geistlichen. Einer der sechs bekommt bei diesem Anblick einen Herzkrampf, er stürzt heulend und schäumend zusammen, andere raufen sich die Haare, toben, zerreißen ihre Kleider. Die Wachmannschaft sucht sie mit der Versicherung zu besänftigen, daß nur zwei zum Tode verurteilt würden. Ein Richter verliest die Anklageschrift. Der Neunzehn- und der Einundzwanzigjährige werden zum Tode durch

Erschießen, die übrigen zu mehrjährigen Kerkerstrafen verurteilt. Der Neunzehnjährige stürzt vor den Vorsitzenden hin auf die Knie, bittet, von Schluchzen geschüttelt, um Gnade. Er zeigt ein Medaillon mit dem Bilde seines alten Mütterchens. Sie werde seinen Tod nicht überleben, man solle ihn ins Feld schicken, er wolle beweisen, daß er ein braver Soldat ist, er habe während des Krawalls geschlafen, er sei ganz unschuldig. Der Richter läßt ihn abführen. Der andere Angeklagte steht totenbleich, aber aufrecht da. Er spricht die Worte:
Gott weiß, daß ich unschuldig sterbe!
Er läßt sich abführen, während die übrigen um ihre Kameraden weinen. Die Richter begeben sich ins Kasino. Dort sagt einer von ihnen:
Es is ja ganz klar, daß nur der eine Verheiratete der Schuldige sein kann. Aber kann man denn an' Vatern von sechs Kindern erschießen? Da müsset ja das Ärar für die Hinterbliebenen zahlen! So hat er sechs Jahr, soviel wie er Kinder hat, und den Angehörigen von Militärsträflingen kann der staatliche Unterhaltsbeitrag entzogen wern a no.
Ein zweiter sagt:
Drei andere waren auch verheiratet – also bleiben nur die zwei jungen Burschen zum Erschießen. Wern scho was angstellt haben. Tun sie's heut nicht, täten sie's morgen. Unschuldig hin, unschuldig her – ein Exempel muß schtatuiert wern.
Nachts im Arrest. Der Jüngere steht mit dem Rosenkranz betend hinter dem vergitterten Fenster. Die Militärgeistlichen erscheinen, um den Delinquenten die letzte Ölung zu erteilen. Der jüngere heult auf und äußert den Wunsch, noch einmal seine Mutter zu sehen. Es folgt ein gemeinsames Gebet. Er erbittet Papier und Bleistift, um seiner Mutter zu schreiben. Er schreibt. Es ist schon ¼9 Uhr. Er erhebt sich.
Mutter!
Er sinkt zusammen. Der andere:
Habe ich deshalb gekämpft, bin ich deshalb aus Rußland gekommen, daß man mich jetzt wie einen Schlachtochsen zum Metzger führt? – Man soll mich binden und tragen! – Bin ich dazu 21 Jahre alt geworden, um erschossen zu werden? – Macht es schnell!
Auf dem Weg zum Richtplatz. Er nimmt Abschied von der strahlenden Augustsonne. Er reißt ein grünes Baumblatt ab und küßt es inbrünstig. Der Jüngere weint unaufhörlich um seine Mutter. Auf dem Richtplatz. Alter Burghof. Der Einlaß erfolgt nur gegen Vorweis einer Legitimation. Man bemerkt unter den Anwesenden die Spitzen der Behörden, hohe Offiziere und sonstige Würdenträger mit ihren Damen. Die besten Gesellschaftskreise der Stadt sind vertreten. Die Richter, der Bataillons-

kommandant und die dienstfreien Bataillonsoffiziere nehmen in der Mitte des Karrees Aufstellung. Die Delinquenten werden vorgeführt. Das Urteil wird verlesen. Der ältere:
Wenn der Feldwebel so aussagen konnte, verdient er hier zu stehen, um erschossen zu werden.
Sie wollen nicht, daß ihnen die Augen verbunden werden.
Ich fürchte nicht mehr die Kugel.
Die Augen werden ihnen verbunden. Sie knien nieder.
»Feuer!«
Säbelschwenken. Zwei Leichen im Gras. Der Hauptmann kommandiert zum Gebet. Alle salutieren. Einer der Priester, mit Offizierskappe und goldener Distinktion am Arm, hält eine Rede, zeigt mit erhobener Rechten auf eine Standarte und blickt verklärt gen Himmel auf das Habsburgerwappen über dem Tor.
(Die Erscheinung verschwindet.)

Kragujevac. In zwei parallelen Reihen sind je 22 Gräber aufgeworfen. Davor knien 44 Heimkehrer älterer Jahrgänge, mit Tapferkeitsmedaillen aller Grade. Bosniaken schießen auf zwei Schritt Entfernung. Ihre Hände zittern. Die erste Partie wälzt sich am Boden. Keiner ist tot. Man setzt ihnen die Gewehrläufe an den Kopf. Offiziersmesse. Der Oberauditor erhebt das Glas und spricht, indem er seinem Ebenbild im Saal zutrinkt, die Worte:
Weißt, ich hätt auch dreihundert hinrichten lassen. Trunkenheitsexzesse können nicht geduldet werden. Ich habe den Leuten den ehrenvollen Tod durch Erschießen ausnahmsweise bewilligt.
(Die Erscheinung verschwindet.)

Der Hauptmann Prasch steht vor seiner Deckung, ganz mit Blut bestrichen, er hält über seinem Kopf einen Kopf, den er auf einen Stock gespießt hat. Er spricht:
Das ist mein erster italienischer Gefangener, mit meinem eigenen Säbel habe ichs getan. Meinen ersten russischen Gefangenen habe ich vorher martern lassen. Am liebsten gehe ich auf Tschechen. Ich bin ein gebürtiger Grazer. Wer mir in Serbien begegnet ist, den habe ich auf der Stelle niedergeknallt. Zwanzig Menschen, darunter Zivilisten und Gefangene, habe ich mit eigener Hand getötet, mindestens hundertfünfzig habe ich erschießen lassen. Jeden Soldaten, der sich beim Angriff verspätet oder während des Trommelfeuers versteckt hat, habe ich eigenhändig niedergeknallt. Ich habe meine Untergebenen immer ins Ge-

sicht geschlagen, sei es mit dem Stock, sei es mit der Faust. Aber ich habe auch viel für sie getan. In Serbien habe ich ein serbisches Mädchen vergewaltigt, aber dann den Soldaten überlassen und am nächsten Tag das Mädchen und seine Mutter auf einem Brückengitter aufhängen lassen. Die Schnur riß und das Mädchen fiel noch lebend in das Wasser. Ich zog meinen Revolver und schoß auf das Mädchen so lange, bis es tot unter dem Wasser verschwand. Ich habe stets meine Pflicht erfüllt, bis zum letzten Hauch von Mann und Roß. Ich wurde ausgezeichnet und befördert. Ich war stets auf dem Posten. Der Krieg erfordert ein straffes Zusammenfassen aller Kräfte. Man darf den Mut nicht sinken lassen. Kopf hoch! *(Er hebt den Stock höher.)*
(Die Erscheinung verschwindet.)

Ein Ulanenoberleutnant läßt einen Popen an den Steigbügel eines Ulanen binden. Man zieht ihm den Mantel aus.
Sie werden Ihren Mantel kaum mehr brauchen.
Der Reiter entfernt sich in leichtem Trab.
(Die Erscheinung verschwindet.)

Winter in den Karpathen. Ein Mann an einen Baum gebunden. Er wird losgebunden und bricht ohnmächtig zusammen. Der Kompagnieführer tritt ihn mit dem Stiefelabsatz und weist auf ein Erdloch, zu dem ihn Soldaten tragen.
(Die Erscheinung verschwindet.)

Flucht. Es regnet. Der General der Tafelrunde sitzt im Automobil und gibt Auftrag, einem Verwundeten das Zeltblatt von der Tragbahre wegzunehmen und über seinen Wagen zu breiten. Er winkt seinem Ebenbild zu und fährt ab.
(Die Erscheinung verschwindet.)

An einem Rübenfeld in Böhmen. Zwei Kinder tragen einen Kindersarg zum Friedhof. Sie lassen den Sarg fallen. Sie schleppen die Leiche, die im Feld liegt, wieder zum Sarg und setzen dann ihren Weg fort.
(Die Erscheinung verschwindet.)

Neben einer Brotfabrik ein Haufen von Schutt, Schlacken und Betriebsabfällen. Halbverhungerte Kinder suchen nach Brotkrumen. Sie finden ein Schrapnell. Sie spielen damit. Es explodiert.
(Die Erscheinung verschwindet.)

Hängeallee in Neusandec. Kinder schaukeln und drehen die Leichname.
(Die Erscheinung verschwindet.)

Eine Frau, die Kartoffeln gekauft hat, wird von anderen Personen, die nichts mehr bekommen haben, erschlagen. Sie treten auf der Leiche herum.
(Die Erscheinung verschwindet.)

Auf einem Geleise steht ein Lastzug: die Wohnstatt eines schmutzigen Menschenhaufens; es sind Flüchtlinge, darunter schwangere Frauen, sterbende Greise, kranke Kinder.
(Die Erscheinung verschwindet.)

Vor einer Hütte in Wolhynien. Ein Bauer mit seinem Schäferhund. Ein Soldat kommt des Weges und verwundet den Hund durch einen Bajonettstich.
(Die Erscheinung verschwindet.)

Trinkgelage von Offizieren. Ein Leutnant erschießt eine Kellnerin.
(Die Erscheinung verschwindet.)

Gefechtspause an der Drina. Ein serbischer Bauer holt Wasser. Gegenüber steht und zielt ein Leutnant. Er schießt ihn ab.
(Die Erscheinung verschwindet.)

Karfreitag in einer Pariser Kirche. Ein Geschoß aus der 120 Kilometer-Kanone schlägt ein.
(Die Erscheinung verschwindet.)

Ostersonntag. Russische Gefangene, die sich geweigert haben, Stellungsarbeiten im feindlichen Feuer auszuführen, verrichten ihr letztes Gebet.
(Die Erscheinung verschwindet.)

Sterbende am Drahtverhau vor Przemysl.
(Die Erscheinung verschwindet.)

Nahkampf und Ausputzen in einem Graben.
(Die Erscheinung verschwindet.)

Ein Schulzimmer, in das eine Fliegerbombe fällt.
(Die Erscheinung verschwindet.)

Ein Soldat wird aus einer Erdmasse emporgezogen. Sein Gesicht ist blutüberströmt. Er breitet die Arme aus. Seine Augen sind erloschen.
(Die Erscheinung verschwindet.)

Ein Verbandplatz, auf den eine Fliegerbombe fällt.
(Die Erscheinung verschwindet.)

Minenexplosion. Ein Soldat reckt seine blutigen Armstümpfe in die Richtung des Saales.
(Die Erscheinung verschwindet.)

Doppelbild: Ein deutscher Offizier, der einen um sein Leben flehenden französischen Gefangenen niederschießt. Ein französischer Offizier, der einen um sein Leben flehenden deutschen Gefangenen niederschießt.
(Die Erscheinung verschwindet.)

Somme-Wüste. Rauchschwaden wie Riesentrauerfahnen. Gebäude stürzen ein. Brunnen werden von Pionieren gesprengt und verschüttet. Evakuierung. Alte Leute werden aus ihren Häusern gejagt. Vor Kälte zitternde Menschen auf dem Versammlungsplatze. Frauen fallen vor Offizieren auf die Knie. Abtransport in die Zwangsarbeit.
(Die Erscheinung verschwindet.)

Einäscherung der Meierei Sorel bei Loison und Verbrennung von 250 dort befindlichen Verwundeten.
(Die Erscheinung verschwindet.)

Versenkung eines Spitalschiffes.
(Die Erscheinung verschwindet.)

Longuyon mit Petroleum-Eimern in Brand gesetzt, Häuser und die Kirche geplündert. Verwundete und kleine Kinder verbrennen.
(Die Erscheinung verschwindet.)

Flandern. In einer ausgeplünderten Hütte sitzt vor einem Kessel eine Gasmaske. Auf ihrem Schoß eine kleinere Gasmaske.
(Die Erscheinung verschwindet.)

Es erscheint das Pferd, auf dessen Rücken die Form der Geschützlast blutig eingezeichnet ist.
(Die Erscheinung verschwindet.)

Winter auf Asinara. Gefangene nehmen den an Cholera verstorbenen Kameraden die Kleider ab. Hungernde essen das Fleisch von Verhungerten.
(Die Erscheinung verschwindet.)

Baracke in Sibirien. Ergraute Männer, ganz unterernährt, barfüßig, in zerfetzten Uniformen, kauern auf der Erde, starren wie mit ausgehöhlten Augen ins Weite. Einige schlafen, einige schreiben, einige exerzieren mit Schaufeln und machen Gewehrgriffe.
(Die Erscheinung verschwindet.)

Tausende von Kreuzen in einem Schneefeld.
(Die Erscheinung verschwindet.)

Ein Schlachtfeld. Trichter und Kavernen. Spazierwege durch die noch stehenden Drahtverhaue. Luxusautomobile treffen ein. Die Touristen zerstreuen sich in Gruppen, photographieren sich gegenseitig in heroischen Stellungen, parodieren Feuersalven, lachen und stoßen Schreie aus. Einer hat einen Schädel gefunden, steckt ihn auf das Ende seines Spazierstockes und bringt ihn mit triumphierendem Gesicht. Ein Trauernder tritt dazwischen, nimmt den Fund an sich und begräbt den Schädel.
(Stöhnen der Schlafenden. Die Erscheinung verschwindet.)

Nun kommt ein Zug von Gasmasken, die vor den im Saale Anwesenden Front machen und sich der Tafel zu nähern scheinen.

DIE GASMASKEN:
>Gesegnete Mahlzeit, wir stecken den Rüssel
>aus purer Neugier in fremde Speise.
>Denn unsre leider war nicht geraten.
>Wir hatten heute nur auf der Schüssel,
>und zubereitet auf deutsche Weise,
>Dörrgemüse mit Grünkreuzgranaten.

(Die Erscheinung verschwindet.)

Bei der vordersten Linie in den Karpathen. Es ist alles ruhig. In den Schützengräben stehende Leichname. Mann neben Mann, das Gewehr im Anschlag.

DIE ERFRORENEN SOLDATEN:
>Kalt war die Nacht.
>Wer hat diesen Tod erdacht!
>Oh die ihr schlieft in Betten –
>daß euch das Herz nicht bricht!
>Die kalten Sterne retten uns nicht.
>Und nichts wird euch erretten!

(Die Erscheinung verschwindet.)

Ein alter serbischer Bauer schaufelt sein Grab.

DER ALTE SERBISCHE BAUER:
>Wir standen rings um unsere Truh.
>Soldaten schrieen auf uns zu.
>Wir hatten nichts mehr. Sie wollten was haben.
>Drum muß ich jetzt meine Grube graben.
>Wir waren arm, wir waren nackt.
>Uns selber haben sie angepackt.
>Sie stellten die Kinder mir an die Wand,
>sie haben sie mir vorausgesandt.
>Verbrannt ist mein Feld, verbrannt mein Hab.
>Nun grabe ich mir das eigene Grab.
>Schon rufen die Kinder – ich komme gleich!
>Herr, hilf mir in das Himmelreich!

(Die Erscheinung verschwindet.)

Der Kronprinz bei den Flammenwerfern der 5. Armee. Zur Begrüßung des Kronprinzen wird durch Flammen ein »W« gebildet.

DIE FLAMMEN:
>Wir sind die Flammen! Es waren verloren
>in unsrer Höllenqual
>viele, die Mütter in Schmerzen geboren.
>Wir sind ein Initial!
>Oh W der Zeit. Weh diesem blutigen Tropf!
>Er hatte nichts im Sinn,
>er führte was im Schilde.
>So mähte er die Menschheit hin.
>Geschaffen nach Teufels Ebenbilde,
>Hat er vorm Kopfe einen Totenkopf!

(Die Erscheinung verschwindet.)

Zwölfhundert Pferde tauchen aus dem Meer, kommen ans Land und setzen sich in Trab. Wasser strömt aus ihren Augen.

DIE ZWÖLFHUNDERT PFERDE:
>Wir sind da, wir sind da, wir sind da, wir sind da –
>wir sind da, die zwölfhundert Pferde!
>Die Dohna'schen Pferde sind da, Dohna, da –
>wir stiegen empor zu der Erde.
>
>Oh Dohna, wir suchen dich auf im Traum.
>Uns wollte der Platz nimmer taugen.

Wir hatten kein Licht, zu viel Wasser hat Raum
in zweimal zwölfhundert Augen.

*Graf Dohna umgeben von zwölf Vertretern der Presse. Plötzlich stehen statt ihrer zwölf Pferde da. Sie dringen auf ihn ein und töten ihn.
(Die Erscheinung verschwindet.)*

Eine altertümliche Erfinderwerkstatt.

LEONARDO DA VINCI:
– – wie und warum ich nicht meine Art schreibe, unter dem Wasser zu bleiben, solang' ich bleiben kann; und dies veröffentliche ich nicht oder erkläre es wegen der bösen Natur der Menschen, welche Art sie zu Ermordungen auf dem Grund des Meeres anwenden würden, indem sie den Boden der Schiffe brächen und selbige mitsamt den Menschen versenkten, die drinnen sind – –
(Die Erscheinung verschwindet.)

Ein süßer Ton erklingt. Meeresstille nach dem Untergang der Lusitania. Auf einem schwimmenden Brett zwei Kinderleichen.

DIE LUSITANIA-KINDER:
    Wir schaukeln auf der Welle –
    wir sind nun irgendwo –
    wie ist das Leben helle –
    wie sind die Kinder froh –
(Die Erscheinung verschwindet.)

Zwei Kriegshunde, vor ein Maschinengewehr gespannt.

DIE KRIEGSHUNDE:
    Wir ziehen unrecht Gut. Und doch, wir ziehn.
    Denn wir sind treu bis in die Todesstund.
    Wie war es schön, als Gottes Sonne schien!
    Der Teufel rief, da folgte ihm der Hund.
(Die Erscheinung verschwindet.)

Ein toter Wald. Alles ist zerschossen, abgehauen und abgesägt. Hüllenloses Erdreich, aus dem sich nur ab und zu ein paar kranke Bäume erheben. Zu Hunderten liegen noch die gefällten, entästeten, zersägten Stämme mit halb schon verwitterter Rinde am Boden herum. Eine zerfallene Feldbahn führt quer hindurch.

DER TOTE WALD:
> Durch eure Macht, durch euer Mühn
> bin ich ergraut. Einst war ich grün.
> Seht meine jetzige Gestalt.
> Ich war ein Wald! Ich war ein Wald!
>
> Der Seele war in meinem Dom,
> ihr Christen hört, ihr ewges Rom!
> In meinem Schweigen war das Wort.
> Und euer Tun bedeutet Mord!
>
> Fluch euch, die das mir angetan!
> Nie wieder steig ich himmelan!
> Wie war ich grün. Wie bin ich alt.
> Ich war ein Wald! Ich war ein Wald!

(Die Erscheinung verschwindet.)

Ein Oberst läßt eine dalmatinische Frau mit ihrem zwölfjährigen blonden Knaben festnehmen. Während die Frau weggezerrt wird, gibt er den Auftrag, dem Knaben in den Kopf zu schießen. Er steht rauchend dabei, indes Soldaten auf den Händen des Kindes knien und die Exekution vollzogen wird.

DIE MUTTER:
> Daß nie, durch alle Tage, die ihr schändet,
> sich euer Blick von diesem Bilde wendet!
> Und seid am Ende ihr der Höllenfahrt,
> bleib' euch erst dieser Anblick aufgespart!
> Die Splitter dieser edlen Kinderstirn,
> sie bohren sich in euer Herz und Hirn!
> Lebt lang und ewiger Begleiter sei
> durch eure Nächte dieser Mutterschrei!

(Die Erscheinung verschwindet.)

Ins Fiebrige verzerrte Heurigenmusik setzt ein. Die Hinrichtung Battistis. Lachende Soldaten umstehen den Leichnam, Neugierige recken die Hälse. Die Hände über dem Haupt des Toten der fidele Scharfrichter.

DAS ÖSTERREICHISCHE ANTLITZ:
> Aus Tod wird Tanz,
> aus Haß wird Gspaß,
> aus Not wird Pflanz,
> was is denn das?
> Is alles stier,
> is's einerlei,

denn mir san mir
und a dabei.
Ein guter Christ
sagt: Kinder bet's,
und Henker ist
man nur aus Hetz.
(Die Erscheinung verschwindet.)

Die Klänge erheben sich während des folgenden Phantoms zu furchtbarer Musik. Auf dem Monte-Gabriele. Zu einem hohen Haufen geschichtet unbegrabene, halb verweste Leichen. Ein Schwarm von Raben umkreist krächzend die Beute.

DIE RABEN:
Immer waren unsre Nahrung
die hier, die um Ehre starben.
Aber eure Herzenspaarung
macht, daß Raben nimmer darben.

Wir, die wir uns nie bewarben,
Nahrung haben wir erworben.
Ihr nicht, wir nicht dürfen darben,
euch und uns sind sie verdorben.

Ihr und wir vom Siege schnarren,
wenn die Opfer sich vermehren,
weil im Reiche rings die Narren
eurem, unsrem Ruf nicht wehren.

Waren Generale Raben,
schnarrts von Phrasen dort im Saale.
Draußen sind sie unbegraben,
da sind Raben Generale!

Dürft getrost die Schlacht verlieren,
wir und ihr in keinem Falle
müssen uns vor uns genieren,
Kriegsgewinner sind wir alle!

Ja wir sind noch sehr lebendig,
wir sind beide noch die Alten,
und wir freuen uns unbändig,
diese Kriegszeit durchzuhalten.

>Während ihr zum Fraß vereinigt,
>brauchen wir nicht zu entbehren.
>Hunger hat uns nie gepeinigt,
>seit wir folgen euren Heeren.
>
>Hunger würd' uns nimmer munden,
>und wir stürben an der Schande,
>und wir sind euch sehr verbunden,
>daß wir nicht im Hinterlande.
>
>Dort ist wahre Not, die Greise
>und die Kinder dort verderben,
>weil hier auf die andre Weise
>uns zum Trost die Männer sterben.
>
>Eure Schlachtbank läßt nie darben
>ihre angestellten Kunden.
>Raben haben, seit sie starben,
>immer Nahrung noch gefunden.

(Die Erscheinung verschwindet.)

Die Musik, völlig abgedämpft, begleitet das nun einsetzende Schauspiel, um allmählich zu verstummen. Ein unübersehbarer Aufzug von bleichen Frauen marschiert vorüber, flankiert von Soldaten mit aufgepflanztem Bajonett.

DIE WEIBLICHEN HILFSKRÄFTE:
>Wir, die Wehrmacht zu entzücken,
>eingerückte Heereshuren,
>kehren nunmehr euch den Rücken
>als Brigade der Lemuren.
>
>Opfernd heldischem Verlangen,
>angesteckt von eurem Mute,
>Rosen blühn uns auf den Wangen
>und die Syphilis im Blute.
>
>Blut und Tränen, Wein und Samen
>flossen euch zum Bacchanale,
>und was wir von euch bekamen
>tragen heim wir zum Spitale.
>
>So verabscheut sind wir heute,
>denn uns schlottern die Gewänder,

und wir schleppen unsre Beute
in die fernen Hinterländer.

Doch wir wachsen durch die Zeiten!
Einstens rast ein Landsturm, brausend,
alle Menschheit zu bestreiten,
durch ein schauderndes Jahrtausend!

(Die Erscheinung verschwindet.)

Nun erfüllt ein phosphoreszierender Schein den Saal.

DER UNGEBORNE SOHN:
    Wir, der Untat spätere Zeugen,
    bitten euch, uns vorzubeugen.
    Lasset nimmer uns entstehn!
    Wären eurer Schmach Verräter.
    Woll'n nicht solche Heldenväter.
    Ruhmlos möchten wir vergehn!

    Wehlust irdischen Getues!
    Liebend hinterläßt die Lues
    mir mein Vater, dieser Schuft.
    Ruft uns nicht in diese Reiche!
    Wir entstammen einer Leiche.
    Ungesund ist hier die Luft.

(Der Schein erlischt.)

Völlige Finsternis. Dann steigt am Horizont die Flammenwand empor. Draußen Todesschreie.

Epilog

Die letzte Nacht

Schlachtfeld. Trichter. Rauchwolken. Sternlose Nacht. Der Horizont ist eine Flammenwand. Leichen. Sterbende. Männer und Frauen mit Gasmasken tauchen auf.

EIN STERBENDER SOLDAT

schreiend

>Hauptmann, hol her das Standgericht!
>Ich sterb' für keinen Kaiser nicht!
>Hauptmann, du bist des Kaisers Wicht!
>Bin tot ich, salutier' ich nicht!
>
>Wenn ich bei meinem Herren wohn',
>ist unter mir des Kaisers Thron,
>und hab' für sein Geheiß nur Hohn!
>Wo ist mein Dorf? Dort spielt mein Sohn.
>
>Wenn ich in meinem Herrn entschlief,
>kommt an mein letzter Feldpostbrief.
>Es rief, es rief, es rief, es rief!
>Oh, wie ist meine Liebe tief!
>
>Hauptmann, du bist nicht bei Verstand,
>daß du mich hast hieher gesandt.
>Im Feuer ist mein Herz verbrannt.
>Ich sterbe für kein Vaterland!
>
>Ihr zwingt mich nicht, ihr zwingt mich nicht!
>Seht, wie der Tod die Fessel bricht!
>So stellt den Tod vors Standgericht!
>Ich sterb', doch für den Kaiser nicht!

WEIBLICHE GASMASKE
nähert sich

Soviel ich seh', fiel hier ein Mann mit Gottes Willen.
Auch unsereins hat seine Pflicht hier zu erfüllen.
In dieser ernsten Zeit gibts keinen Zeitvertreib.
Das Kleid ist nicht der Mann, doch ist's auch nicht das Weib.
In Not und Tod und Kot gibt es die gleichen Rechte.
Wo kein Geschlecht, gereicht's zur Ehre dem Geschlechte.

MÄNNLICHE GASMASKE
stellt sich gegenüber

    Nur daß dein Gesicht
    sich an meines gewöhne!
    Ich kenne dich nicht,
    du Maske, du schöne!

    Erfüllt von dem Grauen,
    erfüllend die Pflicht,
    sollen wir uns nicht schauen,
    wir kennen uns nicht.

    Uns gilt nur die Sache,
    hier gilt es zu kämpfen,
    es droht uns die Rache
    mit giftigen Dämpfen.

    Der Himmel spuckt Flammen,
    verzischend im Blute.
    So gehn wir zusammen
    auf diese Redoute.

Fernes Trommelfeuer

WEIBLICHE GASMASKE

    Gesicht und Geschlecht
    verbietet die Pflicht.
    Wir haben kein Recht
    auf Geschlecht und Gesicht.

    Das Leben verbracht
    zwischen Leichen und Larven –
    mir tönt diese Nacht
    wie Hörner und Harfen!

BEIDE

Arm in Arm

> Wir haben kein Recht
> auf Geschlecht und Gesicht.
> Gesicht und Geschlecht
> verbietet die Pflicht.

Sie verschwinden.

Zwei Generale auf der Flucht, in einem Automobil

GENERAL

(Sprechgesang)

> Da kann man nicht weiter,
> die Erde hat Risse,
> da gibts spanische Reiter
> und sonst Hindernisse.
>
> Die Schlacht hat nunmehr
> eine Wendung genommen,
> wir sind bis hieher
> nach vorne gekommen.
>
> In unsere Jahr'
> da is nicht zu spaßen,
> wir sind in Gefahr,
> das Leben zu lassen.
>
> Nicht wanken und weichen
> die Mannschaften ziert.
> Fahren S' über die Leichen,
> sonst sind wir petschiert!
>
> Was hat denn der eine,
> der hat keinen Kopf,
> dem fehlen die Beine,
> und am Rock fehlt a Knopf!
>
> Das is ein Skandal,
> da werd' ich leicht schiech,
> Sie toter Korpral,
> adjustieren Sie sich!

> Das is doch zuwider,
> da krieg' ich ein' Pik,
> ah, da legst di nieder –
> hörn S', jetzt is doch Krieg!

> Der hört nicht. Herstellt!
> Sie, was machen S' denn dort
> mir san doch im Feld!
> Sie gehn zum Rapport!

> Das is doch verboten,
> die Wirtschaft hier vorn!
> Fahren S' über die Toten,
> sonst sind wir verlorn!

Sie fahren ab. Es tagt.

Zwei Kriegsberichterstatter im Automobil, sie steigen aus. Breeches, Feldstecher, Kodak

ERSTER KRIEGSBERICHTERSTATTER

> Ich finde es gut,
> hier stehen zu bleiben.
> Ich habe den Mut,
> diese Schlacht zu beschreiben.

ZWEITER KRIEGSBERICHTERSTATTER

> Ja, hier wie mir scheint
> kann noch etwas geschehn.
> Der Punkt ist vom Feind
> sehr gut eingesehn.

DER ERSTE

> Hier liegen die Helden,
> hier ist es bewegt,
> und wenn wir es melden,
> es Aufsehn erregt.

DER ZWEITE

> Es imponiert ja doch allen,
> authentisch mit Bildern,

> ist einer gefallen,
> die Stimmung zu schildern.

DER ERSTE

> Wir sind gern informiert
> von besonderen Seiten.
> Was mich intressiert,
> sind die Einzelheiten.

Er tritt an einen sterbenden Soldaten heran.

DER ZWEITE

> Sie, machen S' zum End
> ein verklärtes Gesicht!
> Ich brauch' den Moment,
> wo das Aug Ihnen bricht.

DER ERSTE

> Sie sind doch gescheit –
> solang Sie am Leben,
> ist hinreichend Zeit,
> eine Schilderung zu geben.

DER ZWEITE

> Was haben Sie empfunden,
> was haben Sie sich gedacht,
> wir brauchen die letzten Stunden,
> wie war denn die Schlacht?

DER ERSTE

> Schaun S', das wird goutiert,
> auf Details ich schon spitz',
> und Ihr Heldentod wird
> eine schöne Notiz.

DER ZWEITE

> Dieses Detail schon allein
> hat für das Blatt seinen Reiz,
> und der Chef gibt mich ein
> für das Eiserne Kreuz.

DER STERBENDE

> Geschwinde – geschwinde –
> seht, wie ich – mich – winde –
> verbinde, Herr Doktor –
> verbinde, verbinde!
>
> Seit so vielen Stunden –
> mit so vielen Wunden –
> sie bluten, sie bluten –
> sie sind nicht verbunden.
>
> Nur noch wenig Minuten –
> laßt mich doch nicht verbluten –
> verbindet geschwinde,
> ihr müsset euch sputen.
>
> So seht doch – wie mir schon –
> der Atem – entschwindet –
> geschwinde – Herr Doktor –
> verbindet, verbindet!

DER ERSTE KRIEGSBERICHTERSTATTER

> Der erzählt nichts – zu peinlich!
> Der wird immer verstockter.
> Er hält mich wahrscheinlich
> für einen Dokter!

DER ZWEITE

> Krieg ist Krieg – hör'n S', ich hust',
> unsere Pflicht hier ist schwer,
> über Ihre zerschossene Brust
> sag' ich nur c'est la guerre.

DER ERSTE

> Denn Wunden verbinden,
> das hab' ich nicht studiert,
> aber für Eindrücke finden
> wer'n wir honoriert.

DER ZWEITE

> Die Stimmung zu melden,
> das ist unser Brot.
> Einen schweigsamen Helden,
> den schweigen wir tot.

Wenden sich zur Abfahrt.

DER STERBENDE

> Mein Weib – ach – ich – bitt –
> das ist – eine Qual –
> so – nehmen S' mich mit –
> bis zum – nächsten – Spital!

DER ERSTE KRIEGSBERICHTERSTATTER

> Das ist doch gediegen –
> was der von mir will!
> So bleiben Sie doch liegen
> und halten Sie still!

DER ZWEITE

> Für einen Gemeinen
> ist das eine Ehr'!
> Ihr Bild wird erscheinen,
> was wollen Sie mehr!

DER ERSTE

> Wenn ich Ihnen garantier',
> es erscheint ein Bericht!
> Ich war vor dem Tod hier,
> so schaun S' mir ins Gesicht!

DER ZWEITE

> Er sagt nichts darauf.
> Ich glaub', es wird gehn.
> So nehm' ich ihn auf –
> man wird doch da sehn.

Er photographiert.

DER ERSTE

> So sein S' doch nicht fad,
> es soll stimmungsvoll sein.
> Uns fehlt der Kurat,
> Sie sind leider allein.

DER ZWEITE

> Das wär' ein Effekt,
> dem Abonnenten zu zeigen,
> den Priester direkt
> über den Helden sich neigen!

DER ERSTE

> Wir sind doch intim,
> er tät's mir zu Liebe,
> weil ja schließlich auch ihm
> eine Reklam dabei bliebe.

DER ZWEITE

> Wo man ihn ja einmal braucht,
> ist er natürlich beim Teufel.
> Das ist trostlos ... Es raucht!
> Nur ein Blindgänger, kein Zweifel!

DER ERSTE

> Geh' mr! Hier is stier,
> hier is doch nix los.
> Gehn wir ins Pressequartier
> vor dem Gegenstoß.

DER ZWEITE

> Der würde mich nicht
> im geringsten tuschieren,
> ich kann bloß bei dem Licht
> nicht photographieren.

DER ERSTE

> Sie, hier wie mir scheint
> kann noch was geschehn,

>   der Punkt ist vom Feind
>   zu gut eingesehn!

DER ZWEITE

>   Es lohnt nicht zu bleiben.
>   Bin ich ein Held?
>   Also was soll man schreiben?
>   Ein Erlebnis im Feld!

Sie fahren ab.

Ein Feldwebel jagt mit dem Revolver einen Zug vor sich her

FELDWEBEL

>   Marsch! Ich wer' euch lehrn hier herumtachiniern!
>   Fürs Vaterland stirbts, oder ich laß euch krepiern!
>   Was glaubts denn, i wer's euch schon einigeignen!
>   Jetzt schießts auf den Feind, oder ich schieß auf die Eignen!

Sie verschwinden.

EIN ERBLINDETER

tastet sich kriechend vorwärts

>   So, Mutter, Dank! So fühl' ich deine Hand.
>   Oh, sie befreit von Nacht und Vaterland!
>   Ich atme Wald und heimatliches Glück.
>   Wie führst du mich in deinen Schoß zurück.
>
>   Nun ist der Donner dieser Nacht verrollt.
>   Ich weiß es nicht, was sie von mir gewollt.
>   O Mutter, wie dein guter Morgen thaut!
>   Schon bin ich da, wo Gottes Auge blaut.

Er stirbt.

DIE KRIEGSBERICHTERSTATTERIN

erscheint

>   Hier ist er, das Suchen hat sich gelohnt,
>   hier find' ich den einfachen Mann an der Front!

Ein Verwundeter

tastet sich kriechend vorwärts

> Fluch, Kaiser, dir! Ich spüre deine Hand,
> an ihr ist Gift und Nacht und Vaterland!
> Sie riecht nach Pest und allem Untergang.
> Dein Blick ist Galgen und dein Bart der Strang!
> Dein Lachen Lüge und dein Hochmut Haß,
> dein Zorn ist deiner Kleinheit Übermaß,
> der alle Grenze, alles Maß verrückt,
> um groß zu sein, wenn er die Welt zerstückt.
> Vom Rhein erschüttert ward sie bis zum Ganges
> durch einen Heldenspieler zweiten Ranges!
> Der alten Welt warst du doch kein Erhalter,
> gabst du ihr Plunder aus dem Mittelalter.
> Verödet wurde ihre Phantasie
> von einem ritterlichen Weltkommis!
> Nahmst ihr das Blut aus ihren besten Adern
> mit deinen Meer- und Luft- und Wortgeschwadern.
> Nie würde sie aus Dreck und Feuer geboren!
> Mit deinem Gott hast du die Schlacht verloren!
> Die offenbarte Welt, so aufgemacht,
> von deinem Wahn um ihren Sinn gebracht,
> so zugemacht, ist sie nur Fertigware,
> mit der der Teufel zu der Hölle fahre!
> Von Gottes Zorn und nicht von seinen Gnaden,
> regierst du sie zu Rauch und Schwefelschwaden.
> Rüstzeug des Herrn! Wir werden ihn erst preisen,
> wirft er dich endlich zu dem alten Eisen!
> Komm her und sieh, wie sich ein Stern gebiert,
> wenn man die Zeit mit Munition regiert!
> Laß deinen Kanzler, deine Diplomaten
> durch dieses Meer von Blut und Tränen waten!
> Fluch, Kaiser, dir und Fluch auch deiner Brut,
> hinreichend Blut, ertränk sie in der Flut!
> Ich sterbe, einer deutschen Mutter Sohn.
> Doch zeug' ich gegen dich vor Gottes Thron!

Er stirbt.

Ein Totenkopfhusar mit Gefolge erscheint.

DER TOTENKOPFHUSAR

    Schnedderereng, schnedderedeng!
    Die Luft hier ist mein Leibparfeng.
    Wir sind die Totenkopfhusaren,
    in unsrem Handwerk wohlerfahren.
    Wir haben eine schlanke Tallie,
    ich lasse stürmen die Kanallie.
    Hält man von außen uns für Puppen,
    vom Auge fall'n dem Feind die Schuppen.
    Denn nimmermehr läßt an die Wimpern
    ein Totenkopfhusar sich klimpern!
    Jetzt sollen mal die Jungens ran
    und jeder zeigen, was er kann,
    sie sollen, denn wer wagt gewinnt,
    jetzt zeigen, was sie imstande sind.
    Seit damals, seit dem Tag der Marne,
    ich täglich vor Erschlaffung warne.
    Wir müssen warten vor Werdeng.
    Schnedderedeng, schnedderereng!

    Schnedderedeng, schnedderereng!
    Mein Mieder wurde mir zu eng.
    Mein Vater ist ein zahmer Panther;
    in dem Punkt bin ich viel gewandter.
    Ich bin ein junger Jaguar,
    das Vaterland ist in Gefahr.
    Mein Bart ist britisch zugestutzt;
    zu wenig Mörser sind verputzt.
    In Frankreich lebt es sich nicht leicht;
    es ist bei weitem nicht erreicht!
    Solang man jung, solang man jung,
    braucht man noch mehr Betätigung.
    Doch eh ich opfere die Garde,
    soll ins Quartier mein Lieblingsbarde.
    Schlag zwölf ist Sturm, glock fünf ist Vesper,
    den einzigen Reim drauf weiß mein Presber.
    Denn Kunst ist heiter, Dienst ist streng.
    Schnedderereng, schnedderedeng!

Die Gruppe verschwindet.

Man hört einen Marsch. Nowotny von Eichensieg tritt auf.

NOWOTNY VON EICHENSIEG

> Ja aus Flak und Dag
> und aus Rag und aus Kag
> bezieh jeden Tag ich das Menschenpack.
>
> Auch das Hinterland
> an die Front wird gesandt.
> Wer sich nicht ermannt, der gspürt meine Hand.
>
> Dem gemeinen Mann
> tu ich an, was ich kann.
> Gott weiß es allein, was liegt daran.
>
> Wer hier tachiniert,
> wird zurückinstradiert
> und wird aufgehängt oder eingespirrt.
>
> Wer verdächtig wär
> oder gar Deserteur,
> den schick ich zurück auf das Feld der Ehr.
>
> Wer an Bauchschuß hat
> und er steht mir nicht grad,
> der stirbt mir zur Straf als a Frontsoldat.
>
> Denn hier ist mein Reich
> und mir ist alles gleich
> und bevor einer stirbt, is er schon eine Leich.
>
> Und hier ist man gesund,
> sagt der Stabsarzt und
> der Mensch is im Grund nur a A-Befund.
>
> Ja da gibts keine Wahl,
> hier entscheidet die Zahl,
> überall is a Menschenmaterial.

Ab.

Der Doktor-Ing. Abendrot aus Berlin erscheint.

DOKTOR-ING. ABENDROT

    Um endlich den endlichen Endsieg zu kriegen,
und dann also endlich unendlich zu siegen,
greift ungebrochne strategische Kraft
in die letzten Reserven der Wissenschaft.
Was half uns die Kunst unsrer Bombenwerfer?
Und das Gas, noch so scharf, macht das feindliche schärfer.
Oft wurde das Anbot von unseren Gasen
in unsre Linien zurückgeblasen.
Bei immer wieder vergebnem Beginnen
muß Wissenschaft endlich auf Abhilfe sinnen.
Da Not bekanntlich das Eisen zerschlagen,
das man einst für Gold uns hat angetragen,
so warfen wir es zum Eisen, zum alten,
um mit unserm Ingenium durchzuhalten.
Als Ritter vom Geist greifen wir noch zum Schwert,
wenn sich längst schon der Flammenwerfer bewährt,
und sind entschlossen, mit Dünsten und Dämpfen
und Minen bis aufs Messer zu kämpfen.
Den Wortschmuck beziehen wir gern für die Tat
aus der Zeit, wo es die noch gegeben nicht hat,
und sind selbst heut in Turnieren befangen,
wo wir längst schon die chlorreichsten Siege errangen.
Mit allen Schikanen der chemischen Kraft
kämpft der Deutsche im Geiste der Ritterschaft.
Nun gilt es in diesen romantischen Tagen
ein Letztes noch in die Schanze zu schlagen.
Der vielen Wunder aus deutschen Mären
wir bringen das radikalste zu Ehren,
und zu widerlegen die Mär von den Hunnen,
griffen wir tief in den deutschen Märchenbrunnen.
Der Erzähler bin ich, denn ich bin der Erfinder;
bestimmt ist's für ungehorsame Kinder,
die immer noch glauben, wir sei'n die Barbaren,
wiewohl wir elektrotechnisch verfahren.
Das praktische Märchen, das poetische Mittel,
es trägt nach meinem Namen den Titel:
ich stelle mich vor, bin Herr Abendrot
aus Berlin und leuchte zu frühem Tod.
Es war einmal, so will ich beginnen

mir meine Hörerschaft zu gewinnen,
es war einmal eine Lungenpest,
so böse, daß kaum sich's beschreiben läßt.
Doch hat sie die Wissenschaft längst begraben,
und wo man sie brauchte, war sie nicht zu haben.
So hilft ihr die Wissenschaft wieder empor,
denn sie hat für strategische Wünsche ein Ohr.
Sie verhalf schon zu allen den Surrogaten,
die uns das Leben ersetzen, den Káffee, den Braten.
So ersetz'n wa einfach, m. w., auch den Tod
durch das praktische Mittel Abendrot.
Mit unseren ausgesuchtesten Gasen
jagten wir aus dem Feld nur die falschen Hasen.
Doch fortan, kein Hase bleibt auf dem Platz,
dank unserem Lungenpestersatz!
Die Welt in Spital oder Friedhof zu wandeln,
mußten wir oft zu geräuschvoll handeln.
Nun hoffen wir die Position uns zu stärken,
denn der Feind wird jetzt sterben, ohne selbst es zu merken.
Ein Druck auf den Knopf wird fürder genügen,
über zehntausend feindliche Lungen zu siegen.
Man lebt auf Sandalen und nicht mehr auf Sohlen,
doch der Tod wird sein Opfer geräuschloser holen.
Man hat mich berufen, meine Kunst zu erproben.
So soll nun das Werk seinen Meister loben!
Die Miesmacher wollten den Endsieg uns rauben,
nun werden sie doch an ein Wunder glauben!
Wir woll'n mit dem Tod uns neuorientieren
und unsere letzte Schankze probieren.
Und, wuppdich, ehe der Feind es gedacht,
ist die Sache im Westen auch schon gemacht,
und vor unsern Linien liegen die Leichen,
damit wir den Platz an der Sonne erreichen.
Schon glänzt wie von Abendrot eine Krone.
Ich bin im Weltkrieg die große Kanone!
Mit Tirpitz und Zeppel nehm' ich es auf.
Mit Gott nimmt das neuste Verhängnis den Lauf!
Er drückt auf einen Knopf. Drei Brigaden sinken lautlos um.
Die Kinder, die Kinder, sie hör'n es nicht gern.
So bewährt sich das wahre Rüstzeug des Herrn!
Keine Wacht am Rheine liefert so fest
und so treu wie die Nibelungenpest.

Die Not ließ erkennen das letzte Gebot.
Mein Name ist Siegfried Abendrot.

Er verschwindet.

Es wird dunkel. Es erscheinen Hyänen, die Menschengesichter tragen. Als Sprecher die Hyänen Fressack und Naschkatz. Sie kauern vor den Leichen und sprechen, rechts und links, in ihr Ohr.

FRESSACK

Wenn Sie vielleicht was bedarfen, wenn Sie vielleicht was
                                              bedarfen,
wir sind da, wir tragen Gesichter als Larven.
Doch erschrecken Sie nicht vor Bärten und Mähnen:
wir sind keine Menschen, wir sind nur Hyänen!
Nur daß Ihr Opfer umsonst nicht wäre,
sind wir hier am Platz, auf dem Felde der Ehre.
Bedarfen Sie nichts, nehmen wir Ihnen was ab,
was solln Sie mit Schmuck und Barschaft ins Grab!

NASCHKATZ

Ihr seid nebbich froh, daß alles erledigt.
Für eure Verluste haben wir uns entschädigt.
Auf unseren Rat gingt ihr frisch in das Feld,
gabt ihr euer Blut, nahmen wir euer Geld.
Damit wir gewinnen, mußtet ihr wagen,
jetzt gilt's noch ein Scherflein beizutragen.
Wenn ihr auch besiegt seid, wir werden doch siegen.
Das Blut ist gesunken, das Fleisch ist gestiegen.

FRESSACK

Ihr könnt euch in dem Punkt auf uns verlassen:
bald wird euch des Kaisers Rock nicht mehr passen.
Mit euren Granaten und Bomben und Minen
fahrt weiter so fort und laßt uns verdienen.
Das ist ein Vergnügen, herum hier zu lungern,
ihr braucht nicht zu frieren, ihr braucht nicht zu hungern!
Wir wissen es doch, unser Ehrenwort, heuer
sind Kohle und Fett noch dreimal so teuer!

NASCHKATZ

> Wir sagen es ins Ohr euch, ihr solltet uns danken:
> dadurch, daß ihr hier liegt, gehts besser den Banken.
> Durch die Bank konnten sie das Kapital sich vermehren,
> die Fusion mit der Schlachtbank kann man ihnen nicht
>   wehren.
> Ihr könnt noch von Glück sagen, so ruhig zu liegen,
> wenn zugleich mit den Kugeln die Tausender fliegen.
> Doch ihr seid entschädigt: ein jeder ein Held!
> Ihr schwimmt ja in Blut, und wir nur in Geld.

FRESSACK

> Ihr werdet doch fortleben in den Annalen!
> Umsonst ist der Tod, doch dafür muß man zahlen.
> Wir haben den Krieg ja nicht angefangen.
> Wir haben ihn nur gewünscht, aber ihr seid gegangen!
> Von unsern Verdiensten wird niemand singen,
> euch müssen doch schon die Ohren klingen!
> Von euch werden euere Enkel noch sagen.
> So solln sich die unsern über uns nicht beklagen.

NASCHKATZ

> Meine Kinder wärn auf ein Haar an die Front gekommen.
> Zum Glück aber hat man sie nicht genommen.
> Der eine is für Hintertürln zu ehrlich,
> er is im Geschäft einfach unentbehrlich.
> Der andere is zu stolz, so war ich für ihn oben,
> a conto dessen is er heute enthoben.
> Aufs Jahr lass ich meinen Jüngsten entheben.
> Ihr wart auch einmal jung – da soll man erleben!

FRESSACK

> Mein Bub hat ka Protektion, doch er hat sichs gerichtet,
> der andere hat Talent, er hat über Siege gedichtet.
> In demselben Moment, wie ihn das Vaterland rief,
> macht der Jung ein Gedicht und kommt ins Archiv.
> Er will aber hinaus – statt dort is ihm lieber
> er geht, und wird gleich Dramaturg bei Ben Tiber.
> Bittsie drin muß er schreiben, was sich draußen ereignet!
> Der Jüngste is nebbich ungeeignet.

NASCHKATZ

Ihr könnt nicht genug die Mezzie euch preisen,
ihr starbt doch für Wolle, wir leben für Eisen.
Und wir müssen gestern und heute und morgen
uns noch für Leder und Seife und Tafelöl sorgen.
Freihändig offeriert man und erlebt noch die Schand,
ein Dutzend Waggons bleibt einem in der Hand!
Jetzt gehts noch, doch im Frieden – da sag ich von Glück,
wenn, Gott geb, entsteht eine Waffenfabrik.

FRESSACK

Gott verhüte das Unglück, wer redt heut von Frieden,
wir haben uns zur Not mit der Kriegsnot beschieden.
Wir liefern und leisten, und geben auch was her –
dann wärn wir geliefert, und das wär ein Malheur.
Was heißt Waffenfabrik, ich bin zufrieden mit Skoda,
die Wirkung wie treffend beschreibt Roda Roda.
Wenn ihr schon genug habt, so laßt nackt euch begraben,
meine Frau will einen neuen Pelzmantel haben.

NASCHKATZ

Ihr könnt es uns glauben, das Leben ist sauer,
ihr Toten, ihr solltet für uns tragen Trauer.
Wenn sich einmal herausstellt, man hat umsonst sich geplagt,
das Friedensrisiko – Ihnen gesagt!
Wie wenig bleibt einem, denn für meinen Sohn
kauf ich jetzt ein Gut, und mein Freund wird Baron.
Einem jeden das Seine. Dem Helden das Grab.
Wir sind die Hyänen. Uns bleibt nur der Schab!

CHOR DER HYÄNEN

> So sei's! So sei's!
> Doch nur leis! Nur leis!
> Die Schlacht war heiß
> und durch eueren Schweiß
> und durch unseren Fleiß
> ist gestiegen der Preis.
> Gott weiß, Gott weiß.
> Noch drei Waggon Reis
> und noch drei Waggon Mais

stehn auf dem Geleis.
Steh auf, geh leis!
Wir schließen den Kreis.
So sei's! So sei's!

Tango der Hyänen um die Leichen. Die Flammenwand im Hintergrund ist inzwischen verschwunden. Ein schwefelgelber Schein bedeckt den Horizont. Es erscheint die riesenhafte Silhouette des Herrn der Hyänen. *In diesem Augenblick stehn die Hyänen still und bilden Gruppen.*

DER HERR DER HYÄNEN

Schwarzer, graumelierter, wolliger, ganz kurzer Backen- und Kinnbart, der das Gesicht wie ein Fell umgibt und mit ebensolcher Haarhaube verwachsen scheint; energisch gebogene Nase; große gewölbte Augen mit vielem Weiß und kleiner stechender Pupille. Die Gestalt ist gedrungen und hat etwas Tapirartiges. Jackettanzug und Piquéweste. Der rechte Fuß in ausschreitender Haltung. Die linke Hand, zur Faust geballt, ruht an der Hosentasche, die rechte weist mit gestrecktem Zeigefinger, auf dem ein Brillant funkelt, auf die Hyänen.

Habt acht! Und steht mir grade!
Ich komme zur Parade,
und es gefällt mir gut.
Ihr habt die Schlacht gewonnen!
Nun ist die Zeit begonnen!
Nun zeiget euren Mut!

Müßt nicht mit leisen Tritten
den Tod um Beute bitten.
Weh dem, der jetzt noch schleicht!
Nein, sollt mit freiem Fuße
ihn treten, Gott zum Gruße!
Denn jetzt ist es erreicht!

Und der es einst vollbrachte,
an seinem Kreuz verschmachte,
wert, daß man ihn vergißt.
Ich tret' an seine Stelle,
die Hölle ist die Helle!
Ich bin der Antichrist.

Dank steigt von allen Dächern,
Daß jener zwischen Schächern
nun auch sein Spiel vollbracht.
Sein bißchen Blut, verronnen
ist's kläglich an den Tonnen
der unverbrauchten Macht!

Die Liebe ist gelindert!
Sie hat es nicht verhindert,
was nun zum Glück geschah.
So hört, ihr wahrhaft Frommen,
das Heil ist doch gekommen,
der Antichrist ist nah!

Die nie besiegte Rache
half der gerechten Sache,
ich war ihr gutes Schwert!
Sie zogen blank vom Leder
dank meiner guten Feder.
Die Macht nur ist der Wert!

Aus diesem großen Ringen
mit vielen Silberlingen
gehn siegreich wir hervor.
So schließen sich zum Ringe
die altgedachten Dinge.
Das Kreuz den Krieg verlor!

Und die gekreuzigt hatten,
wir treten aus dem Schatten
mit gutem Judaslohn!
Mich schickt ein andrer Vater!
Von seinem Schmerztheater
tritt ab der Menschensohn.

Er weicht dem guten Bösen.
Er wollt' die Welt erlösen;
sie ist von ihm erlöst.
Damit sie ohne Reue,
was sie erlöst hat, freue
und für den Himmel tröst'!

Der Haß mußt' sich empören.
Um nimmer aufzuhören,
war Liebe nicht gemacht.
Dank dieser Weltverheerung
gilt eine ewige Währung,
zu der der Teufel lacht!

Geht auch die Welt auf Krücken,
der Fortschritt mußte glücken,
ging aufs Geschäft er aus.
Was Gott nicht will, gelingt doch,
der Teufel selber hinkt doch
und macht sich nichts daraus.

Mit invalider Ferse
geht dennoch er zur Börse
und treibt den Preis hinauf.
Dort ist's gottlob nicht heilig,
der Teufel hat's nicht eilig
und läßt der Welt den Lauf.

Ich bin sein erster Faktor,
ich bin des Worts Redaktor,
das an dem Ende steht.
Ich kann die Seelen packen
und trete auf den Nacken
von aller Majestät!

Ich züchtige die Geister.
Drum zollet eurem Meister
den schuldigen Tribut.
Nach diesen großen Taten
auf größern Inseraten
die neue Macht beruht.

Das Leben abzutasten
mit unbeirrtem Hasten,
seid, Brüder, mir bereit.
Versteht der Zukunft Zeichen,
tastet noch ab die Leichen,
in Ziffern spricht die Zeit!

Laßt keine Werte liegen,
die dann die andern kriegen,
macht eure Sache ganz!
Tragt ein in die Annalen
die intressantern Zahlen
und macht mir Blutbilanz!

Der alte Pakt zerreiße!
So wahr ich Moriz heiße,
der Wurf ist uns geglückt!
Weil jener andre Hirte
sich ganz gewaltig irrte!
Ich heiße Benedikt!

Ich bin gottlob verwandt nicht,
die andere Welt sie ahnt nicht,
daß ich ein andrer Papst.
Denn alle an mich glauben,
die wuchern und die rauben
und die im Krieg gegrapst.

Die Frechen und die Feigen
vor meinem Thron sich neigen,
denn nun erst gilt das Geld.
Daß nie der Zauber weiche
von diesem meinem Reiche!
Es ist von dieser Welt!

Ging' es nicht über Leichen,
die dicken, schweren Reichen
das Reich erreichten nie.
Steht auch die Welt in Flammen,
wir finden uns zusammen
durch schwärzliche Magie!

Durch die geheime Finte
zum Treubund rief die Tinte
die Technik und den Tod.
Mögt nie den Dank vergessen
den Blut- und Druckerpressen.
Ihr habt es schwarz auf rot!

Ich traf mit Druckerschwärze
den Erzfeind in das Herze!
Und weil es ihm geschah,
sollt ihr den Nächsten hassen,
um Judaslohn verlassen –
der Antichrist ist da!

Walzer der Hyänen um die Leichen.

DIE HYÄNEN

So sei's! So sei's!
Wir treten mit Mut.
Wir treten nicht leis.
Wir trinken das Blut!

Wir treten mit Mut.
Wir trinken es heiß.
Wir treiben das Blut.
Wir treiben den Preis!

Vergossen, vergessen,
genossen, gegessen,
wir prassen und pressen,
wir treiben den Preis!

So sei's! So sei's!
Wir treiben es mit Mut.
Die Schlacht war heiß.
Wir pressen das Blut!

Nicht sinke der Mut.
Wir bleiben im Kreis.
Wir treiben das Blut.
Nicht sinke der Preis!

Vergossen, vergessen,
genossen, gegessen,
wir fressen und pressen,
wir treiben den Preis!

Wir treten und treiben
und trinken das Blut.
Wir pressen es gut!

Wir treten und treiben
und trinken es heiß.
Wir treiben den Preis!

Schlaft gut, schlaft gut!
Wir treten nicht leis.
Eia popeia!
So sei's! So sei's!

Die Hyänen lagern sich über die Leichen.

Drei gelegentliche Mitarbeiter erscheinen.

DER ERSTE GELEGENTLICHE MITARBEITER

Der Frühschein schon über der Finsternis liegt.
Der Walzer hat über den Tango gesiegt.

DER ZWEITE GELEGENTLICHE MITARBEITER

Wie sich endlich der Frohsinn der Trübsal gesellt!
Es sind die Vertreter der Handelswelt.

DER DRITTE GELEGENTLICHE MITARBEITER

Das Leben erholt sich von mühvollen Taten.
's gibt Industriekapitäne und Bankmagnaten.

DER ERSTE

Ich muß nicht mehr in der Einsamkeit wandern.
Ich habe sie schon bemerkt unter andern.

DER ZWEITE

Mir scheint selbst, das Ziel ist gar nicht mehr weit.
Ich hatte bereits die Gelegenheit.

DER DRITTE

Man hat auch genug von dem Treiben der Truppen.
Es bilden sich wieder die anderen Gruppen.

DER ERSTE

Das wird, mein' ich, jetzt ein ganz anderer Fall.
Ich wittere Morgenluft und Concordiaball!

DER ZWEITE

Er übertrifft ganz gewiß seine Vorgänger weit.
Frau Fanto trägt ein Ecru-Creme-Crepe-Souplekleid.

DER DRITTE

Die Estrade wird kaum ihre Zugkraft verlieren.
Das Publikum seh' ich bereits sich massieren.

DER ERSTE

Daß sie, gottbehüt, nicht zusammenbräche!
Jetzt ziehn sie sich alle schon in die Gespräche.

DER ZWEITE

Jetzt kommen auch die, die sich immer begeben.
Was sich sonst noch begibt, soll man nicht erleben.

DER DRITTE

Der Salvator hat einen elastischen Schritt.
Drei kaiserliche Räte erscheinen zu dritt.

DER ERSTE

Zwei Konsuln erscheinen, weil man sie vermißte
sonst in der sonst schon vollzähligen Liste.

DER ZWEITE

Man verliert keine Zeit, die Verlustliste lesend.
Zum Glück ist, was Namen hat, heute anwesend.

DER DRITTE

Denn hier geschieht, was längst geschah;
die da sind da zu sein, sind da!

DER ERSTE

Es wimmelt von Sternen und auch Koryphän,
nein, was sich da tut, man wird doch da sehn!

DER ZWEITE

Der Generalstab ist verhindert, aber der Höfer ist erschienen.
Noch liegt der Ernst auf den sämtlichen Mienen.

Der dritte

In der welthistorischen Faschingsnacht
weiß man doch, wofür man die Opfer gebracht.

Der erste

Gern möcht' ich noch wissen, was der Feind sich da dächte.
Denn, ei, der Humor tritt schon in seine Rechte.

Der zweite

Sieh, alles ist da, die Niedern und Obern.
Die Jugend will sich das Tanzrecht erobern.

Der dritte

Ich fürchte, zu Ende geht dieses Fest.
Sie sehn doch, der Teufel tanzt mit der Pest!

Sie entfliehn.

Nun ist der ganze Horizont von Rauchschwaden bedeckt. Ein scharlachfleckiger Mond tritt aus den Wolken. die in schwarzgelben und farbigen Fetzen hängen. Im Feld ein chaotisches Durcheinander aller Truppenkörper. Drei Panzerautomobile erscheinen. Menschen und Tiere in wilder Flucht. Stimmengewirr.

Erste Stimme

Mir klappern die Knochen, mir klappern die Knochen!
Der Angriff ist in unserem Feuer gebrochen.

Zweite

Die Affäre wird uns noch übel bekommen!
Wir haben die Stellung mit kühnem Handstreich genommen.

Dritte

Das halt' wenn er Lust hat der Teufel aus!
Wir warfen den Gegner aus dem Graben hinaus.

Vierte

Da hat uns der Herrgott was Schönes beschert!
Zwei der Unsrigen sind nicht zurückgekehrt.

ERSTE

Ich fürchte, verlustreich ist diese Schlacht!
Wir haben Gefangene eingebracht.

ZWEITE

Der Feind fürcht' ich uns von der Flanke bedroht!
Ein Säugling und zwei Zivilisten sind tot.

DRITTE

Etliche Volltreffer haben wir heute erzielt!
Fünf Kinder haben auf dem Spielplatz gespielt.

VIERTE

Wir sind hin, ob Fußtruppe oder reitend!
Der militärische Schade ist unbedeutend.

ERSTE

Die drüben so mörderisch Kirchweih feiern,
kein Zweifel, es sind die braven Bayern!

ZWEITE

Das wird ja mit jedem Augenblick ärger!
Es sind wohl die wackeren Württemberger.

DRITTE

Die jetzt ihre Todesverachtung bewiesen,
das sind die Thüringer, Pfälzer und Friesen.

VIERTE

Das Ergebnis der Handlung wird es euch lehren,
daß sich die heißblütigen Honveds bewähren.

ERSTE

Ihnen die Angriffslust zu bewahren,
treiben wir vorwärts die tapfern Bulgaren.

ZWEITE

Die dort so schlappe sich schieben und schleppen,
das sind die verbündeten Kismetknöppen.

Dritte

Na warts, jetzt gibts ordentlich Hieb mit der Peitschen!
Jetzt kommen die Deitschen! Ja, das sind halt die Deitschen!

Vierte

Es regnet in Strömen, das Terrain wird schon weicher.
Das sind die gemütlichen Österreicher.

Diese

Da sind wir in einer schönen Soß!
Das ist der lange erwartete Gegenstoß!

Jene

Wer nicht deutsch mit dem Feind spricht, ist ein Hundsfott!
                                                     'n Halunke!
Ihr seid in der Sauce, wir sind in der Tunke!

Verschiedene

Was geht denn nur vor, sind wir denn vereint?
Schießt der Feind auf den Freund oder der Freund auf den
                                                          Feind?

Andere

Was soll uns denn diese Verbrüderung nützen?
Die schießen ja mit unsern eignen Geschützen!

Alle

Das ist wohl die schwerste von allen unsern Krisen!
Der Angriff ist mühelos abgewiesen.

Die eine

Wir sind aus'm Wasser! Das Himmelsgewölb
verfärbt sich, auf einmal is alles schwarzgelb!

Die andere

Ach, 's ist doch zum Schießen, ik lache mir tot,
der Himmel vaschtehste is nur schwarzweißrot!

DIE EINE

Ja Schmarrn, da schau her, das siehst du doch selber,
über euch is er schwarz, über uns is er gelber.

DIE ANDERE

Der Himmel allein weiß, wofür wir hier starben.
Er führt selbstvaständlich nur unsere Farben!

BEIDE

Jedenfalls will er freundlich den Fortgang begleiten,
schön ist es, Schulter an Schulter zu streiten.

DIE EINE

Und am End wird sich uns die Geschichte schon lohnen –

DIE ANDERE

dank unsern vortrefflichen Kruppkanonen.
Wir verlassen uns ganz auf unsere Stärke –

DIE EINE

durch Gottes und unsere Skoda-Werke.

BEIDE

Doch fürchten wir beide noch aufzusitzen,
denn wir haben ja die neuesten Feldhaubitzen!

Blitze

ALLE STIMMEN

durcheinander

Ja, die da sind schneidig!
Die hier haben Flammen!
Die dort sind uns neidig,
wir hau'n alles zusammen!

Feurige Schlangen am Himmel, rote und grüne Lichter

Was ist denn los? Was ist denn los?

STIMMEN VON OBEN

> Der lange erwartete Gegenstoß!

STIMMEN VON UNTEN

> Wir sind die Sieger! Wir sind die Sieger!
> Kopf hoch, das sind ja die eigenen Flieger!

STIMMEN VON OBEN

> Ja, Flieger, die mit ganz andern Gewichten
> euch den militärischen Stützpunkt vernichten!

STIMMEN VON UNTEN

> Das ist gar ein prächtiger Zeitvertreib,
> die töten das Kind dann im Mutterleib!

Feurige Sterne, Kreuze und Schwerter am Himmel

> Seht, welche Pracht,
> mit den schönsten Orden
> lohnt diese Nacht
> unser braves Morden.

Leuchtende Kugeln, Feuergarben

> Die Untertanen
> Ereignisse merken
> mit Flaggen und Fahnen
> und Feuerwerken.

Drei Kometen erscheinen

STIMMEN VON OBEN

> Drei feurige Reiter auf feurigen Rossen!
> Daß die euch am Ende nicht schlechter gefielen!

STIMMEN VON UNTEN

> Bei uns kommen sie wie aus der Kanone geschossen,
> sie kommen auf Panzerautomobilen!

STIMMEN VON OBEN

> Nicht unwürdig wären sie eures Danks!
> Sind Maschinen von einem andern Gusse!

STIMMEN VON UNTEN

> Wir kennen den Schwindel, wir hab'n unsre Tanks,
> die apokalyptischen Autobusse!

Zwei Ordonnanzen kommen

ERSTE ORDONNANZ

> Laßt Hosianna erschallen, laßt Hosianna erschallen:
> Bomben sind auf den Ölberg gefallen!

ZWEITE ORDONNANZ

> Das gläubige Ohr kein Zweifel belästigt:
> Der Ölberg war längst militärisch befestigt!

ERSTE

> Lob sei von euch dem Kühnen gesungen,
> und preiset mir auch den Weisen laut:
> dem endlich der große Wurf gelungen,
> und jenen, der rechtzeitig vorgebaut.

ZWEITE

> Jenen und diesen, die's endlich vollbrachten,
> laßt sie auf Lorbeern, auf Dornen nicht ruhn.
> Denn wenn sie sich auch etwas anderes dachten,
> ach, sie wußten doch, was sie tun.

BEIDE

> Wenn statt der Kanone das Kreuz getroffen,
> bei verfehltem Ziel ist die Absicht löblich.
> Nicht splitterrichtend, wollen wir hoffen:
> Der militärische Schade ist unerheblich.

Ein großes blutiges Kreuz erscheint

STIMMEN VON OBEN

> Nun tretet zurück, der Anblick gebeut's!
> Habt Achtung vor unserem roten Kreuz!

STIMMEN VON UNTEN

> Wer macht uns das nach, uns macht man nichts vor,
> wir achten kein Amen, wir scheuen kein Omen!

Solang unser Kaiser den Kopf nicht verlor,
schreckt uns kein Astronom mit seinen Phantomen!

Blutregen setzt ein

STIMMEN VON OBEN

Geht zurück, wenn ihr könnt, und seid auf der Hut!
Bei euch ist's zu trocken, von oben fließt Blut!

STIMMEN VON UNTEN

Unser neuester Trick, das muß man nur wissen,
das hat unser Kriegsrat längst beschlossen.
Wir haben doch den Feind in der Luft zerrissen,
so kommt eben das Blut von oben geflossen.
Die Einheit der Fronten ist hergestellt –

STIMMEN VON OBEN

wenn eine mit der andern zusammenfällt!

STIMMEN VON UNTEN

Wir sind stärker denn je, wenn das Wetter nur will,
so hat uns der Generalstab berichtet.

STIMMEN VON OBEN

Doch das Wetter pariert einem andern Drill!
Der Himmel ist schwarz, eure Reihn sind gelichtet!

Aschenregen setzt ein

STIMMEN VON UNTEN

Das ist ja ein Segen, das ist ja ein Segen,
das ist unser künstlicher Aschenregen!

Steinregen setzt ein

Mit Steinen schmeißen? Ein altes Verfahren!
Da sind unsre Handgranaten schon neuer.
Der Anwurf prallt an uns ab, die seit Jahren
sind abgehärtet im Trommelfeuer!

STIMMEN VON OBEN

Wir sind drin noch nicht so sehr fortgeschritten,
doch werden wir es mit der Zeit schon noch lernen.

Denn unter uns, den besseren Sternen,
gibt es zwar Vaganten, doch unter uns Banditen!

STIMMEN VON UNTEN

Jeder Stern kann von Glück sagen, scheint er über Berlin.
Eure Offensive ist der typische Anfangsgewinn!

Funkenregen setzt ein

EINE STIMME VON UNTEN

Ich komm' nicht ins Reine
mit der Erscheinung.
Davon hab' ich meine
besondere Meinung.

ZWEITE STIMME VON UNTEN

Was soll dieses Schwirren?
Was soll das Gefunkel?
Es scheint – davor irren
wir alle im Dunkel.

Völlige Finsternis

DIE KINO-OPERATEURE

Das gibts nicht, was heißt das, das ist doch kein Licht!
Da wird ja doch keine Nummer daraus,
zwischen dem Sketch »Willi geniert sich nicht«
und dem Detektiv-Schlager »Mir kommt keiner aus!«
Das gibts nicht, wir haben doch einen Vertrag,
wir brauchen einen Treffer und keine Nieten!
Der Isonzofilm läßt sich zwar nicht überbieten,
doch woll'n wir mehr Licht für den »Jüngsten Tag«!

EINE STIMME VON OBEN

Zu eurem unendlichen Schädelspalten
haben wir bis zum Endsieg durchgehalten.
Nun aber wißt, in der vorigen Wochen
hat der Mars die Beziehungen abgebrochen.
Wir haben alles reiflich erwogen
und sind in die Defensive gezogen.
Wir sind denn entschlossen, euern Planeten
mit sämtlichen Fronten auszujäten

und mit allen vermessenen Erdengewürmen,
die sich erfrechten, die Sphären zu stürmen,
und wie immer sie sich gewendet haben,
das Bild der Schöpfung geschändet haben,
die Tiere gequält und die Menschen versklavt,
die Schande geehrt und die Würde bestraft,
die Schlechten gemästet, die Guten geschlachtet,
die eigene Ehre am tiefsten verachtet,
sich als Hülle irdischer Güter benutzt,
ihre Sprache durch ihr Sprechen beschmutzt,
und Seele und Sinne, Gedanke und Wort
und ihr Jenseits nur aufgemacht für den Export,
und Tod und Teufel und Gott und die Welt
und die Kunst in den Dienst des Kaufmanns gestellt,
den Lebenszweck hinter dem Mittel versteckt,
mit dem Leib ihre Fertigware gedeckt
als Knechte ihrer Notwendigkeiten,
die ihr Dasein mit ihrem Dasein bestreiten,
sich selber für das Produkt verkauft
und mit dem andern um den Rohstoff gerauft,
und ihren Handel mit Haß nicht geendet,
mit Geld und Gift sich die Augen geblendet,
in ihrem ruchlos verblendeten Nichts
sich unwert erwiesen des ewigen Lichts
und unter den Strahlen der Sterne und Sonnen
sich Schlachten geliefert und Schanden gewonnen,
im Frevel geeint, von Süden bis Norden
den Geist nur verwendet, um Leiber zu morden
und einverständlich von Osten bis Westen
die Luft mit Rache und Rauch zu verpesten,
die beten konnten, um besser zu töten
und nicht vor Scham, nur von Blut zu erröten,
ihren Gott gelästert und ihrer Natur
zertreten die letzte lebendige Spur,
das Blaue vom Himmel heruntergelogen,
mit Landesfarben die Landschaft betrogen,
Eisen gefressen, jedoch zumeist
mit siegreichen Lügen sich abgespeist,
auf die Not des Nebenmenschen gepocht,
am Brand des Nachbarn die Suppe gekocht,
von fremdem Hunger die Nahrung genommen,
und sich dabei selber nicht satt bekommen,

das Haupt des andern mit glühenden Kohlen
beladen, um sich etwas Wärme zu holen
und diese Empfindung frech zu besteuern
und die Butter am eigenen Kopf zu verteuern,
erpreßt und geplündert, gelogen wie gedruckt
und als Kost nur den eigenen Wahn verschluckt,
Invaliden auf allen Siegeswerkeln,
Agenten mit Lues und frischen Tuberkeln,
Händler und Helden und Menschenjäger,
Bombenwerfer, Bazillenträger,
Raubbauer am Schatze der Phantasie,
Bankrotteure der eigenen Ökonomie,
Buschräuber hinter dem Ideale,
Glücksritter in einem Jammertale,
gepanzert mit Bildung, gewandt und gelehrt,
überbewaffnet und unterernährt,
von Gnaden ihrer Maschine mächtig,
hochmütig und dennoch niederträchtig,
von sich überzeugte Untertanen,
erbaute Erbauer von Bagdadbahnen,
Hochstapler der Höhen und Schwindler der Tiefen,
Hyänen, die Leben und Tod beschliefen,
Flieger, die an dem Irdischen haften,
Sklaven der neusten Errungenschaften,
in Tort und Technik bestens erfahren,
elektrisch beleuchtete Barbaren,
die vor dem Tod noch den Einfall hatten,
ihn mit allem Komfort fix auszustatten,
so daß er bei jenen behaglich gelebt,
die auf der Flucht vom Ursprung das Kriegsziel erstrebt! –
Nicht abgeneigt einem Verständigungsfrieden,
hat das Weltall sich folgendermaßen entschieden:
Wir vom Mars sind gar nicht eroberungssüchtig.
Doch greift man was an, so greift man es tüchtig.
Zum Heil des Alls und all seiner Frommen
haben wir eure Methoden angenommen.
Sowohl um zu forschen wie um zu töten
war uns eure Wissenschaft vonnöten.
Durchs Fernrohr betrachtet war euer Stern uns nur Schnuppe:
wir besahn den martialischen Zwerg durch die Lupe!
Wir woll'n nur ein wenig das Wetter erheitern,
doch nimmer an euch unsre Grenzen erweitern.

Die Prüfung war schwer. Vernehmt das Ergebnis:
Wir planen mit euch ein besondres Erlebnis.
Fern sei es von uns, euch zu annektieren,
wir würden dadurch an Prestige verlieren.
Zu friedlicher Arbeit dem Kosmos zu nützen,
wollen wir nur die eigenen Grenzen schützen.
Entschlossen, auf euern Besitz zu verzichten,
wollen wir das Geschäft ganz anders verrichten.
Die Kriegskosten werdet ihr freilich bezahlen,
da der Schuldner getilgt wird aus den Annalen,
damit auf Ewigkeitsdauer die Sphären
sich über Störung der Harmonie nicht beschweren,
nicht greife in den verschlossenen Äther
die Hand der Denker und Attentäter,
und kein Schlachtendonner, kein Handelstauschen
je dringe zu unserm verschwiegenen Rauschen!
Habt lange genug im Weltall gesprochen.
Die Ewigkeit ist bereits angebrochen.
Lang' wartetet ihr und warteten wir,
wir harrten geduldig, ihr hofftet mit Gier.
Und damit doch auf eurer noch hoffenden Erde
nun endlich der endliche Endsieg mal werde,
und damit sich dagegen kein Widerspruch regt
haben wir sie erfolgreich mit Bomben belegt!

Meteorregen setzt ein

STIMME VON UNTEN

> Mal 'ran ins Feld!
> Noch einer mehr!
> Und wenn die Welt –

Flammenlohe

STIMME VON UNTEN

> Nur feste druff!
> Auf Knall und Fall!
> Es braust ein Ruf –

Weltendonner

STIMME VON UNTEN

>   Das ist uns neu!
>   Was soll das sein?
>   Fest steht und treu –

Untergang

STIMME VON UNTEN

>   Wir sind verbrannt!
>   Wer brach da ein?
>   Lieb Vaterland –

Ruhe

STIMME VON OBEN

>   Der Sturm gelang. Die Nacht war wild.
>   Zerstört ist Gottes Ebenbild!

Großes Schweigen.

DIE STIMME GOTTES

>   Ich habe es nicht gewollt.

Nachwort

Der große Satiriker ist das geliebte Stiefkind Gottes – sein Stiefkind, da es ihm nicht bestimmt ist, sinn- und augenfällig die göttliche Liebe zu predigen, sondern den göttlichen Haß, und eben um des Opfers willen, immer wieder verkannt zu werden, besonders vom Schöpfer geliebt. »Denn Gott gab mir einen Pfahl ins Fleisch, damit ich mich nicht überhebe« und eben dieser Pfahl im Fleisch der Menschheit sollte der große Negierer sein, jener, »der nur zerstören, aber nicht aufbauen kann«, zumindest nach dem Urteil der »Vielzuvielen«, denen der geistige Tatbestand nicht einmal aus einem so einfachen Wort klar wurde wie diesem: »*Witz* und *Glaube* wurzeln beide im größten Kontrast. Denn einen größern als den zwischen Gott und Gottes Ebenbild gibt es nicht.«

Aus dieser leiderfüllten Antithese, lachen zu müssen, wo man doch verzweifelt sein Antlitz abwenden möchte, ist das gesamte Werk des Karl Kraus entstanden und zu verstehen, in der kleinsten Glosse, im Epigramm, am leichtesten aber in diesem satirischen Drama, wo in der Fülle und Universalität der Geschehnisse und Gestalten wenigstens nicht mehr der beliebt-banale Einwand des »kleinen Anlasses« die erdenweite und himmelsnahe Perspektive berühren kann. »Denn hier ist es geschaffen«, hat Berthold Viertel geschrieben, »zu welchen Ziels Erreichung die Zeitgenossen längst um den Stein der Weisen gebetet: der sprechende Film, die Große Revue, die Monstre-Woche unserer Leiden und Freuden – geeignet, endlich unsere Schaubühne zu sprengen und als unser Gesamt-Lebens-Werk unser Gesamt-*Kunst*-Werk endgültig zu überwinden. Und wo immer man sich in dieses Werk einläßt, man kommt immer in die Lage, spontan auszurufen: nein, es ist doch nicht von Karl Kraus! Es ist von uns. Er erinnert sich nur so abscheulich gut. – Mag höhere Gnade dem unerbittlichen Erinnerer die zeitlichen Muster unter den Fingern entrücken, mag der liebe Herrgott, der sie ja alle, die Potenzen und Potentaten, im Fleische geschaffen hat, ihre Seelen retten vor der furchtbaren Ungerechtigkeit, so beim Worte und beim Tone genommen zu werden:

hier sind ihre alltäglich-festtäglichen Masken zurückgeblieben, und wir erkennen uns alle. Die sprachliche Schöpfung einer babylonisch verwirrten, in hunderttausend untermenschlichen Zungen hadernden und salbadernden Un-Sprache und Anti-Sprache ist die Schreckensleistung dieses Werkes, gemischt aus Erdschlamm und Sintflut: ›Die letzten Tage der Menschheit‹.«

So schrieb Berthold Viertel über ›Die letzten Tage der Menschheit‹ im Jahre 1920. Aber es liegt im inneren Wesen dieses Satirikers, daß zwar seine Substanz, sein Ethos, seine Sprachgewalt, sein Humor nicht unaktueller wurden, ja in noch schlimmeren Jahren, als es jene des Ersten Weltkrieges waren, gesteigerte und tröstlichere Macht gewannen, daß dieses Werk aber trotzdem in jedem Augenblick aus der *gegenwärtigen Realität* gesehen werden muß, also aus dem Verständnis und den Mißverständnissen unserer Tage.

Das Verständnis seines Werkes ist unzweifelhaft enorm gewachsen – die Verbreitung seiner Bücher beweist dies; so will ich nur sachlich über einige Mißverständnisse sprechen, die man dem Werk bisweilen noch entgegenbringt. Sachlich, sage ich, und ich sage es fast aus einer Art von Notwehr. Denn wer Karl Kraus konsequent rühmt, gerät sehr leicht in den Verdacht, ein unkritischer Fanatiker, ein Springbrunnen der Superlative zu werden. Alles darf man ja im eigenen Erlebnis und in seiner öffentlichen Stellungnahme sein: ein grenzenloser George-Anhänger, ein Dithyrambiker der Werke von Kafka, Beckett oder Sartre, selbst ein leidenschaftlicher Bewunderer der mittleren und kleinen im Feuilleton gepriesenen Heroen, aber beileibe kein konsequenter Karl Kraus-Verehrer! Nun haben sich gewiß einige »Karl Kraus-Jünger« – welch ein von Kraus gehaßtes Wort! – die leidig-hysterische Atmosphäre, die sie umgibt, selbst zuzuschreiben; aber im Großen gesehen, muß man doch sagen, daß es auch eine *Sachlichkeit der Begeisterung* gibt und diese, wo immer ihr Wort den Ausdruck der Wahrheit findet, entschieden in Schutz genommen werden muß vor dem Verdacht nichtfundierten Überschwanges. So darf mit Recht gesagt werden, daß ›Die letzten Tage der Menschheit‹, die Tragödie des Ersten Weltkrieges, eines der bedeutsamsten Werke der Literatur ist; schon in unserer Zeit, in der solche Erkenntnis erst auf halbem Wege steht, ist das Bekenntnis legitimiert, daß in Konzeption und Gestaltung dieses Drama, das von einem scheinbar heiteren Beginn bis zur apokalyptischen

Vision des Untergangs führt, in vielem den großen Satiren der Weltliteratur verwandt ist. Karl Kraus hat – nach einem Wort Sigismund von Radeckis – mit Aristophanes die lyrische Höhe, mit Juvenal das furchtbare Pathos, mit Swift die steinerne Ironie und mit Gogol jene charaktereologische Kraft gemeinsam, welche eine ganze volle Menschengestalt gleichsam mit der Peitsche eines Satzes einfangen kann.

Die meisten Leser wissen wohl wenigstens ungefähr, worum es in diesem Werke geht. In hunderten kleineren und größeren Szenen wird der Jammer des Ersten Weltkrieges dargestellt, das Schicksal der Erniedrigten und Beleidigten, die unentrinnbare Qual der Gepeinigten und die gedankenlosen, bewußt teuflischen Exzesse der Peiniger, grauenhafte Szenen an der Front und in ihrer Art nicht minder grauenhafte Episoden in jenen Landstrichen, die man mit einem damals geschaffenen Wort »Hinterland« nannte. Viele, ja die meisten dieser Figuren werden mit Namen genannt, mit ihrem richtigen, durch Geburts- oder Totenschein beglaubigten Namen. Und hier sei vor dem ersten Mißverständnis gewarnt. Das Stück ›Die letzten Tage der Menschheit‹ spielt sozusagen auf einer doppelten Bühne, zu ebener Erde und im ersten Stock. Unten rollt das Stoffliche ab, welches wichtig ist, aber, künstlerisch gesehen, nicht den höchsten Wert des Stückes darstellt: hier amüsiert man sich über die Fallotas und Biachs, über die Wahnschaffes und Zawadils. Doch die Namen sind kaum mehr als ein Humorelement, nicht zufällig freilich in der Kunst, mit der sie – jeder einzelne der Vertreter einer typischen Geistigkeit – ausgewählt sind. Freilich: selbst der Typus ist nicht von letzter Bedeutung. Das künstlerisch Große der Figuren in diesem unheimlich lebendigen Wachsfigurenkabinett liegt darin, daß hinter ihrem realen Sein ihre eigene *platonische Idee* sichtbar und hörbar wird, jene tieferen verhängnisvollen Eigenschaften, die von allen Seiten zum Untergang und Verderben drängen.

Schon aus dieser fragmentarischen Andeutung wird klar, daß es ein Irrtum wäre, ›Die letzten Tage der Menschheit‹ als ein politisches Drama anzusehen, und gerade dieses Schicksal wird ihm – in Österreich mehr noch als in dem ortsentrückteren Deutschland – heute noch nicht selten zuteil. Kierkegaard hat von sich gesagt, er wünsche sich nichts sehnlicher, als daß seine Schriften noch in hundert Jahren ein »Stein des Anstoßes bleiben mögen«. Er hat vorausgesehen, daß seine Schriften, bei weitem nicht so aggressiv polemisch wie ›Die letzten Tage der

Menschheit‹, von jenen verkannt bleiben sollten, die er erkannt hatte. Hier aber: welche Mißverständnisse im Stofflichen! War Karl Kraus ein Antichrist, nur, weil in einer Szene dieses Werkes ein tirolischer Feldkaplan aus Graz eigenhändig zur Kanone greift und die Waffe segnet, oder war er, dessen Kronzeugen große religiöse Denker wie Hilaire Belloc, Kierkegaard und, einer der engsten Freunde des Satirikers, Theodor Haecker waren, vielleicht in tieferem Sinne ein Christ? War der Freund eines Wilhelm Liebknecht und Friedrich Austerlitz ein Gegner der Arbeiterklasse, auch wenn er manches vernichtende Wort über ihre Führer geschrieben hat? War *der* ein Antisemit, dem die Juden Peter Altenberg, Else Lasker-Schüler und der Zionist Berthold Viertel entscheidend ihre Entdeckung verdankten – er, von dem man in dem Anti-Hitlerwerk ›Die Dritte Walpurgisnacht‹ neben vielen ähnlichen Passagen den Satz lesen kann: »Denn wenn sich schon die Feder sträubt, diese Dinge abzuschildern, wie es das Andenken all der Märtyrer erfordern würde und auch das Gedenken jener, die bloß Todesangst zu bestehen hatten und den bestialischen Hohn der vorgehaltenen Waffe (»Jud, fürchst dich?«): das Hinrichtungsspiel mit dem Versprechen für morgen – wenn schon die Beschreibung unmöglich ist, so kann man sich doch völlig nicht vorstellen, daß sich eine Feder auftreiben ließe, die mit ethischer Verantwortung an dem Lebensrecht der Menschheit solche Mittel zur Purganz eines Volkskörpers befürwortet hätte.« Und schließlich, war der Autor der ›Letzten Tage der Menschheit‹, die so erfüllt sind von dämonischen Wiener Spukgestalten ein Anti-Österreicher, ein Anti-Wiener? Ist ihm nicht weit eher die Charakteristik seines Biographen Leopold Liegler angemessen: »Er hängt an diesem Land mit einer Inbrunst, die er sich kaum selber eingesteht, er ist und bleibt ein Österreicher mit allen seinen charakteristischen Zügen. Das lebensfrohe Bekenntnis zum Geist und der ungezierte, von aller Pose freie künstlerische Trieb (immanente, sich fast naiv auslebende, im Sein beruhigte Schönheitsfreude), das Unrationalistische im Denken und Handeln, das Fröhliche, Kindliche und Wohlwollende neben der grausamen Verbissenheit, wenn einmal ein Verdacht rege ist, die Liebe zum Raisonnement, die sich in ihm zur höchsten und freiesten satirischen Gebärde geläutert hat – all das sind österreichische Eigenschaften, die er in einer besonders glücklichen Zusammenfassung in seiner künstlerischen Individualität zu höchster Vollendung vereinigt.«

Nun darf man es etwa einem österreichischen Offizier, der zum ersten Mal ›Die letzten Tage der Menschheit‹ liest und sonst nichts von Karl Kraus weiß, füglich kaum verdenken, daß er von Unmut erfüllt ist, wenn viele seiner Kollegen als standgerichtliche Henker oder halbschwachsinnige Alkoholiker in der Etappe gezeichnet werden, oder daß Generäle sich mit dem Einwand melden, man dürfe nicht generalisieren. Doch so unglaubhaft es heute klingen mag – und wieder nicht mehr so unglaubhaft nach all dem, was wir Zeitgenossen später unter Hitler erleben mußten –: »Die unwahrscheinlichsten Taten, die hier gemeldet werden, sind wirklich geschehen«, (heißt es im Vorwort des Dramas) »ich habe gemalt, was sie nur taten. Die unwahrscheinlichsten Gespräche, die hier geführt werden, sind wörtlich gesprochen worden; die grellsten Erfindungen sind Zitate ... Phrasen stehen auf zwei Beinen – Menschen behielten nur eines.«

Das Grundelement eines jeden Künstlers ist im Rationalen so wenig greifbar, daß auch dem eindeutigsten Versuch einer Erklärung plötzlich etwas Zweideutiges anzuhaften scheint. Im Nu wird aus der rühmenden Würdigung eine Apologie! Dies liegt aber wohl mehr an dem Leser, vor allem wenn er ein rein politischer Leser ist. Politik wird stets eine eminent wichtige Angelegenheit der Menschheit bleiben, bis in ihre letzten, ihre allerletzten Tage hinein. Immer aber kann sie das Weltgeschehen nur in einem zweidimensionalen Meinungssystem erkennen. Nicht so die künstlerische Satire, die alle Widersprüche in einer dritten Dimension, der des ethischen Sprachhumors, aufhebt und zu einer evidenten Einheit gestaltet. So kann also nicht entschieden genug davor gewarnt werden, ›Die letzten Tage der Menschheit‹ als das zu betrachten, was man heute eine »Dokumentation« nennt. Gewiß geht es auch in diesem Stück um Freiheit, um Menschenrecht und Menschenwürde, um Wege, die zu Gott, und um solche, die zum Teufel führen, geht es gegen die Versklavung des Menschen durch Diktatur – jede Diktatur –, also um vieles, das auch politische Parteien auf ihr bekanntes Banner geschrieben haben. Aber nicht einmal der hätte Recht, der den Autor der ›Letzten Tage der Menschheit‹ für einen unbedingten Pazifisten hielte. Zwei Jahre nach dem Einbruch Hitlers in Deutschland, begleitete ich Karl Kraus einmal auf einem Spaziergang im Wiener Wald, und er sagte: »Die Landschaft ist nicht mehr die gleiche wie früher. Und sie wird es nicht werden, solange es Hitler gibt. Alles ist grau, jede Wiese von Meltau überzogen. Und kein Wort, kein Drama wie ›Die letzten Tage der Menschheit‹ könnte hier helfen. Gegen Hitler gibt es nur eines: die Waffe.« Was später kam – und was Karl Kraus nicht mehr erlebte – ließ ›Die letzten Tage der Menschheit‹ in all ihrer Grauenhaftigkeit wie eine Art Vorspiel erscheinen.

Heinrich Fischer

Der erste Entwurf der meisten Szenen ist in den Sommern 1915 bis 1917, das Vorspiel Ende Juli 1915, der Epilog im Juli 1917 verfaßt worden. Viele Zusätze und Änderungen sind im Jahre 1919 entstanden, in das auch der Druck der Akt-Ausgabe fällt. (Der Epilog erschien im November 1918.) Die durchgehende Umarbeitung und Bereicherung jener vorläufigen Ausgabe und der Druck des Gesamtwerkes sind in den Jahren 1920 und 1921 vorgenommen worden.

Aus drucktechnischen Gründen wurden in die vorliegende Ausgabe die beiden Fotos der Originalausgabe nicht aufgenommen.

Inhaber der Urheberrechte an den Werken von Karl Kraus, einschließlich der Buch-, Bühnen-, Rundfunk- und Fernsehrechte, ist Heinrich Fischer (München 22, Widenmayerstraße 50/III).

Deutsche Literatur des 20. Jahrhunderts

Theodor Däubler: Dichtungen und Schriften
Herausgegeben von Friedhelm Kemp. 923 Seiten. 7 Bildtafeln. Leinen DM 78.–

Gertrud Kolmar: Das lyrische Werk
622 Seiten. Leinen DM 58.–

Gertrud Kolmar: Eine jüdische Mutter
247 Seiten. Leinen DM 38.–

Else Lasker-Schüler: Gesammelte Werke in drei Bänden
Herausgegeben von Friedhelm Kemp und Werner Kraft. Band I: Gedichte 1902–1943. 439 Seiten. Leinen DM 39.50. Band II: Prosa und Schauspiele. 1232 Seiten. Leinen DM 78.–. Band III: Verse und Prosa aus dem Nachlaß. 178 Seiten. Leinen DM 29.50

Else Lasker-Schüler: Sämtliche Gedichte
Herausgegeben von Friedhelm Kemp. 368 Seiten. Leinen DM 22.80. Einmalige Sonderausgabe

Alfred Mombert: Dichtungen
Gesamtausgabe in drei Bänden. Herausgegeben von Elisabeth Herberg. Band I: Gedicht-Werke. 685 Seiten. Band II: Dramen, Mythen. 622 Seiten. Band III: Überlieferung, Lesarten, Hinweise. 408 Seiten. 4 Tafeln, 1 Falttafel. Leinen DM 198.–. Die Ausgabe wird nur geschlossen abgegeben.

Ludwig Strauß: Dichtungen und Schriften
Herausgegeben von Werner Kraft. 836 Seiten. Leinen DM 98.–

Regina Ullmann: Erzählungen – Prosastücke – Gedichte
Zusammengestellt von Regina Ullmann und Ellen Delp, neu herausgegeben von Friedhelm Kemp
2 Bände mit insgesamt 878 Seiten. In Leinen gebunden DM 78.–

Konrad Weiß: Gedichte 1914–1939
Herausgegeben von Friedhelm Kemp. 816 Seiten. Leinen DM 68.–.
Sonderausgabe. Leinen DM 28.–

Kösel-Verlag München

»Einer der großen Erzähler unserer Sprache!« Günter Blöcker

Heimito von Doderer:
Die Merowinger oder
Die totale Familie
Roman
dtv 281

Heimito von Doderer:
Die Wasserfälle
von Slunj
Roman
dtv 752

Heimito von Doderer:
Die Strudlhofstiege
Roman
dtv 1254

Heimito von Doderer:
Die Erzählungen
dtv 1519

Deutsche Erzählungen des 20. Jahrhunderts
herausgegeben von Marcel Reich-Ranicki

1526 / DM 9,80

»Die bedeutendste editorische Leistung auf dem Gebiet der Kurzgeschichte und der Erzählung.«

Siegfried Lenz

»Ich finde die Bände phänomenal. Reich-Ranicki hat die bestmöglichen Querschnitte durch die geologischen Schichten der Literatur unseres Jahrhunderts gelegt. Die Methode ist überzeugend, das Lesevergnügen überaus groß.«

Alfred Andersch

1527 / DM 9,80

1529 / DM 9,80

1528 / DM 9,80

1530 / DM 9,80

Die ›neue reihe‹ für die neue Literatur

Botho Strauß:
Die Widmung
Eine Erzählung
dtv 6300

Christa Reinig:
Die Prüfung des Lächlers
Gesammelte Gedichte
dtv 6301

Barbara Frischmuth:
Das Verschwinden des
Schattens in der Sonne
Roman
dtv 6302

Helga Schütz:
Mädchenrätsel
Roman
dtv 6303

Jutta Schutting:
Sistiana
Erzählungen
dtv 6304

Udo Steinke:
Ich kannte Talmann
Erzählungen
dtv 6305

H. C. Artmann:
Die Jagd nach Dr. U.
oder Ein einsamer
Spiegel, in dem sich der
Tag reflektiert
dtv 6306

Gabriele Wohmann:
Ich weiß das auch nicht
besser
Gedichte
dtv 6307

Paul Kersten:
Der alltägliche Tod
meines Vaters
Erzählung
dtv 6308

Botho Strauß:
Trilogie
des Wiedersehens
Theaterstück
Groß und klein · Szenen
dtv 6309

Günter Kunert:
Ein englisches Tagebuch
dtv 6310